21 世纪全国高等院校物流专业创新型应用人才培养规划教材

采购管理

主　编　傅莉萍　姜斌远
副主编　陈立稳　黄　文
参　编　廖　敏

内 容 简 介

本书立足于现代企业采购管理的最新理论和实践成果，以采购活动涉及的主要环节为主线安排教材内容，同时兼顾理论的完整性。本书包括采购概述、采购管理组织、采购计划和预算、采购方式、采购质量与数量管理、采购谈判与渠道选择、采购外包与供应商管理、采购预测与决策、采购成本管理、采购绩效评估、采购审计与控制，系统地阐述物流采购管理的基础理论与技术及操作规程，理论与实际相结合，使学习者能够清晰地把握采购管理的各项内容。

本书可以作为普通高等院校物流管理专业的学生和培训机构的教学用书，也适合作为物流采购人员学习参考使用，还可以作为非物流产业相关人员学习与培训的参考用书。

图书在版编目(CIP)数据

采购管理/傅莉萍，姜斌远主编．—北京：北京大学出版社，2015.1
(21世纪全国高等院校物流专业创新型应用人才培养规划教材)
ISBN 978-7-301-25207-9

Ⅰ.①采… Ⅱ.①傅…②姜… Ⅲ.①采购管理—高等学校—教材 Ⅳ.①F253.2

中国版本图书馆 CIP 数据核字(2014)第 284771 号

书　　　　名：	采购管理
著作责任者：	傅莉萍　姜斌远　主编
策 划 编 辑：	李　虎　刘　丽
责 任 编 辑：	刘　丽
标 准 书 号：	ISBN 978-7-301-25207-9/U·0117
出 版 发 行：	北京大学出版社
地　　　　址：	北京市海淀区成府路 205 号　100871
网　　　　址：	http://www.pup.cn　新浪官方微博:@北京大学出版社
电 子 信 箱：	pup_6@163.com
电　　　　话：	邮购部 62752015　发行部 62750672　编辑部 62750667　出版部 62754962
印　　刷　者：	北京鑫海金澳胶印有限公司
经　　销　者：	新华书店
	787 毫米×1092 毫米　16 开本　23 印张　533 千字
	2015 年 1 月第 1 版　2018 年 6 月第 4 次印刷
定　　　　价：	46.00 元

未经许可，不得以任何方式复制或抄袭本书之部分或全部内容。
版权所有，侵权必究
举报电话：010-62752024　电子信箱：fd@pup.pku.edu.cn

21世纪全国高等院校物流专业创新型应用人才培养规划教材编写指导委员会

(按姓名拼音顺序)

主任委员	齐二石			
副主任委员	白世贞	董千里	黄福华	李向文
	刘元洪	王道平	王海刚	王汉新
	王槐林	魏国辰	肖生苓	徐 琪
委 员	曹翠珍	柴庆春	陈 虎	丁小龙
	杜彦华	冯爱兰	甘卫华	高举红
	郝 海	阚功俭	孔继利	李传荣
	李学工	李晓龙	李於洪	林丽华
	刘永胜	柳雨霁	马建华	孟祥茹
	乔志强	汪传雷	王 侃	吴 健
	于 英	张 浩	张 潜	张旭辉
	赵丽君	赵 宁	周晓晔	周兴建

丛 书 总 序

物流业是商品经济和社会生产力发展到较高水平的产物，它是融合运输业、仓储业、货代业和信息业等的复合型服务产业，是国民经济的重要组成部分，涉及领域广，吸纳就业人数多，促进生产、拉动消费作用大，在促进产业结构调整、转变经济发展方式和增强国民经济竞争力等方面发挥着非常重要的作用。

随着我国经济的高速发展，物流专业在我国的发展很快，社会对物流专业人才需求逐年递增，尤其是对有一定理论基础、实践能力强的物流技术及管理人才的需求更加迫切。同时随着我国教学改革的不断深入以及毕业生就业市场的不断变化，以就业市场为导向，培养具备职业化特征的创新型应用人才已成为大多数高等院校物流专业的教学目标，从而对物流专业的课程体系以及教材建设都提出了新的要求。

为适应我国当前物流专业教育教学改革和教材建设的迫切需要，北京大学出版社联合全国多所高校教师共同合作编写出版了本套"21世纪全国高等院校物流专业创新型应用人才培养规划教材"。其宗旨是：立足现代物流业发展和相关从业人员的现实需要，强调理论与实践的有机结合，从"创新"和"应用"两个层面切入进行编写，力求涵盖现代物流专业研究和应用的主要领域，希望以此推进物流专业的理论发展和学科体系建设，并有助于提高我国物流业从业人员的专业素养和理论功底。

本系列教材按照物流专业规范、培养方案以及课程教学大纲的要求，合理定位，由长期在教学第一线从事教学工作的教师编写而成。教材立足于物流学科发展的需要，深入分析了物流专业学生现状及存在的问题，尝试探索了物流专业学生综合素质培养的途径，着重体现了"新思维、新理念、新能力"三个方面的特色。

1. 新思维

(1) 编写体例新颖。借鉴优秀教材特别是国外精品教材的写作思路、写作方法，图文并茂、清新活泼。

(2) 教学内容更新。充分展示了最新最近的知识以及教学改革成果，并且将未来的发展趋势和前沿资料以阅读材料的方式介绍给学生。

(3) 知识体系实用有效。着眼于学生就业所需的专业知识和操作技能，着重讲解应用型人才培养所需的内容和关键点，与就业市场结合，与时俱进，让学生学而有用，学而能用。

2. 新理念

(1) 以学生为本。站在学生的角度思考问题，考虑学生学习的动力，强调锻炼学生的思维能力以及运用知识解决问题的能力。

(2) 注重拓展学生的知识面。让学生能在学习到必要知识点的同时也对其他相关知识有所了解。

(3) 注重融入人文知识。将人文知识融入理论讲解，提高学生的人文素养。

3. 新能力

(1) 理论讲解简单实用。理论讲解简单化，注重讲解理论的来源、出处以及用处，不做过多的推导与介绍。

(2) 案例式教学。有机融入了最新的实例以及操作性较强的案例，并对案例进行有效的分析，着重培养学生的职业意识和职业能力。

(3) 重视实践环节。强化实际操作训练，加深学生对理论知识的理解。习题设计多样化，题型丰富，具备启发性，全方位考查学生对知识的掌握程度。

我们要感谢参加本系列教材编写和审稿的各位老师，他们为本系列教材的出版付出了大量卓有成效的辛勤劳动。由于编写时间紧、相互协调难度大等原因，本系列教材肯定还存在不足之处。我们相信，在各位老师的关心和帮助下，本系列教材一定能不断地改进和完善，并在我国物流专业的教学改革和课程体系建设中起到应有的促进作用。

齐二石
2009 年 10 月

齐二石 本系列教材编写指导委员会主任，博士、教授、博士生导师。天津大学管理学院院长，国务院学位委员会学科评议组成员，第五届国家 863/CIMS 主题专家，科技部信息化科技工程总体专家，中国机械工程学会工业工程分会理事长，教育部管理科学与工程教学指导委员会主任委员，是最早将物流概念引入中国和研究物流的专家之一。

前　言

　　采购是物流科学中的一个重要环节。本书从目前企业物流管理应用的实际出发，吸收了国外先进的物流和采购理念、技术和管理思想，利用科学的采购理论方法指导采购运作。

　　采购管理是物流专业的主干课之一，教学重点不仅要求学习者掌握采购管理的基本理论、方法和模型，而且还要重点培养学习者的实践动手能力，其在物流人才培养体系中发挥着重要的作用。本书以我国的物流市场需求为导向，定位为培养具有创新思维的应用型人才，重点培养学生分析和解决实际物流采购管理问题的能力，提高学生综合应用采购管理的理念、方法和模型的能力。

　　本书力求将采购管理的知识体系进行整合与优化，达到知识点"全面而精准"的效果，从"理论—方法—模型"等纬度系统地设计知识体系，突出"采购作业流程、采购方式、采购质量与数量管理、采购谈判、供应商管理、采购预测与决策、采购成本管理"的主线，同时涵盖采购绩效管理、采购法律与道德及采购审计与控制等知识模块，在介绍模块知识点时增加难点例释，增强了知识的可读性。实践教学体现在采购作业各环节，每章后面设计了项目练习来解决工作中的实际问题，重视技术工具的熟练使用，从而培养学生的实践动手能力。本书针对各章的教学要点和技能要点设计了丰富的练习题，便于初学者把握学习的精髓；提供了大量不同类型采购管理案例、丰富的知识资料，以供读者阅读。

　　本书主要具有以下特色。

　　(1) 强化了实践性与应用性。本书不仅在各章前后分别安排了引导案例、案例分析，还在理论讲解过程中穿插了大量阅读或分析案例供学习者研读；正文中提供大量的例题供学习者练习和巩固；每章后附有选择题、简答题、项目练习题，以及结合实际考查学生观察与思考能力的案例分析题。

　　(2) 增强了趣味性。为了便于学生对知识的掌握及扩展，本书不仅在每章前后附有教学目标与要求，还通过资料卡、小知识、小贴士、知识链接、提醒您、难点例释等形式引入了大量背景资料、常用知识，以丰富学生的知识范围；并在讲解过程中，通过知识拓展的方式来加深，以便于学生对所学知识的掌握与应用。

　　(3) 确保了准确性、系统性和统一性。本书取材翔实，概念定义确切，推理逻辑严密，数据可靠准确；结构严谨，层次分明，条理清楚；全书名词、术语前后统一，数字、符号、图、表、公式书写统一，文字与图、表、公式配合统一。

为了便于教师安排教学进度，本书给出了专业必修课与相关专业选修课的课时建议，见下表。

章　节	必修课		选修课	
	理论课时	实验课时	理论课时	实验课时
第1章　采购概述	2		2	
第2章　采购管理组织	2		2	
第3章　采购计划和预算	4	2	2	2
第4章　采购方式	4	2	2	2
第5章　采购质量与数量管理	4	2	2	2
第6章　采购谈判与渠道选择	4	2	2	2
第7章　采购外包与供应商管理	4	2	2	2
第8章　采购预测与决策	4		2	
第9章　采购成本管理	4	2	2	2
第10章　采购绩效评估	2		2	
第11章　采购审计与控制	2		2	
合　计	36	12	22	12
	48		34	

　　本书由傅莉萍和姜斌远主编，傅莉萍统稿，陈立稳和黄文为副主编，廖敏参编。第1、3~8章由傅莉萍编写，第2章由陈立稳编写，第9章由廖敏编写，第10章由姜斌远编写，第11章由黄文编写。教材开发获得广东培正学院教材建设立项资助，在此表示感谢！本书的完成感谢广东培正学院与广东白云学院的大力支持，在编写过程中参考引用了一些国内外资料，在此向有关作者致以衷心的感谢！

　　本书编写过程中，由于时间紧迫，编写力量有限，难免有不当之处，恳请广大同行与读者给予批评和指正，以便再版时改正。欢迎与我们联系交流，hzne999888@163.com。

编　者

2014年10月

目 录

第1章 采购概述 ………………… 1
1.1 采购的基本理论 ……………… 2
1.2 采购的分类 …………………… 4
1.2.1 根据用途不同分类 ……… 4
1.2.2 根据输出结果不同分类 … 5
1.2.3 其他分类 ………………… 5
1.3 采购的流程 …………………… 8
1.3.1 采购的基本流程 ………… 8
1.3.2 采购流程设计要注意的问题 ………………………… 10
1.3.3 国内采购程序及要点 …… 11
1.3.4 国外采购程序及要点 …… 13
1.4 采购的任务与作用 …………… 18
1.4.1 采购的任务 ……………… 18
1.4.2 采购的作用 ……………… 19
1.5 采购管理概述 ………………… 21
1.5.1 采购管理简介 …………… 21
1.5.2 采购管理的重要作用 …… 22
1.5.3 采购管理的内容 ………… 24
1.5.4 采购管理模式的比较 …… 26
1.5.5 采购管理的发展趋势 …… 27
1.5.6 自动化采购的优势 ……… 28
1.5.7 自动订货系统 …………… 29
1.5.8 自动订货方式 …………… 31
1.5.9 自动订货系统的实施 …… 31
本章小结 ……………………………… 32
练习 …………………………………… 33

第2章 采购管理组织 …………… 38
2.1 采购管理组织概述 …………… 40
2.1.1 采购管理组织及其功能 … 40
2.1.2 采购组织的形式 ………… 41
2.1.3 采购管理组织的分类 …… 42
2.2 采购管理组织结构 …………… 43
2.2.1 采购管理组织结构概述 … 43
2.2.2 各类企业采购部门组织结构 ……………………… 44
2.3 采购管理组织设计和建立 …… 48
2.3.1 采购管理组织设计的原则 … 48
2.3.2 按采购部门隶属关系设计 … 48
2.3.3 按采购地区或物品类别设计 ………………………… 50
2.3.4 采购部门的建立 ………… 51
2.4 采购组织职能和人员要求 …… 54
2.4.1 采购组织层次职能 ……… 54
2.4.2 采购组织职责 …………… 55
2.4.3 采购人员的职责和要求 … 56
2.4.4 以工作时间分配的职责 … 58
2.4.5 采购人员招聘与培训 …… 59
2.4.6 采购人员的培训步骤 …… 61
本章小结 ……………………………… 62
练习 …………………………………… 63

第3章 采购计划和预算 ………… 68
3.1 采购计划 ……………………… 69
3.1.1 采购计划概述 …………… 69
3.1.2 影响采购计划的主要因素 … 71
3.1.3 编写采购计划的基础资料 … 72
3.2 采购计划的制订 ……………… 74
3.2.1 采购计划的流程 ………… 74
3.2.2 采购认证计划的制订 …… 74
3.2.3 采购订单计划的制订 …… 77
3.3 采购预算 ……………………… 81
3.3.1 采购预算概述 …………… 81
3.3.2 采购预算的编制流程及编制方法 ………………… 82
3.3.3 影响采购预算的因素 …… 86
3.4 物料需求计划 ………………… 87
3.4.1 MRP 的概念、基本原理及特点 ……………………… 87
3.4.2 编制物料需求计划的过程 … 88
3.5 采购订单管理 ………………… 90
3.5.1 采购订单概述 …………… 90
3.5.2 采购订单管理流程 ……… 92
3.6 进货管理及其评价 …………… 94
3.6.1 进货管理 ………………… 94

3.6.2　自提进货管理 …………… 94
　　3.6.3　进货管理原则 …………… 96
　　3.6.4　进货管理评价 …………… 97
本章小结 …………………………… 98
练习 ………………………………… 98

第4章　采购方式 …………………… 103

4.1　采购方式的分类 ………………… 104
　　4.1.1　按不同规则分类 ………… 104
　　4.1.2　集中采购和分散采购 …… 106
　　4.1.3　采购外包 ………………… 107
4.2　政府采购 ………………………… 108
　　4.2.1　政府采购概述 …………… 108
　　4.2.2　政府采购目标 …………… 110
　　4.2.3　政府采购原则 …………… 111
　　4.2.4　政府采购的客体 ………… 112
　　4.2.5　政府采购模式 …………… 112
　　4.2.6　政府采购管理体系 ……… 112
　　4.2.7　政府采购周期和流程 …… 114
4.3　招标采购 ………………………… 116
　　4.3.1　招标采购的方式 ………… 116
　　4.3.2　邀请招标采购的方式 …… 117
　　4.3.3　招标采购制度及其
　　　　　运作模式 ………………… 118
　　4.3.4　招标采购流程 …………… 118
　　4.3.5　其他招标采购运作模式 … 123
　　4.3.6　招标采购中存在的问题及
　　　　　解决方法 ………………… 124
4.4　采购投标与评标 ………………… 125
　　4.4.1　采购投标概述 …………… 125
　　4.4.2　采购评标概述 …………… 127
　　4.4.3　评标的流程 ……………… 128
　　4.4.4　评标的方法 ……………… 130
　　4.4.5　评标公证中应注意的问题 … 132
4.5　电子商务采购 …………………… 133
　　4.5.1　电子商务采购概述 ……… 133
　　4.5.2　电子商务采购方式 ……… 134
　　4.5.3　电子商务采购实施条件和
　　　　　步骤 ……………………… 134
本章小结 …………………………… 136
练习 ………………………………… 136

第5章　采购质量与数量管理 ………… 140

5.1　采购质量概述 …………………… 141
　　5.1.1　采购质量有关定义 ……… 141
　　5.1.2　采购质量管理的作用 …… 142
　　5.1.3　采购质量分析 …………… 142
5.2　采购质量管理 …………………… 146
　　5.2.1　采购质量管理的内容 …… 146
　　5.2.2　采购质量管理的原则 …… 149
　　5.2.3　采购质量管理的要求 …… 150
　　5.2.4　采购质量管理的方法 …… 151
　　5.2.5　采购质量控制 …………… 152
5.3　采购数量管理 …………………… 157
　　5.3.1　库存管理概述 …………… 157
　　5.3.2　库存控制的原则 ………… 158
　　5.3.3　库存管理的方法 ………… 159
5.4　采购库存控制 …………………… 162
　　5.4.1　JIT库存控制模型 ………… 162
　　5.4.2　JIT库存控制策略 ………… 164
　　5.4.3　JIT生产方式消除库存的
　　　　　关键做法 ………………… 165
　　5.4.4　ERP之库存分配 ………… 166
本章小结 …………………………… 168
练习 ………………………………… 168

第6章　采购谈判与渠道选择 ………… 173

6.1　采购谈判理论 …………………… 174
　　6.1.1　采购谈判概述 …………… 174
　　6.1.2　采购谈判的内容 ………… 176
　　6.1.3　采购谈判的基础 ………… 177
6.2　采购谈判的流程 ………………… 177
　　6.2.1　采购谈判的准备 ………… 177
　　6.2.2　正式谈判 ………………… 179
　　6.2.3　检查确认阶段 …………… 180
6.3　采购谈判的策略与技巧 ………… 180
　　6.3.1　采购谈判的策略 ………… 180
　　6.3.2　采购谈判的开局技巧 …… 182
　　6.3.3　谈判过程的技术技巧 …… 183
　　6.3.4　谈判僵局处理的技巧 …… 186
　　6.3.5　采购议价的技术技巧 …… 190
　　6.3.6　采购谈判的报价与还价
　　　　　技巧 ……………………… 192
6.4　物流采购渠道与时机的选择 …… 194
　　6.4.1　物流采购渠道的选择概述 … 194
　　6.4.2　物流采购渠道的选择原则 … 196
　　6.4.3　物流采购渠道的选择策略 … 196
　　6.4.4　物流采购时机 …………… 197

6.4.5 采购时机的影响因素 …… 198
6.4.6 供货单位条件的影响 …… 199
6.4.7 市场行情的影响 …… 199
6.4.8 运输因素的影响 …… 199
本章小结 …… 200
练习 …… 200

第7章 采购外包与供应商管理 …… 204

7.1 采购外包 …… 205
   7.1.1 采购外包概述 …… 205
   7.1.2 采购外包的选择 …… 206
   7.1.3 采购外包管理流程 …… 207
7.2 分包与MRO外包 …… 209
   7.2.1 分包 …… 209
   7.2.2 MRO外包 …… 210
7.3 供应商管理 …… 211
   7.3.1 供应商的概念和分类 …… 211
   7.3.2 供应商管理概述 …… 213
   7.3.3 供应商的考查 …… 215
7.4 供应商的选择和评价 …… 216
   7.4.1 供应商选择要考虑的因素 …… 216
   7.4.2 供应商选择的途径 …… 218
   7.4.3 供应商选择的方法 …… 219
   7.4.4 供应商选择的实施步骤 …… 220
   7.4.5 供应商选择的策略 …… 222
   7.4.6 供应商的评价 …… 223
   7.4.7 供应商评价的步骤 …… 224
   7.4.8 供应商评价的指标 …… 225
7.5 供应商的关系管理 …… 227
   7.5.1 供应商关系的模式 …… 227
   7.5.2 供应商关系的建立 …… 228
本章小结 …… 231
练习 …… 231

第8章 采购预测与决策 …… 236

8.1 物流采购市场调查 …… 237
   8.1.1 物流采购市场调查概述 …… 237
   8.1.2 物流采购市场调查的程序 …… 238
   8.1.3 物流采购市场调查的方法 …… 239
   8.1.4 物流采购市场调查的技术 …… 240
8.2 物流采购市场预测 …… 242
   8.2.1 物流采购市场预测概述 …… 242
   8.2.2 物流采购市场预测的原理 …… 243
   8.2.3 物流采购市场预测的程序 …… 244
   8.2.4 物流采购市场预测的方法 …… 246
8.3 采购决策 …… 250
   8.3.1 采购决策概述 …… 250
   8.3.2 影响采购决策的因素 …… 251
   8.3.3 采购决策的程序 …… 252
   8.3.4 采购成本决策 …… 254
   8.3.5 采购决策成本 …… 255
本章小结 …… 257
练习 …… 257

第9章 采购成本管理 …… 262

9.1 采购成本管理概述 …… 263
   9.1.1 采购物流成本的概念 …… 263
   9.1.2 采购物流成本分析 …… 265
   9.1.3 采购成本的构成 …… 266
   9.1.4 有效降低采购成本的方法 …… 268
9.2 采购成本管理的基本程序 …… 270
   9.2.1 确定采购计划 …… 270
   9.2.2 收集供货商信息 …… 270
   9.2.3 确定供应商 …… 271
   9.2.4 确定采购价格 …… 271
   9.2.5 确定采购方式并签订供货合同，实施采购行动 …… 272
   9.2.6 评价采购工作 …… 273
9.3 采购成本的控制 …… 273
   9.3.1 采购成本控制的方法 …… 273
   9.3.2 采购成本控制的策略 …… 277
   9.3.3 通过采购要素分析降低采购成本 …… 278
   9.3.4 分析供应商成本降低采购成本 …… 279
   9.3.5 利用标准化降低采购成本 …… 281
   9.3.6 利用管理会计方法降低采购成本 …… 281
   9.3.7 利用作业成本法降低采购成本 …… 281
   9.3.8 利用供应链管理法降低采购成本 …… 283
   9.3.9 运用采购谈判技巧和战术降低采购成本 …… 283
   9.3.10 利用库存控制降低采购成本 …… 283
   9.3.11 JIT库存法 …… 285
9.4 采购成本信息管理 …… 287

9.4.1　采购物流费用归集 ……… 287
　　9.4.2　采购物流成本分析 ……… 287
　　9.4.3　采购物流成本支付形态
　　　　　管理 ……………………… 288
　　9.4.4　采购成本分配计算 ……… 290
　　9.4.5　案例分析与计算 ………… 290
　本章小结 ……………………………… 293
　练习 …………………………………… 294

第 10 章　采购绩效评估 ……………… 298

　10.1　采购绩效评估概述 …………… 299
　　10.1.1　采购绩效评估的有关知识 … 299
　　10.1.2　影响采购绩效评价的因素 … 302
　　10.1.3　采购绩效评估的流程 …… 303
　　10.1.4　采购绩效考评的作用 …… 304
　10.2　采购绩效的评估原因、好处和基本
　　　　要求 ……………………………… 304
　　10.2.1　采购绩效的评估原因和
　　　　　　好处 ……………………… 304
　　10.2.2　采购绩效评估的基本要求 … 306
　10.3　采购绩效评估指标和标准 …… 307
　　10.3.1　采购绩效评估的指标 …… 307
　　10.3.2　采购绩效评估的标准 …… 310
　　10.3.3　采购绩效评估体系 ……… 311
　　10.3.4　采购绩效评估体系的设定 … 313
　10.4　采购绩效评估的方式 ………… 314
　　10.4.1　采购绩效评估的人员和
　　　　　　方式 ……………………… 314
　　10.4.2　采购绩效评估的方法 …… 315
　　10.4.3　采购绩效评估困难的
　　　　　　原因 ……………………… 315
　10.5　采购绩效的改进 ……………… 316

　　10.5.1　改进采购绩效的途径 …… 316
　　10.5.2　提升采购绩效方法——
　　　　　　基准化法 ………………… 317
　　10.5.3　改进采购绩效的措施 …… 319
　本章小结 ……………………………… 323
　练习 …………………………………… 323

第 11 章　采购审计与控制 …………… 328

　11.1　采购审计 ………………………… 329
　　11.1.1　采购审计概述 …………… 329
　　11.1.2　物资采购审计的阶段 …… 330
　11.2　采购计划和执行情况审计 …… 332
　　11.2.1　采购计划审计 …………… 332
　　11.2.2　采购计划执行情况审计 … 334
　11.3　采购决策和管理审计 ………… 335
　　11.3.1　采购决策审计 …………… 335
　　11.3.2　采购管理审计 …………… 337
　11.4　采购支出和应付账款审计 …… 339
　　11.4.1　采购支出审计 …………… 339
　　11.4.2　应付账款审计 …………… 339
　11.5　采购申报价格和方式审核 …… 341
　　11.5.1　采购申报价格审计 ……… 341
　　11.5.2　采购方式审核 …………… 342
　11.6　采购合同审计 ………………… 343
　　11.6.1　采购合同审计内容 ……… 343
　　11.6.2　采购合同审查重点 ……… 345
　11.7　采购稽核和控制 ……………… 346
　　11.7.1　采购作弊方式及防范 …… 346
　　11.7.2　采购业务的控制 ………… 348
　本章小结 ……………………………… 349
　练习 …………………………………… 350

参考文献 …………………………………… 354

第1章 采购概述

【教学目标与要求】

本章是全书的基础,主要介绍采购的概念、原则、采购的分类;采购管理的流程;采购的任务与作用;采购管理的发展趋势。使读者对采购管理有初步的了解。

采购是企业利润的源泉

采购是企业非常重要的战略环节,要在销售环节取得一个百分点的利润率很难,但在采购环节提高利润率则相对容易。如某制造公司某机床的销售额为100万元,其中,假设采购成本占销售额的比例是50%,即为50万元,其他成本占销售额的比例是40%,为40万元,那么,税前利润就为10万元。

现在,该公司要实现增加利润10%的目标,应如何实现?

引例分析

实现途径一:可考虑增加10%的销售额,此时,销售额为110万元,但采购成本同时随之增加10%,为55万元,其他成本也随之增加10%,为44万元,这时利润为11万元。实现途径二:也可以考虑通过降低采购成本来实现,如果降低采购成本2%,则采购成本为49万元,其他成本不变,这时利润也是11万元。

通过以上分析,可以得出表1-1。

表1-1 两种途径的比较   单位:万元

项目	目前情况	途径一:销售额增加10%	途径二:采购额降低2%
销售额	100	100×(1+10%)=110	100
采购成本	50	55	50×(1-2%)=49
其他成本	40	44	40
税前利润	10	11	11

从表1-1中可以清晰地看出,增加10%的销售额和降低2%的采购成本同样可以实现增加10%利润的目标,但增加10%的销售额要比降低2%的采购成本难很多。由此可见,采购过程创造利润的空间非常大,采购管理水平可以成为企业利润的"摇篮",也可以成为企业利润的"坟墓"。

(资料来源:张碧君.采购管理.上海:格致出版社,2014)

1.1 采购的基本理论

世界上越来越多的企业开始重新认识采购,并认识到在供应链的各环节中,采购是首要因素之一。节约庞大的采购资金,等于间接增加剩余价值,增强产品竞争力。因而,越来越多的企业积极研究和探索如何最大限度地节约采购成本,实施更有效的策略来管理采购。

就制造业而言,为销售而生产,为生产而采购是一个环环紧扣的物料输入、输出的动态过程;而采购流程运行成功与否将直接影响企业生产、最终产品的定价和供应链的最终获利情况。因此,企业采购流程处于企业物流流程的首要地位。采购是供应物流与社会物流的衔接点。采购是依据企业生产计划所要求的供应计划,制订采购计划并进行原材料外购的作业层,在完成将采购的物资输送到企业内的物流活动的同时,还需要承担市场资源、供货方和市场变化等供求信息的采集和反馈任务。

采购物流管理的目标就是以正确的价格，在正确的时间，从正确的供应商处购买到正确数量和质量的商品或服务。

1. 采购的概念

采购包含着两个基本意思：一是"采"，二是"购"。"采"，即采集、采摘，是从众多的对象中选择若干个之意；"购"，即购买，是通过商品交易手段把所选定的对象从对方手中转移到自己手中之意。所谓采购，一般是指从多个对象中选择购买自己所需要的物品。这里所谓对象，既可以是市场、厂家、商店，也可以是物品。

 小贴士　第三利润源

企业追求利润，其第一种来源是"增加销售额"；第二种来源是"降低制造（采购）成本"；第三种是利润源，就是引人注目的"降低物流成本"。在结束经济高速增长的20世纪70年代，出现了销售额上不去的情况，因而也不可能降低制造成本。这时，被称为"黑暗大陆（未开拓的领域）"的物流，开始为人们所关注。

降低物流成本的效果，可以与扩大销售额相媲美。这种第三利润源的理论，具有较充分的说服力，为经营层所认可。

2. 采购的重要性

由于采购的工作质量关系到企业产品的质量和成本，并且采购资金在总成本中占很大比重，使得采购在企业经营活动中占有重要地位。

1）采购的资金量大

在制造业中，企业的采购资金占最终产品销售额的40%～60%，这意味着采购成本的降低将对企业利润的增加产生重要的影响，其增加利润的效果要远远大于在其他方面采取的措施。所以，采购自然成为企业降低成本、增加利润的重要环节。影响利润的因素有很多，因此，企业可以通过多种途径来增加利润。但其中只有降低采购成本这一措施效果最为明显，这实际上也体现了现代物流管理中杠杆作用的原理。企业在加强内部管理、挖潜增效的过程中，一定要特别重视采购工作。

2）满足制造产品需求

企业生产部门对采购物品不仅有在数量方面的要求，而且还有在性能、质量与时间等方面的要求。原材料和零部件的性能和质量直接关系到产品的性能和质量。例如，清晰度是电视机的一项重要的质量指标，如果采购的显像管聚焦质量达不到要求，那么无论电视机设计得如何好，由于显像管质量不合格就不可能得到满意的清晰度。时间要求是指当生产需要某些物资时能够及时得到供应。采购部门为了满足这个需求，往往会采取大批量采购的办法来应付，这样又形成了过高的库存水平和较高的资金占用。现代物流管理要求做到准时制采购，即JIT采购，它是按照生产部门或客户的需求数量和时间，及时安排采购计划，对于采购数量与采购时间，尽量做到既不要过量又要提前，能够准确及时地满足需要，最大限度地降低采购物资的库存水平。生产企业在实施JIT采购时需要供应商的大力配合与支持。

3）采购的战略角色

采购工作在过去一直很少受到重视，一方面是由于计划经济对人们思想工作的影响，企业对采购的重要性认识不足;另一方面也与社会经济的发展水平和市场化程度有关。当今,随着市场竞争的日益激烈,企业普遍意识到内部的获利空间已经很小,要进一步提高资源的利用率,只能把盈利视角扩大到整个供应渠道上。这是因为:第一,传统的生产方式已经走到了尽头,大而全、小而全的企业结构已经越来越不能适应外部经营环境的变化,社会发展呼唤生产方式的变革。第二,人们发现在企业同上下游企业组成的系统中,存在巨大的改进空间,可以更好地利用整个供应渠道的资源,争取更多的获利条件。虚拟企业、敏捷制造、供应链管理等新的概念预示着新的生产方式的出现,总的发展趋势是专业化分工协作,采购的重要性应理所当然地提升到企业发展的战略高度来认识。

3. 企业采购原则

1) 以需定进的原则

企业采购必须需要什么进什么、需要多少进多少,保证需求又不浪费。为此,企业必须把采购与需求紧密结合起来,做到进需协调、不积压、不缺乏。

2) 注重质量原则

采购人员必须坚持注重质量的原则,如果因采购原料质量低下导致企业生产的商品质量低劣,会给企业带来不可估量的经济和社会形象损失。

3) 资金安全原则

企业采购要充分保证资金的安全性。企业采购是一种货币转变为商品的交换活动,但这种交换过程不是一下就能完成的。在市场经济中,由于订货期不同、货源状况不同及付款条件不同等,都会使这种交换活动发生时间、空间上的分离,从而增加资金的风险。因此,企业采购时要确保资金安全,避免经济损失。

4) 经济核算原则

企业要从确保经济效益出发,对采购过程中的各种费用、成本、差价等进行核算,优选进货渠道和进货时机。在组织货源时要综合考虑进货距离远近、商品流向、运输条件、时间快慢和费用高低等因素,并对以上各因素进行逐项核算,以减少劳动占用和资源消耗。

5) 信守合同原则

企业要根据签订的采购合同从事采购活动。这就要求企业依法进行经济活动。这不仅有利于企业减少采购中的经济、法律纠纷,也有利于企业树立和维护良好的企业形象,有利于企业品牌的塑造与宣传。

1.2 采购的分类

1.2.1 根据用途不同分类

根据采购物品用途的不同,可将采购分为工业采购和消费采购。

1. 工业采购

工业采购通常是指企业为了经营或生产所需产品和服务而付出一定价格同外部进行的业务活动。

2. 消费采购

消费采购与工业采购有很大的不同，消费采购活动是个人行为，而工业采购活动通常是通过机关、企业等机构的集体行为。

1.2.2 根据输出结果不同分类

根据采购输出的结果，可将采购分为有形采购和无形采购。

有形采购是指对有形物品的采购；无形采购主要是指咨询服务采购和技术采购，或是采购设备时附带的服务。一般无形采购包括技术、服务和工程发包。

1.2.3 其他分类

1. BOM(Bill of Material)

BOM是指直接进入产品的生产用原材料、零部件及半成品等。

2. NON-BOM

NON-BOM又称NPR(Non-Production Related)，是指非产品材料或非生产性材料。主要包括固定资产、生产辅助性材料、工具、备件、文具、家具、服务(服务一般是指第三方提供的所有技术、行政、后勤等软件产品，如咨询、培训、审核、租赁、委托代理)等。

3. 转卖品(Resale Product)

转卖品是指不在本企业生产制造，企业先向选定的生产制造商提供技术或品牌，让生产制造商按本企业的要求来制造，制造出产品之后企业再从制造商那里购回所有产品，以自己的品牌和名义提供给市场。

4. 集成供应链

集成供应链是指把过去分散的组织机构单位，如采购、生产和销售放到形成一个连续、相互作用的流程。

小知识　供应链管理

企业从原材料和零部件采购、运输、加工制造、分销直至最终送到顾客手中的这一过程被看成是一个环环相扣的链条，这就是供应链。

因此，供应链管理就是指对整个供应链系统进行计划、协调、操作、控制和优化的各种活动和过程，目标是要将顾客需要的正确的产品(Right Product)能够在正确的时间(Right Time)、按照正确的数量(Right Quantity)、正确的质量(Right Quality)和正确的状态(Right Status)送到正确的地点(Right Place)——即"6R"，并使总成本最小。

供应链对上游的供应者(供应活动)、中间的生产者(制造活动)和运输商(储存运输活动)，以及下游的消费者(分销活动)同样重视。

5. B2B在线采购

B2B在线采购是实现网络采购的一种技术，是通过Internet或私营网络实时进行的向下定价(Down Ward Pricing)或反向拍卖(Reverse Auctions)。拍卖由企业或代表企业的网络采购公司控制,通过网络采购公司的专用软件接受多个潜在供应商的竞价,从而实现采购物料或服务的功能。目前主要有以下3种基本运营模式。

1) 供应商提供的卖方在线系统(Sell-side Systems)

供应商为增加市场份额,以计算机网络作为销售渠道而实施的电子商务系统,它包括一个或多个供应商的产品或服务。登录卖方系统通常是免费的,供应商保证采购的安全。使用该系统的优点是访问容易,能接触更多的供应商,另外买方企业无须做任何投资;缺点是难以跟踪和控制采购开支。该系统是企业采购人员开展电子商务而又不担风险的理想工具。

2) 制造商提供的买方在线系统(Buy-side Systems)

这是制造商自己控制的电子商务系统,它通常由内部网络(Intranet)和外部网(Extranet)构成。该系统通常由一个或多个制造商联合建立,目的是把市场的权力和价值转向买方。一些特别强大的制造商已经为自己开发了电子商务市场,如GE塑料全球供应商网络,另外美国三大汽车公司也在联合开发全球汽车零配件供应商网络。

该系统的好处是批量购买、快速的客户响应、节省采购时间和允许对采购开支进行控制和跟踪,缺点是需要大量资金投入和系统维护成本高。

3) 独立于制造与供应商的第三方在线系统(Third-party Systems)

该系统通常也称为门户系统(Portals),具体又包括以下几种类型。

(1) 在线采购代理。第三方采购代理为制造商或客户提供了一个安全的在线采购场所,另外也提供诸如在线投标和实时拍卖的服务,他们把技术授权给各制造商或客户使用,使其有权访问他们的供应商。

(2) 在线联盟采购。一组不同的制造商或客户把他们要采购的相同(或相似)的产品在数量上加以累计来增加他们的集体购买力,以便获得价格优惠。这种第三方系统由这个自愿的临时联盟共同开发和维护。例如,利用门户网站进行汽车团体采购的在线采购系统。

(3) 在线中介市场。中介市场由专门的在线采购公司建立,用来匹配多个制造商和多个供应商的在线交易,这是最常见的一种第三方电子商务市场。除了提供技术手段,在线采购公司还通过咨询和市场分析等活动为企业采购流程增值。

第三方在线系统的优点是制造商或客户不需大量投入,只需购买第三方的服务,利用第三方提供的技术进行在线采购;其缺点仍然是制造商或客户不能对采购开支进行跟踪和控制。

6. 电子化协同采购(E-collaboration)

在整个供应链的供应网络之中,有很多不能够精确确定的因素,如采购提前期、供应商的生产能力等情况。如果制造商、零售商不能及时了解这些情况,会影响整个供应链的供需关系,导致不能够按时满足客户的需求。实时协同使得双方实时沟通,快速地发现和解决问题。

互联网出现以前,人们也认识到协同合作的重要性,但是没有有效的工具帮助供应链上的伙伴们实时进行信息共享和协同。现在则可以充分利用基于互联网上的网络技术,使用信息化的管理软件进行采购的协同,从而连接供应链中的各合作伙伴,实行电子化协同采购,如图1.1所示。

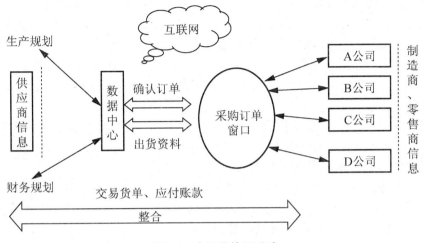

图1.1 电子化协同采购

电子化协同采购主要包括以下内容。

1) 采购计划协同

制造商或零售商将自己近期的采购计划定期下达给供应链上的上游供应商,供应商可以根据该采购计划进行供应商自己生产计划的安排和备货,提高了交货的速度。

2) 采购订单的执行协同

制造商或零售商通过互联网下达采购订单给供应商,供应商将采购订单的执行情况及时转达,使制造商或零售商对采购订单的执行情况有明确的了解,可以及时调整。

 小知识 电子化协同效果

(1) 增进长期合作关系,增加供货稳定度。
(2) 缩短采购周期。
(3) 增加存货周转率。
(4) 提升公司国际知名度。
(5) 加强产业关联性。

7. JIT 订单驱动采购

JIT 的订单驱动采购是指供应商在需要的时间,向需要的地点,以可靠的质量,向需方(制造商)提供需要的物料。

在传统的采购模式下,需方同供方经过洽谈后下达采购订单,供方接受订单(把采购订单转变为客户订单)后要安排和协调计划进行加工制造。在该过程中,需方要不断跟踪(比如派人员驻供方监督生产),然后检验质量,储存成品在自己的仓库,最后根据订单时间发货到需方,需方接到货物后还要进行一次检验,然后入自己的原材料或配套件仓库,等生产需用时发送到生产线上。换言之,在传统的采购模式中,采购的目的是为了补充库存,即为库存采购。

在 JIT 的订单驱动模式下,需方和供方是供应链上的合作伙伴关系,这意味着供应商的资格认证、产品质量、信用程度都是可靠的，值得信赖的。采购作业通过电子商务，一次把需方的采购订单自动转换为供方的销售订单，质量标准经过双方协议，由供方完全负责保证，不需要两次检验。由于信息的通畅和集成，采用设在需方的 VMI（Vendor Managed Inventory，指供应商管理仓库）方式，把供方的产品直接发货到需方的生产线，并进行支付结算，减少供需双方各自分别入库的流程。

VMI 即在需方的厂区或附近设置仓库，但所有物料为供应商所有并由供应商管理，提货时再转账支付。目的在于减少需方的库存费用，同时也便于供应商掌握库存状态和安排补充库存计划。

换言之，在 JIT 的订单驱动模式中，减少了需方如"订单的下达、接受转换、生产跟踪、质量检验、入库出库和库存积压"等环节，采购的目的是为了生产线上的需要，同时可以降低采购成本、库存成本。

JIT 的订单驱动采购方式具有以下 3 个主要特点。

（1）需方与供方建立了战略合作伙伴关系（供应链关系），双方基于签订的长期协议进行订单的下达和跟踪，不需要再次询价/报价过程。

（2）在电子商务、EDI 等信息技术支持和协调下，双方的制造计划、采购计划、供应计划能够同步进行，进行了需方和供方之间的外部协同，提高了供方的应变能力。

（3）采购物料直接进入需方的生产部门，从而减少了需方采购部门的库存占用和相关费用。

当然，采用 JIT 的订单驱动采购方式，必须采取以下措施。

（1）采用较少的供应商。在供应链的管理环境中，采用较少的供应源。一方面，管理供应商比较方便，利于降低采购成本；另一方面，有利于供需之间建立稳定的合作关系，质量比较稳定。

（2）保证交货的准时性。交货的准时性是整个供应链能否快速满足用户需求的一个必要条件。作为供应商来说，要使交货准时，可以从以下几个方面入手：一方面，不断改进企业的生产条件，提高生产的可靠性和稳定性；另一方面，要加强运输的控制。

（3）信息高度共享。JIT 采购方式要求供应和需求双方信息高度共享，同时保证信息的准确性和实时性。

（4）要制定不同的采购批量策略。可以说小批量采购是 JIT 采购的一个基本特征，相应地增加了运输次数和成本，对于供应商来讲当然是很为难的事情。解决的方式可以通过混合运输、供应商寄售等方式来实现。

1.3 采购的流程

1.3.1 采购的基本流程

1. 采购作业流程

采购作业流程就是详细论述采购部门职责或任务的运营指南，是采购管理中最重要的部分之一，是采购活动具体执行的标准。

采购作业流程通常是指有制造需求的厂家选择和购买生产所需的各种原材料、零部件等物料的全过程。在该流程中,作为制造业的购买方,首先要寻找相应的供应商,调查其产品在数量、质量、价格、信誉等方面是否满足购买要求;其次,在选定了供应商后,要以订单方式传递详细的购买计划和需求信息给供应商,并商定结款方式,以便供应商能够准确地按照客户的性能指标进行生产和供货;最后,要定期对采购物料的管理工作进行评价,寻求提高效率的采购流程创新模式。

2. 采购一般流程

采购流程通常是指有生产需求的企业选择和购买生产所需的各种原材料、零部件等物料的全过程。在该流程中,购买方首先要寻找合适的供货商,采购一般流程可以用图 1.2 来表示。

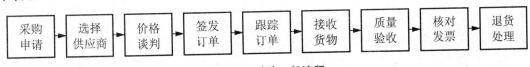

图 1.2　采购一般流程

　小贴士　采购通知单

采购通知单指的是常用的传达采购需求的方法,由需求客户填写用以说明对特定物料的需求的一种内部文件。

1) 确认需求(提出申请)

确认需求即在采购之前,应先确定买哪些物料、买多少、何时买、由谁决定等,提出申请,这是采购活动的起点。在确认需求之后,对需求的细节如品质、包装、售后服务、运输及检验方式等,均加以准确说明和描述,以便使货物来源选择及价格谈判等作业能顺利进行。采购部门如果不了解使用部门到底需要什么,就不可能进行采购。出于这个目的,采购部门就必须对所申请采购物料的品名、规格、型号等有一个准确的说明。

　小贴士　重复订购点系统

订购点系统是发现采购需求的常用方法之一。这种系统使用的独特信息包括订购数量、需求预测及存货的零部件。计算机化的重复订购点系统中的每个项目都有一个预先确定的订购点和订购数。

2) 选择供应商

根据需求说明在原有供应商中选择成绩良好的厂商,通知其报价,或以登报公告等方式公开征求供应商。不管价格如何便宜,如果供应商选择不当,日后就可能出现物料品质欠佳、交期不准等一系列的问题,给企业造成生产拖延和利益的损失。

3) 价格谈判

企业多是使用招投标方法来帮助确定价格,也可以通过查看供应商价格表或通过谈判确定。

4) 签发订单

价格谈妥后,应办理订货签约手续。订货签约手续包括订单和合约两种方式:订单和合约均属于具有法律效力的书面文件，对买卖双方的要求、权利及义务，必须在订单或合约中予以说明。

5）跟踪订单

订单签约之后，为求供应商的按期、按质、按量交货，应依据合约规定，督促厂商按规定交运，并予以严格检验入库。采购订单发给供应商之后，企业应对订单进行跟踪和催货。

6）接收货物

做好接货组织工作，接货组织工作包括合同管理、商品接运或提运，到货商品检验、入库、付款结算，以及通知销售部门到货等。

7）质量验收

货物验收基本包括以下目的。

（1）确保以前发出的订单所采购的货物已经实际到达。

（2）检查到达的货物是否完好无损。

（3）确保收到了所订购的货物数量。

（4）将货物送往应该到达的下一个目的地以进行储存、检验或使用。

（5）确保与验收手续有关的文件都已进行了登记并送交有关人员。

对货物进行验收时，有时会发现短缺现象。该情况有时是因为运输过程中丢失了一些物料，有时则是在发运时数量就不足，有时在运输过程中物料也可能产生损毁。所有这些情况采购部门都要写出详细的报告交给供应商。

8）核对发票

厂商在交货验收合格后，应随即开具发票并支付货款，但在付款时，对于发票的内容是否正确，必须经过核对和审批，财务部门才能办理付款。在实际工作中，对于发票的核对和批准到底是供应部门的职责还是会计部门的职责，目前仍存在争议，各企业的做法有所不同。

9）不符与退货处理

凡所交货品与合约规定不符而验收不合格者，应依据合约规定退货，并立即办理重购，予以结案。

1.3.2 采购流程设计要注意的问题

在设计采购作业流程的时候，应注意以下事项。

1. 采购结构应与采购数量、种类、区域相匹配

过多的流程环节会增加组织流程运作的作业成本，降低工作效率。另外，流程过于简单，监控点设置不够多等，将导致采购过程的操作失去控制，产生物资质量、供应、价格等问题。

2. 先后顺序及时效控制

应注意其流畅性与一致性，并考虑作业流程所需的时限。例如，避免同一主管对同一采购文件，做数次的签核；避免同一采购文件，在不同的部门有不同的作业方式；避免一个采购文件会签部门太多，影响作业时效。

3. 关键点设置

为便于控制，使各项在处理中的采购作业，在各阶段均能跟踪管理，应设置关键点的管理要领或者办理时限，例如国际采购，从询价、报价、申请输入许可证、出具信用证、装船、报关、提货等均有管理要领或者办理时限。

4. 权利、责任或者任务的划分

各项作业手续及查核责任，应有明确权责规定及查核办法，如请购、采购、验收、付款等权责应予区分，并确定主管单位。

5. 避免作业流程中发生摩擦、重复与混乱

注意变化性或弹性范围及偶然事件的处理规则，例如，"紧急采购"及"外部授权"。

6. 采购流程应反映集体决策的思想

由计划、设计、工艺、认证、订单、质量等人员一起来决定供应商的选择，处理程序应合时宜。应注意采购程序的及时改进，早期设计的处理程序或流程，经过若干时日后，应加以检查，不断改进与完善，以回应组织的变更或作业上的实际需要。

7. 配合作业方式的改善

例如手工的作业方式改变为计算机管理系统辅助作业后，其流程与表格需做相当程度的调整或重新设计。

采购作业流程设计一般包括采购计划、采购认证、采购订单、进货管理和管理评价5个环节，每个环节有其对应的具体的采购活动。

1.3.3 国内采购程序及要点

1. 接受请购案件

（1）采购经办人员接获采购计划或其他部门的请购申请单时，首先检查请购项目是否填写得清楚或齐全，如品名、规格、数量、交货时间及其他要求。

（2）确定急件或需用期较近的案件，应优先办理。

（3）无法满足请购项目或要求的（如交货期限），应通知请购部门。

（4）撤销或变更请购项目或要求的，应优先办理。

2. 寻找厂商

（1）首先考虑与我方有业务来往的厂商。

（2）从电话簿中和其他相关资料中查寻。

（3）从平时搜集的资料中查寻，如从商品交易会、专业协会、报纸、杂志、电台、电视、广告牌等各方面搜集的资料中查找。

（4）通过朋友或中介介绍。

3. 询价与索样

（1）采购人员应用电话或传真方式迅速向厂商了解物品种类、规格、价格、交货期限、地点、包装方式、运输方式、检验方式、付款方式及违约责任等。

(2) 同一产品至少要询问三家(即货比三家)。

(3) 有必要时向厂商索取样品和报价资料。

(4) 当无法找到与请购内容相同的样品时，是否可寻找其他相关的代用品。

4. 比价、议价及供货商的选择

(1) 从质量角度，对样品和价格进行比较。

(2) 经成本分析后，设定议价目标。

(3) 价格涨跌有什么因素。

(4) 厂商供应能力是否能按期交货和满足需要的质量要求。

(5) 比价、议价和索样结果与请购单有差异的，采购人员应及时联络请购部门。

5. 呈核

(1) 采购经办人员经过询价、比价和议价后，依据请购核决权限呈核。

(2) 在询比议价单上应注明与厂商议定的价格及该价格的有效期限。

(3) 若与请购单上的规格、交货期限有差异者，也应在询比议价单上说明。

(4) 在询比议价单上同时也应说明运输方式和检验方式及交货地点。

(5) 按核决权限呈核。

6. 订购

(1) 采购人员接到经核决的询比议价单后，应立即向供货商订货。

(2) 与供货商签订采购订单或合同，在订单或合同上应注明品名、规格、数量、价格交货期限、地点、包装方式、运输方式、检验的标准、方法和地点，以及付款方式。

(3) 分批交货者应在合同上注明分批交货的日期和数量。

(4) 不合格品的处理办法。

7. 催交及进度控制

(1) 在货未到之前，应进行催交，明确交货日期和数量。

(2) 督促供货商按期、按数量交货。

(3) 已到交货日期尚未到货者，列入交货期异常控制表内，并加紧催交。

8. 收货

(1) 供货商交来的物料经质检人员检验合格后，方能办理入库手续。

(2) 对于不合格品的不合格程度，由质量部、物资部、生产部确定是否退货或选用或让步接收。

(3) 对于不合格品退回的物料，是否补足，由供货商向采购人员询问。

9. 整理付款

(1) 发票抬头及内容是否相符。

(2) 发票金额与订购金额是否相符。

(3) 是否有预付款或暂借款须处理。

(4) 是否需要扣款。

(5) 需要办理退税的订购单转送退税部门。

(6) 以内销价定购，供外销用材料，应先收齐退税同意书始得办理付款。

(7) 验收合格的物资，依据合同规定办理付款，修订合同部分，依采购部门呈准的付款条件整理付款。

(8) 短交应补足者，订购部门应依据实收数量整理付款，超交应经主管核准后，确定付款否则拒付款。

1.3.4 国外采购程序及要点

1. 接收请购案件

(1) 外购部门接获"请购单"或"采购计划单"。

(2) 确定急缓案件，急件先处理。

(3) 核对品名、质量规格、包装、数量、生产国别、估计单价和金额、要求到货时间、目的港或目的地等项目。

2. 落实进口许可证和外汇

(1) 申领进口许可证时，申请单位必须在对外订货之前，向签发许可证的机关提交国家主管部门的批件。

(2) 进口单位向商务部申领许可证。具体来说，中央、国务院各部、委及其所属单位，由主管部门向商务部申领；省、区、市各部门及其所属各单位向其省级商务部门申领；14个沿海开放城市所属单位向商务部驻口岸特派员办事处申领。

(3) 进口业务分为自营进口和代理进口两类。一类是在自营进口业务中，申领进口许可证的手续由外贸企业自办，外汇也由自己负责解决；另一类是在代理进口业务中，申领进口许可证的手续和所使用的外汇，原则上都由委托单位负责。

(4) 进口货物由于某种原因，货到上岸后，与进口许可证不一致时，申请单位应到发证机关申请更改或申请换发进口许可证，对没有进口许可证的进口货物，事后补办进口许可证的，海关将处以罚款后，放行货物。

3. 寻找外购供应厂商

主要从以下几个方面寻找外购供应厂商。

(1) 驻国外机构的反映。驻国外机构的反映包括驻外商务处、驻外企业、各公司驻外代表、国外中国银行等的反映。

(2) 出国小组的汇报。

(3) 在"广交会"、"小交会"上向客户的调查，可通过座谈会、茶话会和谈心会了解。

(4) 从各口岸中国银行分行接受调研信托、商品调研、客户调研业务中获得。

(5) 充分利用国外商业网点。

(6) 国外报纸杂志。

(7) 国内外统计资料。

(8) 上级机关及兄弟单位的各种有关资料报道。

(9) 各科研、教育机构的有关资料报道。

(10) 与我方有业务来往的外国厂商及外国朋友的介绍。

4. 交易洽商

1) 洽商方式

洽商的方式一般有两种：一是与客户直接面谈；二是双方通过信件、报、电传等工具洽商。

2) 洽商内容

在国际商品贸易中的主要交易条件有 12 项：品质条件、数量条件、包装条件、价格条件、支付条件、装运条件、保险条件、商检条件、索赔条件、仲裁条件、不可抗力条件、法律选择条件。

3) 洽商的一般程序

洽商的一般程序包括：询盘—发盘—还盘—接受。

(1) 询盘，也称询价，是指交易的一方打算出售或购买一商品，向另一方发出一项"洽商邀请"。询盘的内容不只限于价格，可以兼询商品交易的 12 个条件的内容。询盘是交易洽商的第一步，但在法律上对双方均无约束力，买方询盘后，无必须购买的义务，卖方也无必须出售的责任。

(2) 发盘，也称要约、报盘、报价、发价。发盘，也不只是讲价格，在发盘中，必须提出主要交易条件。在发盘的有效期内，发盘人要承担义务，一经对方接受交易即告达成，但如果不具备主要交易条件，发盘虽经买方接受，也不能达成交易。

(3) 还盘，是指受盘人收到发盘，对其中的某个或某些交易条件，不能完全接受，针对该项发盘而提出不同内容的反建议（即修改意见）。一方的发盘经对方还盘以后，即失去效力，即使原发盘有效期未过，也失去效力，原发盘人即解除了对原发盘所承担的义务，而还盘人却成了新的发盘人。发盘人接到对方还盘，通常采用 3 种方法处理：①坚持原来的发盘，但可延长发盘的有效期，让对方再考虑；②再还盘，作为一个新的发盘；③接受或停止继续洽商。

(4) 接受，是指受盘人对一项发盘或还盘，表示完全的无保留和无条件的同意。发盘（或还盘）被接受后，交易立即达成，双方即构成一项合同关系，双方对已达成协议的各项交易条件都必须信守执行，一般都采用签订书面合同的形式，把双方协议一致的内容条文化，明确规定各方的权利和义务。

5. 签订合同

(1) 经过询盘、发盘、还盘、再还盘、接受环节之后，当一方的实盘被另一方有效或正当接受时，合同关系立即成立，或交易立即达成。签订合同只是把达成的协议以书面形式肯定下来，即使双方没有签订合同，也不影响双方已达成的协议。

(2) 合同成立，应具备以下要素。

① 合同的事务必须是合法的，有悖于一国的贸易法律和国际公法的交易是不能进行的。

② 必须是双方就交易的内容表示一致同意才行。

③ 合同签订的当事人必须是有支付能力、能够承担法律责任的人。

（3）合同是对外贸易活动中的基本条件，每一批货物的成交，从品名、规格、检验到包装都必须按照合同规定执行，但由于某些人员对技术标准在进出口商品签约合同中的重要性认识不足，合同中漏洞很多，出现不应有的失误，给国家和企业造成了严重的经济损失，因此，在签订合同时应注意。

6. 开立信用证

（1）订购合同中规定采用信用证支付方式，买方就要承担按时开出信用证的义务，同时信用证的内容要完全符合合同的规定。

（2）目前，我国外贸企业向银行申请开证一般包括以下程序。

① 外贸企业作为开证申请人，要填写"开立不可撤销跟单信用证申请书"，连同订购合同副本送交当地中国银行分行，要求中国银行按照合同和开证申请书的内容和要求开证。

② 中国银行应对申请书的内容，申请人的资信、经营能力和有无外汇等情况进行审核，并以取得人民币保证或收取人民币保证金后，才缮制信用证，对外寄发。

（3）在办理开证手续时，外贸企业应注意以下问题。

① 要正确掌握开证时间。开证时间一般不宜早于合同规定的时间，也不要迟于合同规定的时间，一定要按合同规定的时间办理。有的合同规定在卖方领到出口许可证或支付履约保证金后开证，就应在收到卖方已领到出口许可证通知或收到履行保证金后开证。如合同没有规定具体的开证日期，按国际条例，买方应在合同规定的装运期前将信用证开到卖方。

② 信用证的内容必须与合同规定完全一致。信用证中关于品质、规格、数量、价格、交货期、装运条款等内容，必须以合同规定为依据，务求正确、完备、具体、确切。

③ 对于单据的要求，包括单据种类、填法、正副本份数等应结合商品的性质和我方的需要来规定。

④ 信用证开出后，如卖方来函来电要求我方修改证内某些内容，我方应视其是否合理，考虑是否修改，因为改证不仅要增加费用，而且有时还会影响合同的履行。

7. 进度控制及异常处理

（1）外购部门应以"采购控制表"控制外购作业进度。

（2）外购部门于每一作业进度延迟时，应主动开立"进度异常反应单"，注明异常原因及处理对策，据此修改进度并通知请购部门。

（3）"装船日期"有延误时，外购部门应主动与供应厂商联系催交，用"进度异常反应单"注明异常原因及处理对策，通知请购部门，并依请购部门意见处理。

8. 租船接货

目前，我国进口货物的租船订舱工作，大多数是由外贸企业委托外运公司代办，少数是自己直接办理。一般手续是：在订购合同中规定由卖方在交货前一定时期内，将预计装运日期通知买方，买方接到卖方通知后，才办理进口租船订舱手续，即填制租船订舱联系单，连同订购合同副本送交外运公司或其他船公司，委托其安排船舶或舱位，有的外贸企业也直接向国外船公司租船订舱。

如果因输出口岸偏僻或因使用部门急需，为避免到货延误，在签订合同时，向外购厂商指明船公司，由外购厂商代为安排装船。

9. 办理保险

我国进口货物的保险，一般采用预约保险的方式。

在预约保险方式下，由于投保险别、保险金额、保险费率、适用条款，以及赔偿支付办法等，均已事先在预保合同中说明，因此，外贸企业作为被保险人在办理保险时，只需按约定将国外卖方发来的装船通知抄本送交保险公司，即可作为办理保险，至于保险金额，可按 CIF 金额投保，也可按 CIF 金额适当加成投保。

以 FOB、C&F 条件的进口案件，由进口单位办理保险；以 CIF 条件的进口案件，由外购厂商办理保险。

进口单位应将承保公司指定的公证行在合同上标示，以便货品进口必须公证时，进口单位凭以联络该指定的公证行办理公证。

10. 进口结汇

由于采用信用证支付方式是凭单付款，所以审查卖方通过银行提交的货运单据是进口合同履行过程中的一个重要环节。

在我国进口业务中，作为开证行的中国银行对国外议付行转交来的卖方全套货运单据进行审核后，将其送交外贸企业签收。

外贸企业则要根据单证相符、单单相符的原则，在单证表面相符的条件下，于接到信用证规定的全套单据日起三个工作日内，通知银行办理对外付款或承兑，如因单证不符拒绝付款或承兑，也应在三个工作日内将全套单据退回银行，并注明拒付理由或原因。

但是，在实际业务中，有时也可视不同情况，采用变通的解决办法，如：同意改为货到检验后付款；凭受益人或议付行出具的担保书付款；由国外议付行通告发货人更正单据后再付款等。

11. 免税

（1）免货物税及"工业用证明"的申请。

① 进口的货品可申请免货物税者，外购部门应于"输入许可证"核准后，签具必需文件，向税捐处申请，经取得核准函后，向海关申请免货物税。

② 除"免凭商务部证明办理具结免税进口"的项目外，其他合于免税规定的人造树脂类材料，外购部门应于发"信用证"后，签具必要文件向商务部申请"非供塑胶用"证明，以便于报送时，据此向海关申请依工业用品税率缴纳进口关税。

（2）专案进口税则预估及分期缴税的申请及办理。外购部门应于进口前，签具有关文件并凭此向海关申请税则预估，等核准后，办理分期缴税及保证手续。

12. 装船通知

（1）外购部门接到供货商通知有关船名及装船日期时，应立即填制"装船通知单"，分别通知请购部门、物料管理部门及有关部门。

（2）外购部门收到供货商的装船及提货文件时，应检具"输入许可证"及有关文件，以"装运文件处理单"先送进口单位办理提货背书。

（3）提货背书办妥后，外购部门应检具"输入许可证"及提货等有关文件，以"装运文件处理单"办理报关提货。

（4）管理进口物品放行证的申请（进口签证）。进出管理物品时，外购部门应于收到装运文件后，签具必要文件送政府主管机关申请"进口放行证"或"进口护照"，以便据此报关提货。

13. 报关

（1）报关手续应当自运输工具申报进境之日起 14 日内向海关申报，完税手续应当自海关填发税款缴纳证的次日起 7 日内缴纳税款。

（2）向海关申报时，应提交"进口货物报关单"，交验进口许可证和有关单证，海关依法查验单证和货物，并按单证免税放行。

（3）海关估税的税率如与进口单位估税不符时，进口单位应立即通知外购部门提供有关资料，于海关核税后 14 天内以书面向海关提出异议。

14. 提货

（1）进口货物到港后，即由船公司向收货人发出到货通知，收货人接到通知后，应向海关申报，并凭提单换取提货单到港口码头办理提货手续。

（2）在提货时，如发现货物有短缺，应立即会同港务局填制"短缺报告"，交船方签认。如发现货物有残损，应将其存放于海关指定的仓库，并通知保险公司、商品检验局等有关单位进行检验，明确残损、短缺程度和原因，以便向卖方、承运人或保险公司索赔。

15. 报检

（1）进口货物到货后，订货部门或用货部门必须在合同规定的期限内，请商检机构对商品进行检验，检验一般在用货部门所在地进行。

（2）为防止因超过时效而失去对外索赔权，凡属下列情况者，应当在卸货港（地）申请检验。

① 合同规定在卸货港（地）申请检验。
② 合同规定货到检验后付款者。
③ 属于法定检验范围内的商品。
④ 合同规定的索赔期限较短者。
⑤ 货物卸离装运工具时发现残损或有异状。

 案例　我国汽车行业的全球采购战略实施

目前，国际各大汽车公司纷纷实行全球采购、全球生产、全球合作开发、全球销售的全球经营策略。而全球采购作为其重要的经营策略，提出以更少的资金采购质量最好、技术最先进、交货期最短的零部件为"最佳采购原则"。全球采购已经成为世界汽车巨头迅速提高竞争力的一条捷径，使企业之间能够利用优势互补而获得共同发展的空间。

实行全球采购，是中国几大汽车生产企业的既定目标，但由于种种原因，一直是雷声大，雨点小。随着市场竞争压力的日益增强，大型汽车企业已等不及"入世"后再来做这件事了，上海大众也决定实行全球采购,业内人士分析这将会很快波及其他大型合资企业,汽车业的原有格局将被打破。

据介绍,当前国际汽车业开展质量、价格大战,整车成本下降率50%来自于采购系统的变革,而中国的零部件企业比中国汽车生产企业更分散、更无序。每个国产车生产企业都有一个垂直分布的单一配套体系,由于缺乏竞争,使得中国市场上某些汽车零部件的价格是国际市场价格的2~3倍。在中国加入WTO后,汽车零部件的关税将降到10%以下,国外技术含量高、质优价廉的配件可能成为国内厂家的首选目标,像印度、巴西、墨西哥、韩国等地都长期列于国外各大汽车厂商的采购名单上。中国的汽车企业若想在与世界汽车巨头的竞争中取胜,除实行全球采购外,已别无选择。

除长安汽车厂之外,中国第一汽车集团公司也组建了全新的采购部,改变过去分散采购的办法,实行集中统一采购以降低成本。"一汽"的负责人表示,"一汽"将积极参与经济全球化,加强与国际知名跨国公司的合作,实现跟踪发展,成为其全球生产体系的有机部分,在此基础上实现平台共享、联合开发、全球采购。"一汽"与德国大众集团已有了20年的合作历史,今后还将进一步加强合作。而"一汽"采购部的成立将推动"一汽"采购管理与国际接轨,为逐步实现全球采购做准备。

问题:

1. 说明"最佳采购原则"主要体现在哪些方面?
2. 如何制定公司的采购战略?
3. 采购战略的重点内容是什么?

(资料来源:http://www.docin.com/p-470465017.html。)

1.4 采购的任务与作用

1.4.1 采购的任务

1. 提高质量

通过不断改进采购过程及加强对供应商的管理以提高采购的原材料的质量。从供应的角度来说,采购是整体供应链管理中"上游控制"的主导力量。在工业企业中,利润同制造及供应过程中的物流和信息流的流动速度成正比。在商品生产和交换的整体供应链中,每个企业既是客户又是供应商。为了满足最终客户的需求,企业都力求以最低的成本将高质量的产品以最快的速度供应到市场,以获取最大利润。从整体供应链的角度来看,企业为了获得尽可能多的利润,都会想方设法加快物料和信息的流动,这样就必须依靠采购的力量,充分发挥供应商的作用,因为占成本60%的物料及相关的信息都发生或来自供应商。供应商提高其供应可靠性及灵活性、缩短交货周期、增加送货频率可以极大地改进工业企业的管理。

2. 控制成本

采购成本的高低是衡量采购是否成功的重要指标。因此,在采购过程中必须控制和减少包括以直接采购成本和间接采购成本为主的采购相关成本。直接采购成本的减少是指对原材料、零部件等的采购价格的控制和降低。直接采购成本的控制和降低可以通过提高采购工作效率、定期谈判、优化供应商、实施本地化、与供应商共同开展改进项目等途径来达到。间接采购成本则可以通过包括缩短供应周期、增加送货频率、减少原材料库存、实施来料免检、循环使用原材料包装、合理利用相关的政府政策、避免汇率风险、供应商参与产品开发和过程开发等在内的方法来降低。

3. 建立供应配套体系

企业的采购任务还包括建立可靠、最优的供应配套体系。一方面要减少供应商的数量，使采购活动尽量集中，降低采购成本；另一方面又要避免依赖独家供应商，防止供应商借助垄断提高价格。

4. 与供应商建立合作关系

企业的采购还有一项重要任务是利用供应商的专业优势让其积极参与产品开发或过程开发，这样供应商就纳入企业自身的整体经营中了。

5. 树立企业形象

企业还需通过采购工作建立和维护本企业的良好形象。因为采购是企业的对外工作，同销售工作一样，在很大程度上对外代表着企业的形象。因此，采购部门必须以公正良好的态度发展企业同供应商的关系，树立企业的优秀形象。

6. 信息管理

企业采购管理还涉及管理、控制与采购相关的文件和信息的任务。从采购管理的角度来讲，其他职责还有制定并实施采购的方针、策略、目标，以及改进计划并进行采购及供应水平，如缩短生产总周期、提高生产效率、减少库存、增强供应商绩效衡量，建立供应商审核及认可、考核及评估体系，开展采购体系的自我评估，同其他单位的采购水平进行比较借以不断提高整体采购水平，建立培养稳定有创造性的专业采购队伍，与其他单位共享采购资源、开展"杠杆采购"等。

1.4.2 采购的作用

1. 直接作用

采购管理在以下几个方面对经营的成功具有重大贡献：采购管理可以通过实际成本的节约显著提高营业利润；通过与供应商一起对质量和物流进行更好的安排，采购管理能为更高的资本周转率作出贡献；通过科学的采购流程管理，能够对企业的业务流程重组及组织结构的改革作出贡献；提供信息源的作用。采购部门与市场的接触可以为企业内部各部门提供有用的信息，主要包括价格、产品的可用性、新供应源、新产品及新技术的信息。这些信息对企业中其他部门都非常有用。供应商所采用的新营销技术和配送体系很可能对营销部门大有好处，而关于投资、合并、兼并对象及当前和潜在的客户等方面的信息则对营销、财务、研发和高层管理有一定的意义。

2. 间接作用

除了直接降低采购成本，采购职能也能够以一种间接的方式对公司竞争地位的提高作出贡献。这种间接贡献以产品品种的标准化、质量成本（与检查、报废、修理有关的成本）的降低和产品交货时间的缩短等形式出现。在实践中，这些间接贡献通常比直接节省的资金更加实在。

(1) 产品标准化。可以通过采购标准化的产品来减少采购品种，从而降低企业生产成本。这样还可降低对某些供应商的依赖性，更好地使用竞标的方法。

(2) 减少库存。通过对采购活动的科学管理，可以实现对企业各个生产环节所需原材料的即时供应，从而降低了企业的库存水平及因大量库存而带来的资金占用。

(3) 增强柔性。迫于国际竞争的压力，越来越多的公司正尝试实施柔性制造系统。这些系统能提高公司的市场反应速度，还可以促进企业产品质量的提高、降低库存水平、加快资金周转。这种系统的实施要求供应商具有良好素质。把提高供应商的表现作为采购管理任务的思想会提高企业在其最终用户市场的竞争力。

(4) 对产品设计和革新的贡献。随着科技的进步，产品的开发周期极大地缩短，产品开发同步工程应运而生。通过采购让供应商参与到企业产品开发中，不仅可以利用供应商的专业技术优势缩短产品开发时间、节省产品开发费用及产品制造成本，还可以更好地满足产品功能性的需要、提高产品在整个市场上的竞争力。成功的工业革新常常是从供应商和买方的相互深入作用中实现的，积极地寻求这种相互作用是采购的任务。

(5) 提高企业部门间的协作水平。这些年来，许多公司都采用了事业部结构，事业部有着相当大的自主权。在这样一种结构中，每一个事业部的经理都需要报告其全权负责部门的损益情况。因此，事业部经理要对收入和成本，包括原料成本负责。在这种情况下，整个公司的集中采购可以促使各部门加强协调和协作。

3. 杠杆作用

采购一般占到最终产品销售价值的 40%～60%，意味着，在获得物料方面所做的点滴成本节约对利润产生的影响，要大于企业其他成本——销售领域内相同数量的节约给利润带来的影响。

用一张简单的损益表就能说明杠杆原理的作用，目标是将利润翻番（表 1-2）。现在某公司的总销售额为 1 亿美元，利润为 500 万元。其中，销售额的 60% 用来购买产品和服务，其余的成本包括劳务费、工资及一般管理费用。

问题：销售额、产品价格、劳务费和工资、一般管理费用或采购量要增加或减少多少，才能使利润从目前的 500 万元提高到 1 000 万元？

表 1-2　在采购中利用杠杆原理实现利润翻番　　　　　　　　　单位：百万元

项　目	当前值	销售额 +17%	产品价格 +5%	劳务费和工资 -50%	一般管理费用 -20%	采购量 -8%
销售额	100	117	105	100	100	100
购入的商品和服务	60	70	60	60	60	55
劳务费和工资	10	12	10	5	10	10
一般管理费用	25	25	25	25	20	25
利润	5	10	10	10	10	10

从表 1-2 可以看出，只要在采购项目上下降 8% 即可使得利润翻番。

1.5 采购管理概述

1.5.1 采购管理简介

1. 采购管理的概念

采购管理是指为保障企业物资供应而对企业整个采购过程进行的计划、组织、指挥、协调和控制等活动,保证采购计划的完成。它不但面向全体采购人员,而且面向企业组织其他人员,其任务是执行采购决策,指导所有的采购活动,利用企业所有的资源,满足企业的物资供应,确保企业经营管理战略目标的实现。

要想做好采购管理工作,采购部门必须要和企业内部的各个部门进行密切合作,具体见表1-3。

表1-3 采购部门与企业各个部门的协调关系

与各部门的协调关系	分析说明
与生产部的协调关系	(1) 采购部根据生产部的请购,核验库存,相互交换信息,确定采购数量; (2) 采购部及时采购适当品质的物料,配合生产的需要; (3) 采购部根据生产部的要求,适时供料; (4) 生产部为采购部提供物料需求资料
与销售部的协调关系	(1) 销售部向采购部提供正确的销售预测、销售目标等资料; (2) 采购部根据销售部的信息,为生产部提供合适的物料,从而支持销售; (3) 采购部为销售部提供竞争对手的物料需求情况及物料采购情况,销售部可根据此信息制定相应的销售策略,提高产品销售额; (4) 采购部根据客户的个性化需要,提出超出常规的服务内容,为销售部与客户建立良好关系提供支持; (5) 销售部在制定产品价格时得到采购部协助
与设计部的协调关系	(1) 设计部为采购部提供合理的及时指导意见; (2) 设计部根据采购部的物料信息,通过标准化的设计为采购部取得批量优势; (3) 采购部随时为设计部提供最新的用料规格、性能;价格等资料
与财务部的协调关系	(1) 采购部依生产计划制定采购预算; (2) 财务部根据采购预算筹措采购资金,按合同支付款项
与品管部的协调关系	(1) 品管部提供相关品管知识和品质标准,供采购部人员培训学习; (2) 品管部进行进料检验,如发现不良,及时通知采购部
与仓储部的协调关系	(1) 仓储部要为采购部提供库存动态变化信息; (2) 采购部和仓储部要保持良好的沟通与协调,设计适当的最低存量与订购点

2. 采购与采购管理

采购和采购管理是两个不同的概念,采购是一项具体的业务活动,是作业活动,一般由采购员承担具体的采购任务。当然,采购业务活动也需要加强管理,包括采购人员选择、每一具体环节的衔接等。企业采购管理的目的是为了保证供应,满足生产经营需要,是企业管理系统的一个重要子系统,是企业战略管理的重要组成部分,一般由企业的中高层管理人员承担。

一般情况下,有采购就必然有采购管理。但是,不同的采购活动,由于其采购环境、采购的数量、品种、规格的不同,管理过程的复杂程度也不同。个人采购、家庭采购,尽管也需筹划决策,但毕竟相对简单,一般可在家庭理财方面研究,这里研究的是面向企业的采购管理活动(组织、集团、政府等)。当然,在企业的采购中,工业制造和商贸流通企业的采购目标、方式等还存在差异,但有共同的规律,所以一般也就不再进行过细的划分。

本书所讨论的采购管理,不仅包含具体采购过程中的业务管理,而且涵盖了与采购业务有关的其他方面的管理,这就是广义的采购管理。采购管理是企业战略管理的重要组成部分,一般由企业的中高层管理人员承担。

采购与采购管理的区别见表1-4。

表1-4 采购与采购管理的区别

名称	区别
采购	责任:完成具体的采购任务; 权力:只能调度采购部分配的有限资源
采购管理	责任:保证整个企业的物资供应; 权力:可调动整个企业的资源

1.5.2 采购管理的重要作用

1. 采购管理的职能

1)保障供应

采购管理的首要职能,就是要实现对整个企业的物资供应,保障企业生产和生活的正常进行。企业生产需要原材料、零配件、机器设备和工具,生产线一开动,这些东西必须都到位,缺少哪一样,生产线都开动不起来。

2)节省费用

采购过程决定产品成本的主体部分,涉及许多费用。一辆汽车如果生产成本为5万元,则其生成过程的生产费用大约只有1万元(占20%左右),其余80%(约4万元)都是由采购过程造成的,包括原材料成本、采购费用、进货费用、库存费用、资金占用费用等。因此,采购管理好坏的一个重要指标,就是看它是否把产品成本降到最低的程度。采购管理的一个重要职能就是降低成本。树立系统观点,追求总费用最省;树立库存控制观点，进行适时适量采购，追求库存最小化。

3）供应链管理

传统的采购管理的观念，一般把保障供应看成是采购管理的唯一职能。但是随着社会的发展，特别是20世纪90年代供应链的思想出现以后，人们对采购管理的职能有了进一步的认识，即认为采购管理应当还有第二个重要职能，那就是供应链管理，特别是对上游供应商的管理。

4）资源市场信息管理

采购管理的第三个职能，就是资源市场的信息管理。在企业中，只有采购管理部门天天和资源市场打交道，除了是企业和资源市场的物资输入窗口之外，同时也是企业和资源市场的信息接口。所以采购管理除了保障物资供应、建立起友好的供应商关系之外，还要随时掌握资源市场信息，并反馈到企业管理层，为企业的经营决策提供及时有力的支持。

2. 采购管理的目标

采购管理的总目标是为了保证企业的物资供应，怎样才能保证物资供应的有效性，通过实施采购管理应做到：在确保适当质量下，能够以适当的价格，在适当的时期从适当的供应商那里采购到适当数量的物资和服务所采取的一系列的管理活动。

1）选择合适的供应商(Right Vendor)

选择供应商是采购管理的首要目标。对于采购方来讲，选择的供应商是否合适，会直接影响采购方的利益。如数量、质量是否有保证，价格是否降到最低，能否按时交货等。供应商的选择，主要应考察供应商的整体实力，生产供应能力、信誉等，以便建立双方相互信任长期合作关系，实现采购与供应的"双赢"战略。

2）适当的质量(Right Quality)

采购商进行采购的目的，是为了满足生产需要。因而，为了保证企业生产产品的质量，首先应保证所采购材料的质量，能够满足企业生产的质量标准要求。保证质量应该做到"适当"，一方面如果产品质量过高，会加大采购成本，同时也造成功能过剩，如目前在电视、手机、电脑等产品中，就出现功能多余；另一方面所采购原材料质量太差，就不能满足企业生产对原材料品质的要求，影响到最终产品质量，甚至会危及人民生命财产安全，如水泥、钢材质量的不合格，可能造成楼房建筑、桥梁等"豆腐渣"工程。

3）适当的时间(Right Time)

采购管理对采购时间有严格的要求，即要选择适当的采购时间，一方面要保证供应不间断，库存合理；另一方面又不能过早采购而出现积压，占用过多的仓库面积，加大库存成本。

4）适当的数量(Right Quantity)

采购数量决策也是采购管理的一个重要目标，即要科学地确定采购数量。在采购中要防止超量采购和少量采购。如果采购量大，易出现积压现象；如果采购量小，可能出现供应中断，采购次数加大，使采购成本增大。因此，采购数量一定要适当。

5）适当的价格(Right Price)

采购价格的高低是影响采购成本的主要因素。因此，采购中能够做到以"适当的价格"完成采购任务是采购管理的重要目标之一。采购价格应做到"公平合理"。①采购价格过高,加大了采购方的生产成本,产品将失去竞争力,供应商也将失去一个稳定的客户,这种供需关系也不能长久;②采购价格过低,供应商利润空间小,或无利可图,将会影响供应商供货积极性,甚至出现以次充好,降低产品质量以维护供应,时间稍长,采购方将失去一个供应商。

1.5.3 采购管理的内容

为了实现上面提出的企业采购目标,企业就必须重视加强企业采购管理。企业物资采购管理的主要内容如图1.3所示。

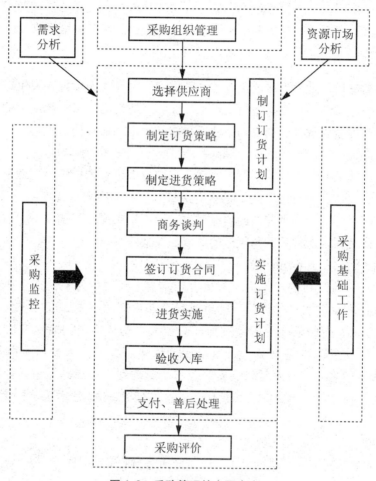

图1.3 采购管理的主要内容

(1)采购市场分析。采购对象的市场供求分析、供应商分析,进而制定价格策略和采购策略。

(2)需求分析。需求分析就是要弄清企业需要采购一些什么品种、需要采购多少,什么时候需要什么品种、需要多少等问题。作为全企业的物资采购供应部门应当掌握企业的物资需求情况,制订物料需求计划,从而为制订科学合理的采购订货计划做准备。

(3) 资源市场分析。资源市场分析就是根据企业所需求的物资品种，分析资源市场的情况，包括对资源分布情况、供应商情况、品种质量、价格情况、交通运输情况等。资源市场分析的重点是供应商分析和品种分析，分析的目的是为制订采购订货计划做准备。

(4) 采购制度建设。制定采购工作管理目标、供应商选择制度、采购作用制度等，用制度规范采购程序、采购人员行为，使采购运行机制科学化、合理化。采购制度各细则包括：物资采购入库验收管理规定，物料与采购管理系统，公司中进口物资采购供应规定，公司采购规程，采购工作实施办法，物料与采购管理工作内容，国内物资采购供应规定，设备引进管理条例，标准采购作业程序，标准采购作业细则等。

(5) 采购组织管理。采购组织管理是采购管理最基本的组成部分，为了搞好企业复杂繁多的采购管理工作，需要有一个合理的管理机制和一个精干的管理组织机构，需要具备一些能干的管理人员和操作人员。

采购部门是企业为了进行采购活动以保证生产运作顺利进行而建立的一个组织。随着企业与市场的联系日益紧密，采购部门的工作状况直接影响整个企业的资金流、业务流程和竞争优势。企业目前普遍采用的采购组织有集中型、分散型、复合型等采购模式。采购组织设计、建立和运行，需要同物流管理和供应链管理结合起来考虑。

(6) 采购合同管理。采购合同是需求方向供货厂商采购货品时，双方达成的协议所签订的具有法律效力的书面文件，它确认了供需双方之间的购销关系和权利与义务。

(7) 采购战略管理。采购战略包括：采购品种战略决策、供应商战略决策、采购方式及其选择、跨国采购战略等。制订采购订货计划是根据需求品种情况和供应商的情况，制订出切实可行的采购订货计划，包括选择供应商、供应品种、具体的订货策略、运输进货策略，以及具体的实施进度计划等，具体解决什么时候订货？订购什么？订购多少？向谁订？怎样订？怎样进货？怎样支付等一些具体的计划问题。

(8) 采购计划实施。采购计划实施就是把制订的采购订货计划分配落实到人，根据既定的进度进行实施。具体包括去联系指定的供应商、进行贸易谈判、签订订货合同、运输进货、到货验收入库、支付货款，以及善后处理等。通过这样的具体活动完成一次完整的采购活动。

(9) 采购评价。采购评价就是在一次采购完成以后对这次采购的评估，或月末、季末、年末对一定时期内的采购活动的总结评估。主要在于评估采购活动的效果、总结经验教训、找出问题、提出改进方法等，通过总结评估，可以肯定成绩、发现问题、制定措施、改进工作，是我们不断提高采购管理水平的保证。

(10) 采购监控。采购监控是对采购活动进行的监控活动，包括对采购的有关人员、采购资金、采购事物活动的监控。

(11) 采购基础工作。采购基础工作是为建立科学、有效的采购系统，需要建立的一些基础性建设工作，包括管理基础工作、软件基础工作和硬件基础工作。

小贴士

采购管理的目的是通过采购及其供应管理活动与供应链各个环节的协调运作，实现最佳业务绩效，从而增强整个公司业务的表现。因而，采购管理要体现以下几个观点。

（1）建立供应链价值系统的观点。高效的供应链设计、供应链成员之间的信息分享、集中库存策略及库存的可视化管理和生产的良好协调，会使库存水平降低，运输作业更为有效，并改善订单实现率及其他一些关键的业务功能。

（2）权衡的观点。进行采购过程设计、运作和管理，常常会遇到功能、成本和物流效率的选择，需要在比较、交替作用过程中进行权衡与选择，选择的基本方法是系统整体绩效评价。

（3）采购管理与其相关环节信息共享的观点。

1.5.4 采购管理模式的比较

1. 传统采购管理模式的主要特点

（1）传统采购过程是典型的非信息对称的博弈过程。选择供应商在传统的采购活动中是一项首要任务。在采购过程中，采购方为了能够从多个竞争性的供应商中选择最佳的一个供应商，往往会保留私有信息，因为给供应商提供的信息越多，供应商的竞争筹码就越大，这样对采购方不利。因此，采购方尽量保留私有信息，而供应商也在和其他的供应商竞争中隐瞒自己的信息。这样，采购与供应双方都不进行有效的信息沟通，形成了非信息对称的博弈过程。

（2）验收检查是采购部门的一项重要的事后把关工作，质量控制难度大。质量和交货期是采购方主要考虑的另外两项重要因素，但是在传统的采购模式下，要有效控制质量和交货期只能通过事后把关的办法。因为采购方不参与供应商的生产组织过程和有关质量控制活动，相互的工作是不透明的。因此，需要按照各种有关标准（如国际标准和国家标准等）进行检查验收。缺乏合作的质量控制会导致采购部门对采购物品质量控制的难度增大。

（3）供需关系是临时的或短时期的合作关系，而且竞争多于合作。在传统的采购模式下，供应与需求是临时的或短时期的合作关系，缺乏合作与协调，采购过程中各种抱怨和扯皮的事情比较多。采购人员的很多时间都消耗在解决日常问题上，没有更多的时间来做长期性预测与计划工作。供应与需求之间缺乏合作增加了许多生产的不确定性。

（4）对用户需求的反应迟钝。由于供应与采购双方缺乏及时的信息反馈，在市场需求发生变化的情况下，采购方也不能改变供应商已有的订货合同，导致在需求减少时库存增加、需求增加时供不应求。供需之间对用户需求的响应没有同步进行，缺乏应对需求的能力。

2. 现代采购管理模式的主要特点

（1）从为库存采购变为订单采购。传统采购都是为库存而采购的，采购部门很少根据项目的动态进展调整采购计划。如今面对激烈的竞争，大库存会严重影响企业的经济效益和竞争力。JIT(Just In Time，准时化)订单采购可以有效降低库存成本。

（2）从对采购材料的管理变为对供应商的管理。由于企业要与供应商建立一种长期互利的战略伙伴关系，因此双方及时实现工程进度、材料的生产情况、交货期、运输方式等信息的共享，实现准时化采购，这样供应商就可以适时响应采购部门的要求，使工程顺利进行，最终实现双赢。

（3）从传统采购变为电子商务采购。电子商务等信息技术的发展，使信息共享度越来越高。电子商务采购系统目前主要包括网上市场信息发布与采购系统、电子银行结算与支付系统、进出口贸易大通关系统，以及现代物流系统等可以解决传统采购模式中供应商不能及时响应项目进度的问题。

（4）从采购方式的单元化变为采购方式的多元化。传统采购途径比较单一，但是随着计算机网络及时和国际化供应链系统的迅速发展，采购方式开始向多元化方向发展，主要表现为：本土化采购与全球化采购相结合，集中采购与分散采购相结合，自营采购和外包采购相结合，多供应商与单一供应商相结合。

传统采购管理与现代采购管理的主要区别见表1-5。

表1-5 传统采购管理与现代采购管理的主要区别

比较项目	传统采购管理	现代采购管理
与供应商/买方的关系	互为对方	合作伙伴
合作关系	可变的	长期的
合作期限	短	长
采购数量	大批量	小批量
运输策略	单一品种整车发送	多品种整车发送
质量问题	检验/再检验	无须入库检验
与供应商的信息沟通	传统媒介	网络
信息沟通频率	离散的	连续的
对库存的认识	资产	不利因素
供应商数量	多，越多越好	少，甚至一个
设计流程	先设计产品后询价	供应商参与产品设计
产量	大量	少量
交货安排	每月	每周或每天
供应商地理分布	很广的区域	尽可能靠近
仓库	大	小

1.5.5 采购管理的发展趋势

目前，传统的采购模式存在六大问题：①采购、供应双方都不进行有效的信息沟通，互相封锁，呈典型的非信息对称博弈状态，采购很容易发展成为一种盲目行为；②无法对供应商产品质量、交货期进行事前控制，经济纠纷不断；③供需关系一般为临时或短期行为，竞争多于合作；④响应用户需求的能力不足；⑤利益驱动造成暗箱操作，舍好求次、舍贱求贵、舍近求远，易产生腐败温床；⑥生产部门与采购部门脱节，造成库存积压，占用大量流动资金。

现代采购将从简单采购转向合理采购，表现出以下几个趋势。

1. 集中化

采购管理的集中可以增强企业的核心竞争力，从而推动企业的发展。

2. 职能化

以往，很多公司的采购部门隶属于生产部门。近年来，越来越多的公司采购部门从生产部门或其他部门独立出来，开始直接向总经理、副总经理汇报。相应的，采购部门发挥着越来越大的作用，采购职能也从原来的被动花钱，开始有了节省资金、满足供应、降低库存等一系列目标。

3. 专业化

传统采购组织中，采购员发挥不了很大作用：一方面是领导对采购认识的局限、采购环境的恶劣，以及对采购舞弊的恐惧；另一方面也由于采购员和采购组织的软弱无力和技能缺乏，造成采购的低技术性。

4. 电子商务化

通过电子商务，管理人员可以立即获取并分析过去的或现在的交易信息，并为未来的采购提供决策支持数据。目前，有很多企业已经认识到电子商务对采购管理的重要性，并试图运用因特网进行信息共享，访问电子目录等，但这些还只是电子商务的一些表层应用；可以预见，在不远的将来，其他潜在的电子商务应用如订单跟踪、资金转账、产品计划、进度安排、收据确认等也将得到广泛应用，并直接改变未来的采购管理模式。总之，电子商务对采购管理的影响将在企业的战略规划中得到体现，而不是仅仅对采购管理战术性的改变。

5. 自动化

企业利用通信网络和信息系统，突破传统采购模式的局限，实现全天候、跨越时空的自动订货。

6. 注重成本管理

一是对企业的业务流程加以改进，识别并消除不带来增值的成本和行为；二是供应链中制定技术性和特殊性产品和服务的价格策略；三是在不同的市场中分享成本模型和节约的成本。可以说，随着成本压力的增加和企业间竞争加剧，战略性成本管理成为未来企业必须面对并要认真对待的课题，而这些又将直接影响未来的采购管理，并决定未来采购管理的方向。此外还有向自动化采购方面发展。

1.5.6 自动化采购的优势

随着计算机、互联网技术的发展，电子采购为采购提供了一个全天候、超时空的采购环境，即365×24小时的采购环境。自动化采购方式降低了采购费用，简化了采购过程，大大降低企业库存，使采购交易双方易于形成战略伙伴关系。从某种角度来说，电子采购是企业的战略管理创新。

自动化采购模式具备以下优势。

（1）可以扩大供应商比价范围，从货比三家到货比百家、千家，大幅度地降低采购费用，提高采购效率，降低采购成本，突破传统采购模式的局限。

（2）实现采购过程的公开化，有利于实现实时监控，使采购更透明、更规范。

（3）实现采购业务操作程序化，必须按软件规定流程进行，大大减少了采购过程的随意性。

企业使用自动化采购已成为未来采购的发展趋势。

1.5.7 自动订货系统

1. 自动订货系统的定义

电子自动订货系统（Electronic Ordering System，EOS）是指企业利用通信网络（VAN 或互联网）和终端设备在线联机（Online）方式进行订货作业和订货信息交换的系统。EOS 按应用范围可分各企业的 EOS（如连锁店经营中，各个连锁分店与总部之间建立的 EOS 系统），零售商与批发商之间的 EOS 系统及零售商、批发商与生产商之间的 EOS 系统。

2. 自动订货系统设计目标

（1）相对于传统的订货方式，如上门订货、邮寄订货、电话订货、传真订货等，EOS 能够缩短从接到订单到发出订货的时间，缩短订货商品的交货期，减少商品订单的出错率，节省人工费用。

（2）有利于减少企业的库存水平，提高企业的库存管理效率，同时防止商品特别是畅销商品缺货现象的出现。

（3）对于生产厂家和批发商来说，通过分析零售商的商品订货信息，能准确判断畅销商品和滞销商品，有利于企业调整商品生产和销售计划。

（4）有利于提高企业物流信息系统的效率，使各个业务信息子系统之间的数据交换更加便利和迅速，丰富企业的经营信息。

3. 自动订货系统结构

EOS 系统是许多零售店和许多批发商共同组成的大系统，结构如图 1.4 所示。

图 1.4　EOS 的系统结构图

1）批发、零售商场

采购人员根据管理信息系统（Management Information System，MIS）提供的功能，收集并汇总各机构要货的商品名称、要货数量，根据供货商的可供商品货源、供货价格、交货价格、交货期限、供货商的信誉等资料，向指定的供货商下达采购指令。采购指令按照商业增值网络中心的标准格式进行填写,经商业增值网络中心提供的电子数据交换(Electronic Data Interchange,EDI)格式转换系统而成为标准的 EDI 单证,经由通信界面将订货资料发送至商业增值网络中心,然后等待供货商发回的信息。

2) 商业增值网络

不参与交易双方的交易活动,只提供用户连接界面,每当接收到用户发来的 EDI 单证时,自动进行 EOS 交易伙伴关系的核查,只有具有伙伴关系的双方才能进行交易,否则视为无效交易。确定有交易关系后还必须检查 EDI 单证格式,只有交易双方都认可的单证格式,才能进行单证传递,并对每笔交易进行长期保存,供用户以后查询或在交易双方发生交易纠纷时,可以根据商业增值网络中心所储存的单证内容作为司法证据。

3) 供货商

根据商业增值网络中心转来 EDI 单证,经商业增值网络中心提供的通信界面和 EDI 格式转换系统而成为一张标准的商业订单,根据订单内容和供货商的 MIS 系统提供的相关信息,供货商可及时安排出货,并将出货信息通过 EDI 传递给相应的批发、零售商场,从而完成一次基本的订货作业。

当然,交易双方交换的信息不仅仅是订单和交货通知,还包括订单更改、订单回复、变价通知、提单、对账通知、发票、退换货等许多信息。

VAN(Value Added Networks,商业增值网络中心)是公共的情报中心,它是通过通信网络让不同机构的计算机或各种连线终端相通,是一种更加便利的共同的情报中心。实际上,在这个流通网络中,VAN 也发挥了很大的功能。VAN 不单单负责资料或情报的转换工作,也能够与国内外其他地域 VAN 相联并交换情报,从而扩大客户资料交换的范围。

4. 自动订货系统流程

EOS 系统的流程如图 1.5 所示。

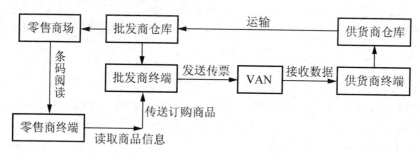

图 1.5　EOS 系统的流程

(1) 根据库存及销售情况,零售商利用条码阅读器获取准备采购的商品条码,并在终端机上输入订货材料。

(2) 将订货材料通过网络传给批发商。

(3) 批发商根据各零售商的订货信息及库存信息,形成订货信息并传给供货商。

(4) 供货商开出提货传票,并根据传票,同时开出提货单,实施提货,然后根据送货传票进行商品发货。

(5) 批发商接收货物,并开出传票,拣货,送货。

(6) 零售商收货,陈列,销售。

1.5.8 自动订货方式

随着商业化的迅速发展，电子订货系统因其方便高效的特点越来越受到人们的重视，而电子订货系统的标准化和网络化已经成了其发展的趋势。

(1) 要实施 EOS 系统，必须做一系列的标准化工作。如商品的统一代码、企业的统一代码、传票的标准格式、通信程序的标准格式，以及网络资料的标准格式，等等。

(2) 要实施 EOS 系统，必须要有稳定安全的专业网络。在贸易流通中，常常是按商品的性质划分专业的，如食品、医药、玩具、衣料等。因此形成了各个不同的专业，例如，日本各行业为了实现流通现代化的目标，分别制定了自己的标准，形成 VAN。目前，已提供服务的有食品、日用杂品、医药品等专业。EOS 系统工作方式如图 1.6 所示。

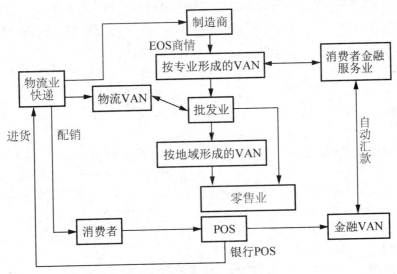

图 1.6　EOS 系统工作方式

EOS 系统已给贸易伙伴带来了巨大的经济效益和社会效益，专业化的网络和地区网络在逐步扩大和完善，交换的信息内容和服务项目都在不断增加，EOS 系统正趋于系统化、标准化和国际化。

1.5.9 自动订货系统的实施

(1) 全面考虑影响 EOS 系统实施的因素。

① 系统的现状。供应商、批发商和零售商信息化程度参差不齐，所以对 EOS 系统的适应能力也各不相同。通常信息化程度较高的企业，其内部的作业流程也比较合理，对新的作业方式有较强的适应能力。

② 零售商的专业属性。零售商的专业属性是指零售商场所售商品信息的品类特征，专业属性将直接影响 EOS 的实施。

③ 系统的发展前景。实施单位是否有 EOS 系统化的体制或能力也是 EOS 系统运行维护的一个重要的因素，EOS 系统在运行时需要多方面的沟通、协调，基本商品资料会经常更新，来自各供货商的报文非常频繁，需要随时更新商品数据库，因此维护商品数据库

的正确性就非常重要了。在考虑了上述因素后，实施 EOS 系统还应该考虑自动化发展方向，与供应商协调合作问题之后，做出整体规划。

（2）实施 EOS 系统需具备的前提条件。

① 联网对象的协调制度。所有的交易各方应该就新商品信息的导入、促销处理、意外状况处理、登录维护等诸多方面建立统一规范，做到 EOS 业务处理一致性。

② 代码字典。建立商品代码（自用、通用）、条形码、企业代码的管理体制，建立代码字典。

③ 增值网。根据企业信息化的性质、性能价格比，以及交易伙伴参加情况来选择最合适的交易网。

④ 标准的订货模式，包括订货方式、订货时间、订货周期、订货人、EOS 终端、多店订货及设备操作程序。标准的订货模式是 EOS 实现网络信息交换的必要条件。

⑤ 商品交易档案。为了进行分单处理和绩效分析，应建立交易对象信息表。

⑥ 培训作业人员。实施 EOS 系统之前要对作业人员进行培训，包括维护、操作及意外处理等内容。

应用范例　订单处理系统

订单处理系统根据功能不同分为自动报价系统和订单传送系统。自动报价系统根据用户询价输入实现报价的自动化；订单传送系统实现订单接收、确认及输入。

（1）自动报价系统。客户首先向系统输入客户名称、口令，登录报价系统，然后再输入询问的商品名称（或代码）、详细规格等。系统根据客户交易数据库，对该客户报价的历史资料库及供应商的报价库，取得对客户此种商品的报价历史资料、折扣率、商品供应等信息，形成报价单并打印。销售主管核准后送客户或直接从网上传递报价单。

（2）订单传送系统。客户根据报价系统传给的报价信息，决定订货的数量、规格，形成正式的订单数据，然后转换成订购数据并进一步转换成为内部订单格式，通过网络传给供货商。其中订单的发送和接收需要考虑订购数据的识别和法律效力问题，可采用数字签名的方式确认。

供货商接收订单后，由销售人员核查在客户指定的出货日期是否能够如期出货，该核查可以通过查询库存数据库等进行确认。数据确认即可转入待出货订单数据库中，并相应地修改库存信息。若销售人员经核查无法满足订单需求，可由其余客户协调，可选择分批交货或延迟交货，然后根据协调结果修改订单数据文件。

销售人员核查客户的订单应付账是否超过公司对客户所规定的信用额度，超出额度应由销售主管核准后再输入订单数据或退订。

本 章 小 结

采购首先是一项购买活动。这项活动非常重要，采购成本占物流管理的 20% 左右，采购的支出会占销售金额的 40%~60%。许多采购决策都会影响供应渠道中物流活动的效率。本章探讨了供应物流管理中的几个关键问题，并提出了相应的解决办法。这些关键性决策问题包括供应、采购决策、供应商管理等。采购活动是企业全部经营活动的起点，采购的效率、订单的执行等都会直接影响到企业的下一个经营过程。而在企业物流管理成本中，采购成本是物流管理的主体和核心，加强供应和采购物流成本管理对企业成本管理具有重要的意义。

现代企业面临着需求多样化和个性化的双重挑战，需要物料的采购和供应环节能够满足生产过程对物料柔性(多样化)和刚性(质量)的需求。采购流程运行的成功与否将直接影响到企业生产、销售的最终产品的定价情况和整个供应链的最终获利情况。

经济全球化使采购行业发生了巨大的变革。采购从传统的方式转为自动订货方式，现代化的采购管理帮助企业提升竞争能力。

练 习

一、单项选择题

在每小题列出的四个备选项中只有一个是符合题目要求的，请将其代码填写在题中的括号内。

1. 以下选项中，（　　）可以说是最普通的采购途径。
   A. 以货币换取物品　B. 租赁　　　　C. 借贷　　　　D. 交换
2. 以下（　　）属于无形采购的对象。
   A. 工程发包　　　B. 原料　　　　C. 辅料　　　　D. 事务用品
3. 下列不属于实体物品采购范围的是（　　）。
   A. 织布用的棉纱　B. 清洁用具　　C. 催化剂　　　D. 维护
4. 企业采购的首要任务是（　　）。
   A. 保证产品质量
   B. 为本单位提供正常的产品和服务供应
   C. 按时交货
   D. 确保产品的数量
5. （　　）是指对原材料、零部件等的采购价格的控制和降低。
   A. 直接采购成本　　　　　　　　　B. 间接采购成本
   C. 采购手续成本　　　　　　　　　D. 库存成本
6. 以汽车为例，20世纪50年代的开发周期约为20年，70年代缩短为10年，80年代缩短为5年，90年代则进一步缩短为3年左右。这一事件说明采购管理具有（　　）的作用。
   A. 对产品设计和革新的贡献　　　　B. 产品标准化
   C. 提高企业部门间的协作水平　　　D. 增强柔性
7. 产品要求为数量大、标准化程度高的企业的生产环境是（　　）。
   A. 按需求预测生产　　　　　　　　B. 按订单设计生产
   C. 按库存量生产　　　　　　　　　D. 按订单生产
8. （　　）的优点是：为了独立需求，把库存成本降到最低程度。
   A. JIT　　　　　B. EOQ　　　　C. SCM　　　　D. TBC
9. 下列（　　）不属于企业需采购进行模式转换的内容。
   A. 采购的职能是寻找资源，而不仅仅是采购
   B. 为库存而采购转变成为订单而采购
   C. 从对采购商品的管理转变为对供应商的管理

D. 引进先进的管理制度和科学的手段

10. （　　）是采购部门的一项重要的事后把关工作。
    A. 供应商选择　　B. 验收检查　　C. 质量控制　　D. 盘点

11. 在实践中，供应商选择在很大程度上是由（　　）决定的。
    A. 采购主管　　B. 以往经验　　C. 采购员　　D. 技术规范

12. 下列属于现代采购的是（　　）。
    A. 比价采购　　B. 询价采购　　C. 招标采购　　D. 电子采购

13. 下列（　　）不属于采购重点。
    A. 供应商的地点　　B. 产品价格　　C. 质量　　D. 交货时间和方式

14. 下列（　　）不属于企业的生产环境的分类。
    A. 按需求预测生产　　　　　　　B. 按库存量生产
    C. 按订单生产　　　　　　　　　D. 按订单设计生产

15. 对100万元的年采购额和10亿元的年采购额所要求的组织结构是不相同的说法错误的是（　　）。
    A. 前者可能老板会自己决策
    B. 前者需要资深采购专家进行战略定位来把握方向
    C. 后者要具备采购专业知识的采购人员专职操作
    D. 前者有些亲自认证采购

二、多项选择题

请把正确答案的序号填写在题中的括号内，多选、漏选、错选不给分。如果全部答案的序号完全相同，例如全选ABCDE，则本大题不得分。

1. 下列属于采购的是（　　）。
    A. 租赁　　　　　　　　　　　B. 交换
    C. 借贷　　　　　　　　　　　D. 用人民币购买衣服
    E. 用外汇购买石油

2. 根据采购输出的结果可以分为（　　）。
    A. 工业采购　　B. 有形采购　　C. 无形采购
    D. 消费采购　　E. 开发采购

3. 人们提出的"5R"原则是指（　　）。
    A. 适时　　　　B. 适质　　　　C. 适价
    D. 适量　　　　E. 适地

4. 具体说来，采购的任务主要包含（　　）。
    A. 提高质量及控制成本　　　　B. 建立供应配套体系
    C. 信息管理　　　　　　　　　D. 与供应商建立合作关系
    E. 树立企业形象

5. 通过（　　）可以降低间接采购成本。
    A. 供应商参与产品开发和过程开发　　B. 与供应商共同开展改进项目
    C. 缩短供应周期　　　　　　　　　　D. 定期谈判
    E. 循环使用原材料包装

6. 以下属于采购管理的间接作用的是( )。
   A. 提供信息源的作用　　　B. 产品标准化
   C. 减少库存　　　　　　　D. 增强柔性
   E. 提高企业部门间的协作水平

7. 企业的生产环境一般分为( )。
   A. 按需求预测　　　　　　B. 按库存量生产
   C. 按客户个性化生产　　　D. 按订单生产
   E. 按订单设计生产

8. 下列属于 Stannack 和 Jones 列举的采购演变过程阶段的有( )。
   A. 以采购产品为中心的采购　　B. 以运作过程为中心的采购
   C. 以采购关系为中心的采购　　D. 以采购管理为中心的采购
   E. 以采购表现为中心的采购

9. Russell Sysons 认为应将采购分为以下哪几个重要的焦点领域?( )
   A. 独立性　　B. 综合性　　C. 交易性
   D. 商业性　　E. 能动性

10. 全球化采购管理的重点仍然是( )。
    A. 价格　　B. 品质　　C. 数量
    D. 交货期　　E. 地点

三、简答题

1. 什么是采购?
2. 什么是工业采购?
3. 什么是消费采购?
4. 什么是有形采购和无形采购?
5. 采购的原则是什么?
6. 采购包括哪些基本步骤与流程?
7. 采购的任务和作用是什么?
8. 什么是电子订货系统?
9. 结合实际谈谈企业采购的发展趋势。
10. 学习采购管理有什么意义?

四、项目练习

项目:试分析下列现象,提出解决的措施。

现象1:绝大部分企业都设置采购计划员这个岗位,其主要职能就是根据企业下月的生产计划编制采购计划。有趣的是,许多企业并不按采购计划员编制的采购计划进行采购,而是要经过加工,而加工的依据多半是领导的个人经验。

现象2:企业经常会出现计划外采购的情况,一般都是因为出现了临时的意外情况,这时一般需要领导的特批。可是有一个真实的例子就是,有一个厂的厂长在偶然一次进仓库时发现了一种配件是几个月前他特批过的,因为当时情况特别紧急,所以印象特别深刻,但是现在他发现,那些配件还是原封不动地躺在仓库里睡大觉。

现象3：许多企业的老板都有这样一个体会，就是在审批签字时，没有任何依据，只能被动地签字，除了极个别的情况外，一般不会出现拒签的情况，以至于一个企业的老板甚至说："我就是大家的奴隶"。

现象4：众所周知，企业之间的竞争最后其实是成本的竞争，而在现在生产设备自动化程度越来越高的时候，压缩产品在制造过程中的成本空间越来越小，而材料的采购成本却大有文章可做。但是，采购成本居高不下却一直是许多企业的顽疾之一。

五、案例分析

永安公司供应部的采购流程内控体系

永安公司的采购部负责全公司的材料采购，其中生产材料有1 000多种，可分为钢材类、水泥类、化工类、建材类、工电器类、生产工具类、辅助材料、小五金、劳保用品。采购长负责全面工作，同时，钢材类、水泥类材料采购业务由一位采购员负责，其他材料业务量较少，所以由另一位采购员负责。

公司没有长期固定的供应商，采购员尽可能多地掌握潜在的供应商，每次有大宗采购业务，采购员联系各供应商询价、比价，确定一家供应商进货。对于采购员而言，要编制应付款明细账，掌握往来单位应付款情况；还要编写支票使用记录，用于财务审查。

1. 现款采购业务控制流程

1) 付款审批

采购员填写支票借据(1联为采购员存根联，2联为财务报销附件，3联为报销后退借款人)，将支票借据和请购单上报副总审批。主管副总累计本周采购用款，根据"用款计划单"控制购用款(首先保证现款采购，再考虑赊购采购)，根据经验审查主要材料的采购价格，根据请购单审查采购的用途，根据所掌握的最新的施工进度和生产进度控制采购时间，在"支票借据"1、2联签字，同意本次采购用款。采购员拿副总批准的支票借据，到财务部取支票。财务部根据副总批准的支票借据，交采购员支票或汇票。同时在支票借据上，采购员填写支票号，出纳员填写经办人。财务留第2、3联支票借据。

2) 订货

采购员通知供应商采购数量等，并再次确定采购价格、运费，督促供应商按期交货。

3) 收货

材料到货后，采购员和库管员共同验收(核对材料型号和数量)，进行初检。如果材料型号不对或有明显质量问题，则拒绝收货，要求对方退货，如果核查没问题，由库管员填写"原材料进厂报检审批单"。

4) 入库

验收合格入库后，由库管员填写5联材料入库单，将5联库单、原材料进厂报检审批单和对方送货单(1联)交采购员。

5) 核算

付款后收对方购货发票和运费发票，运费发票可能是供货的，也可能是第三方的。采购员填写自用的支票使用记录和应付款明细，既有先付款后收货，也有先收货后付款。核算部留入库单第1联登账，在"费用录入单"和发票上盖章，交副总审核。副总根据发票借据第1联，审核此费用是否是自己批准的，如是，在"费用录入单"和发票上签字还给采购员。采购员拿发票和"费用录入单"、入库单到财务报账，会计记账，在支票借据的第3联填写结算金额并签字，将第3联交还采购员。采购员填写支票使用记录并附上支票借据的第3联，以备和会计对账、复查。

2. 赊购采购业务过程

1) 订货

采购员和供应商签订合同(也可能不签)，确定采购数量、本次采购的价格运费和供应商协商以前赊购的还款金额日期，督促供应商按期交货。

2）结算

采购员根据"用款计划单"中的还款部分，找出以前赊购的入库单，按入库单计算付款的实际金额，付款和入库应该配套，电话通知供应商付款。供应商以收货单和发票要款，采购员将支票或汇票交供应商，收对方发票（购货发票和运输发票可能不同时到），填写支票记录，核销自己的应付款明细账。采购员填写还款单附上入库单、发票支票借据第1联交核算部。核算部留还款单第3联记账，在发票上盖章，转交副总审核。

副总根据发票借据第1联，审核此费用是自己批准的，在"还款单"上签字，在发票上签字还给采购员。采购员拿"还款单"和入库单、发票、发票借据第1联到财务报账。会计记账，在支票借据的第3联填写结算金额并签字，将第3联还采购员。采购员填写支票使用记录并附上支票借据的第3联，以备和会计对账、复查。

资料来源：李恒兴.采购管理.北京：北京理工大学出版社，2011.

讨论：
1. 永安公司供应部的采购流程有什么特点？
2. 根据资料总结采购部门的职责。

第 2 章　采购管理组织

【教学目标与要求】

本章介绍采购管理组织的概念、采购组织方式、组织类型、组织定位和组织结构；采购组织的发展趋势。通过本章的学习，了解组织分类设计方法，熟悉采购组织职能和人员要求。

某制造公司的采购组织

1. 某制造公司采购部设置

某制造公司是一家国有大型企业,生产三种主要产品:异步电动机、电容器柜及电机车;设有总经理、行政副总经理、业务副总经理和生产副总经理。总经理负责全面工作,行政副总经理分管人力资源部、财务部和信息部;业务副总经理分管销售部、物流部和仓储部;生产副总经理分管采购部、生产部和质检部。其组织结构设置如图2.1所示。

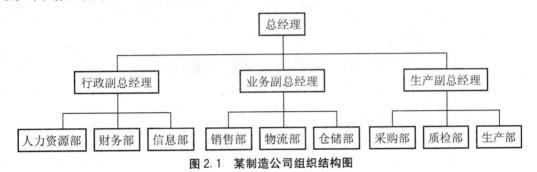

图2.1 某制造公司组织结构图

根据工作需要,其采购部岗位设置如图2.2所示。

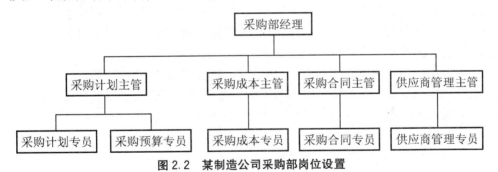

图2.2 某制造公司采购部岗位设置

2. 某制造公司采购管理

某制造公司于3年前开始生产某型号异步电动机,定价为每台3 500元,主要材料为硅钢片、钢板和其他辅助零件,每台异步电动机成本大约2 500元。虽然存在价差空间,但是该企业总赚不了钱,原因在于市场竞争激烈,企业的生产受原材料供应和销售市场波动影响很大,生产数量无法控制,生产中有时会大量剩余原材料,加上物流成本不断增加,因此利润越来越少。后来该公司通过市场调查调整了异步电动机所需原材料的采购方法,对公司生产的几种型号产品的原料供货根据需求统筹安排,并安排了市场人员跟踪销售信息进行预测,然后根据原材料清单进行采购。采购上也采取了多批次少批量的方法,企业的成本终于得到了有效控制。

该公司目前正在进行一个新的项目,为此公司的采购部专门成立了一个采购小组负责采购项目中所需要的设备和物资新项目是一条生产线,主机采购已经确定下来,但是配套辅助工作机器因供应商报价过高,公司决定自行采购配套。同时项目中所需要的一批电缆也到了要采购的时间。除了保证新项目顺利进行外,采购部还亟待解决一批计算机的采购和办公设备采购的问题。

采购管理

> **引例分析**
>
> 采购使组织机构运用自身的采购大权或杠杆作用以达到最好的效果;采购部门可以协调组织的采购业务活动,如采用统一的采购政策、单一货源、合作伙伴关系组织货源;遵循统一采购程序步骤;消除一个组织机构中多个部门竞相去采购物资的现象;采购组织分工明确,职责清楚,采购部采用全公司的统一技术规范,使得标准化工作易于推进;采购部门可以实现对业务活动的控制;采购部门可成立独立的成本中心,即组织机构中成本可以落实的一个部门,也可以成立独立的利润中心,即企业中一个自负盈亏的单位;预算控制可同时针对采购部门和供应的总开支,由集中采购取得的统一采购价格,有助于成本控制。
>
> (资料来源:许国君.采购管理.厦门:厦门大学出版社,2012,作者整理)

2.1 采购管理组织概述

2.1.1 采购管理组织及其功能

1. 采购管理组织的含义

"组织"通常有两种含义:一是指作为实体本身的组织,即按照一定的目标、任务和形式建立起来的社会集体,如企业、政府、大学、医院等;二是指管理的组织职能,即通过组织机构的建立运行和变革机制,以实现组织资源的优化配置,完成组织任务和实现组织目标。因此,组织是实现目标的重要保证。

采购管理组织是指为了完成企业的采购任务,实现保证生产经营活动顺利进行,由采购人员按照一定的规则,组建的一种采购团队。无论生产企业还是流通商贸企业,都需要建立一支高效的采购团队,通过科学采购,降低采购成本,保证企业生产经营活动的正常进行。

2. 采购管理组织的功能

1) 凝聚功能

采购组织的凝聚力的表现就是凝聚功能。凝聚力来自于目标的科学性与可行性。采购组织要发挥其凝聚功能,必须做到:①明确采购目标及任务;②良好的人际关系与群体意识;③采购组织中领导的导向作用。

2) 协调功能

采购组织的协调功能是指正确地处理采购组织中复杂的分工协作关系。这种协作功能,包括两个方面:一是组织内部的纵向、横向关系的协调,使之密切协作,和谐一致;二是组织与环境关系的协调,采购组织能够依据采购环境的变化,调整采购策略,以提高对市场环境变化的适应能力和应变能力。

3) 制约功能

采购组织是由一定的采购人员构成的,每一成员承担的职能,有相应的权利、义务和责任,通过这种权利、义务、责任组成的结构系统,对组织的每一成员的行为都有制约作用。

4) 激励功能

采购组织的激励功能是指在一个有效的采购组织中，应该创造一种良好的环境，充分激励每一个采购人员的积极性、创造性和主动性。因而，采购组织应高度重视采购人员在采购中的作用，通过物质和精神的激励，使其潜能得到最大限度的发挥，以提高采购组织的激励功能。

2.1.2 采购组织的形式

企业策略的执行必须有适当的人员编制与组织结构。采购组织机构的方式应视具体情况做出必要的调整，以适应环境的变化。在建立一个有效组织的过程中，最重要的莫过于了解策略、结构及授权之间的关系。常见的采购组织结构主要有以下几种形式。

1. 直线制的采购组织结构

直线制是由一个上级主管直接管理多个下级的一种组织结构形式，例如，由一个采购经理直接管理多个采购员。

直线制采购组织的优势在于"直接指挥"，可以做到以下几点。

（1）加强管理控制的力度。

（2）实现有效沟通，使管理符合实际。

（3）实现个性化管理。这种结构适合于中小型企业的采购管理。

2. 直线职能制的采购组织结构

这种组织形式是在直线制的基础上，再加上相应的职能管理部门，帮助采购经理决策，承担管理的职能。职能部门对采购部门没有直接管理权，采购部门接受采购经理的直接管理。

3. 采购事业部制

事业部制又称分权结构或部门化结构，首创于美国通用汽车公司，由通用汽车公司副总裁斯隆研究设计。事业部一般按"地区"或"产品类别"，对公司赋予的任务负全面责任。采购事业部组织结构适用于采购规模大及多品种、需求复杂、市场多变的企业采购。

采购事业部组织是一种集中化与分散化相结合的组织结构。各事业部实行的是集中化采购，而从总公司的角度分析则实行的是分散化采购，即将采购权分散到各事业部。

4. 矩阵制采购组织结构

矩阵制是为了完成指定任务（项目）由各个方面的人员组成临时的一个组织机构。当任务完成后，人员各自回原单位工作。这种组织结构突破了一名采购人员只受一个主管领导的管理原则，而是同时接受两个部门的领导。主要适合于生产工序复杂的企业，由于新产品多，需要采购多种物料，优点是采购的目的性强，组织具有柔性化的特点，能够提高企业的采购效率，降低采购成本。缺点是双重领导容易导致职能部门之间意见的不一致，影响业务活动的正常进行。

2.1.3 采购管理组织的分类

按照采购管理组织机构设计的原则，在充分考虑影响采购组织机构设计因素的前提下，不同的企业有不同的采购组织机构，按一定标准划分，分为分权式采购组织和集权式采购组织。

1. 分权式组织结构

分权式组织结构具有以下特点。
(1) 从整体观点处理各项作业，大幅降低物料总成本。
(2) 统筹供需，增强采购能力，提升存量管制绩效。
(3) 指挥系统单一化，各物料部门之间的沟通与合作获得改善。
(4) 物料作业系统制度化与合理化，降低了管理费用。

分散的采购结构的特点就是每个经营单位的经理对自己的财务后果负责。因此，经营单位的管理要对其所有的采购活动负完全责任。这种结构的缺点之一是不同的经营单位可能会与同一个供应商就同一种产品进行谈判，结果达成了不同的采购情境。当供应商的能力吃紧时，经营单位相互之间会成为真正的竞争者。

2. 集权式组织结构

集权式组织结构的特点：规模经济效益、采购业务的协调和采购业务的控制。

1) 规模经济效益

采购使组织机构运用自身的采购大权或杠杆作用以达到最好的效果，其理由如下：货量的集中可形成价格的批量折扣或优惠；与采购部门打交道促使供应商去争取拿到一个企业需求的全部或比例可观的订单；通过与供应商在较长的生产周期中共同分摊经常性管理费用而获得相对低廉的价格；可根据主要产品种类来聘用专业技术人员；可聘用专业的辅助工作人员，如为大量海外订购任务聘用办理进出口手续方面的专业人员；较低的行政开支成本，比如，一次处理价值 1 万英镑的订单比十次处理每次 1 000 英镑的订单更合算。

2) 业务活动的协调

采购部门可以协调组织的采购业务活动，如采用统一的采购政策，单一货源、合作伙伴关系组织货源；遵循统一采购程序步骤；消除一个组织机构中多个部门竞相去采购物资的现象；采用全公司的统一技术规范，使得标准化工作易于推进；方便订单数量和送货日期的决定；可以协调备用服务，特别是库存控制和生产进程；可以有系统地进行员工培训和开发；协助配合采购关于货源、货量和供方表现方面的深入研究；对供应商来说，与一个集中的采购部门联系比与大批单独的部门或工厂联系要方便得多。

3) 业务活动的控制

采购部门可以实现对业务活动的控制；采购部门可成立独立的成本中心，即组织机构中成本可以落实的一个部门，也可以成立独立的利润中心，即企业中一个自负盈亏的单位；预算控制可同时针对采购部门和供应的总开支；由集中采购取得的统一采购价格，有助于成本统一；通过减少废品，降低因多余库存量带来的资本利息损失等方式，使库存得以控制；可贯彻即时采购和生产资源规划等措施。

小贴士　美国杜邦公司的组织结构

在美国，杜邦公司于1903年第一家建立起由集体领导的执行委员会，用集体来取代一个人进行决策。这也是杜邦公司创造奇迹的要诀之一。经过约20年的探索改革，逐步完善，形成了今天这样的经营管理集体执行机构。由27位董事组成的董事会作为公司的最高经营决策机构，每月的第三个星期一开会。董事会议闭会期间，由董事长、副董事长、总经理和6位副总经理组成执行委员会，行使其大部分权力，集体负责、分兵把口，承担日常的经营管理决策，推行董事会制定的营销策略。每星期三，执行委员会开会，先就日常业务进行审议，并决定处置办法。正式议程的主要内容是听取和审阅各部门经理业务报告，其内容包括：生产情况、业务进展、市场销售、效益、存在问题、建议等，并就进一步采取的措施和对策进行讨论，然后做出决议。执行委员会的最后决定，通常采取多数赞成的方式通过，复杂的问题经充分酝酿后协商决定。

除了执行委员会外，董事会还下设财务委员会，其委员多数由不参与日常企业经营的董事们担任。财务委员会决定总公司的财务政策，并对财务活动进行指导和监督，是掌握"杜邦钱柜"的掌柜。执行委员会在财务上，有权使用400万美元限额内的款项，如超过，则须经公司的财务委员会同意。

2.2　采购管理组织结构

2.2.1　采购管理组织结构概述

1. 概念

企业组织结构是企业组织内部各个有机构成要素相互作用的联系方式或形式，以求有效、合理地把组织成员组织起来，为实现共同目标而协同努力。组织结构是企业资源和权力分配的载体，它在人的能动行为下，通过信息传递，承载着企业的业务流动，推动或者阻碍企业使命的进程。由于组织结构在企业中的基础地位和关键作用，企业所有战略意义上的变革，都必须首先在组织结构上开始。

采购部门的组织结构只有根据企业的业别、策略、规模、岗位需要等实际状况来设定，才能真正切合需要，发挥功能。采购部可以隶属于生产部门，也可以隶属于行政部门，还有隶属于业务部门的。

2. 采购部门职能

采购部是企业的重要业务部门，其工作职能是指采购部在企业分工与合作中的责任。采购部门的工作职能主要是：采购职能、执行职能、采购管理与支持职能，其说明见表2-1。

表2-1　采购部门的工作职能说明

工作职能	说　　明
采购职能	制订采购计划和采购预算； 制定采购政策及制度； 明确每位采购人员的任务和完成期限； 使用绩效考核管理工具，追踪采购过程； 完成企业各阶段不同的采购指标，适时、适量供应物料

续表

工作职能	说　明
执行职能	执行企业的采购理念和相关政策； 执行企业下达的采购任务； 选择与评估供应商； 确定合理的库存量，并对库存量进行实时监控； 采购谈判； 签订采购合同
采购管理与支持职能	采购管理职能： 采购部组织结构设计与调整； 采购人员的招聘与培训管理； 采购绩效考核管理； 采购成本管理
	支持职能： 为产品研发部提供最新的用料规格、性能、价格等资料； 为生产部适时、适量、适质地提供物料； 为人事部（培训部）提供培训建议； 协助品质部进行物料验收； 为销售部提供材料成本资料，协助销售部进行产品定价； 为仓储部提供及时的采购信息及入库信息； 为财务部提供采购成本信息，寻找降低采购成本的方法

2.2.2　各类企业采购部门组织结构

1. 分散的采购结构

1) 概念

由各预算单位自行开展采购活动的一种采购实施形式，如图 2.3 所示。

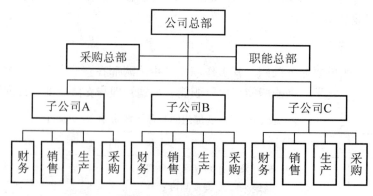

图 2.3　分散型采购组织图

2) 分散型采购组织的特点

每个经营单位的负责人对他自己的财务后果负责，分支机构采购服务的客户满意度不断提高。总部通常以"参谋"(而不是直线职能)的角色或以内部咨询机构的名义进行监督,制定合作政策,消除部门间的障碍,最终成为各分支机构间的沟通桥梁。因此,每个经营单位的管理者要对所有的采购活动负完全责任。

这种组织的缺点之一是不同的经营单位可能会与同一个供应商就同一种产品进行谈判,结果达成了不同的采购条件。当供应商的能力吃紧时,经营单位相互之间会成为真正的竞争对手。

这种结构对于拥有经营单位结构的跨行业公司特别有吸引力。每一个经营单位采购的产品都是唯一的,并且与其他经营单位所采购的产品有显著的不同。在这种情况下,规模经济职能会提供有限的优势。

2. 集中的采购结构

1) 基本概念

集中采购指由一个部门统一组织本部门、本系统的采购活动(简称部门集中采购)的采购实施模式。因此集中采购的实施主体可以是集中采购代理机构,也可以是一个部门委托采购代理机构进行。集中的采购组织结构是建立在只能一体化基础上的,通常是在董事会的领带之下,这种模式下的采购部门是一个整体。企业内的分支机构的采购活动,都要接受总部的管理,总部也就是专业技能、档案和权力的聚集地,如图 2.4 所示。

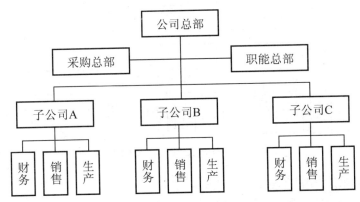

图 2.4 集中型采购组织图

在公司层次上可以找到中心采购部门。在采购部门,公司的合同专家在战略和战术层次上进行运作。产品规格的决策被集中制定(通常与中心工程技术或研发机构紧密合作),在供应商选择的决策上也是如此;与供应商之间的合同的准备和洽谈也是这样的。这些合同通常是与预先具有资格的供应商之间长达数年的一般和特殊采购条件的合同,采购活动是由经营性公司实施。

2) 集中型采购组织的优缺点

其缺点也是明显的:单独的经营单位的管理层只对采购的决策负有限的责任。通常的问题是经营单位的经理相信他们能够靠自己达到更好的目标,并将单独行动;这样它们将逐渐削弱公司采购部门的地位。集中型采购组织的优缺点见表 2-2。

表 2-2 集中型采购组织的优缺点

优　　点	缺　　点
规模效应	上下级之间的抱怨
标准化,有利于采购战略的实施	对系统的反抗
有利于财务管理	丧失机会
有利于评估,有利于监督	过高的管理费用
有利于采用信息技术与系统	对市场的反应较慢

3. 集中/分散的采购组织

1) 结构图

在一些主要的制造企业中,在公司一级的层次上存在着公司采购部门,然而独立的经营单位也进行战略和战术采购活动。在这种情况下,公司的采购部门通常处理与采购程序和方针的设计相关的问题。此外,它也会进行审计,但一般是在经营单位的管理层要求它这样做的时候如图 2.5 所示。

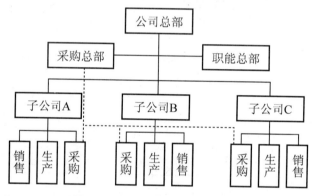

图 2.5　分散/集中型采购组织图

2) 影响采购采用集中式还是分散式的因素

(1) 采购需求的通用性。经营单位对所购买产品所要求的通用性越高,从集中的或协作的方法中得到的好处就越多。

(2) 地理位置。当经营单位位于不同的国家和(或)地区时,可能会极大地阻碍协作的努力。

(3) 供应市场结构。有时公司会在它的一些供应市场上选择一个或数量有限的几个大型供应商组织。

(4) 潜在的节约。一些类型的原材料的价格对采购数量非常敏感。

(5) 所需的专门技术。有时,有效的采购需要非常高的专业技术,例如在高技术半导体和微芯片的采购中价格也与供应和需求的规律有很大关系。

(6) 价格波动。如果物资(例如果汁、小麦、咖啡)价格对政治和经济气候的敏感程度很高,集中的采购方法就会受到偏爱。

(7) 客户需求。有时,客户会向制造商指定他必须购买哪些产品,这种现象在飞机工业中非常普遍。这些条件是与负责产品制造的经营单位商定的。这种做法将明显阻碍任何以采购协作为目标的努力。

4. 组合结构

1) 概念

组合结构指企业经营单位可以自由决定是参与(公司)合同还是单独运作的一种组织结构。它与"以提高公司的影响以减少总体物料成本和(或)改善来自外部供应商的服务为目标,将两个或更多的经营单位的共同物料需求结合起来的努力"相关。然而,实践中依然存在依赖于商品的类型,组合可能是强加给经营单位,也可能是经营单位自愿的。

2) 特点

组合结构主要具有以下特点。

(1) 自愿配合。在这种情况下,经营公司的采购部门之间会发生相当可观的信息交换。以这些数据为基础,每一个经营单位可以自由决定是参与(公司)合同还是单独运作。合同由采购协调委员会(或商品小组)进行准备,其中提及了最大的用户。

(2) 领先购买。在这种情况下,对一种特定类型的商品的需要量最大的经营单位承担了与供应商就公司合同进行洽谈的责任。经营单位从所有其他单位收集全部的有关数据并同供应商进行谈判,每一个单独的经营单位参照适当的合同条件直接向供应商定期发出订单。

(3) 领先设计。这种形式的组合其根本指导原则是共同设计。对于特定的产品或部件的设计负责的经营单位或部门(先行部门),也对与供应商就所有的物料和部件签订合同负责。

5. 跨职能采购小组

1) 概念

跨职能采购小组是为实现经营战略和商品管理的"实质性"集中化,整个公司流程在采购执行层次被结合起来,关注价值链中的与单个供应商的关系,并可以发展以持续的绩效改善为基础的关系的一种采购组织结构。

要实现跨职能采购和改善全球采购过程的关键因素是强有力的领导、管理层的积极参与、供应商管理、公司的商品计划、跨职能小组以及物流与交付过程的标准化。

2) 特点

跨职能采购小组这种组织形式是采购中相对较新的,这种结构采用了一个与供应商的单一联系点(商品小组),由这一商品小组为整个组织提供对全部部件需求的整合。合同的订立是集中进行的,但在所有的情况下采购业务活动都是分散的。

> **广角镜　IBM公司的跨职能组织**
>
> IBM公司因为1992年巨大财务亏损,IBM的采购职能被加以重组。IBM的新采购结构采用了一个与供应商的单一联系点(商品小组),由这一商品小组为整个组织提供对全部部件需求的整合。合同的订立是在公司层次上集中进行的。然而,在所有的情况下采购业务活动都是分散的。采购部件和其他与生产相关的货物是通过分布在全球的采购经理组织的,这些经理对某些部件组合的采购、物料供应和供应商政策负责。他们向首席采购官和他们自己的经营单位经理汇报。经营单位经理在讨论采购和供应商问题以及制定决策的各种公司业务委员会上与CPO会晤。CPO单独与每一个经营单位经理进行沟通,以使得公司的采购战略与单独的部门和经营单位的需要相匹配。这保证了组织中的采购和供应商政策得到

彻底的整合。IBM通过这种方法将其巨大的采购力量和最大的灵活性结合在一起。

对于与生产相关的物料的采购，IBM追求的是全球范围内的统一采购程序，供应商的选择和挑选遵循统一的模式。他们越来越集中于对主要供应商的选择和与他们签订合同，这些供应商以世界级的水平提供产品和服务并且在全球存在。这实现了更低的价格和成本水平、更好的质量、更短的交货周期，并因此实现了更低的库存。这种方法还实现了更少的供应商和逐渐增加的相互联系，因为采购总额被分配给更少的供应商，因此可以更多地关注价值链中与单个供应商的关系，并可以发展以持续的绩效改善为基础的关系。

2.3 采购管理组织设计和建立

2.3.1 采购管理组织设计的原则

采购管理组织的设立主要是为了配合企业的生产或其他经营目标以及与其他部门相协调配合。采购组织的合理设计是指将采购组织内部的部门专业化、具体化，也就是将采购部门应负责的各项功能组织起来，并以分工方式建立不同的部门来加以执行。采购组织的设计涉及很多活动，但是首要的工作还是明确战略、组织和职责之间的关系。战略一旦制定好，就必然借助于一定的组织框架才能得以正常的实施。而且无论采用哪种组织形式，其内部各组成部分必然要各司其职。一个组织的建立到底是基于职能模块、信息流还是以人为本其实并不重要，真正重要的是组织中的各项工作必须在分配和执行中注意和战略计划以及组织目标保持一致。采购部门要想有效地完成其采购业务，组织规划和职责必须要受到重视。采购组织的设计有不同的方法。

（1）目标可行原则。采购组织是实现采购目标的工具，因而首先必须确定企业的采购目标，依据不同的采购目标而建立企业的采购组织。一般来讲，组织目标应具备的特征是：①社会性；②共同性；③清晰性；④层次性；⑤参与性。

（2）合理分工原则。在采购组织内部，应按照不同人员的能力与职责进行合理分工以便各司其职、各负其责，提高采购效率。防止出现"有事无人做"的现象。

（3）统一指挥的原则。在采购组织中，每一个采购人员应该接受一个采购主管所委派的职权和职责，并且对其上级负有责任。

（4）管理幅度原则。管理幅度是指每一管理者直接管理下属的人数。在建立采购管理组织时，应合理确定管理的层次及每一层次的人员安排。

（5）权责相符原则。有效的采购管理组织必须是责权相互制衡。有责无权，责任难以落实，有权无责，就会滥用职权，因此，应该实现责权的对等和统一。

2.3.2 按采购部门隶属关系设计

1. 按采购部门隶属于生产部设计

按采购隶属于生产部门设计如图2.6所示。其主要职责是协助生产工作顺利进行。因此，采购工作的重点是提供足够数量的物料以满足生产上的需求，至于议价的功能则退居次要地位。图2.5中显示生产管制、仓储工作等归入其他平行单位管辖，并未归入采购部门的职务中。总之，将采购隶属于生产部，比较适合"生产导向"的企业，其采购功能比较单纯,而且物料价格也比较稳定。

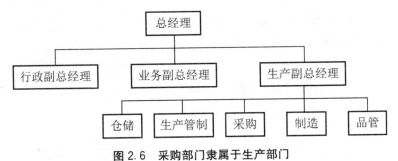

图 2.6　采购部门隶属于生产部门

2. 按采购部门隶属于行政部门

采购部门隶属于行政部副总经理,采购部门的主要功能是获得较佳的价格与付款方式,以达到财务上的目标。有时采购部门为了取得较好的交易条件,难免会延误生产部门用料的时机或购入品质不尽理想的物料。不过采购部门独立于生产部门之外,比较能对使用单位产生制衡作用,发挥议价的功能。因此,对于生产规模庞大,物料种类繁多,价格经常需要调整,采购工作必须兼顾整体企业产销利益之均衡时,将采购部门隶属于行政部门就比较合适。采购部门隶属于行政部形式如图 2.7 所示。

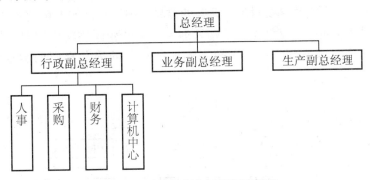

图 2.7　采购部门隶属于行政部门

3. 按采购部门直接隶属于总经理设计

采购部门直接隶属于总经理,提升了采购的地位与执行能力。此时,采购部门的主要功能在于发挥降低成本的效益,使得采购部门成为企业创造利润的另一种来源。这种类型的采购部门,比较适合于生产规模不大,但物料或商品在制造成本或销货成本所占的比率比较高的企业。采购部门隶属于高级管理层,使它俨然已扮演直线功能而非参谋功能的角色,如图 2.8 所示。

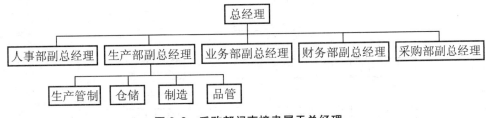

图 2.8　采购部门直接隶属于总经理

4. 按采购部门隶属于资材部门

采购部门向资材部（或物料管理部）门副总经理负责，其主要的功能在于配合生产制造与仓储单位，完成物料整体的补给作业，无法特别凸显采购的角色与职责，甚至可能降为附属地位。因此，隶属于资材部门的采购部门，比较适合物料需求管制补给、需要采购部门经常与其他相关单位沟通、协调的企业，如图2.9所示。

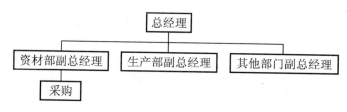

图2.9 采购部门隶属于资材部门

2.3.3 按采购地区或物品类别设计

1. 按采购地区设计

按物料的采购来源分设不同单位，如国内采购部、国外采购部。这种采购部门的划分主要是国内外采购的手续及交易对象有显著的差异，因而对采购人员的工作要求也不尽相同，所以应分别设立部门加以管理；采购管理人员需就相同物料比较国内外采购的优劣，判定物料应该划分归哪一部门办理。按采购地区划分的采购部门的示意图，如图2.10所示。

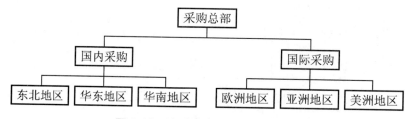

图2.10 按采购地区设计组织结构

2. 按采购物品类别设计

按主原料、一般物料、机器设备、零部件、工程发包、维护和保养等类别，将采购工作分由不同单位的人员办理。此种组织方式的优点，可使采购人员对经办的物料项目相当熟悉，通常能够达到采购人员熟能生巧的效果，这也是最常见的采购部门设计方式，如图2.11所示。

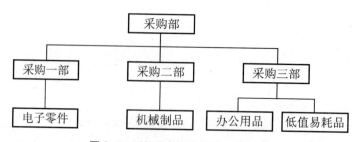

图2.11 按采购物品设计组织结构

2.3.4 采购部门的建立

采购部门主要就是负责本企业或机构的日常采购工作,采购组织设计的目的就是通过对企业内部资源的整合来提高企业的运作效率。采购组织必须与市场的发展变化相一致。任何单位都非常注重其采购部门的建立。

1. 采购部门的建立原则

1) 应与企业的性质、产品、规模相适应

如化工企业的原材料采购必须是通过专业人员进行,因为原材料的好坏鉴别只有专业人员才能进行,而且原材料的品质直接决定了产品的档次。

小贴士

从企业的规模大小来看,规模小的企业只需要设计一个比较简单的供应采购部门来负责整个企业的原材料及设备的采购;规模比较大的企业,像大型的企业集团或跨国性的企业常设有集团采购部或中央采购中心,同时各个子企业一般还分别设有采购的分支机构。

有效的采购管理组织必须是权责相互制衡。有责无权,责任难以落实,有权无责,就会滥用职权。因此,应该事先确定权责的对等与统一。

2) 应与企业采购目标及采购部门的职权范围相适应

如企业的产品质量出现问题,而这个质量问题是由原材料不过关引起的,这种情况就要求采购部门负责同供应商做工作改进原材料的质量,采购部门为了解决这一问题就需要聘请专门的质量工程师或者协调其他的相关部门共同参与供应商的质量改进工作。

3) 应与企业的管理水平相适应

由于各个企业的管理水平有很大的差别,所以当企业的管理水平很高,已经引进了MPR系统,企业的采购需求计划、订单的开具、收费跟单等都应按照MPR系统要求通过计算机进行操作控制。管理水平较低的企业如手工作坊式的企业,其采购部门的建立应根据企业管理水平达到的相应程度进行设计,与管理水平高的企业必然有着很大的不同。

4) 统一指挥原则

在采购组织中,应尽量保证每一个采购人员只对一个上级负责,即只向一个上级汇报工作。这样可以避免责任不清,相互推脱的情况发生。

5) 环境适应性原则

采购管理组织应能较好地适应企业经营战略的调整和市场环境的变化。任何组织都是存在于环境之中的。面对变化的环境,组织的竞争能力在很大程度上取决于环境的适应能力。

2. 采购部门的建立方式

采购部门的建立,就是将采购部门应负责的各项功能整合起来,并以分工方式建立不同的部门来加以执行。一般来讲,在规模较大的采购组织中是按照其职能来建立部门的。采购科是执行购买的功能,并与供应商议价;稽催科是负责使供应商如期交货并确保品质;管理科负责采购文件和报告的准备工作以及计算机系统的作业;研究科则负责收集、分类及分析采购决策的资料,如图2.12所示。

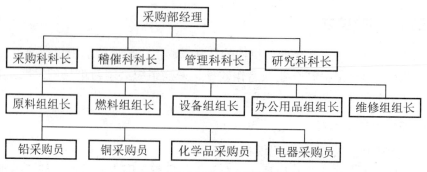

图 2.12　某金属制造企业组织结构

不过,在一般的中小型规模的采购组织中,通常缺乏稽查、管理、研究的功能,或因这三种功能并不明显就没有分别设置部门,至多将其部分功能合并为管理科或并入采购科里。一般来说,采购组织主要有以下几种建立方式。

1) 按物品类别不同分类

按物品的类别将采购部门划分为不同的采购小组,每一小组承担某一物品采购的计划制定、询价、招标、比价、签订合同、货款结算等一系列采购业务。这种采购部门的建立方式,可使采购人员对其经办的项目非常专业,比较能够发挥"熟能生巧"以及"触类旁通"的效果,也是最常用的采购部门建立方式,对于物品种类繁多的企业与机构最为适合。

图 2.13 是某电子企业的采购部组织图,通过此图可以看出如何按照物品分类来建立采购部门。

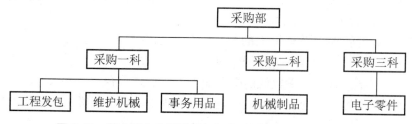

图 2.13　某电子企业采购部组织图(按物品类别不同分类)

2) 按采购地区不同分类

企业采购的货源来自不同的地区。按照采购地区的不同,分别设立部门。此种分工方式,主要是基于国内、国外采购的手续及交易对象有显著的差异,因而对于采购人员的工作条件亦有不同的要求。

由于国内、国外采购作业方式的不同,因此分别设立采购部门有利于管理。同时上级主管部门必须就所购买的物品比较国内、国外采购的优劣,判定采购事务应交给哪个部门承办,才能事半功倍。

3) 按采购价值或重要性不同分类

为加强对物品的管理,一般将采购的对象按其价值和品种分为 A、B、C 三类,A 类物品采购次数少、物品价值高,属重要物品,其采购质量如何将直接影响到企业经营的风险和成本,一般应由采购部门主管负责。而将采购次数繁多,但价值不高的 B、C 类物品,交给基层采购人员负责。

按照物品价值建立部门的方式，主要是保障主管对重大的采购项目能够集中精力加以处理，达到降低成本以及确保物资来源的目的。此外，让主管有更多的时间，对采购部门的人员与工作绩效加以管理。把采购次数少，但价值高的物品，交给采购部门主管负责处理；反之，将采购次数频繁，但价值不高的物品，交给基层采购人员办理，见表2-3。

表2-3 按物品价值分工的采购组织

物 品	价 值	次 数	承办人
A	70%	10%	经理
B	20%	20%	科长
C	10%	70%	科员

案例

某公司的采购任务的分类：其中策略性项目（利润影响程度高，供应风险大）的决定权交给高级主管（例如主管采购的副总经理）；瓶颈项目（利润影响程度低，供应风险高）交给基层主管（例如采购科长）办理；非紧要项目（利润影响程度低，供应风险低）交给采购人员办理，见表2-4。

表2-4 某公司采购任务的分类

物 品	价 值	次 数	承办人
A	70%	10%	经理
B	20%	20%	科长
C	10%	70%	科员

4) 按采购过程分类

按照采购业务过程，将采购计划的制订、询价、比价、签订合同、催货、提货、货款结算等工作交给不同人员办理。这种组织形式要求部门内各成员密切配合，适合采购量大、采购物品品种较少、作业过程复杂、交货期长以及采购人员众多的企业采用。

如图2.14所示，内购科分别设置访价组负责招标，议价组负责订约，结报组负责付款；外购科的访价与议价功能委托驻外采购单位负责，故只担任签约、履约及综合业务（包括外购法令之修订、申诉处理、进度管制等）。

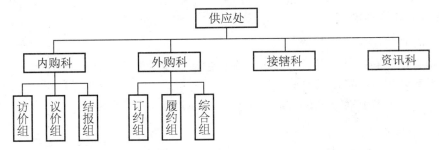

图2.14 某单位采购组织图

5) 混合式的编组

不同企业有不同的特点，在许多稍微具有规模的企业或机构中，通常会兼有以物品、地区、价值、业务等为基础来建立采购部门的内部组织，可以形成不同的混合式组织形式，如图2.15所示。

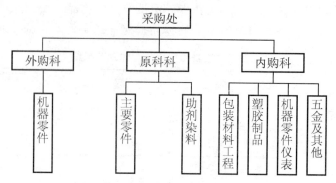

图2.15 某人造纤维企业采购组织图

在图中，先以地区划分为外购科及内购科，分设科长掌管。然后再按物品类别，交由不同的采购人员承办。同时，也以价值为基础，另外设立原料科，由副经理兼任科长来掌管，其中主要原料约占整个部门采购金额的70%，故由采购经理直接洽商决定，交由原料科人员办理有关交易的手续。

2.4 采购组织职能和人员要求

2.4.1 采购组织层次职能

随着社会环境的多变，采购部门的组织也更加复杂，主要体现在企业对于采购部门的要求不断提高、任务不断加大，连带采购部门的职责也相对扩大，工作内容的差异性也增加许多。对于不同性质的企业，采购部门的设立也不尽相同。

以全面品质管理的观念而言，采购部门的职责开始于获得请购单之前并延续至填发订购单之后，所包括的一切与采购工作直接或间接相关的活动。因此，以整体企业的立场来看，采购工作的优劣牵扯到其他部门是否能够相互配合和协调。下面就讲述相关部门的职责。

1. 请购单位的职责

（1）非存量管制物料的申请。
（2）拟订请购料的规格及其他需求条件，包括数量、用途及交货日期等。
（3）采购物料规格的确认与验收。
（4）重大请购物料预算的编订或估价。

2. 物料管理单位的职责

（1）根据生产计划拟订物料需求计划。
（2）制定企业主要物料存量管制水平。
（3）物料交货进度的管制。
（4）缺料的稽催。

3. 仓储单位的职责

(1) 请购单的处理(收件、登记、转送等)。
(2) 物料的验收、存储与发放。
(3) 废料的处理。
(4) 存量管制物料的申请。

4. 采购单位的职责

(1) 审查请购单的内容,包括是否确有采购的必要,以及请购单的规格与数量等是否恰当。

 小贴士　采购内部组织部门化

采购内部组织部门化,就是将采购部门应负责的各项功能整合起来,并以分工方式建立部门来加以执行。一般来讲,对于规模较大的采购组织中是按照其执行的专业功能来建立部门。

(2) 战术层次。战术层次包含采购职能影响产品、工艺和供应商选择的参与。该层次的采购决策包括以下内容。

① 共同协定和(或)年度供应商协定。
② 准备和发展价值分析程序和(或)与设计复查和(或)简化为目标的程序。
③ 采用和实施供应商认证程序(包括审计)以改善来料的质量。
④ 一般而言的供应商选择和订约,特别是以减少供应商基数为目标的程序。

有关这些问题的决策常常有着较长时间的影响(1～3年)。它们是跨职能,因为从有效处理它们而言,要求组织内部的其他专业的协调与合作(包括工程设计、制造、物流、质量保证)。

(3) 业务层次。业务层次指的是与订购和规划预算职能有关的所有活动。这个层次的活动包括物料的订购、监控交货和解决来料的质量争端。更加具体的采购业务包括以下活动。

① 订购过程(根据与供应商缔结的相应合同发出订单)。
② 与发出的订单有关的所有规划预算活动。
③ 供应商表现的监控和评价。
④ 解决纷争:解决与供应商关系中的日常问题。

2.4.2　采购组织职责

采购部是公司对供应商的唯一窗口,也是能对公司客户产生极大作用的组织。它是联结公司客户和供应商的纽带,从总体而言,它具有对内和对外两类不同的职责。对外是选择和管理供应商,控制并保证价格优势;对内是控制采购流程,保证采购质量和交货周期,能够满足公司生产和市场的需要。

1. 采购总部的职责

(1) 组织与工作职责的制定。
(2) 商品结构的制定(大组、小组、商品群、价格带、品项数等)。
(3) 采购作业规范手册的编制与更新。

(4) 拟定全国品牌采购条件、年度采购计划。

(5) 统一订货与结算商品的处理。

(6) 定期召开全国联合采购会议，加强地区采购部与全国采购本部、地区采购部与地区采购部之间的交流。

(7) 协助新开张分店地方性商品的采购工作。

(8) 协调财务部门，确保全国联合采购供应商的"绿色通道"。

(9) 辅导各分店的采购工作。

(10) 分析各分店商品结构，并给予各分店建议或指导。

(11) 协调各分店与供应商之间的矛盾及交易条件。

(12) 制定符合公司规章制度同时满足质量控制和财务制度的采购控制流程，确保公司的采购活动能够满足来自生产部门、市场部门、公司内部的各种采购要求。

(13) 通过人员培训和组织调整，控制采购的合同风险和法律风险，杜绝来自公司内外的、对采购流程的侵犯，提高采购部门的纯洁性。

2. 采购部门的职责

(1) 供应商(包括寻找新的物料代替品)的调查与选择。通过采购调研做出供应商的筛选、甄别、评价、认证、培养、审核、考察、评审、资料备案等。

(2) 与供应商协商对采购最有利的供货条件(包括质量、折扣、价格、进货奖励、广告赞助、促销办法、订货办法、送货期限及送货地点等)。

(3) 收集市场信息、价格变化的调查分析，掌握市场的需要及未来的趋势。及时地了解市场(国内和国际)的行情，保证公司在采购价格上的优势。在市场状况发生明显变化时能够妥善利用供应商的资源和采取适当战略降低风险和取得竞争优势。

(4) 核对请购单所购物料的技术规范和技术标准。

(5) 供货商交货时品质、数量的验收追踪和处理。

(6) 询价、洽谈采购条件，填制订购单并签订采购合同。

(7) 通过不懈的努力，降低采购运作的成本，提高采购效率，提供内外部顾客满意度。

2.4.3 采购人员的职责和要求

采购人员是企业采购工作的执行主体，因此，采购人员的素质高低，会直接影响企业采购的效率、质量和效益，加强采购人员的培训，提高采购人员的综合素质，设置科学合理的岗位，使人尽其才，以保证采购任务的完成。

1. 企业采购岗位设置

要保证采购工作顺利进行，在企业内部应建立一个高效率的、团结协作的采购团队，不同的团队成员发挥不同的采购职能。

企业采购组织的人员，一般由以下人员组成：①市场及需求分析员；②供应商管理人员；③采购计划员；④进货管理人员；⑤采购质量管理人员；⑥库存管理人员；⑦采购统计分析人员；⑧财务与成本核算人员；⑨采购人员；⑩采购经理人员。

2. 采购人员基本素质要求

(1) 智能。主要包括敏锐的观察能力、严谨的思维能力、良好的交际能力、创新的开拓能力。

(2) 良好的心理品质。主要包括强烈的事业心、广泛的兴趣、坚定的意志等。

(3) 高尚的品德。主要包括为人正派、待人真诚、谦虚礼貌、宽容大度。

(4) 丰富的知识。主要包括理论知识、企业知识、客户知识、市场知识、法律知识、采购实务等。

 小贴士　未来采购经理所应具备的10大能力

在一次饮茶时，一位从事家电配件销售的朋友深有感触地说，现在的采购人员花样翻新，供应商无所适从。据他介绍，P公司的采购员A小姐是一个"高手"，为此，她常常受到公司的表彰。A小姐的"高招"是：一方面采取多家同时供应的方式，挑起供应商之间对回扣的攀比；另一方面又大肆压低供应商的配件价格，以获取公司的高额奖金与表彰。供应商由于回扣不断增高而价格不断降低的压力，无法对配件生产进行"精耕细作"，导致配件质量的不断下降，而企业由于只凭表象来评价采购人员，在一定的程度上助长了采购人员的暗箱操作，损害了企业的利益。

在一项关于采购的调查问卷中，被调查者认为未来采购经理最重要的十大能力是：人际沟通能力、对变革的适应能力、客户导向意识、处理冲突的能力、决策能力、解决问题的能力、分析能力、个人影响力与说服力、谈判技巧、电脑应用技术。

3. 采购（总监）经理的职责

(1) 在总经理的领导授权下，直接负责采购部门的各项工作，并行使采购总监的职权，对商品的政策进行监督。

(2) 在公司总体经营策略的指导下，制定符合当地市场需求的营运政策、客户政策、对供应商政策、商品政策、价格政策、包装政策、促销政策、自有品牌政策等各项经营政策。

(3) 在遵循公司总体经营策略下，领导采购部门达到公司的业绩及利润要求。

(4) 给予采购人员相应的培训。

(5) 保持采购本部与其他分店的密切沟通与配合。

(6) 设定与监督商品品质与新鲜度基准。

(7) 督导新商品的导入。

(8) 开发特色商品。

(9) 决定厂商业务合作的方式。

(10) 采购人员的培养及管理。

(11) 负责监督及检查各采购部门执行岗位工作职责和行为动作规范的情况。

(12) 负责采购人员的考核工作，在授权范围内核定员工的升职、调动、任免等。

4. 采购员的职责

(1) 热爱本职工作，注意市场信息的收集。

(2) 工作要细，采购要精，行动要速，质量要高，服务要好。

(3) 廉洁奉公，不徇私舞弊，不违法乱纪，讲究职业道德。

(4)采购必须以采购单进行采购,金额超过规定数额以上须经采购经理批准。

(5)采购多种物品时,要分轻重缓急,合理采购。大宗高额物资须经采购中心招标采购,小宗大量物资,同申购部门代表一同采购。

(6)严把质量关、价格关,不采购假冒、伪劣、不符合质量要求的商品,及时做好入库报销工作。

5. 对采购人员的要求

(1)采购人员应该是懂技术的、理智型的购买者。出色的采购人员是懂技术的,他们对所需设备的性能、原材料的质量、零部件的规格以及供应者提供的产品是否符合质量要求等都心中有数;他们不是盲目型,也不是冲动型的购买者,而是理智型的购买者;他们对产品的质量要求比较严格,供货要求适时,特别强调售后服务是否跟得上,而很少受情感因素的影响。只有这样,才能保证采购进来的货物能物有所值、物有所用。

(2)采购人员应该是具有协作精神、目光长远的人。采购的目的不仅是买货,而是运用货物具有的功能。所以采购人员需要具备协作精神,积极地保持与生产、技术、财务人员的联系,从而分析研究货物的性能,掌握货物的价值,使自己对采购行为做出的判断不仅限于眼前,而是让企业站在更高角度,真正做到采购的货物能够物尽其用。

(3)作为采购部的员工必须对公司绝对忠诚,不接受厂商的回扣、旅游招待、赠品、宴会,违者将按公司有关规定处理。

(4)采购人员必须具备丰富的商品知识,慎重选择商品,建立商品组织,控制商品结构,清除滞销商品,经常引进新商品,维持商品的快速周转及新鲜度。

(5)采购人员应建立稳定的采购渠道,寻找充足的货源,避免脱销。

(6)采购人员必须适时开发新商品。

(7)采购人员应经常做市场调查,掌握竞争对手的商品构成、价格策略、促销手段等并采取相应对策。

2.4.4 以工作时间分配的职责

传统上采购部门的工作内容以其所占的工作时间来看,最主要是花费在文书处理上,比例占50%;其次是跟踪催货占20%;推销员访谈及品质问题的处理占10%;电话联络及开会则各占5%,见表2-5。

表2-5 作业性时间分配

采购部门的工作内容	所占用的时间比例/%	采购部门的工作内容	所占用的时间比例/%
文书作业	50	品质问题	10
跟催	20	开会	5
推销员访谈	10	电话联络	5

由表2-5可以看出,传统采购部门工作绩效(成果)的提升受到限制。

为了提高采购部门的工作业绩,具有领导地位的采购人员,应将他们的时间重新规划及支配,投入到策略性工作方面,参见表2-6。

谈判(议价)占20%;价值分析占15%;选择供应商占15%;品质改进占15%;寻求

替代来源占15%；文书作业只剩5%。采购人员的工作内容，经过这种改变，不仅可提升其地位，而且对企业的贡献会更大。

表2-6 策略性时间分配

采购部门的工作内容	所占用的时间比例/%	采购部门的工作内容	所占用的时间比例/%
选择供应商	15	寻找替代来源	15
谈判（议价）	20	推销员访谈	10
价值分析	15	文书作业	5
品质改进	15	电话联络	5

2.4.5 采购人员招聘与培训

1. 采购人员的招聘标准

采购人员的选择是企业一项重要的人力资源的配置。选择标准的实质是对采购人员总体素质的基本要求。当然在企业内部，不同采购岗位的人员的素质要求不同，采购经理、采购主管对采购员的要求也是不同的。但作为一名采购人员，其选拔标准分为以下几个方面。

1) 良好的气质

气质指影响人的心理活动和行为的个性特征，即人们通常所说的脾气、性情。

采购工作是一项与人打交道的工作，因此，采购人员应对人热情、稳重，容易理解别人，这样才能保证采购的成功。

2) 性格

性格是人在对他人或外界事物的态度和行为方式上所表现出来的特征，是个人对外界态度行为的习惯的表现。因此，从采购工作的要求来看，外向性格更适用。

3) 能力

能力是指人完成某种活动所必备的个性心理特征。人的能力分为一般能力和特殊能力。一般能力是人的基本能力，包括观察力、记忆力、思维能力、想象能力等；特殊能力是指从事某种专业活动的能力，如运动能力、艺术能力等；采购人员除了具备一般能力以外，还应具备采购工作的特殊能力，如发现新客户的能力、交流能力、协作能力等。

2. 采购人员的招聘过程

现代企业中，采购部门的作用越来越大，地位越来越高；采购人员素质的高低直接影响企业的经济效益。因此，能否招聘到优秀的采购人员决定了企业的发展前途。具体分为以下几步执行。

1) 才能方面

（1）价值分析能力。采购人员必须具有"成本效益"观念，精打细算，随时将投入与产出加以比较；此外，对报价单的内容应能逐项进行剖析评判。

（2）预测能力。采购人员应能依据各种产销资料，研究、判断资源是否充裕；从物品原材料价格的涨跌，能推断采购成本受影响的幅度；能对物品将来的供应趋势预谋对策。

（3）表达能力。采购人员须能正确、清晰表达所欲采购的各种条件，如规格、数量、交货期等；具备"长话短说，言简意赅"的表达能力，以免浪费时间；具有"晓之以理，动之以情"可争取优惠采购条件的表达技巧。

（4）专业知识。采购人员须具有经办产品原料来源、组合过程、基本功能、品质、用途、成本等方面的专业知识，能主动开发新来源或替代品。

2）品德方面

（1）公正与诚实。采购人员必须以公平、公开、公正的方式来评选供应商，不可心存偏见，厚此薄彼；以实事求是的态度与供应商来往，不可有欺瞒行为，造成不道德的采购。

（2）临财不苟得。采购人员对供应商的威逼或利诱必须维持"平常心"，不能为贪图私利，损害公司利益。

（3）敬业精神。采购人员须抱有"舍我其谁"的态度，负责调度所需物料，使"停工断料"事件免于发生。

（4）虚心与耐心。采购人员对供应商必须公平互惠，不可傲慢无理；与供应商谈判过程中需有忍耐、等待的修养。

3. 选择招聘渠道

1）内部征召

内部征召是指吸引现在正在企业任职的员工，填补企业的空缺职位。如果采购部门内部有合适人选，应首先选择内部征召。这样对其员工也是一种有效的激励，可以提高员工士气，而且风险也较小。但是如果内部没有合适的人选，就进行外部招聘。

2）外部征召

外部征召是指从组织外面选取合适的人才来填补企业空缺。充分利用刊登广告、员工和顾客推荐、校园招聘、在线招聘、就业机构和专业猎头公司等多种招聘渠道选择合适的员工。

4. 选择招聘方法

现代企业员工甄选的方法非常多，如背景调查、情景模拟、心理和体格测验、笔试和面试等。采购部门常用以下基本方法。

1）背景调查

对工作申请者的背景调查根据求职者的求职申请表进行背景调查，以了解申请者的教育经历、工作履历、个人品质、工作能力等方面的重要信息，是企业进行初步筛选的第一步。

2）情景模拟

情景模拟包括：公文处理、与人谈话、无领导小组讨论、角色扮演和即席发言等。情景模拟是根据被测试者可能担任的职务，编制一套与该职务实际情况相似的测试题目，让被测试者处理可能出现的各种问题，以此来测评应聘者的心理素质、潜在能力的一系列方法。

3）面试

甄选进入最后一轮都会有一次面谈，一般都由部门主管亲自进行。面谈可能通过交流和观察等了解应聘者的个性特点、态度、随机应变能力、形象、气质等方面的特性,从而挑选到合适的人员。

一般说来,这些招聘方法是交叉混合使用的。背景调查和面试几乎是进行招聘时必用的方法。情景模拟、心理和体格测验、笔试是选择方法,视公司具体情况而定。

 小贴士

> 研究表明:面试是甄选中最常用的方法。在面谈中,从应试者面部表情获得的信息量可达到50%以上,但面谈中也存在诸如甄选时间长、费用偏高、主观偏见难以避免等不足。

2.4.6 采购人员的培训步骤

培训是组织的义务,接受培训是员工的权利。所有的组织都需要对员工进行培训,采购组织也不例外。采购人员的培训包括上岗前培训(主要包括公司文化、公司情况及同本职相关的工作训练与介绍)及在职培训。上岗前培训一般由人力资源部统一安排,不需要采购部门单独进行。

培训主要包括以下几个步骤。

1. 进行员工培训需求分析

不同层次的员工有不同的培训需求;员工培训需求分析,见表2-7。

表2-7 员工培训技能需求表

工作经验	个人素质与技巧	相关专业知识	采购专业知识
5年以上相关工作经验 集团采购总监; 事业部采购经理; 采购经理; 资深战略采购员	变化管理; 国际关系学; 高层领导学; 公共关系学; 时间和效率管理	战略管理; 宏观经济学; 人事管理; 市场与营销; 法律; 经济学	采购战略管理; 国际采购管理; 战略成本管理; 采购管理; 成本分析与管理; 国际采购与运输
2~5年相关工作经验 战略采购员; 高级采购员; 前期采购员	项目管理; 指导与技巧; 沟通技巧; 领导方法	财务管理; 市场学; 质量管理; 供应链管理;	专业采购模块; 谈判技巧; 供应商管理; 即时供应
2年左右相关工作经验 后期采购员; 助理采购员	团队工作; 表达技巧; 基础谈判	财务基础; 语言(英语等); 计算机及信息管理	采购基础; 国际贸易基础; 供应商管理基础

2. 确定员工培训内容

1) 采购专业课程

(1) 供应商管理。包括供应商管理过程、供应市场调研与分析、供应商考察与审核、供应商认可、合同与协议、供应商绩效考核与改进等;通过学习了解供应商管理的基本概念、流程、工具,学会供应商审核、考评及绩效指标衡量的基本方法等。

(2) 原材料的采购。包括所需材料的市场与品牌，如何收集、组织、分析市场信息、询价与谈判、供应风险分析等；通过培训了解原材料的基本分类、市场分布、谈判及采购技巧等。

(3) 采购与环境。包括环境管理体系、相关环保法规与标准、环保管理体系与采购和供应商的关系等；通过学习了解环境的基本要求、环境管理体系、环保管理体系与采购和供应商的关系等。

2) 采购相关专业与个人素质和技巧

(1) 个人时间与效率管理。包括制订计划、设定目标、通过时间管理与控制达成目标，如何处理中途打扰与意外、如何改善沟通等；通过学习使采购人员能更好地安排利用时间，了解改进工作效率、提高个人劳动生产力的方法等。

(2) 个人领导学。包括时间管理，目标的设立与领导，沟通改进，决策、组织的领导等；通过学习发掘提升自己固有的领导天赋，成为有效的领导者。

(3) 企划管理。包括生产活动控制与采购计划控制，物流管理、仓储管理等；通过学习了解物料计划、物流控制、仓储管理，掌握供应链与采购的关系。

3. 选择员工培训方法

对员工进行培训，需要投入一定的资金、时间和精力，如果方法选择不当，就产生不了预期的效果，所以必须根据实际情况选择见效快、易掌握的方法。

1) 讲授法

它通过系统的语言表达，系统地向员工传授知识，是应用最普遍的一种方法。此方法可同时对多人进行培训，但是所授内容具有强制性，缺乏实际操作机会，比较适合理论知识的培训，对于实践方面的知识还需结合其他方法进行培训。

2) 视听法

利用幻灯、电影、录像、录音等视听教材进行培训。比单纯讲授给人的印象更深刻，更易于理解，但它也和讲授法一样，缺乏实际操作机会，比较适合理论知识的培训。

3) 案例研究法

让员工对企业过去实际发生的情况进行研究，做出诊断或解决问题。它可以启发员工的思路，提高员工的分析、创造能力。但是所选案例是否适用，直接会影响培训效果。

4) 设立助理职位法

通过设立助理职务让受训者与有经验的人一起工作，促进助理的成长。

每个组织都需要对员工进行培训，一个好的培训体系可以提高员工的素质，提升企业的整体能力。

本 章 小 结

本章主要介绍了采购管理概念、采购管理内容、采购组织的类型、组织设计、采购部门的职责以及对采购人员的要求。组织架构是指一个组织内各构成要素以及它们之间的相互关系，它描述组织的框架体系。组织架构主要涉及企业部门构成、基本的岗位设置、权责关系、业务流程、管理流程以及企业内部协调与控制机制等。

练 习

一、单项选择题

在每小题列出的四个备选项中只有一个是符合题目要求的,请将其代码填写在题中的括号内。

1. 下列选项中,属于集中式采购组织的缺点的是(　　)。
   A. 规模经济效益　　　　　　　　B. 采购业务的协调
   C. 会诱发部门间对抗和冲突　　　D. 采购业务的控制

2. 某企业采购部按采购产品类别分别设立原料、燃料、设备、办公用品、维修等五组,而原料又细分为铅、铜、化学品、电器及机械,交由不同的采购人员承办。这种采购部门建立的方式属于(　　)。
   A. 按采购过程不同分类　　　　　B. 按采购区域不同分类
   C. 按采购价值不同分类　　　　　D. 按采购物品不同分类

3. (　　)可以使采购人员对其经办的项目非常专精,比较能够发挥其"触类旁通"的效果。
   A. 按采购过程不同分类　　　　　B. 按采购区域不同分类
   C. 按采购价值不同分类　　　　　D. 按采购物品不同分类

4. (　　)将采购部门隶属于行政部门比较合适。
   A. "生产导向"的企业
   B. 对于生产规模庞大,物料种类繁多,价格经常需要调整,采购工作必须兼顾整体企业产销利益之均衡熟能生巧
   C. 生产规模不大,但物料或商品在制造成本或销货成本所占的比率比较高的企业
   D. 物料需求管制不易,需要采购部门经常与其他相关单位沟通、协调的企业

5. 营业额为 5 000 万美元以上的企业,其采购部门的直接主管是(　　)。
   A. 财务长　　　B. 执行副总经理　　　C. 副总经理　　　D. 总经理

6. (　　)的采购结构对于拥有经营单位结构的跨行业公司特别有吸引力。
   A. 分散　　　B. 集中　　　C. 集中/分散　　　D. 组合

7. 一家主要的汽车公司的一个部门负责开发一种新的燃料喷射系统。在新产品获得批准后,这个系统有可能被提供在自己的新车型中。然而,物料和零部件是从供应商那里获得的,而它们已经由先行部门批准和订约购买。这段话体现了以下哪种采购的组织结构?(　　)
   A. 领先设计概念　　B. 领先购买　　C. 自愿配合　　D. 被迫配合

8. 因为 1992 年巨大财务亏损,IBM 的采购职能被加以重组。IBM 的新采购结构采用了一个与供应商的(　　)联系点(商品小组),由这一商品小组为整个组织提供对全部部件需求的整合。合同的订立是在公司层次上集中进行的。然而,在所有的情况下采购业务活动都是分散的。

A. 分散　　　　　　　　　　B. 集中
C. 跨职能采购小组　　　　　D. 集中/分散

9. 大型公司中的原材料和包装材料的购买通常集中在一个(公司)地点的原因是(　　)。
A. 采购需求的通用性　　　　B. 地理位置
C. 供应市场结构　　　　　　D. 客户需求

10. (　　)是落实采购行为的执行者。
A. 采购部门　　B. 采购员　　C. 采购机构　　D. 采购组织

11. 所谓采购组织的部门建立，亦称为(　　)。
A. 采购组织部门化　　　　　B. 采购内部组织的职能化
C. 采购机构　　　　　　　　D. 采购组织

12. 采购部门隶属于(　　)，采购部门的主要功能在于发挥降低成本的效益使得采购部门成为企业创造利润的另一来源。
A. 生产部副总经理
B. 行政部副总经理
C. 资材部(或物料管理部)副总经理
D. 总经理

13. 很多跨国公司的采购组织通过(　　)使采购、开发、设计和执行、制造流程确保一致，实现经营战略和商品管理的集中化。
A. 分散的采购组织
B. 跨职能采购小组
C. 更少的内部协调
D. 在采购和物料方面形成专业技能的可能性有限

14. 下列不属于分散采购的缺点的是(　　)。
A. 缺乏经济规模　　　　　　B. 分散的市场调查
C. 集中的采购组织　　　　　D. 集中/分散的采购组织

15. 以下选项中，不属于许多组织机构从职能型、多等级层次型到水平型的结构过渡的因素的是(　　)。
A. 跨职能采购小组
B. 信息技术的迅猛发展
C. 强调管理业务的过程而不是职能部门
D. 对工作环境的积极参与，工作环境是建立在对雇员的权力下放、减少级别分层和建立自我管理小组基础上的

二、多项选择题

请把正确答案的序号填写在题中的括号内，多选、漏选、错选不给分。如果全部答案的序号完全相同，例如全选 ABCDE，则本大题不得分。

1. 将传统上的分权式组织转变为集权式的物料部门，将可获得以下(　　)利益。
A. 大幅降低物料总成本

B. 提升存量管制绩效
C. 各物料部门之间的沟通与合作获得改善
D. 物料作业系统制度化与合理化,降低了管理费用
E. 统筹供需,增强采购能力

2. 一般来讲,采购在企业组织里所处的管理阶层主要受到以下(　　)因素的影响。
   A. 采购金额　　　　　　　　　　　B. 采购的物品及劳务的性质
   C. 获取难易　　　　　　　　　　　D. 对人员素质的要求
   E. 采购对企业目标的影响

3. 实现和改善全球采购过程的关键因素是(　　)。
   A. 强有力的领导、管理层的积极参与　　B. 积极的供应商管理
   C. 公司的商品计划　　　　　　　　　　D. 跨职能小组以及物流与交付过程的标准化
   E. 合理的采购组织结构

4. 关于采购任务,职责和权力的分配,有以下几个不同的层次需要加以区分:(　　)。
   A. 操作层次　　　B. 战略层次　　　C. 战术层次
   D. 业务层次　　　E. 决策层次

5. 战术层次的采购决策的内容有(　　)。
   A. 共同协定和(或)年度供应商协定
   B. 准备和发展价值分析程序和(或)与设计复查和(或)简化为目标的程序
   C. 采用和实施供应商认证程序(包括审计)以改善来料的质量
   D. 一般而言的供应商选择和订约,特别是以减少供应商基数为目标的程序
   E. 一体化有关的决策

6. 支持服务可按纵向或横向来组织,其中横向系统的优点有(　　)。
   A. 员工专注某一项特殊业务活动
   B. 专门化职能
   C. 更便于执行员工培训程序
   D. 在业务责任明确的前提下,便于拟订部门统计报表和其他文件如关于废料处理等
   E. 有可能会增强从事支持服务的员工的工作满足感

7. 业务层次更加具体的采购业务活动包括(　　)。
   A. 参与供应商的选择　　　　　　　B. 订购过程
   C. 订单有关的所有规划预算活动　　D. 供应商表现的监控和评价
   E. 解决纷争

8. 属于分散采购的优点的有(　　)。
   A. 对利润中心直接负责　　　　　　B. 对内部用户更强烈的客户导向
   C. 较少的官僚采购程序　　　　　　D. 与供应商直接沟通
   E. 更少的内部协调

9. 组合可以在不同层次上发生,包含以下(　　)。
   A. 商品层次　　　B. 供应商层次　　　C. 经营单位层次
   D. 部门层次　　　E. 按照采购市场的地理特征

10. 物料管理部门或资材部其主要工作包括（　　）。
A. 生产管制　　　　B. 调度　　　　　　C. 仓储
D. 检验　　　　　　E. 采购

三、简答题

1. 采购组织常见的类型有哪些？并分别说出它们的特点及优点。
2. 假如让你设计一个企业的采购组织，你会从哪几个方面考虑？
3. 企业的采购组织有哪些职责？
4. 简述采购部门的分类。
5. 简述分散组织的特点。
6. 简述集中采购的特点。
7. 简述集中/分散采购组织的特点。
8. 简述组合结构的特点。
9. 简述决定采购组织集中或分散的标准和因素。
10. 假如你是一个企业的采购人员，你觉得你应该具备哪些基本素质？

四、项目练习

项目：采购组织的设计

要求：通过分组合作的形式，每组5人组成，选定一位组长，在一定时间内以小组为单位，设计一个采购组织，参照本章介绍的组织设计原则和要求，设计出具体的组织框架并说出该采购组织可以适应的公司类型，并用文字说明该采购组织需要公司做出的改革。

五、案例分析

某公司采购管理改进前后状况比较

1. 改进前

一个供应商接到该公司上海分公司的电话要买电脑10台的询价。又接总部询价电脑100台，IT部门询价某型号电脑配置和价格，并称需要笔记本电脑10台。供应商心想这个公司今年肯定有大的项目，便频频添置新设备，立刻派员光顾需求者，投之以"礼"。

这样一来，该公司整体的"采购力"被分散、被浪费，价格五花八门，很难有什么优势可言，采购也就无所谓什么"采购技术"，至于竞标也就变成了一个形式。该公司的电脑什么牌子都有，经常修理、升级，形成价格无优势、服务低水准、管理混乱、舞弊成风的局面，导致公司形象受损。

2. 改进后

首先由申请人提出申请，提交需要的数量，并非型号和报价。所有申请由部门经理根据预算批准，交公司财务总监批准（电脑金额超过2000元，属于固定资产项目），然后统一交由IT部门汇总。IT部门根据公司规定和工作需要决定配备的机型（台式机或笔记本）、配置、操作系统、软件及品牌。

该公司采购部门根据汇总数量和金额及要求，决定竞标的名单。IT部门提交竞标的内容，采购部门组成招标委员会或评标小组，邀请IT经理、工程师参加评审。采购部按照招标流程进行采购活动，与参加投标的供应商一一谈判，不仅仅是价格，也包括售后服务、交货条款、索赔条款、升级服务等。评标委员会按照事先商定的评定标准评判参加投标的供应商，推出胜标者，向胜标者发出胜标通知，向败标者发出感谢信。采购部门与胜标方签署合同，监督供应商的执行。

这样,该公司的供应商会得到一个公平的竞争环境,采购员也能发挥作用。他们的谈判能力以及IT经理的专业能力也得到了发挥,申请人也得到他们需要的工具。同时,该公司也得到了采购部门努力换来的竞争优势:好的价格、好的售后服务、升级承诺及供应商的好的反馈。公司的"钱"被聪明地花出了,该公司从而树立起了良好的管理形象。

资料来源:http://doc.mbalib.com/view/37a7e2cb726a8432f4f083ad0a682419.html.

讨论:

1. 该案例中,公司采购管理改变的原因是什么?
2. 采购有哪些组织方式?
3. 采购有哪些组织结构?

第 3 章　采购计划和预算

【教学目标与要求】

　　本章介绍采购计划和预算有关知识。通过本章的学习,了解采购计划和预算的概念及影响因素,掌握采购计划的内容、要点和制定方法。熟悉编制采购计划、采购认证、采购订单、进货管理和采购管理评价的主要环节、方法和流程。

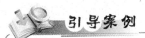

引导案例

某制造公司年度采购计划的编制

某制造公司是武汉地区的一家大型国有机电制造企业,主要产品为异步电动机、电容器柜及电机车,根据市场订单需求,2013年该公司的生产任务为异步电动机8 000台,电容器柜4 000台,电机车2 000台,钢材部分全部外购,产值在10亿元以上。如果你是该公司的钢材采购主管,该如何安排公司的钢材采购?

引例分析

如果你真是该公司的钢材采购主管,这份工作对你来说是个巨大的挑战,因为它对素质与工作能力提出了一定的要求,除了要掌握采购的基础知识以外,还得解决以下问题。

(1) 如何做好采购计划的编制准备工作?

(2) 如何做好物资平衡?

(3) 如何编制好两种计划——年度采购计划及订单计划?

3.1 采购计划

3.1.1 采购计划概述

在计划、组织、领导、控制等管理职能中,计划被列为首要职能,这充分说明计划的重要性。编制采购计划是整个采购管理过程的开始,采购计划制订的是否合理、完善,直接关系到整个采购工作的成败。

1. 采购计划的概念

计划,是管理人员对未来应采取的行动所进行的谋划和安排。采购计划,是指企业管理人员在了解市场供求情况,认识企业生产经营活动过程和掌握物料消耗规律的基础上对计划期内物料采购管理活动所做的预见性安排和部署。

采购计划有广义和狭义之分,广义的采购计划是指为了保证供应各项生产经营活动的物料需要量而编制的各种采购计划的总称;狭义的采购计划是指每个年度的采购计划,即对企业计划年度内生产经营活动所需采购的物料的数量和采购的时间等所做的安排和部署。采购计划是企业生产计划的一部分,也是企业年度计划和目标的组成部分。

小贴士

采购计划是采购管理进行运作的第一步,它包含两部分内容:一部分为采购计划的制订;另一部分则为采购订单计划的制订。这两部分必须做到充分地综合平衡,才能保证物料的正常供应,并同时降低库存及其成本,避免应急单的发生,降低风险采购率。

2. 采购计划的分类

(1) 按计划期的长短不同分类。可以把采购计划分为年度物料采购计划、季度物料采购计划、月度物料采购计划等。

(2) 按物料的使用方向不同分类。可以把采购计划分为生产产品用物料采购计划、维修用物料采购计划、基本建设用物料采购计划、技术改造措施用物料采购计划、科研用物料采购计划、企业管理用物料采购计划等。

(3) 按物料自然属性不同分类。可以把采购计划分为金属物料采购计划、机电产品物料采购计划、非金属物料采购计划等。

3. 采购计划制订的目的

对一个企业而言,制订采购计划主要是为了指导采购部门的实际采购工作,保证产销活动的正常进行和企业的经营效益。因此,一项合理、完善的采购计划应达到以下目的。

(1) 预估物料或商品需用的时间和数量,保证连续供应。在企业的生产活动中,生产所需的物料必须能够在需要的时候可以获得,而且能够满足需要,否则就会因物料供应不上或供应不足,导致生产中断。因此,采购计划必须根据企业的生产计划、采购环境等估算物料需用的时间和数量,在恰当的时候采购,保证生产的连续进行。

(2) 配合企业生产计划和资金调度。制造企业的采购活动与生产活动是紧密关联的,是直接服务于生产活动的。因此,采购计划一般要依据生产计划来制订,确保采购适当的物料满足生产的需要。

(3) 避免物料储存过多,控制原材料库存。在实际的生产经营过程中,库存是不可避免的,有时还是十分必要的。物料储存过多会造成大量资金的沉淀,影响到资金的正常周转,同时还会增加市场风险,给企业经营带来负面影响。

(4) 保证采购的原材料具有较高和较稳定的品质。在很大程度上原材料的品质决定产成品的品质,品质不良的原材料必然导致企业产品品质下降,进而使品牌形象恶化,并失去市场。

(5) 使采购部门事先准备,选择有利时机购入物料。在瞬息万变的市场上,要抓住有利的采购时机并不容易。只有事先制订完善、可行的采购计划,才能使采购人员做好充分的采购准备,在适当的时候购入物料,而不至于临时抱佛脚。

(6) 确立物料耗用标准,以便管制物料采购数量及成本。通过以往经验及对市场的预测,采购计划能够较准确地确立所要物料的规格、数量、价格等标准,这样可以对采购成本、采购数量和质量进行控制。

(7) 增强和保持企业在市场上的竞争力度。持续、稳定、成本较低并且具有不断创新力的原材料供应是保证企业能否拥有足够创新型产品的重要因素,也是企业能否占据市场份额的重要因素。

4. 采购计划的内容

采购计划是根据市场需求、生产能力和采购环境容量制订的,它的制订需要具有丰富的采购计划经验、采购经验、开发经验、生产经验等复合知识的人才能胜任,并且要和认证等部门协作进行。

采购计划包含认证计划和订单计划两部分内容。认证是采购环境的考察、论证和采购物料项目的认定过程,是采购计划的准备阶段。制订认证计划,是通过对库存余量的分析,结合企业生产需要,在综合平衡之后制订为基本的采购计划,包括采购的内容、范围、大致数量等。订单计划是采购计划的实施阶段,采购计划的制订是通过订单实现的,订单制订要充分考虑市场需求和企业自身的生产需求进行，还要有相当的时间观念，因为采购本身是企业市场预测结果的重要组成部分。认证计划和订单计划二者必须要做到综合平衡，以便保证采购物料能及时供应，同时降低库存及成本、减少应急单、降低采购风险。

3.1.2 影响采购计划的主要因素

采购计划和预算的制订不是随意的，而是在充分分析企业内外环境的基础进行的。因此，采购计划和预算的第一步是先确定影响计划和预算编制的主要因素，然后决定计划和预算工作从何处着手。

在实际工作中，影响采购计划核算的因素是多方面的，主要有采购环境、企业销售计划、年度生产计划、物料清单、原材料库存的监控、物料标准成本的设定、企业生产效率等。

1. 采购环境

采购活动不是发生在真空里，而是发生在一个充满大量不可控因素的环境中，这些因素包括外界的不可控因素，如国内外经济发展状况、人口增长、政治、文化及社会环境、法律法规、技术发展、竞争者状况等，以及一系列内部因素，如财务状况、技术水准、厂房设备、原料零件供应情况、人力资源等。

这些因素的变化都会对企业的采购计划和预算产生一定影响，这就要求采购人员能够意识到环境的变化，并能决定如何利用这些变化。

2. 企业销售计划

一般情况下，企业的年度生产计划多以销售计划为起点；而销售计划的拟定，又受到销售预测的影响。生产计划制订的准确与否，直接影响到未来的采购计划的制订。销售预测的决定因素，包括外界的不可控因素，如上所述的国内外经济发展情况(GNP、失业率、物价、利率等)、人口增长、政治体制、文化及社会环境、技术发展、竞争者状况等，以及一系列内部因素，如财务状况、技术水准、厂房设备、原料零件供应情况、人力资源及公司声誉等。

3. 年度生产计划

生产计划根源于销售计划，若销售计划过于乐观，将使产量变成存货，造成企业的财务负担；反之，过度保守的行销计划，将使产量不足以供应顾客所需，丧失了创造利润的机会。因此，生产计划常因行销人员对市场的需求量估算失当，造成生产计划朝令夕改，也使得采购计划与预算必须经常调整修正，物料供需长久处于失衡状况。

4. 物料清单

当今时代科技发展日新月异，产品工程变更层出不穷，使企业的物料清单(Bill Of Material，BOM)往往难以做出及时的反应与修订，致使根据产量所计算出来的物料需求数量，与实际的使用量或规格不尽相符，造成采购数量过多或过少，物料规格过时或不易购得。因此，采购计划的准确性，必须依赖维持最新、最准确的物料清单。它是定义产品结构的技术文件，因此，它又称为产品结构表或产品结构树。

5. 原材料库存的监控

原材料的库存情况一向是影响采购计划人员能否对采购计划做出正确判断的重要因素。在传统库存管理中，原材料库存全部由人工手工登记备案，故库存量管制卡就成为监控库存的重要依据。

但目前最新的方式是 ERP 信息系统管理库存，该方式已经得到了很多企业的应用。在 ERP 管理下，原材料每一笔库存情况都会由专门的仓储人员录入系统，库存信息在 ERP 系统内得以共享，任何一个有浏览库存信息权限的人员都可以登录系统，时时查询每一时刻的库存，为采购计划人员做出正确判断提供极大的便利。

6. 物料标准成本的设定

在编制采购预算时，由于较难对计划采购物料的价格进行预测，一般以标准成本代替物料价格。标准成本是指在正常和高效率的运转情况下制造产品的成本，而不是指实际发生的成本。标准成本可用于控制成本。

评价管理人员工作的好坏，可把实际已经做的和应该做的进行比较，标准成本便为这种对比提供了基础。如果标准成本的设定缺乏过去的采购资料作为依据，也没有工程人员严密精确地计算其原料、人工及制造费用等组合或生产的总成本，则其正确性很难保证。因此，标准成本与实际购入价格的差额，即是采购预算正确与否的评估指标。

7. 企业生产效率

企业生产效率的高低将使预计的物料需求量与实际的耗用量产生误差。

综上所述，由于影响采购计划与预算的因素颇多，故采购计划与预算拟定之后，必须与产销部门保持经常联系，并针对现实的状况做必要的调整与修订，才能达到维持正常产销活动的目标，并协助财务部门妥善规划资金的来源。

3.1.3 编写采购计划的基础资料

编写采购计划需要有一定的基础资料，主要包括以下几个方面的资料。

1. 销售计划

销售计划是指规定企业在计划期内(年度)销售产品的品种、质量、数量和交货期，以及销售收入、销售利润等。它是以企业与客户签订的供货合同和对市场需求的预测为主要依据编制的。采购计划要为销售计划的实现提供物料供应的保证。因此，制订采购计划要以销售计划为主要的依据。

2. 生产计划

生产计划是规定企业在计划期内(年度)所生产产品品种、质量、数量和生产进度，以及生产能力的利用程度。它是以销售计划为主要依据，加上企业管理人员的定量分析和判断编制的。生产计划是确定企业在计划期内生产产品的实际数量及其具体的分布情况，生产计划决定采购计划，采购计划又对生产计划的实现起物料供应保证作用。企业采购部门应积极参与生产计划的制订，提供各种物料的资源情况，以便企业领导和计划部门制订生产计划时参考。企业制订的生产计划要相对稳定，以免出现物料供应不上或物料超储积压

现象的发生。生产计划依据销售数量,加上预期的期末存货减去期初存货来拟订,公式为

$$预计生产量＝预计销售量＋预计期末存货量－预计期初存货量$$

3. 物料需用清单

生产计划只列出产品的数量,无法直接知道某一产品需要使用哪些物资,以及数量多少,因此必须借助物料需用清单。物料需用清单是由研究发展部或产品设计部制成,根据此清单可以精确计算出制造某一种产品的物料需求数量,物料需用清单所列的耗用量(即通称的标准用量)与实际用量相互比较作为用料管制的依据。物料需用清单见表3-1。

表3-1 物料需用清单

物资名称:电子挂钟

代 码	物料名称	计量单位	每台数量	层 次	类 型	备 注
11000	机芯	件	1	1	B	
12000	钟盘	件	1	1	M	
12100	长针	件	1	2	M	
12110	铝材	g	8	3	B	
12200	短针	件	1	2	M	
12110	铝材	g	6	3	B	
12300	秒针	件	1	2	M	
12110	铝材	g	3	3	B	
12400	盘面	件	1	2	M	
12410	盘体	件	1	3	M	
12411	白塑	g	200	4	B	白色塑料
12420	字膜	件	1	3	M	
12421	薄膜	g	0.5	4	B	
13000	钟框	件	1	1	M	
13100	彩塑	g	120	2	B	彩色塑料
14000	电池	件	1	1	B	5#

注:类型栏中"M"表示自制件,"B"表示外购件。

4. 设备维修计划和技术改造计划

设备维修计划是规定企业在计划期内(年度)需要进行修理设备的数量、修理的时间和进度等;技术改造计划是规定企业在计划期内(年度)要进行的各项技改项目的进度、预期的经济效果,以及实现技改所需要的人力、物资、费用和负责执行的单位。这两个计划提出的物料需求品种、规格、数量和需要时间,是编制物料采购计划的依据,采购计划要为这两个计划的实现提供物料保证。

5. 基本建设计划和科研计划

基本建设计划是规定企业在计划期内(年度)的建设项目、投资额、实物工程量、开竣

工日期、建设进度，以及采用的有关经济技术定额，这些都是编制采购计划的依据；科研计划规定企业在计划期内（年度）进行的科研项目，科研项目提出的各种物料需求是编制物料采购计划的依据。科研项目需要的物料具有"新"、"少"、"急"、"难"的特点。

6. 存量管制卡

如果产品有存货，则生产数量不一定要等于销售数量。同理，如果物料有库存数量，则物料采购数量也不一定要等于根据物料需用清单所计算的物料需用量。因此，必须建立物料的存量管制卡，以表明某一物料目前的库存状况；再依据物料需要数量，并考虑采购物料的作业时间和安全存量标准，算出正确的采购数量，然后才开具请购单，进行采购活动。目前，很多企业采用计算机管理库存物料，对物料运用条形码编码，这样能够很快地掌握物料库存的动态，为制订采购认证计划提供物料库存情况。

3.2 采购计划的制订

3.2.1 采购计划的流程

采购计划的制订是确定从企业外部采购哪些产品和服务能够最好地满足企业经营需求的过程，涉及需要考虑的事项包括是否采购、怎样采购、采购什么、采购多少，以及什么时候采购。一项完善的采购计划，不仅包括采购工作的相关内容，而且包括对采购环境的分析，并要与企业的经营方针、经营目标、发展计划、利益计划等相符合。

一般而言，在编制采购计划之前首先要做自制/外购分析，以决定是否要采购。当决定需要采购时，合同类型的选择便成为买卖双方关注的焦点，不同的合同类型或多或少地适合不同类型的采购。在自制/外购分析和确定所采用的合同类型后，采购部门就可以着手编制采购计划了。采购计划编制主要包括两部分内容：采购认证计划的制订和采购订单计划的制订，具体又可分为八个环节，采购计划过程如图3.1所示。

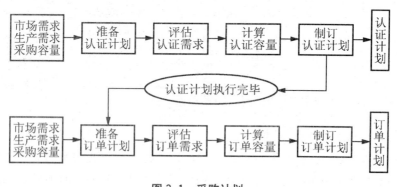

图3.1 采购计划

3.2.2 采购认证计划的制订

采购认证是指企业采购人员对采购环境进行考察并建立采购环境的过程。采购认证根据采购项目大小、期限的长短等采取不同的认证方法。制订采购计划需要由具有丰富的采购计划经验、采购经验、开发经验、生产经验等复合知识型人才胜任,并且要和认证单位等部门协作进行。采购计划环节是整个采购运作的第一步,它包含两部分内容:采购认证计划的编制和采购订单计划的制订。目前认证环节主要包括以下内容。

1. 准备认证计划

准备认证计划是整个采购认证工作的起点,是采购计划的第一步,也是非常重要的一步,采购认证计划的编制主要包括准备认证计划、评估认证需求、计算认证容量和制订认证计划4个环节。

准备认证计划是认证计划的第一步,也是采购计划的第一步,对整个采购工作具有十分重要的作用。关于准备认证计划可以从以下5个方面进行详细阐述。

1)接收开发批量需求

开发批量需求是能够启动整个采购程序流动的牵引项,要想制订比较准确的认证计划,首先要做的就是必须熟知企业的生产开发需求计划,开发批量需求来自开发需求计划。目前开发批量物料需求通常有两种情形:一种是在以前或者是目前的采购环境中就能够发掘到的物料供应,例如以前接触的供应商的供应范围比较大,就可以从这些供应商的供应范围中找到企业需要的批量物料需求;另一种就是企业需要采购的是新物料,在原来形成的采购环境中不能提供,需要企业的采购部门寻找新物料的供应商。开发需求计划一般是由企业的生产开发部门来制订和提供。

2)掌握并接收余量需求

随着企业生产经营规模的扩大,市场需求也会变得越来越大,旧的采购环境容量不足以支持企业的物料需求;或者是因为采购环境有了下降的趋势从而导致物料的采购环境容量逐渐缩小,这样就无法满足采购的需求。以上这两种情况就会产生余量需求,这就产生了对采购环境进行扩容的要求。企业采购人员要在进行市场调查的基础上选择新的采购环境。采购环境容量的信息一般是由认证人员和订单人员来提供的。

3)准备认证环境资料

通常来讲采购环境的内容包括认证环境和订单环境两个部分。

有些供应商的认证容量比较大,但是其订单容量比较小;有些供应商的情况恰恰相反,其认证容量比较小,但是订单容量比较大。产生这种情况的原因是认证过程本身是对供应商样件的小批量试制过程,该过程需要强有力的技术力量支持,有时甚至需要与供应商一起开发;但是订单过程是供应商的规模化生产过程,其突出的表现就是自动化机器流水作业及稳定的生产,技术工艺已经固化在生产流程之中,所以订单容量的技术支持难度比起认证容量的技术支持难度要小得多。因此可以看出认证容量和订单容量是两个完全不同的概念,准备认证环境资料时,要注意区分。

4)制订认证计划说明书

制订认证计划说明书也就是把认证计划所需要的材料准备好,主要内容包括:认证计划说明书(物料项目名称、需求数量、认证周期等),同时附有开发需求计划、余量需求计划、认证环境资料等。

2. 评估认证需求

1)分析物料开发批量需求

进行物料开发批量需求的分析,需要分析物料数量上的需求和掌握物料的技术特征等信息。开发批量需求的样式是多种多样的,按照需求的环节不同可以分为研发物料开发认证需求和生产批量物料认证需求;按照采购环境不同可以分为环境内物料需求和环境外物料需求;按照供应情况不同可以分为可直接供应物料和需要定做物料;按照国界不同可分为国内供应物料和国外供应物料等。对于如此复杂的情况,计划人员应该对开发物料需求作详细的分析,有必要时还应该与开发人员、认证人员一起研究开发物料的技术特征,按照已有的采购环境及认证计划经验进行分类。从以上可以看出,认证计划人员需要兼备计划知识、开发知识、认证知识等,具有从战略高度分析问题的能力。

2) 分析余量需求

在进行分析余量需求时,要对余量需求分类。余量需求认证的产生来源主要有:一是市场销售需求的扩大;另一种是采购环境订单容量的萎缩。这两种情况都导致了目前采购环境的订单容量难以满足物料采购的需求,因此需要增加采购环境容量。对于因市场份额扩大、销售增加等原因造成的余量,可以通过销售及生产需求计划得到各种物资的需求量及时间;对于因供应商萎缩造成的余量,可以通过分析现实采购环境的总体订单容量与原订容量之间的差别得到。这两种情况的余量相加即可得到总的需求容量。

3) 确定认证需求

要确定认证需求可以根据开发批量需求的分析结果来确定。认证需求是指通过认证手段,获得具有一定订单容量的采购环境。

3. 计算认证容量

1) 分析项目认证资料

企业需要采购的物料是多种多样的,例如,有机械、电子、软件、设备、生活日用品等物料项目,它们的加工过程各种各样,非常复杂。因此,不同的认证项目其过程及周期是千差万别的。作为采购主体的企业,需要认证的物料项目可能是上千种物料中的某几种,熟练分析几种物料的认证资料是可能的,但是对于规模比较大的企业,分析上千种、甚至上万种物料的难度则要大得多。企业的物料采购计划人员要尽可能熟悉物料采购项目的认证资料。

2) 计算总体认证容量

在企业的采购环境中,供应商订单容量与认证容量是两个不同的概念,有时可以互相借用,但它们是有差别的。一般在认证供应商时,企业可以借助供应商档案了解供应商的情况,同时也可以要求供应商提供一定的资源用于支持认证操作,或者对一些供应商只做认证项目。总之,在供应商认证合同中,应说明认证容量与订单容量的比例,防止供应商只做批量订单,不愿意做样件认证。计算采购环境的总体认证容量的方法是把采购环境中所有供应商的认证容量叠加,对有些供应商的认证容量需要乘以适当的系数。

3) 掌握供应商承接认证量

供应商的承接认证量对于企业制订采购计划至关重要。供应商的承接认证量等于当前供应商正在履行认证的合同量。供应商认证容量的计算是一个相当复杂的过程,各种各样的物料项目的认证周期也是不一样的,一般是计算要求的某一时间段的承接认证量。最恰当、最及时的处理方法是借助电子信息系统,模拟显示供应商已承接的认证量,以便认证计划的决策使用。

4) 确定剩余认证容量

某物料的剩余认证容量，是所有供应商群体的剩余认证容量的总和。用公式简单地计算为

物料剩余认证容量＝物料供应商群体总体认证容量－承接认证量

这种计算过程也可以被电子化，一般 MRP 系统不支持这种算法，可以单独创建系统。认证容量是一近似值，仅做参考，认证计划人员对此不可过高估计，但它能指导认证过程的操作。

采购环境中的认证容量不仅是采购环境的指标，而且也是企业不断创新、维持持续发展的动力源。源源不断的新产品问世是基于认证容量价值的体现，也由此能生产出各种各样的产品新部件。

4. 制订认证计划

在认证计划制订的问题上，首先就要考察企业，为采购认证计划的制订提供基础信息，制订采购认证计划的主要内容包括以下 4 个方面。

1) 把需求与容量进行对比

认证需求与供应商对应认证容量之间一般会存在差异，如果认证需求小于供应商容量则无须进行综合平衡，直接按照认证需求制订认证计划；如果供应商容量小于认证需求量，则进行认证综合平衡，对于剩余认证需求需要制订采购环境之外的认证计划，寻找采购环境和供应商。

2) 进行综合平衡，调节余缺

综合平衡就是指从全局出发，全面考虑企业生产经营、认证需求、认证容量、物料生命周期等要素，判断物料认证需求的可行性，通过调节物料认证计划来尽可能地满足认证需求，并计算认证容量不能满足的剩余认证需求，这部分剩余认证需求需要到企业采购环境之外的社会供应群体之中寻找容量。

3) 确定余量认证计划

确定余量认证计划是指对于采购环境不能满足的剩余认证需求，应提交采购认证人员的分析并提出对策，与其一起确认采购环境之外的供应商认证计划。采购环境之外的社会供应商如没有与企业签订合同，那么制订认证计划时要特别小心，要调查社会供应商的各种情况，并由具有丰富经验的认证计划人员和认证人员联合操作。

4) 制订认证计划

企业经过上述工作后要制订认证计划，制订认证计划是认证计划的主要目的，是衔接认证计划和订单计划的桥梁。只有制订好认证计划，才能根据该认证计划做好订单计划。

认证物料数量以及开始认证时间的确定方法为

认证物料数量＝开发样件需求数量＋检验测试需求数量＋样品数量＋机动数量

开始认证时间＝要求认证结束时间－认证周期－缓冲时间

3.2.3 采购订单计划的制订

1. 准备物料采购订单计划

制订认证计划之后，就要准备订单计划。准备订单计划分为 4 个方面：接收市场需

求、接收生产需求、准备订单环境资料、制订订单计划说明书，如图3.2所示。

图3.2 准备订单计划过程

这是订单环节的第一个步骤，它主要包括以下内容。

(1) 接收由市场部门提交的要货计划。市场需求是启动生产供应程序流动的牵引项，要想制订较为准确的订单计划，首先必须熟知市场需求计划，或者销售计划市场需求的进一步分解便得到生产需求计划。企业的年度销售计划在上一年末制订，并报送至各个相关部门、下发至销售部门、计划部门、采购部门，以便指导全年的供应链运作。根据年度计划制订季度、月度的市场销售需求计划。

(2) 接收由生产部门提交的生产需求计划。生产需求对采购来说可以称之为生产物料需求，生产物料需求的时间是根据生产计划而产生的，通常生产物料需求是订单计划的主要来源，为了利于理解生产物料需求，采购计划人员需要熟知生产计划及工艺常识。在信息系统中，物料需求计划是主生产计划的细化，它来源于主生产计划，独立需求的预测、物料清单文件、库存文件。

(3) 熟悉需要订单操作的物料项目。订单人员首先应熟悉订单计划，订单的种类很多，有时可能是从来没有采购过的物料项目，其采购环境不一定熟知，需要采购人员花时间去了解物料项目技术资料等。

(4) 价格确认。由于采购环境的变化作为订单人员应对采购价格负责，不能认为价格的确定完全是认证人员的责任，订单人员有权利向采购环节(供应商群体)价格最低的供应商下达订单合同，以维护采购的最大利益。

(5) 确认项目质量需求标准。订单人员日常与供应商的接触通常会大大多于认证人员，由于供应商实力的变化，前面订单的质量标准是否需要调整，订单操作作为认证环节的一个监督部门应发挥应有的作用。

(6) 确认项目的需求量。订单计划的需求量应与采购环境订单容量相匹配，或者小于采购环境订单容量，如果大于则提醒认证人员扩展采购环节容量。

(7) 修订订单说明书。订单说明书是订单准备环节的输出，主要内容有订单说明书，它包括项目名称、确定的价格、确定的质量标准、确定的需求量、是否需要扩展采购环境容量等方面，还有必要的图纸、技术规范、检验标准等。

2. 评估订单需求

评估订单需求是采购计划中非常重要的一个环节，只有准确地评估订单需求，才能为计算订单容量提供参考依据，以便制订好的订单计划。它主要包括以下内容：分析市场需求、分析生产需求、确定订单需求。评估订单需求过程如图3.3所示。

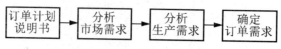

图3.3 评估订单需求过程

1) 分析市场需求

订单计划不仅仅来源于生产计划。一方面，订单计划首先要考虑的是企业的生产需求，生产需求的大小直接决定了订单需求的大小；另一方面，制订订单计划还得兼顾企业的市场战略及潜在的市场需求等；此外，制订订单计划还需要我们去分析市场要货计划的可信度。

因此，必须仔细分析市场签订合同的数量、还没有签订合同的数量（包括没有及时交货的合同）等一系列数据，同时研究其变化趋势，全面考虑要货计划的规范性和严谨性，还要参照相关的历史要货数据，找出问题的所在。只有这样，才能对市场需求有一个全面的了解，才能制订出一个满足企业远期发展与近期实际需求相结合的订单计划。

2) 分析生产需求

分析生产需求是评估订单需求首先要做的工作。要分析生产需求，首先就需要研究生产需求的产生过程，其次再分析生产需求量和要货时间。

例如，某企业根据生产计划大纲，对零部件的清单进行检查，得到第一级组成部件的毛需求量。在第一周，现有的库存量是 80 件，毛需求量是 40 件，那么剩下的现有库存＝现有库存量 80－毛需求量 40＝40（件）。第三周预计入库 120 件，毛需求量 70 件，那么新的现有库存＝原有库存 40＋入库 120－毛需求量 70＝90（件）。

这样每周都有不同的毛需求量和入库量，就产生了不同的生产需求，对企业不同时期产生的不同生产需求进行分析是很有必要的。

3) 确定订单需求

根据对市场需求和生产需求的分析结果，就可以确定订单需求。通常来讲，订单需求的内容是指通过订单操作手段，在未来指定的时间内，将指定数量的合格物料采购入库。

3. 计算订单容量

计算订单容量是采购计划中的重要组成部分。计算订单容量主要包括以下内容：分析项目供应资料、计算总体订单容量、计算承接订单量、确定剩余订单容量，计算订单容量过程如图 3.4 所示。

图 3.4　计算订单容量过程

1) 分析项目供应资料

在采购过程中，大家都非常清楚地知道物料和项目都是整个采购工作的操作对象。对于采购工作来讲，在目前的采购环境中，所要采购物料的供应商信息是非常重要的一项信息资料。如果没有供应商供应物料，那么无论是生产需求还是紧急的市场需求，一切都无从谈起。可见，有供应商的物料供应是满足生产需求和满足紧急市场需求的必要条件。

如某企业需设计一家练歌房的隔音系统，隔音玻璃棉是完成该系统的关键材料，经过项目认证人员的考察，该种材料被垄断在少数供应商的手中。在这种情况下，企业的计划人员就应充分利用这些情报，在下达订单计划时就会有的放矢了。

2) 计算总体订单容量

总体订单容量是多方面内容的组合。一般包括两方面内容：一方面是可供给的物料数量；另一方面是可供给物料的交货时间。举一个例子来说明这两方面的结合情况：供应商华晨公司在 6 月 8 日之前可供应 5 万个特种按钮（A 型 3 万个，B 型 2 万个）；供应商鸿达公司在 6 月 8 日之前可供应 8 万个特种按钮（A 型 4 万个，B 型 4 万个）。那么 6 月 8 日之前 A 和 B 两种按钮的总体订单容量为 13 万个，B 型按钮的总体订单容量为 6 万个。

3) 计算承接订单量

承接订单量是指某供应商在指定的时间内已经签下的订单量。如供应商华泰公司在本月 28 日之前可以供给 3 万个特种按钮（A 型 1.5 万个，B 型 1.5 万个），若是已经承接 A 型特种按钮 1.5 万个，B 型 1 万个，那么对 A 型和 B 型物料已承接的订单量就比较清楚（A 型 1.5 万个＋B 型 1 万个＝2.5 万个）。

有时供应商各种物料容量之间进行借用，并且在存在多个供应商的情况下，其计算则比较稳定。

4) 确定剩余订单容量

剩余订单容量是指某物料所有供应商群体的剩余订单容量的总和。用公式表示为

物料剩余订单容量＝物料供应商群体总体订单容量－已承接订单量

4. 准备订单环境资料

准备订单环境资料是准备订单计划中的一个非常重要的内容。订单环境的资料主要包括以下几点。

（1）订单物料的供应商消息。

（2）订单比例信息。对多家供应商的物料来说，每一个供应商分摊的下单比例称为订单比例，该比例由认证人员产生并给予维护。

（3）最小包装信息。

（4）订单周期是指从下单到交货的时间间隔，一般是以天为单位的。订单环境一般使用信息系统管理，订单人员根据生产需求的物料项目，从信息系统中查询了解物料的采购环境参数及描述。

5. 制订订单计划

制订订单计划是采购计划的最后一个环节，也是最重要的环节，主要包括以下内容：对比需求与容量、综合平衡、确定余量认证计划、制订订单计划，如图 3.5 所示。

图 3.5 制订订单计划过程

1) 对比需求与容量

对比需求与容量是制订订单计划的首要环节，只有比较出需求与容量的关系才能有的放矢地制订订单计划。如果经过对比发现需求小于容量，即无论需求多大，容量总能满足需求，则企业要根据物料需求来制订订单计划；如果供应商的容量小于企业的物料需求，则要求企业根据容量制订合适的物料需求计划，这样就产生了剩余物料需求，需要对剩余物料需求重新制订认证计划。

2) 综合平衡

综合平衡是指综合考虑市场、生产、订单容量等要素，分析物料订单需求的可行性，必要时调整订单计划，计算容量不能满足的剩余订单需求。

3) 确定余量认证计划

在对比需求与容量时，如果容量小于需求就会产生剩余需求，对于剩余需求，要提交认证计划制定者处理，并确定能否按照物料需求规定的时间及数量交货。为了保证物料及时供应，此时可以通过简化认证程序，并由具有丰富经验的认证计划人员进行操作。

4) 制订订单计划

制订订单计划是采购计划的最后一个环节，订单计划作好之后就可以按照计划进行采购工作了。一份订单包含的内容有下单数量和下单时间两个方面。

下单数量＝生产需求量－计划入库量－现有库存量＋安全库存量

下单时间＝要求到货时间－认证周期－订单周期－缓冲时间

6. 制订订单计划说明书

其主要内容包括订单计划说明书（物料名称、需求数量、到货日期等），市场需求计划，生产需求计划，订单环境资料等。

3.3 采购预算

3.3.1 采购预算概述

1. 预算的含义

预算就是一种用数量来表示的计划，它是指在计划初期，根据企业整体的目标任务要求，对实现某一计划目标或任务所需要的物料数量及全部活动成本所做的详细估算。

因此预算的时间范围要与企业的计划期保持一致，绝不能过长或过短。长于计划期的预算没有实际意义，徒然浪费人力、财力和物力；而过短的预算则又不能保证计划的顺利执行。企业所能获得的可分配的资源和资金在一定程度上是有限的，受到客观条件的限制，企业的管理者必须通过有效地分配有限的资源来提高效率以获得最大的收益。一个良好的企业不仅要赚取合理的利润，而且还要保证企业有良好的资金流，因此良好的预算既要注重最佳实践，又要强调财务业绩。

2. 采购预算的编制要求

采购预算是依据销售预算和生产预算拟定的。从理论上讲，供应部门根据生产预算推算出原料需求量、预测价格，进行订货，并根据生产进度安排交货时间。

传统上编制采购预算是将本期应购数量（订购数量）乘以各物料的购入单价，或者按照物料需求计划（MRP）的请购数量乘以标准成本，即可获得采购金额（预算），为了使预算对实际的资金调度具有意义，采购预算应以现金基础编制，应以付款的金额来编制。

采购预算的编制要求主要有以下几项。

（1）采取合理的预算形式。明智的决策者都知道，现金流对于企业来说是最重要的，它是企业脉管中流淌的鲜血。因此，企业内部各部门所采用的预算形式应把重点放在现金流而不是收入和利润上。当然，最佳的预算形式最终还是取决于组织的具体目标。

（2）建立趋势模型。预算讲述的是未来，所有代表期望行为的数字都是估计值，应该提供代表收入和支出的最有可能情况的数字预报。为了确保这些数字达到最大价值，应当建立一个趋势模型，模型的建立可以对组织期望的产出有完善的规划和清晰的文件。模型以直接的数据资料为基础，具有时间敏感性，能够反映服务和产品需求的变化。

（3）用滚动预算的方法。企业经营是一个连续不断的过程，只是为了使用方便才在时间上对企业经营过程进行硬性分割。为了能够使预算与实际过程更紧密地联合在一起，应采用滚动预算的办法，在制定这一期预算的时候根据实际情况同时对下期的业务进行预算，这样才能够保证企业活动在预算上的连续性。预算活动的滚动性和对细节的强调，要求各个部门的管理人员投入大量精力、紧密高效地开展工作。工作过程可以采取分两步走的方式：①整体思考，要求管理者从总体战略出发，勾画出预算的框架，制定出必要的行动方案，如果预算结果出现偏差要及时修改；②进入细化阶段，管理者为每一部门制定最终预算的细节，并确保被每一部门所接受。

无论是哪种类型的预算，只要满足上述要求都可以最大程度地发挥其潜能，保障组织计划的顺利实施。

3.3.2 采购预算的编制流程及编制方法

1. 采购预算与企业经营目标的关系

对制造企业来说，通常生产计划根据企业的销售计划来制订，而采购计划和预算要根据生产计划来制订。因此可以说，采购预算是采购部门为配合年度的销售预测或生产数量，对需求的原料、物料、零件等的数量及成本进行的估计。从图3.6中可以看出，编制采购预算涉及企业的各个方面，采购预算如果单独编制，不但缺乏实际的应用价值，也失去了与其他部门的配合，所以采购预算的编制必须以企业整体预算制度为依据。

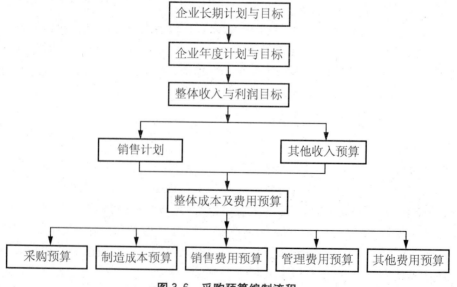

图3.6 采购预算编制流程

2. 采购预算的编制步骤

预算过程应从采购目标的审查开始；接下来是预测满足这些目标所需的行动或资源，然后制订计划或预算。采购预算编制一般包括以下几个步骤，如图3.7所示。

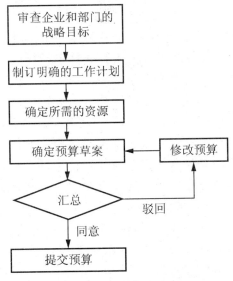

图 3.7 采购预算编制过程图

（1）审查企业和部门的战略目标。采购部门作为企业的一个部门，在编制预算时要从企业总的发展目标出发，审查本部门和企业的目标，确保两者之间的相互协调。

（2）制订明确的工作计划。采购主管必须了解本部门的业务活动，明确它的特性和范围，制订出详细的工作计划表。

（3）确定所需的资源。有了详细的工作计划表，采购主管要对业务支出做出切合实际的估计，确定为实现目标所需要的人力、物力和财力资源。

（4）确定较准确的预算数据。确定预算数据是企业编制预算的难点之一，目前企业普遍的做法是将目标与历史数据相结合来确定预算数，即对过去历史数据和未来目标逐项分析，使收入和成本费用等各项预算切实合理可行。对过去的历史数据可采用比例趋势法、线性规划、回归分析等方法找出适用本企业的数学模型来预测未来。有经验的预算人员也可以通过以往的经验做出准确判断。

（5）汇总编制总预算。对各部门预算草案进行审核、归集、调整，汇总编制总预算。

（6）修改预算。由于预算总是或多或少地与实际有所差异，因此必须根据实际情况选定一个偏差范围。偏差范围的确定可以根据行业平均水平，也可以根据企业的经验数据。

设定了偏差范围以后，采购主管应比较实际支出和预算的差距以便控制业务的进展。如果支出与估计值的差异达到或超过了允许的范围，就有必要对具体的预算做出建议或必要的修订。

（7）提交预算。将编制好的预算提交企业负责人批准。

3. 预算的编制方法

编制预算的方法有很多，除了前面提到过的滚动性预算外，还有弹性预算、概率预算和零基预算等,下面分别对这 4 种方法进行简单介绍。

1) 弹性预算

弹性预算亦称为变动预算,它是根据计划期间可能发生的多种业务量,分别确定与各种业务量水平相适应的费用预算数额,从而形成适用于不同生产经营活动水平的一种费用预算。

由于弹性预算是以多种业务量水平为基础而编制的一种预算,因此它比只以一种业务量水平为基础编制的预算(一般称之为固定预算或静态预算),具有更大的适应性和实用性。即使企业在计划期内的实际业务量发生了一定的波动,也能找出与实际业务量相适应的预算数,使预算与实际工作业绩可以进行比较,从而有利于对有关费用的支出进行有效地控制。

编制弹性预算,首先要确定在计划期内业务量的可能变化范围。在具体编制工作中,对一般企业,其变化范围可以确定在企业正常生产能力的 70%~110%,其间隔取为 5% 或 10%;也可以取计划期内预计的最低业务量和最高业务量为其下限和上限。

其次,要根据成本性态,将计划期内的费用划分为变动费用和固定费用两部分,在编制弹性预算时,对变动部分费用,要按不同的业务量水平分别进行计算,而固定部分费用在相关范围内不随业务量的变动而变动,因而不需要按业务量的变动来进行调整。

弹性预算一般用于编制弹性成本预算和弹性利润预算。弹性利润预算是对计划期内各种可能的销售收入所能实现的利润所做的预算,它以弹性成本预算为基础,在这里,采购管理者只需要了解一下即可,无须深入探讨。

2) 概率预算

在编制预算过程中,涉及的变量较多,如业务量、价格和成本等。企业管理者不可能在编制预算时就十分精确地预见到这些因素在将来会发生哪种变化,以及变化到哪种程度,而只能大体上估计出它们发生变化的可能性,从而近似地判断出各种因素的变化趋势、范围和结果,然后,对各种变量进行调整,计算其可能值的大小。这种利用概率(即可能性的大小)来编制的预算,即概率预算。

概率预算必须根据不同的情况来编制,大体上可分为以下两种情况。

(1) 销售量的变动与成本的变动没有直接联系。这时,只要利用各自的概率分别计算销售收入、变动成本、固定成本的期望值,然后即可直接计算利润的期望值。

(2) 销售量的变动与成本的变动有直接联系。这时,需要用计算联合概率的方法来计算利润的期望值。

3) 零基预算

零基预算是指在编制预算时,对于所有的预算项目均以零为起点,不考虑以往的实际情况,而完全根据未来一定期间生产经营活动的需要和每项业务的轻重缓急,从根本上来研究、分析每项预算是否有支出的必要和支出数额大小的一种预算编制方法。

它是由美国彼得·派尔于 20 世纪 60 年代提出的,目前已被西方国家广泛采用。传统的预算编制方法,是在上期预算执行结果的基础上,考虑到计划期的实际情况,加以适当调整,从而确定出它们在计划期内应增加或应减少的数额。这种预算往往使原来不合理的费用开支继续存在下去,造成预算的浪费或是预算的不足。零基预算的编制方法与传统的预算编制方法截然不同,在这种方法下,确定任何一项预算,完全不考虑前期的实际水平，只考虑该项目本身在计划期内的重要程度，其具体数字的确定始终以零为起点。

零基预算的编制方法，大致上可以分为以下3步。

(1) 提出预算目标。企业内部各有关部门，根据本企业计划期内的总体目标和本部门应完成的具体工作任务，提出必须安排的预算项目，以及以零为基础而确定的具体经费数据。

(2) 开展成本—收益分析。组成由企业的主要负责人、总会计师等人员参加的预算委员会，负责对各部门提出的方案进行成本—收益分析。这里所说的成本—收益分析，主要是指对所提出的每一个预算项目所需要的经费和所能获得的收益，进行计算、对比，以其计算对比的结果来衡量和评价各预算项目的经济效益，然后列出所有项目的先后次序和轻重缓急。

(3) 分配资金、落实预算。按照上一步骤所确定的预算项目的先后次序和轻重缓急，结合计划期内可动用的资金来源，分配资金、落实预算。

零基预算不受现行预算框架的限制。以零为基础来观察与分析一切费用和开支项目，确定预算金额，能充分调动企业各级管理人员的积极性和创造性，促进各级管理人员精打细算、量力而行，把有限的资金切实用到最需要的地方，以保证整个企业的良性循环，提高整体的经济效益。但该预算编制方法一切支出均以零为起点来进行分析、研究，因而工作量太大。而且，一个企业如何把许许多多不同性质的业务按照其重要性排出一张次序表来，也绝非易事，其中不可避免地也会带有某些主观随意性。因此，在实际预算工作中，可以隔若干年进行一次零基预算，以后几年内则略做适当调整，这样既可简化预算编制的工作量，又能适当控制费用的发生。目前，我国大多数企业的费用开支浪费很大，因此，在做预算时，可以考虑使用这种方法。

4) 滚动预算

滚动预算又称连续预算或永续预算，其主要特点是预算期随着时间的推移而自行延伸，始终保持一定的期限(通常为一年)。当年度预算中某一季度(或月份)预算执行完毕后，就根据新的情况进行调整和修改后几个季度(或月份)的预算，依次往复、不断滚动，使年度预算一直含有4个季度(或12个月)的预算，其基本特征如图3.8所示。

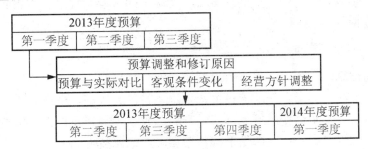

图 3.8　滚动预算法的基本特征

滚动预算的提出具有以下根据。

(1) 企业的生产经营活动在可预见的将来是连续不断的，因此，指导企业经营活动的预算也应该全面反映这一连续不断的过程，使预算方法和生产经营过程相适应。

(2) 现代企业的生产经营活动是复杂的，随着时间的推移，它将产生各种难以预料的结果。滚动预算在执行过程中可以结合新的信息，对其不断进行调整与修订，使预算与实际情况能更好地相适应,有利于充分发挥预算的指导与控制作用。

3.3.3 影响采购预算的因素

影响采购计划和预算编制准确性的因素有以下 7 项。

1. 年度销售计划

除非市场出现供不应求的状况,否则企业年度的经营计划多以销售计划为起点。而销售计划的拟订,又受到销售预测的影响。销售预测的决定因素,包括外界的不可控制因素,如国内外经济发展情况(GDP、失业率、物价、利率等)、人口增长、政治体制、文化及社会环境、技术发展、竞争者状况等,以及内部的可控制因素,如财务状况、技术水准、厂房设备、原料零件供应情况、人力资源及企业声誉等。

2. 年度生产计划

一般而言,生产计划根源于销售计划,若销售计划过于乐观,将使产量变成存货,造成企业的财务负债;反之,过度保守的销售计划,将使产量不足以供应顾客所需,丧失了创造利润的机会。因此,生产计划常常因为销售人员对市场的需求量估算失当,造成生产计划朝令夕改,也使得采购计划与预算常常调整修正,物料供需长久处于失衡状况。

3. 用料清单

企业中,特别是在高科技行业中,产品工程变更层出不穷,致使用料清单难以及时地反应与修订,以致根据产量所计算出来的物料需求数量,与实际的使用量或规格不尽相符,造成采购数量过高或不及,物料规格过时或不易购得。因此,采购计划的准确性,必须依赖维持最新、最准确的用料清单。

4. 存量管制卡

由于应该采购数量必须扣除库存数量,因此,存量管制卡记载是否正确,将是影响采购计划准确性的因素之一。若账目上的数量与仓库架台上的数量不符,或存量中并非全数皆为规格正确的物料,这将使仓储的数量低于实际上的可取用数量,所以采购计划中的应该采购数量将会偏低。

5. 物料标准成本的设定

在编定采购预算时,因为对将来拟采购物料的价格预测不容易,所以要以标准成本替代。如果这种标准成本的设定,缺乏过去的采购资料作为依据,也没有工程人员严密精确地计算其原料、人工及制造费用等组合或生产的总成本,则其正确性不无疑问。因此,标准成本与实际购入价格的差额,即是采购预算正确性的评估指标。

6. 生产效率

生产效率的高低将使预计的物料需求量与实际的耗用量产生误差。产品的生产效率降低,会导致原物料的单位耗用量提高,而使采购计划中的数量不能满足生产所需。过低的产出率,也会导致经常进行修改作业,从而使得零部件的损耗超出正常需用量。所以,当生产效率有降低趋势时,采购计划必须将此额外的耗用率计算进去,才不会发生原物料的短缺现象。

7. 价格预期

在编制采购预算时，常对物料价格涨跌幅度、市场景气程度、乃至汇率变动等多加预测，甚至列为调整预测的因素。不过，因为个人主观判定与事实的演变常有差距，也可能会造成采购预算的偏差。

由于影响采购计划的因素很多，因此采购计划拟定之后，必须与产销部门保持经常的联系，并针对现实情况做出必要的调整与修订，才能实现维持正常产销活动的目标，并协助财务部门妥善规划资金来源。

3.4　物料需求计划

3.4.1　MRP 的概念、基本原理及特点

1. 概念

物料需求计划（Material Requirements Planning，MRP），是利用生产日程总表（MPS）、零件结构表（BOM）、库存报表、已订购未交货订购单等各种相关资料，经正确计算而得出各种物料零件的变量需求，从而提出各种新订购计划或修改各种已开出订购计划的物料管理技术。

显然，物料需求计划是制订采购计划的基本依据和目标。采购计划人员必须要熟练掌握物料需求计划的处理方法，灵活使用物料需求计划来应对采购物料需求的千变万化。

2. MRP 的基本原理

MRP 的基本原理是：根据需求和预测来测定未来物料供应和生产计划与控制的方法，它提供了物料需求的准确时间和数量。该系统的基本指导思想是：只在需要的时候，向需要的部门，按需要的数量，提供所需要的物料。就是说，它既要防止物料供应滞后于对它们的需求，也要防止物料过早地出产和进货，以免增加库存，造成物资和资金的积压。

并非所有的不使用订货点方法的物料管理都属于 MRP 系统。因为该系统并不是仅仅代替订货点方法开订单的库存管理系统，而是一种能提供物料计划及控制库存；决定订货优先度；根据产品的需求自动地推导出构成这些产品的零件与材料的需求量；由产品的交货期展开成零部件的生产进度日程和原材料与外购件的需求日期的系统。它是将主生产计划转换为物料需求表，并能为需求计划提供信息的系统。应用 MRP 系统必须要决定物料的毛需求量和净需求量，可先将物料的毛需求量转化为净需求量，从而进行毛需求量的净化过程，然后根据需求量和需求时间预先排定订单，以便事先了解缺料情况。

企业从原材料采购到产品销售，从自制零件的加工到外协零件的供应，从工具和工艺的准备到设备的维修，从人员的安排到资金的筹措与运用等，都要围绕 MRP 进行，从而形成一整套新的生产管理体系。

3. MRP 的特点

MRP 与传统的存货管理比较，具有以下特点。

（1）传统的存货管理用单项确定的办法解决生产中的物料联动需求，难免相互脱节，同时采取人工处理，工作量大。而 MRP 系统用规划联动需求，使各项物料相互依存、相互衔接，使需求计划更加客观可靠，也大大减少计划的工作量。

（2）实施 MRP 要求企业制订详细、可靠的主生产计划，提供可靠的存货记录，迫使企业分析生产能力和对各项工作的检查，把计划工作做得更细。MRP 系统提供的物料需求计划又是企业编制现金需求计划的依据。

（3）当企业的主生产计划发生变化，MRP 系统将根据主生产计划的最新数据进行调整，及时提供物料联动需求和存货计划，企业可以据此安排相关工作，采取必要措施。

（4）在 MRP 环境下，可以做到降低库存成本、减少库存资金占用使整个问题形成"闭环"；另一方面，以控制论的观点，计划制订与实施之后，需要不断根据企业的内外环境变化提供的信息反馈，适时做出调整，从而使整个系统处于动态的优化之中。所以，它实质上是一个面向企业内部信息集成及计算机化的信息系统，即将企业的经营计划、销售计划、生产计划、主生产计划、物料需求计划和生产能力计划、现金流动计划，以及物料需求和生产能力需求计划的实施执行等通过计算机有机地结合起来，形成一个由企业各功能子系统有机结合的一体化信息系统，使各子系统在统一的数据环境下运行。这样通过计算机模拟功能，系统输出按实物量表述的业务活动计划和以货币表述的财务报表集成，从而实现物流与现金流的统一。

3.4.2 编制物料需求计划的过程

1. 编制物料需求所需的数据

将准备好的数据输入物料需求计划系统，就可以开始编制物料需求计划。这些数据来源于以下 4 个方面。

（1）主生产计划。主生产计划说明一个企业在一个时期内（即计划展望期内）计划生产产品名称、数量和日期，提供项目清单中每一项目的数量、计划的时间段数据。主生产计划作为 MRP 的输入数据，主要解决"生产（含采购或制造）什么"的问题。这里的主生产计划的计划对象是指企业的最终产品。主生产计划是 MRP 最重要和最基本的数据，开始编制物料需求计划时，必须首先得到一个有效的主生产计划。

（2）独立需求的预测。严格地说，该输入数据项也是解决"生产（含采购或制造）什么"的问题，而且该数据项也是由主生产计划生成的，只是计划的对象不是最终产品，而是有关"独立需求"的零部件。

（3）物料清单文件。物料清单是为装配或生产一种产品所需要的零部件、配料和原材料的清单。物料清单说明产品或独立需求零部件是由什么组成的、各需要多少。物料清单作为 MRP 的输入数据项，主要解决"生产过程中要用到什么"的问题，MRP 从物料清单中得到有关主生产计划项目的零部件、原材料的数据。

（4）库存文件。库存文件作为 MRP 的输入数据项，主要解决"已经有了什么"的问题。MRP 从库存信息中得到物料清单中列出的每个项目的物料可用数据和编制订单数据。对这些数据进行有效的处理即可得出制造订单和采购订单，在这里，可以用图 3.9 来简略表示这个过程。

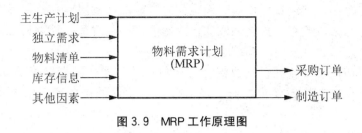

图 3.9　MRP 工作原理图

2. 物料需求计划的计算过程及编制步骤

1) 计算过程

(1) 毛需求的计算为

毛需求量＝项目要求的物料数量

(2) 净需求的计算为

净需求量＝毛需求量－现有库存量－计划入库量

(3) 确定下达订单日期和订单数量计划，公式为

下单日期＝要求到货日期－认证周期－订单周期－缓冲时间

下单数量＝净需求量

其中：订单周期为订单执行时间，包括从订单制作到物料入库时间。对一些稳定供应的物料，可把库存设置到供应商库房里，要货时供应商直接送货，如此可以大大缩短订单周期。

2) MRP 编制步骤

(1) 决定采购前置时间与制造前置时间。

(2) 拟定生产日程总表(MPS)。

(3) 编制零件结构表(BOM)。

(4) 设定现有库存数量。

(5) 由生产日程总表与零件结构表的展开，再加上杂项需求，得到物料毛需求，并从中考虑损耗数量，求出合理的需求量。

(6) 合理的毛需求量扣除现有库存数量，得到净需求量。

(7) 从净需求量扣除现有采购量，得到计划采购量。

(8) 计划采购量大于零，即开具请购单交采购部门进行采购事宜。

(9) 计划采购量小于零，即分析并设法消耗此项多余物料。

(10) 如现有采购数量不能充分配合生产计划的需要时，应提供信息促请采购部门调整厂商的送货时间与送货数量。

3. MRP 系统对采购的贡献

(1) 通过物料快速分类查询，对每一类物料，按需用的频度，规定优选原则。在简化采购物料品种规格的基础上能够保持一定批量以争取优惠，从而对降低采购成本起到一系列的保证作用。

(2) 编制可以延续到未来某个任意日期的周密计划，既可以按需采购，又可以保证足够的采购提前期和采购预算，防止因突发性采购而增加额外的采购费用。

(3) 通过控制采购权限，严格控制成本从而规范采购管理，即在系统中设置每一个采购员的采购物料范围和支付权限,同时设定超过限额的审批层次和权限等内容。

(4) 控制库存量以便管理人员采取纠正措施,例如,对每一种物料规定最大储存量和最长储存期限,超过最大值时,系统会发出提示信号。

(5) 建立供应商文件认证目标以保证进厂材料的品质,即根据 ISO 9000 的要求,系统对各种物料的供应商进行认证,对于没有建立主文件的供应商,系统将拒绝执行向其采购。

(6) 通过提供多种查询途径(如从采购单编码、物料号、供应商号、采购员代码、交货日期等)跟踪采购订单及采购合同执行情况。

(7) 严格控制付款程序。付款前,系统将自动进行一系列的对比,如物料规格性能、合格数量、交货日期是否与采购单一致,报价单与发票金额是否一致。必须几方面都相符才能执行付款程序,严格控制不良资金流出。

(8) MRP 系统对采购供应部门的员工也提出了更高的素质要求。采购人员的主要精力将放在同企业内部人员和供应商一起研究如何降低成本上面,包括:参与零件设计的价值分析,以最低成本满足功能需求;编制、审定采购预算和采购权限;确定每个采购件的合理批量、安全库存量,控制库存资金占用;指导供应厂商改进外购件的性能品质,研究降低成本的措施;通过 EDI、因特网或内联网,跟踪采购订单的进度,共同协调运输,保证及时供应等。

总之,MRP 系统对采购与供应物流的管理提供了一系列的规范化流程,有利于简化采购计划及调配,同时又可以形成批量采购、简化运输管理、减少库存,从而控制品质、降低成本,使得采购物流系统的整体效率得到提高。

3.5 采购订单管理

3.5.1 采购订单概述

采购订单伴随着订单和物料的流动贯穿整个采购过程。订单的目的是实施订单计划,从采购环境中购买物料项目,为生产过程输送合格的原材料和配件,同时对供应商群体绩效表现进行评价和反馈。

1. 采购订单的定义

采购订单有时也被称为采购合同,一般在选择供应商后订立采购订单。采购部门拟定采购合同时必须特别注意用词,因为它是具有法律效力的文件,几乎所有的采购订单都包括与违约相关的标准法律条款。

2. 采购订单的格式

采购订单就其样式和在公司内的传递路线而言各不相同。不过,任何实用的采购订单所必备的要素均包括头部、正文和尾部。

(1) 订单头部。订单名称、订单编号、采供双方的企业名称、签订地点、签订时间。

(2) 订单正文。物料名称与规格、物料的数量条款、物料的质量条款、物料的包装条款、价格条款、运输方式、支付条款、交料地点、检验条款、保险条款、违约责任条款、仲裁条款、不可抗力条款等。

(3) 订单尾部。订单份数及生效日期、签订人的签名、采供双方公司的公章。

3. 采购订单的内容

(1) 质量条款。质量是指物料所具有的内在质量与外观形态的综合，包括各种性能指标和外观造型。条款的主要内容有：技术规范、质量标准、规格、品牌名。

在采购作业中，必须以最明确的方式界定物料可接受的质量标准，一般有3种方式来表达物料的质量：第一种是用图纸或技术文件来界定物料的质量标准；第二种是用国际标准、国家标准或行业标准来界定物料的质量标准；第三种是用样品来界定物料的质量标准，当用文字或图示难以表达时，常用样品来表示，同时样品也可作为物料的辅助性规格，与图纸或技术文件结合使用。

(2) 价格条款。价格是指交易物料每一计量单位的货币数值。价格条款的主要内容有价格术语的选用、结算币种、单价、总价等，具体为：计量单位的价格金额、货币类型、交料地点、国际贸易术语、物料定价方式等。

(3) 数量条款。数量是指采用一定的度量制度对物料进行量化，以表示出物料的重量、个数、长度、面积、容积等。数量条款的主要内容是：交料数量、单位、计量方式，必要时还应清楚说明误差范围。

(4) 包装条款。包装是为了有效地保护物料在运输存放过程中的质量和数量要求，并利于分拣和环保，把物料装进适当容器的操作。包装条款的主要内容有包装材料、包装方式、包装费用和运输标志等，具体为：标识、包装方式、材料要求、环保要求、规格、成本、分拣运输标志等。

(5) 装运条款。装运是指把物料装上运载工具并运送到交料地点。装运条款的主要内容有运输方式、装运时间、装运地与目的地、装运方式（分批、转运）、装运通知等。在FOB、CIF和CFR合同中，供应商只要按合同规定把物料装上船或其他运载工具，并取得提单就算履行了合同中的交料义务，提单签发的时间和地点即为交料时间和地点。

(6) 检验条款。在一般的买卖交易过程中，物品的检验是指按照合同条件对交货进行检查并验收，涉及质量、数量、包装等条款，主要包括检验时间、检验工具、检验标准及方法等。

(7) 支付条款。支付是指采用一定的手段，在指定的时间、地点，使用确定的方式付货款。这里首先要说明支付手段，可以有货币或汇票两种方式，一般是汇票；其次要说明付款方式，可以是银行提供信用方式（如信用证）、银行不提供信用但可作为代理（如直接付款和托收）方式；第三要说明支付时间，包括预付款、即期付款、延期付款；第四要说明支付地点，一般是付款人或指定银行所在地。

(8) 保险条款。保险是企业向保险公司投保，并缴纳保险费的过程。物料在运输过程受到损失时，保险公司会依据投保单向企业提供经济上的补偿。保险条款的主要内容包括：确定保险类别及其保险金额，指明投保人并支付保险费。依据国际惯例，凡是按CIF和CIP条件成交的出口物料，一般由供应商投保；按FOB和CPT条件成交的进口物料由采购方办理保险。

(9) 不可抗力条款。不可抗力是指在合同执行过程中发生的、不能预见的、人力难以控制的意外事故，如战争、洪水、台风、地震等，致使合同执行过程被迫中断。遭遇不可抗力的一方可因此免除合同责任。不可抗力条款的主要内容包括：不可抗力的含义、适用范围、法律后果、双方的权利义务等。

（10）仲裁条款。仲裁协议为具体体现，是指买卖双方自愿将其争议事项提交第三方仲裁机构进行裁决。仲裁协议的主要内容有仲裁机构、适用的仲裁程序、运用地点、裁决效力等。

知识拓展　中远集团的顾客让渡价值观念

增加顾客让渡价值，就要增加顾客购买的总价值，降低顾客购买的总成本。要紧贴市场，完善服务功能，增加服务项目，扩大服务内涵，设身处地为顾客着想，在研究分析顾客需求（Customer）、顾客成本（Cost）、便利性（Convenient）和沟通（Communication）的基础上，考虑企业如何满足顾客需求、如何为顾客节约成本、如何使顾客更加便利、如何促进与顾客的沟通等问题。就航运业而言，不仅要满足顾客对货运量的一般要求，而且还要帮助货主解决运输过程中产生的相关问题，提供能使货主产品增值的服务。中远强调一站化服务和无缝服务，就是为顾客提供尽可能多的便利和周到热忱的服务。接到客户订单后，他们把顾客的一切需要全部安排好，让顾客满意，让顾客放心。只有正确地尊重了顾客，和顾客取得利益一致，才能实现企业和顾客的双赢，加强企业的竞争地位。

3.5.2　采购订单管理流程

1. 签订采购订单

（1）制作订单。拥有采购信息管理系统的企业，订单人员直接在信息系统中生成订单，在其他情况下，需要订单制作者自选编排打印。通常企业都有固定标准的订单格式，而且这种格式是供应商认可的，订单人员只需在标准合同中填写相关参数（物料名称代码、单位、数量、单价、总价、交货期等）及一些特殊说明书后，即完成制作合同操作。

（2）审批订单。审批订单是订单操作的重要环节，一般由专职人员负责。主要审查以下内容。

① 合同与采购环境的物料描述是否相符。

② 合同与订单计划是否相符。

③ 确保订单人员仿照订单计划在采购环境中操作。

④ 所选供应商均为采购环境之内的合格供应者。

⑤ 价格在允许价格之内，到货期符合订单计划的到货要求等。

在完成订单签订之后，即转入订单的执行时期。加工型供应商要进行备料、加工、组装、调试等过程；存货型供应商只需从库房中调集相关产品及适当处理，即可送往买家。

（3）询价单的递交与评审。供应商应该在报价截止时间日前，将报价单密封并在封口处加盖公章，递交到采购部门。同时，采购部门也应该在规定时间内组成评审小组，对供应商的报价进行详细分析、比较。应该注意的是，省钱并不是采购的唯一目的，不能只为了追求节支率，而无限度压价和忽视产品质量。供应商为了抢夺采购市场，甚至以低于成本的价格竞价，从表面上看暂时会对采购商有利，但是从长远来看，会导致供应商之间的恶性竞争，供应商会逐渐失去参与询价采购活动的兴趣或产生一些投机取巧的行为，不利于企业采购的健康发展。

(4) 合同的签订、验收及付款程序。选中供应商后,就需要与供应商按照询价采购的程序签订采购合同,合同中要包括采购项目名称、数量、金额、交货方式、履约期限、双方权利义务、保修期、验收方法、付款方式及违约责任等条款。合同签订后,采购单位就要对商品进行验收,验收合格后,由采购方填制验收单,交采购部门审验,办理有关付款手续。

(5) 履约保证金。为了约束供应商切实履行合同,中标的供应商应在签订合同时向采购部门交纳一定数额的履约保证金。在合同履行完毕,质量无问题时,予以结清。

2. 订单跟踪

(1) 跟踪供应商工艺文件的准备。工艺文件是进行加工生产的第一步,对任何外协件(需要供应商加工的物料)的采购,订单人员都应对供应商的工艺文件进行跟踪,如果发现供应商没有相关工艺文件,或者工艺文件有质量、货期问题,应及时提醒供应商修改,并提醒供应商如果不能保质、保量、准时到货,则要按照合同条款进行赔偿。

(2) 确认原材料的准备。备齐原材料是供应商执行工艺流程的第一步,有经验的订单人员经常发现供应商有时会说谎,如果有可能必须实地考察。

(3) 跟踪加工过程的进展状态。不同物料的加工过程不同,为了保证货期、质量,订单人员需要对加工进行监控。有些物料采购,其加工过程的监工小组要有订单人员参加,典型的例子是一次性、大开支的项目采购、设备采购和建筑采购。

(4) 跟踪组装调试检测过程的进展状态。组装调试检测是产品生产的重要环节,该环节的完成表明订单人员对货期有一个结论性答案。订单人员需要有较好的专业背景和行业工作经验,否则,即使跟踪也难达到效果。

(5) 确认包装入库。该环节是整个跟踪环节的结束点,订单人员可以向供应商了解物料最终完成的包装入库信息。如果有可能,最好去供应商处现场考察。

知识拓展 订单管理流程再造

某制造公司在流程改进的过程中,除了对现有流程进行深入的分析和理论论证之外,更重要的是本着使用可靠的、已经过充分测试的技术和方法来对流程进行改造的原则,对流程运作过程中的障碍进行清除。订单管理流程再造就是其中的一个成功案例。

按照以前的订单管理流程,一张订单确认后,需要在该公司内部流经采购部、财务部、分公司、车间等4个环节,才能进入生产阶段。

原有订单管理流程主要存在以下弊端。

(1) 过多的重复职能导致了大量同质工作的多次操作,不仅浪费了时间,而且降低了效率。

(2) 订购单的主要内容与销售部在信息系统中输入的订单信息相同,却被分散在整个流程的各个环节,增加了流程的长度及无效的沟通。

(3) 正是由于订单管理工作被分散到不同的部门,巨大的信息流以及相同信息的多次系统输入增加了信息扭曲、丢失,以及输入错误等人为错误。

(4) 更危险的是,由于各个使用制造单、订购单的生产部门在生产过程中没有第二份订单信息,这样订单管理过程中发生的错误导致生产错误的概率就变得相当高。

订单管理流程再造:通过对原有流程谨慎全面地分析,集团实施了"3X计划"对订单管理流程进行再造。"3X计划"是通过对整个公司订单管理流程的整合,组成一个新的订单管理部(Order Management Department, OMD),以此实现订单管理的"一站式"服务。

分析：

"一站式"订单管理流程大大简化了订单的管理，避免了同职能部门的重复设立，整合了资源，将人为原因所导致的信息扭曲、丢失降低到最小限度，明显提高了运营效率，使得销售人员可以为客户提供更加优质的服务。

如上文所述，对订单管理流程进行整合，实行"一站式"订单管理，一切看起来都很简单，但是企业中所存在的很多问题与痛苦就可以迎刃而解了。

3.6 进货管理及其评价

3.6.1 进货管理

进货是将采购订货成交的物资由供应商仓库运输转移到采购者仓库中的过程，进货过程关系到采购成果价值的最终实现，关系到企业的经营成本和采购物资的质量好坏，因此进货管理是采购管理中非常重要的一环；同时对供应商进行评价和管理也是采购管理中的一个关键环节，只有连续评价和管理供应商的绩效，才能确定改进机会或是发现供应商绩效的不佳方面。

采购进货有3种方式：自提进货、供应商送货和委托外包进货。

1. 自提进货

自提进货就是在供应商的仓库里交货，交货以后的进货过程全部由采购者负责管理。装卸搬运要选用合适的装卸搬运方式，要提高搬运活性指数、减轻搬运劳动强度等。要注意装卸搬运安全，保证货品不受损坏等。装卸搬运通常是选择外包给第三方来承担的，这时要注意选择外包的对象，外包通常要选择专业性强、有实力、有技术的公司承担，可以保证外包的质量、降低成本。

2. 供应商送货

供应商送货对采购商来说，是一种最简单轻松的采购进货管理方式。它基本上省去了整个进货管理环节，把整个进货管理的任务及进货途中的风险都转移给了供应商，只剩下一个入库验收环节；而入库验收也主要是供应商和保管员之间的交接，进货员最多只提供一个简单的协助而已。

3. 委托外包进货

委托外包进货，就是把进货管理的任务和进货途中的风险都转移给第三方物流公司。

3.6.2 自提进货管理

自提进货工作包括以下几个步骤。

1. 货物清点环节的管理

自提进货的工作中，首先是货物清点，即对货物的品种、规格、数量和质量进行检验。检验的工作量很大，一旦疏忽，没有当面查清，事后供应商可以不负任何责任，造成的损失就全由采购者承担，所以，进行此项工作时一定要谨慎、认真。

2. 包装、装卸、搬运上车的管理

包装、装卸、搬运上车，这一个环节的质量好坏，不仅直接影响货品安全和货品损坏的程度，还直接影响下一个运输环节的安全和运输质量。这里的包装材料和包装方式的选择要综合考虑以下几个方面的因素。

（1）货品的物理、化学性质。包括物理状态、重量、体积大小、硬度、挥发性、防震性、防雨、防潮性等。

（2）装卸搬运方式的要求。包装材料、包装方式的选择要适合装卸搬运形式：如果是人工搬运，则应该采用小包装，单件重量不应超过人所能够传运的重量；如果是用叉车搬运，则包装单元应该留有插槽孔；如果是吊车搬运，则包装箱除用结实材料之外，还应有起吊环或缆索固定装置等。

（3）运输方式的要求。包装箱的尺寸要合乎车厢的尺寸；包装箱的强度、防震性都要适合于装运的车辆。

（4）储存保管方式的要求。货物运达目的地需要入库储存堆码，堆码时包装箱的强度、尺寸都要适合于堆码的要求。

装卸搬运要选用合适的装卸搬运方式，要提高搬运活性指数、减轻搬运劳动强度。要注意装卸搬运安全，保证货品不受损坏等。

3. 运输环节的管理

运输环节的管理，要注意以下事项。

（1）运输方式的选择。运输方式按交通工具设施分为公路、铁路、水路、航空、管道、联运等方式。运输方式的选择要注意满足运输时间和运输安全的要求。

（2）中转方式。自提最好选择门到门的直达运输，避免中转。

（3）运输路径。要注意选择最短路径，节约运费、节省时间。

（4）运输时间。运输方式的选择要满足运输时间的要求，在运输途中，要注意时间控制。

4. 验收入库环节的管理

验收入库是进货环节的结束和保管环节的开始；存在采购工作和做仓库保管环节之间的交接和责任划分的问题，所以要认真搞好验收入库环节。验收入库是货物更严格的数量清点和质量检验，因此双方应当很好配合，实行一条龙作业、一次落地处理，把装卸、搬运、计量、检验、入库、堆码顺序联合处理，一次落地到位，这样可以大大减少物流工作量、减少货物损坏、节省时间、提高效率。

在供应商准备好所采购的物料后，就要对物料进行检验。物料检验主要分为4个步骤：确定检验日期、通知检验人员、检验物料、处理检验问题。

（1）确定检验日期。物料检验日期及地点一般按惯例进行，必要时由订单人员与供应商临时沟通确定。对于大型物料，如机械、设备等，往往需要到供应商处现场检验；对于小型轻便的物料，如电子元器件等，一般是供应商送到采购部门进行检验。

（2）通知检验人员。检验信息传送到检验部门之后，由部门主管统一安排。安排要注意物料的轻重缓急，对紧急物料要优先检验。

（3）检验物料。对一般物料，走正常检验程序；对重要物料或供应商在此物料供应上质量稳定性差，则要严格检验；对不重要物料或供应商在此物料供应上质量稳定性持续表现较佳，则可放宽检验。

（4）处理检验问题。对于有致命及严重缺陷的物料，应要求供应商换货；对有轻微缺陷的物料，应与认证人员、质量管理人员、设计工艺人员协商，同时考虑生产的紧急情况，确定是否可以代用；对于偶然性的质量检验问题，可由检验部门或订单部门通知供应商处理；对于多次存在的质量检验问题，由认证人员正式向供应商发出质量改正通知书，限期供应商改正重大的质量问题。

5. 物料检验标准

对每一种物料都有一个检验标准，检验人员根据相关资料（样品、图纸、技术规范等）制定物料的检验标准。主要内容包括：适应范围（所面对的物料）；所引用的文件及标准（标准的来源）；检验条件及设备（温度、湿度、压力等条件及所采用的设备）；检验物料项目类别（一种物料所需检验的要素参数有若干个，本标准所针对的要素参数）。

6. 检验方式

检验方式主要有：全检、抽检、免检。全检是指对重要或风险大的物料进行逐件检验；抽检是指从提交质量检验的一批物料中，随机地抽取部分物料，依照检验标准进行检验；免检是指对性能优良、质量长期稳定、无使用风险的物料免去检验。

3.6.3 进货管理原则

1. 进货方式选择原则

进货方式的选择是要根据进货难度和风险大小的具体情况，选择合适的进货方式。

（1）对于进货难度和风险大的进货任务。首选是委托第三方物流公司的进货方式，次选是供应商送货方式，一般最好不选用户自提进货方式。委托第三方物流公司进货，可以充分利用第三方物流公司的专业化优势、资源优势、技术优势，来提高进货效率、提高进货质量、降低进货成本，又可以减轻供应商在进货上的工作量和进货风险，这对各方都有利。

（2）对于进货难度小和风险小的进货任务。首选是供应商送货方式，例如同城进货、短距离进货，均可以发挥这种方式环节最少、效率最高、最节省采购商工作量、最大地降低采购商进货风险的长处，是一种最好的进货方式。当然也可以选择采购商自提进货方式，这种方式也是效率高、费用省，但是这个时候进货途中的风险就落到了采购商的身上。

2. 安全第一原则

进货管理中，始终要把安全问题贯穿始终。货物安全、运输安全、人身安全是进货管理第一位应该考虑的因素，要落实到包装、装卸、运输、储存各个具体环节中去，制定措施、严格管理监督，保证整个进货过程不出现安全事故。

3. 成本效益统一原则

进货管理中,也是要追求成本和效益统一的原则。这个效益包括运输的经济效益,也包括社会效益,还包括运输安全。其中社会效益,就是要维护社会生态平衡、减少污染、减少社会交通紧张的压力等。不要片面地只追求成本低而盲目超载,为了追求路程短而违反交通规则。

4. 总成本最低的原则

进货管理中,客观上存在多个环节、多个利益主体,因此在各个环节中都会发生相应的成本费用。由于进货方案的变动,可能会导致某个环节费用的节省,却有可能导致另一个环节费用的增加。考虑成本不能够只孤立地考虑某一个环节、某一个利益主体,而是要综合考虑各个环节、各个利益主体的成本之和,也就是总成本。所以,进货方案的好坏、进货管理效果的好坏,也应当用总成本最小作为评价的标准。

3.6.4 进货管理评价

1. 质量指标

订单人员在对订单进行跟踪时,可能会发现供应商在质量控制上的问题,如生产过程中没有按照认证合同规定的质量条款进行,如不加过问,最有可能因为质量问题通不过检验环节而耽误交货期,从而导致订单操作被迫停止,因此,采购人员可以通过以下指标对质量进行控制,公式为

$$来料合格批次率=(合格来料批次 \div 来料总批次) \times 100\% (最常用)$$
$$来料抽检缺陷率=(抽检缺陷总数 \div 抽检样品总数) \times 100\%$$
$$来料在线报废率=[来料总报废数(含在线生产时发现的) \div 来料总数] \times 100\%$$
$$来料免检率=(来料免检的种类数 \div 该供应商供应的产品总种类数) \times 100\%$$

2. 成本指标

(1) 价格水平。往往同本公司掌握的市场行情比较或者根据供应商的实际成本结构及利润率进行判断。

(2) 报价是否及时。报价单是否客观、具体、透明(分解成原材料费用、加工费用、包装费用、运输费用、税金、利润等,以及相对应的交货与付款条件)。

(3) 降低成本的态度及行动。是否真诚地配合本公司或主动地开展降低成本活动,制定改进计划、实施改进行动等。

(4) 分享降价成果。是否将降低成本的好处也让利给顾客(本公司)。

(5) 付款。是否积极配合响应本公司提出的付款条件要求与办法,开出的付款发票是否准确、及时、符合有关财税要求。

3. 供应指标

(1) 准时交货率=(按时按量交货的实际批次÷订单确认的交货总批次)×100%。

(2) 交货周期。自订单开出之日到收货之时的时间长度,常以天为单位。

(3) 订单变化接受率。这是衡量供应商对订单变化灵活性反应的一个指标,指在双方确认的交货周期中供应商可接受的订单增加或减少的比率。

订单变化接受率＝(订单增加或减少的交货数量÷订单原定的交货数量)×100％

4. 服务指标

订单人员常常需亲自协调物料的采购过程，以下提供一些服务指标供订单员参考。

(1) 反应表现。对订单、交货、质量投诉等反应是否及时、迅速，答复是否完整；对退货、挑选等是否及时处理。

(2) 沟通手段。是否有合适的人员与本公司沟通，沟通手段是否符合本公司的要求。

(3) 合作态度。是否将本公司看成是重要客户，供应商高层领导或关键人物是否重视本公司的要求，供应商内部沟通协作（如市场、生产、计划、工程、质量等部门）是否能整体理解并满足本公司的要求。

(4) 共同改进。是否积极参与或主动提出与本公司相关的质量、供应、成本等改进项目或活动，或推行新的管理做法等；是否积极组织参与本公司共同召开的供应商改进会议、配合本公司开展的质量体系审核等。

(5) 售后服务。是否主动征询顾客（本公司）的意见、主动访问本公司、主动解决或预防问题。

(6) 参与开发。是否参与、如何参与本公司的产品或业务开发过程。

(7) 其他支持。是否积极接纳本公司提出的有关参观、访问事宜；是否积极提供本公司要求的新产品报价与送样；是否妥善保存与本公司相关的文件等不予泄露；是否保证不与影响到本公司切身利益的相关公司或单位进行合作等。

本章小结

本章介绍了采购作业流程，采购计划、采购认证，以及采购计划的主要环节，阐述了采购作业流程的基本内容和环节，介绍了采购内容、采购订单计划、订单跟踪与管理、进货管理与管理评价原则与方法，重点阐述了采购流程。

练　习

一、单项选择题

在每小题列出的四个备选项中只有一个是符合题目要求的，请将其代码填写在题中的括号内。

1. 采购作业流程中的（　　）指出了作业流程中的各职位、部门或者领域。
   A. 第一部分　　　B. 第二部分　　　C. 第三部分　　　D. 第四部分

2. 进货方式选择、接收并检验收到的货物、结清发票并支付货款，这属于采购作业流程（　　）环节的内容。
   A. 采购计划　　　B. 采购认证　　　C. 采购订单　　　D. 进货管理

3. 注意变化或弹性范围以及偶然事件的处理规则。例如，"紧急采购"及"外部授权"，体现了在设计采购作业流程的时候，应注意（　　）这一要点。
   A. 避免作业过程中发生摩擦、重复与混乱
   B. 权力、责任或任务的划分

C. 关键点设置
D. 配合作业方式的改善

4. （　　）系统是发现采购需求的常用方法之一。
　A. 定量订购　　　B. 重复订购点　　　C. JIT　　　D. EOQ

5. 某底板在第一周，现有库存量 80 件减去毛需求量 40 件，剩下的现有库存量为 40 件。第三周预计入库 110 件，毛需求量 50 件，那么新的现有库存有（　　）件。
　A. 40　　　B. 80　　　C. 90　　　D. 110

6. 下列与制订订单计划过程中的下单时间无关的选项是（　　）。
　A. 安全库存　　　　　　　　　B. 要求到货时间
　C. 认证周期　　　　　　　　　D. 下单周期缓冲时间

7. （　　）是初选供应商必不可少的环节，经验丰富的认证人员通过此环节基本上可以弄清供应商群体的实力。
　A. 实地考察供应商
　B. 研究供应商提供的资料，并向相关供应群体调查问卷
　C. 与供应商进行接触
　D. 供应商与竞标

8. 下列选项不属于分包的优点的是（　　）。
　A. 在项目执行过程中受到委托人的干涉比较有限
　B. 不要求委托人有相似的项目的经验
　C. 通常项目总成本较低
　D. 委托人只需付出有限的努力

9. 在选择供应商这个阶段，第一步需要做的事是（　　）。
　A. 在总包和分包之间作出选择
　B. 在固定价格合同和成本补偿合同之间作出选择
　C. 在固定价格合同和分包之间作出选择
　D. 在总包和成本补偿合同之间作出选择

10. （　　）是采购流程和其前期活动中最重要的步骤之一。
　A. 选择一个供应商　　　　　　B. 评估一个供应商
　C. 初选供应商　　　　　　　　D. 供应商确认

11. 下列选项关于"进货"描述错误的是（　　）。
　A. 将采购货成交的物资由供应商仓库运输转移到采购者仓库中的过程
　B. 能确定改进机会或是发现供应商绩效的不佳方面
　C. 进货过程关系到采购成果价值的最终实现
　D. 关系到企业的经营成本和采购物资的质量好坏

12. （　　）对采购商来说，是一种最简单轻松的采购进货管理方式。
　A. 专用线接运　　　　　　　　B. 自提进货
　C. 委托运输　　　　　　　　　D. 供应商送货

13. 在实践中，（　　）对购买者而言通常会比其他类型的合同花费更高。
　A. 固定价格加激励报酬合同　　B. 成本加利润合同
　C. 成本补偿合同　　　　　　　D. 价格调整合同

14. （　　）是产品生产的重要环节，这一环节的完成表明订单人员对货期有一个结论性答案。
   A. 组装总测　　　　　　　　　B. 工艺文件
   C. 原材料的准备　　　　　　　D. 包装入库

15. 在外购绿化服务时，买方可能会在其与园丁签订的合同中规定，使用特定教育背景的园丁和 outcast 牌低噪声高效割草机，每个星期修剪一次草坪。然而，他也可以在合同中规定园丁必须使草坪保持不超过一英寸的高度，同时把工作时的噪声保持在若干分贝以下。关于这段话的描述错误的是（　　）。
   A. 在第二种情况下，园丁会每周都修剪草坪（冬天也是如此），因为这是与客户协定的
   B. 在第一种情况下，园丁会每周都修剪草坪（冬天也是如此），因为这是与客户协定的
   C. 在第二种情况下，园丁只有在需要时才会修剪草坪
   D. 产品必须满足用户需求的功能

二、多项选择题

请把正确答案的序号填写在题中的括号内，多选、漏选、错选不给分。如果全部答案的序号完全相同，例如全选 ABCDE，则本大题不得分。

1. 下列关于采购流程说法正确的是（　　）。
   A. 采购流程又叫采购作业流程
   B. 采购流程是详细论述采购部门职责或任务的运营指南
   C. 采购流程是采购管理中最重要的部分之一
   D. 采购流程是采购活动具体执行的标准
   E. 采购流程是有效采购管理的制度性保障

2. 下列关于采购流程的最后两部分说法正确的是（　　）。
   A. 最后两部分常常描述执行作业流程的实际过程
   B. 它是作业流程中最长的部分
   C. 它是作业流程中最详细的部分
   D. 它是文件的具体部分
   E. 它是员工执行任务时必须遵循的指令、指示和活动

3. 采购作业流程一般包括（　　）等环节，每个环节有其对应的具体的采购活动。
   A. 采购计划　　　B. 采购认证　　　C. 采购订单
   D. 进货管理　　　E. 管理评价

4. 采购计划制订可以分为（　　）。
   A. 准备认证计划　　　　　　　B. 计算认证容量
   C. 认证计划的制订　　　　　　D. 采购订单的制订
   E. 评估订单需求

5. 采购认证的目的是（　　）。
   A. 价格预算
   B. 建立和维护企业的采购环境
   C. 为企业提供物料项目的供应商群体

D. 采购订单的制订
E. 运输安全
9. 在售后服务阶段，采购者的价值增值主要在于(   )。
   A. 增强供需双方的信任程度
   B. 进行说明书中没有包括的工作的理赔
   C. 通过详细的卖方评级系统记录用户关于特定的产品和供应商的经验
   D. 记录维修经验
   E. 按照与备件供应上有关的协定进行监督
10. 供应商评价包括(   )。
    A. 质量   B. 时间   C. 成本
    D. 供应   E. 服务性

三、简答题

1. 什么是采购作业流程？
2. 采购流程制订的原则是什么？
3. 采购作业流程要点是什么？
4. 采购计划的制订包括哪些步骤？
5. 简述采购准备认证计划。
6. 签订采购订单包括哪些步骤？
7. 自提货包括哪些步骤？
8. 进货管理原则有哪些？
9. 简述进货管理评价。
10. 进货管理评价的服务指标有哪些？

四、项目练习

项目：采购流程设计

要求：在导师指导下，学生以5个人为一个小组，查找建立采购作业流程所需要的资料，根据资料建立一个模拟的采购作业流程，并将模拟采购作业流程在各小组中互换进行。完成以下项目。

(1) 进入采购企业调研，收集需要的相关资料和信息。
(2) 根据采购作业实际环节建立出有效率的采购作业流程。
(3) 将书本理论与企业中实际采购作业流程进行对比，分析两者的差别。
(4) 对各小组的流程方案进行评价，提出优化方案。
(5) 记录在采购作业流程建立及优化过程中得到的体验及感想。

按以上要求，在充分讨论基础上，形成小组的课题报告。

五、案例分析

采购的关键——流程与沟通

究竟是哪一步出了差错？最近，小周掉进了一个"谜案"。他参与的政府采购项目遭到了领导的批评，而他挖空心思、想破脑袋，居然找不到出差错的原因。

去年 6 月份，政府采购中心接到一项任务，桃城区人民法院要采购一批 IT 设备，包括：服务器系统（服务器一批、配套操作系统及双机集群软件）；网络系统（交换机一批）；附属配套设备（电脑和激光打印机等一批）以及相关软件，金额高达 600 万元。

这项任务让老徐很兴奋。小周是政府采购办公室去年刚招进来的研究生，小伙子聪明又踏实，工作热情很高。采购中心的主任老徐很欣赏小周的能力，"钦点"小周加入此次的采购项目组。

根据《政府采购法》及本省的公开招标限额，该项目肯定要公开招标。政府采购中心要做的第一件事情就是充分了解桃城区法院的需求，看看他们到底想要一批怎样的设备。这个工作进行得很顺利，项目组把这批设备的技术配置、用户的各种要求都弄清楚了。只是在一个环节上，双方有不同意见。小周认为，这种信息系统集成项目比较大、内容比较多，根据采购经验，应该将项目分成几个包进行公开招标，但是桃城区法院的领导却坚持要合在一起招标。

小周为人宽厚，不贪图私利，唯一的一点小毛病就是没主见。准确地说，就是耳根子软，很容易被别人说服。这次又是这样，小周明明知道自己的建议是有道理的，但他最后还是被迫同意合在一起招标。

在项目开标之后，法院发现各投标人的组合并不是他们所希望的（原因是 A 公司的主机性价比好，而 B 公司的网络设备性价比好，而选任何一个投标人都不能获得最佳的结果），故又提出希望将项目分包。按有关规定，招标之后是不可以分包的（除非在招标前明确），这次招标以失败告终，法院对此很失望。

第二次招标，小周吸取了前一次的教训，把项目分成了 5 个包：服务器、交换机、电脑、激光打印机和相关软件。小周想，这下肯定没问题了，谁知道这又是一次曲折的招标。

桃城区法院、政府采购中心、云腾代理招标公司组成了招标工作小组，13 名业内专家以及法院领导、云腾公司代表组成了评标小组。9 月 1 日开始出售标书，由于标书中所规定的技术参数比较"大众化"，所以应者如云，共有 15 家公司购买了招标文件。

9 月 20 日，开标大会如期举行。市公证处公证员到会公证。9 月 21 日至 24 日，在招标机构的组织下，招标工作小组审阅投标文件，组织询标。9 月 25 日，评标小组开始进行评标。此次评标采用的是综合评分法，价格占 40%。

最终，甲公司中标了服务器、交换机，乙公司中标了软件，丙公司中标了电脑，丁公司夺得了激光打印机的标。这个结果让小周很满意：一切都是按照规范的程序来的，无可指责。但老徐有些担心，因为甲公司的报价偏高，恐怕别人会起疑心。

果然，落选的厂商中有人不服，说这里面有黑幕，在大家的产品都达到要求的情况下，甲公司开价是最高的，为什么偏偏会选它？有人说中标的公司财大气粗，收买了部分专家。最后，有一家供应商甚至扬言要起诉。

最让小周感到不可理解的是，法院对甲公司中标也颇有微词，据说法院的领导一直倾向于另一品牌。虽然在制订标书时，这位领导并没加入"倾向性"的技术指标，但是在评标过程中，他却一直表现出对自己心仪品牌的好感。最终没能如愿，让他心里多少有些不舒服。采购人员不满意，这次招标说来也不能算圆满。

小周很郁闷：事到如今，到底哪一步出了差错？他脑子里像放电影一样，一遍遍重放着整个采购的过程，每个环节都被他当做"重大嫌疑"反复拷问，结果却是越想越糊涂……

资料来源：杨吉华. 采购管理简单讲（实战精华版）. 广州：广东经济出版社，2012.

讨论：

1. 在设计采购作业流程的时候，应注意什么？
2. 采购计划制订前要做哪些准备工作？

第 4 章 采购方式

【教学目标与要求】

本章主要介绍集中采购与分散采购、采购外包、政府采购、招标采购、电子商务采购。通过本章的学习,掌握采购方式的分类规则、集中采购与分散采购、采购外包、政府采购、招标采购和电子商务采购内涵和流程;熟悉电子采购的优势、电子采购的实施步骤。熟悉各类采购的要求,能够恰当选择合适的采购方式。

引导案例

某制造公司通过招标采购设备受益

某制造公司的主要产品有：异步电动机、电容器柜及电机车等。公司经过深入细致的市场调研和分析，决定投资2亿元人民币新建一条年产4 000台的异步电动机的生产线。本项目投资大，设备种类和数量多，仅大型主体设备投资就达3 000多万元。公司决定所有设备均以招标的方式进行采购。

经过考察和咨询，公司将本项目设备的招标工作委托给"某国际招标公司"和"某市机电设备招标中心"，由他们全权操作本项目设备的招标投标工作。为保证招标工作的公正、公开和合理，由招标中心聘请的专家和本公司的专家组成了专家组，并聘请了公证人员对整个招标过程进行监督和公证，整个过程严格按招标投标程序进行，本着"相同的质量和服务，价格低的优先；相同的价格和质量，服务好的优先"原则，经过综合评定，最终确定了设备中标厂家。因为招标过程合法、合理、公开、透明，彻底杜绝了关系和后门。所以，不但中标企业欢天喜地，而且落标企业也心服口服。

通过设备招标，企业真正感受到了招标投标制度给企业所带来的便利和好处。

首先，设备的招标采购委托给招标代理机构运作，企业节省了人力、物力、精力。

其次，招标中心对整个招标过程按法律、法规运作，依据公开、公正、公平的原则进行招标，增加了设备采购过程中的透明度，杜绝了设备采购过程中可能出现的拉关系、走后门等不正之风，保证了所采购设备的质量，最大限度地维护了企业利益，同时也维护了投标企业的合法权益。

最重要的一点还有通过招标，可使企业货比多家，不但质量做到优中选优，而且价格方面通过设备厂家的相互竞争，可以使企业享受到最优惠的价格。

引例分析

招标采购是一种广泛采用的采购方式，该采购方式具有公平、公开、公正的特点，但是在实施时需要投入大量的准备时间，并严格按照程序进行，通过结合当前先进的网络技术，可以提高采购速度，降低采购成本，因此在政府采购和企业大量采购时得到了广泛使用。

4.1 采购方式的分类

4.1.1 按不同规则分类

采购方式种类很多，可从中选取最方便、最有利的方法进行采购，然而采购对象不同，所采用的采购方式亦不相同。下面根据一定的规则将采购方式做一个有效的分类。

1. 按采购方式不同分类

按采购方式不同分类，采购可分为直接采购、委托采购与调拨采购。直接采购指直接向物料供应商从事采购的行为；委托采购是指指定第三方从事采购作业的行为；调拨采购指将过剩物料互相支持调拨使用的行为。

2. 按采购性质不同分类

（1）公开采购是指采购行为公开化；而秘密采购是指采购行为在秘密中进行。

（2）大量采购是指采购数量多的采购行为；而零星采购是指采购数量零星化的采购行为。

(3) 特殊采购是指采购项目特殊,采购人员事先必须花很多时间从事采购情报搜集的采购行为,如采购特殊规格、特种用途的机器;普通采购是指采购项目极为普通的采购行为。

(4) 正常性采购是指采购行为正常化而不带投机性;而投机性采购是指物料价格低廉时大量买进以期涨价时转手图利的采购行为。

(5) 计划性采购是指依据材料计划或采购计划的采购行为;而市场性采购是指依据市场的情况、价格的波动而从事的采购行为,此种采购行为并非根据材料计划而进行的。

3. 按采购时间不同分类

按采购时间不同分类,采购可分为长期固定性采购与非固定性采购、计划性采购与紧急采购、预购与现购。长期固定性采购是指采购行为长期而固定性的采购,而非固定性采购是指采购行为非固定性,需要时就采购。计划性是指根据材料计划或采购计划的采购行为;而紧急采购是指物料急用时毫无计划性的紧急采购行为。预购是指先将物料买进而后付款的采购行为;现购是指以现金购买物料的采购行为。

4. 按采购订约方式不同分类

按采购订约方式不同分类,采购可分为订约采购、口头或电话采购、书信或电报采购以及试探性订单采购。订约采购是指买卖双方根据订约的方式而进行采购的行为。口头或电话采购是指买卖双方不经过订约的方式而是以口头或电话的洽谈方式而进行采购的行为。书信或电报采购是指买卖双方利用书信或电报的往返而进行采购的行为。试探性订单采购是指买卖双方在进行采购事项时因某种缘故不敢大量下订单,先以试探方式下少量订单,等试探性订单采购进行顺利时,才下大量订单。

5. 按决定采购价格的方式不同分类

按决定采购价格的方式不同分类,采购可分为招标采购、询价现购、比价采购、议价采购、定价收购以及公开市场采购。

(1) 招标采购。招标采购是指将物料采购的所有条件(诸如物料名称、规格、数量、交货日期、付款条件、罚则、投标押金、投标厂商资格、开标日期……)详细列明,登报公告。投标厂商依照公告的所有条件,在规定时间以内,交纳投标押金,参加投标。招标采购的开标按规定必须至少三家以上的厂商从事报价投标方得开标。开标后原则上以报价最高的厂商得标,但得标的报价仍低过底价时,采购人员有权宣布废标,或经监办人员同意,以议价办理。

(2) 询价现购。询价现购是指采购人员选取信用可靠的厂商将采购条件讲明,并询问价格或寄以询价单并促请对方报价,比较后则现价采购。

(3) 比价采购。比价采购是指采购人员请数家厂商提供价格后,从中加以比价之后,选定厂商进行采购事项。

(4) 议价采购。议价采购指采购人员与厂商双方经讨价还价而议定价格后方进行采购。

(5) 定价收购。定价收购是指购买的物料数量巨大,无法由一两家厂商全部提供,如铁路的枕木或烟草局的烟叶,或当市面上该项物料匮乏时,则可定价格以现款收购。

(6) 公开市场采购。公开市场采购是指采购人员在公开交易或拍卖场所随时机动式的采购。因此,需要大宗物料时,以这种方式进行采购,价格的变动是非常频繁的。

4.1.2 集中采购和分散采购

企业中的采购可以集中进行也可以分散进行。集中采购就是企业中的采购任务由一个专门的部门负责；分散采购是指企业各部门自行处理各自的采购业务。分散采购与集中采购各有其优缺点，并且分散采购的优点与缺点就是集中采购的缺点与优点。企业在进行分散采购还是集中采购的决策时，一方面，要切实认真地分析各自的优缺点，本着扬长避短、切合实际的原则做出合理的选择；另一方面，采用分散采购还是集中采购，必须符合采购业务的特征要求。

1. 基本概念的比较

随着连锁经营、特许经营和贴牌生产模式的增加，集中采购更是体现了经营主体的权力、利益、意志、品质和制度，是经营主体赢得市场，保护产权、技术和商业秘密，提高效率，取得最大利益的战略和制度安排。因此，集中采购将成为未来企业采购的主要方式，具有很好的发展前景，如IBM、恒基伟业、麦当劳等企业都在这一层面上通过集中采购实现了自身的利益。分散采购是集中采购的完善与补充，有利于采购、存货或供料环节的协调配合，有利于增强基层工作者的责任心，使基层工作富于弹性和成效。

2. 优劣势比较

集中采购与分散采购的优劣势比较见表4-1。

表4-1 集中采购与分散采购优劣势比较表

采购方式	优势	劣势	主体	客体
集中采购	见下面分析	机构臃肿、与供应商缺乏直接沟通、对内部客户导向性较弱	集团范围、跨国公司、连锁经营、OEM厂商、特许经营企业的采购	大宗、批量、价值高、关键零部件原材料、战略资源以及容易出问题的物品
分散采购	对利润中心直接负责；对于内部用户有更强的客户导向性；较少的官僚采购程序与内部协调；与供应商直接沟通	缺乏规模经济；缺乏对供应商的统一态度；分散的市场调查；在采购和物料方面形成专业技能的可能性小；对不同的经营单位形成不同的采购条件	二级法人单位、子公司、离主厂区或集团供应基地较远的异国或异地供应的情况	小批量、单件、价值低、分散采购优于集中采购的物品

实施集中采购总结后可得出以下优势。

(1) 有利于获得采购规模效益，降低进货成本与物流成本，节省运费，获得供应商的折扣，争取主动权。

(2) 易于稳定本企业与供应商之间的关系，得到供应商在技术开发、货款结算、售后服务支持等诸多方面的支持与合作。

(3) 集中采购责任重大，采取公开招标、集体决策的方式，可以有效制止腐败。

(4) 有利于采购决策中专业化分工和专业技能的发展，同时也有利于提高工作效率。

(5) 如果采购决策都集中控制,所购物料就比较容易达到标准化。

(6) 减少管理上的重复劳动。这样就不必让每一个部门的负责人都去填采购订单,只需采购部门针对公司的全部需求填一张订单就可以了。

对于供应商而言,这也可以推动其有效的管理,他们不必同时与公司内的许多人打交道,而只需和采购经理联系。

4.1.3 采购外包

1. 基本概念

所谓外包(Outsourcing),是指企业整合利用其外部最优秀的专业化资源,从而达到降低成本、提高效率、充分发挥自身核心竞争力和增强企业对环境的应变能力的一种管理模式。最为流行的外包服务形式主要包括：IT 资源外包服务、客户服务中心外包、营销外包、人力资源管理外包、应收账款外包等。

然而,曾经被认为是企业核心竞争力的供应链管理过程,如存货管理、物流服务、产品制造、甚至是产品设计和客户服务,现在也可以外包了。采购外包已经成为商务流程外包(Business Process Outsourcing, BPO)的必然延伸。实际上,企业在较大的 BPO 项目中外包采购已经有好多年了,如旅行社一直为企业客户管理旅行资源并采购旅行服务。现在,大多数的工业产品分销商在"一体化供应"关系的安排下,管理着客户所有的采购开支。合同制造商则常常以他们客户的名义协调和管理整个供应关系网络。近年来,随着基于网络的采购技术(电子采购、网上征招供应商、反向拍卖以及网上交易所)和价值分析工具的发展,为监测和管理采购外包提供了必要的可行性和有效的控制手段。

2. 实施采购外包的优点

由于各种原因,在许多公司采购变成了一项运行效能低下的资产,由于采购流程的缺陷和不良的采购支出,企业每年要白白损失几十亿美元,这是一项巨大的浪费。许多企业开始把次优的采购活动和不能良好控制的采购项目交给高度专业化的采购服务供应商(Procurement Services Providers, PSP)。采购外包有各种优点是自身采购所达不到的。

(1) 降低成本。PSP 之所以能够如此大幅度降低采购成本,主要是因为他们具有丰富的产品采购经验和市场专业知识、成熟的采购流程和持有众多客户聚集起来的采购批量。PSP 要为众多的客户服务,这种规模经济性使他们能够采用最新的技术和设备,并把这些基础设施的使用成本分摊到所有的客户。所以将采购外包的企业就能够以非常小的风险获得好处。因此,采购外包应当被看成是一个将产生固定成本的固定资产转变成产生可变成本的、并能够迅速改变和调整以满足客户动态需求的流动资产的经营战略。

(2) 获得流程和专业知识支持。降低成本并不是采购外包的唯一好处。PSP 能够向客户提供一流的采购技术,以及有效地开发和利用这些技术的方法。并且 PSP 能够提供广泛的产品专业知识,在更大范围内寻找合适的供应商,并具有丰富的供应商管理经验。

(3) 培养核心竞争力。采购外包能够让企业专注于主业,培养核心竞争力。比如设计新产品、开发和服务新客户。特别是可以使企业避免为那些既非战略的,也非资源保证的采购项目建立和维护一个现代化基础设施的负担。把次优的采购活动交给第三方能够帮助企业在特定领域迅速获得更大的效益。

3. 实施采购外包的缺点

采购外包的缺点就是失去了采购的控制权，外包决策的可逆性差，存在道德风险，合同成本增加，采购外包的服务质量的管理成本增加，并要制定如何激励采购服务提供商降低采购成本。此外，采购外包经常会导致大批员工被解雇等。

4. 采购外包管理流程

采购外包管理流程的模型由4个步骤组成：内部高标定位分析、外部高标定位分析、合同谈判和外包管理。

（1）内部高标定位分析。首先企业要识别自己的核心竞争力，例如，与竞争对手相比较，能提供差异化的服务。

（2）外部高标定位分析，指如何选择采购服务提供商。采购外包的企业可以选择单一供应商、多个独立的供应商或多个供应商联盟组成的单一供应商，于是对应3种采购服务提供商战略：单一服务提供商战略、多个服务提供商战略和整合的服务提供商战略。

（3）合同谈判。由于书面合同的冗长烦琐和缺乏审计价格与服务的资源，业务外包带有隐性成本。在某些情况下，外包采购、制造、物流、IT系统和其他业务功能所带来的成本节约可能只占到外包合同所承诺的5%～10%。因此，与承包公司签订合同时，要求包含供应商定价、季度物料清单成本更新、采购数量和价格说明的提前期报告，以及供应商的产品描述。

（4）外包管理。它主要包括时间进度控制和动态监控。外包者和提供服务的供应商应对目标和检查点达成一致，如果差距超过了可容忍度，外包者就要寻找原因并提出改进的解决方案。

4.2 政府采购

4.2.1 政府采购概述

1. 政府采购概念

政府采购是相对于个人采购、家庭采购、企业采购和团体采购而言的一种采购管理制度，政府采购也称公共采购，是指各级国家机关和实行预算管理的党政组织、社会团体、事业单位，使用财政性资金在政府的管理和监督下，采购依法制定的集中采购目录以内的或者采购限额标准以上的货物、工程和服务的行为。政府采购不仅是指具体的采购过程，而且是采购政策、采购程序以及采购管理的总称，是一种对公共采购管理的制度。

2. 政府采购内容

政府采购包含以下内容。

（1）实行政府采购制度的，不仅仅是政府部门，还应包括其他各级各类国家机关和实行预算管理的所有单位。

（2）政府采购资金不仅包括预算内资金，同时把使用预算外资金进行政府采购的活动也纳入政府采购统一管理的范围。

(3) 强调购买方式的转变。将过去由财政部门供应经费，再由各个单位分散购买所需货物、工程和服务的方式，转变为在政府的管理和监督下，按照规定的方法和程序，集中购买和分散购买相结合的统一管理模式。

3. 政府采购特点

政府采购与个人采购、家庭采购、企业采购或团体采购相比，政府采购具有以下特点。

1) 资金来源的公共性

政府采购的资金来源为财政拨款和需要由财政偿还的公共借款，这些资金的最终来源为纳税人的税收和政府公共服务收费，在财政支出中具体表现为采购支出，即财政支出减去转移支出的余额。而私人采购的资金来源于采购主体的私有资金（Private Fund）。实际上，从本质上来讲，正是采购资金来源的不同才将政府采购和私人采购区别开来。

2) 采购主体的特定性

政府采购的主体，也称采购实体是依靠国家财政资金运作的政府机关、事业单位和社会团体、公共机构等部门。

3) 采购活动的非营利性

任何资金的使用都存在着管理者责任问题。在完善的市场经济条件下，营利性商业组织的资金管理者责任及资金的使用效率，可以通过其营利性本身，通过优胜劣汰的市场机制反映出来，也即通过市场检验来体现。而对于非营利性的政府采购管理也就成为一种弥补市场不足的必要补充。政府采购的目的不是赢利，而是为了实现政府职能和公共利益。

4) 政府采购的社会性

政府采购的社会性实际上是蕴涵在其非营利性特征中，是非营利性的更深刻的表现。政府采购为非商业性采购，它不是以赢利为目标，不是为卖而买，而是通过采购活动为政府部门提供消费品或向社会提供公共利益。

5) 采购对象的广泛性

政府采购的对象包罗万象，既有标准产品也有非标准产品，既有有形产品又有无形产品，既有价值低的产品也有价值高的产品，既有军事用品也有民用产品。为了便于管理和统计，国际上通行的做法是按其性质将采购对象分为三大类：货物、工程和服务。

6) 行政性

私人采购可以按照个人的爱好、企业的需求做出决定。但是，政府采购作为组织性选择就不能按照个人意志行事。因此，政府采购决策运用是政府部门办公决策的一种行政运行过程。例如，采购中要遵守组织的规则、制度及程序，体现集体的作用，而能像一些私人企业那样，鼓励发挥采购人的主观能动性和创造性。尽管现代政府提倡运用现代化的管理手段，但是公共采购要买什么、怎么买，需要以国家利益实现完成多重目标，符合多重标准。所以，在进行政府采购管理的过程中，无论在国内外都或多或少地具有较强的行政色彩，代表集体或政府的意志。

7) 规范性

政府采购不是简单地一手交钱一手交货，而是要按有关政府采购的法规，根据不同的采购规模、采购对象及采购时间要求等，采用不同的采购方式和采购程序，使每项采购活动都要规范运作，体现公开、竞争的原则，接受社会监督。

8）影响力大

政府采购不同于个人采购、家庭采购、企业采购或团体采购，它是一个整体，这个整体是一个国家内最大的单一消费者，其购买力非常巨大。由于政府采购对社会经济有着其他采购主体不可替代的巨大影响，它已成为各国政府普遍使用的一种宏观经济调控手段。

此外，财政部门实行全方位的监督，也是政府采购的一个重要特征。当然这种监督不是指财政直接监督参与每项采购活动，而是通过制定采购法规和政策来规范采购活动，并检查这些法规、政策的执行情况。财政监督的对象不仅是采购实体，还包括采购中介机构、供应商等参与采购活动的机构和个人。

4.2.2 政府采购目标

政府采购对单个采购实体而言，是一种微观经济行为，但将政府作为整体而言，政府采购就成为一种宏观经济手段，通过政府采购，政府可以将宏观调控和微观经济行为结合起来，以实现政府的重大政策目标。

1. 经济性和有效性目标

这是政府采购最基本和首要的目标。政府采购规则都将提高政府采购的经济性和有效性作为其首要目标。

2. 实现宏观调控

政府通过调整采购总规模，调节国民经济的运行状况，即为了刺激经济发展，政府可以扩大采购规模，增加内需。如果为了抑制经济过热，政府可以缩减采购规模，降低消费需求。政府还可以通过调整采购结构达到调整产业结构的目的，即对政府鼓励的产业，政府可以提高采购量，为该产业的发展开辟市场；而对政府控制的产业，政府可以减少对这些产业的产品采购。

3. 保护民族工业

许多国家通过立法，强制要求政府采购购买本国产品，以实现保护民族产业的目标。目前，美国已经加入了世界贸易组织的《政府采购协议》，《购买美国产品法》仍对未加入《政府采购协议》的国家适用，即使是世界贸易组织的成员，对某些领域仍在进行保护。政府购买本国产品，是以竞争为基础，实行优胜劣汰，从整体上提高国内企业的竞争力，重点培育一批有实力的企业和产品。

4. 保护环境

保护环境的法规落实情况与多种因素有关，但在公众意识尤其是法人意识不强的情况下，还需要采取必要的手段促使他们执行国家的环境法规和政策。政府采购就是必要手段之一，政府对所采购的产品或拟建工程，提出有利于环境保护的指标和要求，不符合规定指标和要求的产品不得采购，例如规定政府购车的排气量、明确不能购买在生产过程中产生污染的厂家的产品等。

5. 稳定物价

根据国际惯例，这里的稳定物价主要是指粮食价格和原材料价格，政府通过对储备商品的采购和吞吐，调节物价水平。在原材料方面，政府在某些原材料充裕或国际市场上价格合理的情况下，进行储备，一旦这些材料出现短缺或者国际市场上价格偏高时，政府将按合理价格出售。

6. 促进就业

政府采购对就业的促进主要体现在以下几个方面：首先是鼓励从一些特殊企业购买产品，这里的特殊企业包括残疾人企业、妇女企业以及少数民族企业；其次是对参与采购竞争的企业进行资格审查，如果该企业存在歧视妇女和残疾人就业的情况，则取消其供应资格；最后是对于拿到政府采购合同的企业，要求其接收一定数量的人员就业或不接收就业但需要交纳一定人员的社会保障费。

7. 促进国际贸易

政府通过加入国际性或区域经济组织政府采购协议，使国内企业以较优惠的条件进口原材料，同时也为国内企业开辟了新市场，让国内企业到外国政府采购市场上争取合同，促进国际贸易。

8. 加强对国有资产的管理

政府采购的对象中，相当一部分属于国有资产。这些资产包括存量资产和新增资产，都包含在政府采购信息库中。因为每一项采购合同包括品名、数量等在合同形成前要报财政部门立项，在合同形成后要报财政部门备案，采购实体在申请购买新增资产替代旧资产时，在申请立项时也要做出说明，资产的处理收入要上缴国库。

4.2.3 政府采购原则

1. 公开、公平、公正和有效竞争的原则

这是政府采购的核心原则。公开是指采购活动具有较高的透明度，要公开发布采购信息，公开开标，公开中标结果，使每个有兴趣的或已参与的供应商都能获得同等的信息；公平就是要求给予每一个有兴趣的供应商平等的机会，使其享有同等的权利并履行相应的义务，不歧视任何一方；公正是指评标时按事先公布的标准对待所有的供应商；有效竞争是要求邀请更多的供应商参与竞争。

2. 物有所值原则

它是指投入与产出之比，这里的投入不是指所采购物品的现价，而是指物品的寿命周期成本，即所采购物品在有效使用期内发生的一切费用再减去残值。政府采购追求的就是寿命周期成本最小而收益最大。

3. 推动国内竞争促进产业发展原则

通过政府采购，打破垄断和地区封锁，促进企业降低成本，提高产品技术含量，为企业的发展创造良好的环境。同时，政府采购活动要公平进行，要照顾和鼓励中小企业的参与。

4. 反腐倡廉原则

通过公开、竞争的透明机制，消除采购活动中的腐败现象，维护政府形象。

5. 支持政府其他政策的原则

通过采购活动实现诸如环境保护、促进残疾人和妇女就业、扩大对外贸易、加强国有资产管理等。

4.2.4 政府采购的客体

政府采购的客体也就是政府采购的内容，按照国际上的通常做法，可以粗略地将采购客体分为三类：货物、工程、服务。

1. 货物

货物是指各种各样的物品，包括原料产品、设备、器具等。

2. 工程

工程是指新建、扩建、改建、修建、拆除、修缮或翻新构造物及其所属设备以及改造自然环境，包括兴修水利、改造环境、建造房屋、修建交通设施、安装设备、铺设下水道等建设项目。

3. 服务

服务是指除货物或工程以外的任何采购，包括专业服务、技术服务、维修、培训、劳动力等。财政拨款的机关事业单位所需的各类服务，应在财政部门的指定服务地点取得服务。对各类指定服务地点，每年要组织一次公开竞标，不搞终身制。

4.2.5 政府采购模式

政府采购模式就是对政府采购进行集中管理的程度和类型。

1. 集中采购模式

集中采购模式就是所有应纳入政府采购范围的货物、工程和服务统一由政府委托一个部门负责。集中采购必然带来大型、合并的采购要求，这有利于吸引潜在的供应商，比零散采购更有利于获得更好的供应商履约表现和更有利的价格。另外，集中采购带来的管理成本的节约也是巨大的。

2. 分散采购模式

分散采购模式就是所有纳入政府采购范围的货物、工程和服务由各需求单位自行采购。分散采购的主要优点是易于沟通，采购反应迅速。

3. 半集中和半分散采购模式

这种采购模式就是把所有应纳入政府采购范围的货物、工程和服务分两种类型进购，即一部分由政府委托一个专门部门统一采购，另一部分由需求单位自行采购。

4.2.6 政府采购管理体系

1. 主管机构

财政部主要负责政府采购法规、政策的拟定和监督执行，采购计划的编制，供应、采购代理资格标准的制定和审查，采购官员的培训和管理，采购争端的仲裁，国有资产的管理，采购信息的发布，采购统计和分析，部分甚至全部本级政府消费的货物、工程和服务的直接采购、分配和管理等。财政部内通常设置专门机构负责政府采购的管理和协调。

2. 法律体系

为了加强对政府采购的管理，实现政府采购的政策目标，各国都制定了一系列有关政府采购的法律和规章。各国的基本法规为政府采购法或合同法，如美国的《联邦采购公司法案》、《联邦采购条例》、《合同竞争法案》等。此外，许多国家为多边国际贸易协议（如世界贸易组织、联合国发展和贸易组织）或双边国际贸易协议（如澳大利亚、新西兰、美国、以色列等）的成员也都相应制定了对外贸易中应遵循的政府采购的法规。

3. 政府采购模式

从采购模式的历史来看，很多国家的采购模式都经历了从集中采购模式到半集中半分散模式的过程。随着电子贸易的普及，政府采购模式又将会走向集中，因为所有的采购信息均可由一个部门输入互联网，供应商按要求将物品直接交付给采购实体。

4. 质疑和申诉机制

供应商质疑和申诉是采购活动中经常遇到的问题，如果这些问题得不到妥善的解决，不仅会影响采购活动的开展，还会影响政府的信誉，影响政府与供应商之间的关系。正因为如此，世界贸易组织的《政府采购协议》以及许多国家的政府采购制度中都包括了对处理质疑和申诉问题的特殊规定，包括申诉程序、有效时间、负责处理此类问题的机构等。

5. 采购官员管理

政府采购官员代表政府进行各种采购，拥有很大的权力，但同时也要承担很大的责任。各国对政府采购官员的要求是非常高的，他们不仅要懂政府采购的法规政策，还要懂国际贸易的政策和规则；不仅要熟悉采购程序，还要掌握国内外市场情况；不仅要懂经济知识，还要具备多方面的专业知识；不仅要懂采购技巧，还要善于解决采购过程中出现的各种问题。

6. 采购信息管理

采购信息管理是政府采购管理制度中的一个重要组成部分，采购信息管理不仅是指采购信息的发布，还包括采购情况的各项记录信息。关于采购信息的发布，通常的做法是在采购主管机构指定的公开发行的刊物（如政府采购公报、政府采购和资产处理公报等）上刊登采购通告，或者将采购信息输入互联网。

7. 中央和地方关系

政府采购实行分级管理，中央政府和地方政府建立各自的制度，但二者不是绝对独立的。首先，一个国家只有一部政府采购法，法律规定的原则和要求，中央和地方政府都必须遵守，地方政府在不违背政府采购法的原则和要求的前提下，可以制定本地的政府采购实施细则。其次，由于中央政府与地方政府存在资金往来关系，特别是中央政府要给地方政府大量的转移支付。

8. 国际事务

这里的国际事务主要是指有关政府采购问题的对外谈判事务，一般由外贸部门负责。国际上的做法，也有的国家由财政部门负责。

4.2.7 政府采购周期和流程

1. 政府采购周期

政府采购周期是指完成一次政府采购的整个过程和各个组成环节。一个项目的完整采购周期可分为以下8个阶段。

1) 确定采购需求

采购需求由各采购单位提出，报政府采购管理机关审核。政府采购管理机关在审查各采购单位的采购需求时，既要考虑采购预算的限额和财务规章制度的制约，同时还要考虑各采购单位采购要求的合理性，把可能和需要两方面结合起来，从源头上控制盲目采购、重复采购等问题。

2) 采购立项

采购单位根据本地区政府采购目录及自身工作需要，将年度内所需购置的货物和服务向主管部门申报；由主管部门根据行业特点及实际情况，汇总上报本级政府采购机关；政府采购管理机关根据本年度预算方案和财力状况，对各单位所申报的项目审核和综合分析，汇总编制本地区的政府采购项目计划草案。连同本级财政预算草案，呈报给本级人民代表大会审查批准立项。

3) 预测采购风险

采购风险是指在采购过程中可能出现的一些意外情况，致使采购行为难以达到预期目的。它主要包括：支出增加；推迟交货；供应商的交货不符合采购单位的要求；采购工作失误；采购单位和供应商之间存在不诚实甚至违法行为。这些情况都会影响采购目标的实现，因此事前要做好防范措施。

4) 选择采购方式

采购方式很多，具体采用何种方式，要看其是否符合政府采购原则和充分实现政府采购目标。正如前文所述，国际上使用的采购方式很多，有招标采购、询价采购、单一来源采购、谈判采购等。一般来说，一个国家对国内使用的采购方式及适用条件都有明确的规定，一些规定都是相对而言的，因为每个项目的情况都不一样，总的标准是按照政府采购来进行选择。

5) 进行采购操作

该阶段即进入具体的采购过程，包括采购的前期准备，如市场调查；发布采购信息；组织招标评标或与供应商进行协商谈判；解决采购过程中的质疑与争端问题等，最后确定中标供应商。

6) 签订采购合同

这是指采购单位与中标供应商签订合同，合同的签订必须遵守《中华人民共和国合同法》。

7) 采购合同的履行

这是指采购合同的执行。供应商按合同的规定，按期交货、竣工或提交服务成果，采购单位则采用科学的方法按合同的规定进行验收。

8) 资金结算

资金结算就是根据合同的规定和验收结算报告，由采购管理机关向供应商支付资金。对于复杂或高成本的采购项目，还需要进行市场调查，评估其为产业发展提供的机会等。

2. 政府采购流程

采购程序可分为以下步骤。

(1) 公告。即所有受指令管理的合同必须在官方杂志上发布公告，邀请供应商进行投标。目前主要的公告方式有定期合同预告、使用合格者名单公告、招标公告、授予合同公告。

(2) 招标程序。在授予合同时缔约机构必须使用的3种程序是公开程序、限制性程序和谈判程序。

(3) 时间限制。每一个指令都规定了缔约机构必须允许投标人呈递标书以及在限制和谈判程序下申请投标的最低时间限制。

(4) 合同可否谈判。指令允许对合同条款做有限的修改，但不能对投标做实质上的改变，而且缔约机构应将修改条款通知所有投标人。

(5) 合同文件的提供。缔约机构必须在一定期限内将合同文件提供给投标人，与合同有关的其他信息也应在投标截止期若干天前提供。

(6) 技术规格。为了避免对外国投标人歧视，采购指令规定缔约机构必须使用欧洲标准或规格，或者实施欧盟标准的国家标准(在得不到这些标准时，须按优先顺序参照欧洲通用的其他技术规格或实施国际标准的国家标准)。

(7) 选择标准。有兴趣投标的供应商、承包商或服务提供者需要满足具体的目标标准，包括他们的财务、经济或技术能力。

(8) 授予合同的标准。缔约机构在决标时可以选择最低报价的投标或经济上最有利的投标。

 知识拓展　政府采购的程序

2006年1月，某市政府采购中心受该市教育局的委托，以竞争性谈判方式采购一批教学仪器设备。政府采购中心接受委托后，按规定程序在监管机构规定的媒体上发布了采购信息，广泛邀请供应商参加。由于本次未涉及特许经营，采购文件也未对供应商资质提出特殊限制条件，除规定供应商具备《政府采购法》第二十二条的规定条件外，仅要求供应商提供所供仪器设备是正品的证明，并保证售后服务即可。然后政府采购中心规定的时间内，组成谈判小组，并按规定程序，在有关部门的监督下，于2月16日履行谈判等程序。外市的一家公司M从4家供应商中胜出，成为第一候选人。7天后，政府采购中心正等待教育局确认结果时，收到本市一家供应商H的内装有书面投诉书的挂号信。其主要内容是：供应商H是成交货物生产商在本市的唯一代理商，M公司不是代理商，其授权书是假的，现M公司正在外地联系货源，要求政府采购中心查处造假者，查处之前不得公布成交结果。政府采购中心收到挂号信后不到2小时，H公司的代表也来到政府采购中心，又当面提出了上述要求。

与此同时，该市财政局党委、纪检组、市纪委、监察局等部门也都收到了H公司的投诉书，内容都是反映政府采购中心"暗箱操作"，使"造假者成交"，严重违反了《政府采购法》等法律法规，要求市财政局党委、纪检组、市纪委、监察局等部门立即调查处理，并要求查处之前不准政府采购中心公布成交结果。后来，政府采购中心没有接受H公司的要求，只向其进行了解释，仍按程序在规定的时间内公布了成交结果，市财政局党委、纪检组也没有接受H公司的要求，而是要H公司认真学习《政府采购法》等法律法规，正确对待本次采购。由此可见，H公司的投诉没有得到政府采购中心等部门的受理，是一次无效投诉。

4.3 招标采购

4.3.1 招标采购的方式

1. 招标采购的概念

招标采购是通过在一定范围内公开购买信息，说明拟采购物品或项目的交易条件，邀请供应商或承包商在规定的期限内提出报价，经过比较分析后，按既定标准确定最优惠条件的投标人并与其签订采购合同的一种高度组织化采购方式。

招标采购是在众多的供应商中选择最佳供应商的有效方法，它经常用于比较重大的建设工程项目、新企业寻找长期物资供应商、政府采购或采购批量比较大的场合。它体现了公平、公开和公正的原则。

2. 方式

招标采购的基本方式主要有公开招标、邀请招标和议标。所谓公开招标又称竞争性招标，即由招标人在报刊、网络或其他媒体上发布招标公告吸引众多企业单位参加投标竞争，招标人从中择优确定中标单位的招标方式。按照竞争程度的不同，公开招标又分为国际竞争性招标和国内竞争性招标。公开招标将采购的所有条件(如货物名称、规格、品质要求、数量、交货期、付款条件、处罚规则、投标押金、投标资格等)详细列明，刊登公告。投标厂商(供应商)按公告的条件，在规定的时间内，交纳投标押金，参加投标。

 小贴士　国际竞争性招标

国际竞争性招标是在世界范围内进行的招标，国内外合格的投标商均可以投标。它要求制作完整的英文标书，在国际上通过各种宣传媒介刊登招标公告。

3. 优点

(1) 公平。公开招标使对该招标项目感兴趣又符合投标条件的投标者都可以在公平竞争条件下，享有得标的权利与机会。

(2) 价格合理。基于公开竞争，各投标者凭其实力(规格符合、成本最低)争取合约，而不是由人为或特别限制规定售价，价格比较合理。而且公开招标，各投标者自由竞争，因此招标者可获得最具竞争力的价格。

(3) 改进品质。因公开投标，各竞争投标的产品规格或施工方法不一，可以使招标者了解技术水平与发展趋势，促进其品质的改进。

(4) 减少徇私舞弊。各项资料公开，办理人员难以徇私舞弊，更可避免人情关系，减少作业困扰。

(5) 了解来源。通过公开招标方式可获得更多投标者的报价，扩大供应来源。

公开招标采购虽然有很多优点，但也存在很多不足之处，突出表现在：周期太长，费时太多；需要的文件非常烦琐；可能造成设备规格多样化，影响标准化的实现等。因此，尽管竞争性招标目前仍是政府采购的主要方式，但其所占比重却在逐渐下降。

除竞争性招标采购以外，还有限制性招标采购、单一来源采购、竞争性谈判采购、自营工程等。其中，单一来源采购和自营工程等方式均为特例，它们都是在特定的环境下适用，而且所占的比重非常小，任何国家或组织都不主张过多地采用这些方式。在竞争性招标采购方式比重不断下降的同时，限制性招标采购和竞争性谈判采购所占的比重不断提高，尤其是竞争性谈判采购在很多国家非常流行。

竞争性谈判采购既能体现充分竞争，又能体现灵活协商，逐渐成为占主导地位的采购方式。

 小贴士　议标

议标也称为谈判招标或限制性招标，即通过谈判来确定中标者。议标的方式又可分为直接邀请议标方式、比价议标方式、方案竞赛议标方式。

4.3.2　邀请招标采购的方式

1. 邀请招标的概念

邀请招标亦称限制性招标采购，又可分为国际有限竞争性招标和国内有限竞争性招标。是由招标单位根据自己积累的资料，或由权威的咨询机构提供的信息，选择一些合格的单位发出邀请，应邀单位（必须有三家以上）在规定时间内向招标单位提交投标意向，购买投标文件进行投标。

2. 邀请招标的优点

（1）节省时间和费用。因无须登报或公告，时间和费用比较节省。已知供应厂商，又可以节省资料搜集及规范设计等的时间和费用，省去了大量的开标、评标工作，有利于提高工作效率，工作量可大幅度降低。

（2）比较公平。因为是基于同一条件邀请单位投标竞价，所以机会均等。虽然不像公开招标那样不限制投标单价数量，但公平竞争的本质相同，只是竞争程度较低而已。

（3）减少徇私舞弊。邀请招标虽然可以事先了解可能参加报价的单位，但因仍须竞争才能决定，因此可以减少徇私舞弊。

（4）供求双方能够进行更为灵活的谈判。

（5）竞争性谈判采购还具有其他任何采购方式所不能具备的一个优点，即这种采购方式能够激励供应商将自己的高科技应用到采购商品之中，同时又能转移采购风险。

竞争性谈判采购既能体现充分竞争，又能体现灵活协商，逐渐成为占主导地位的采购方式。

3. 邀请招标的缺点

（1）可能串通投标。邀请招标串通投标的机会较大，很可能事先分配或轮流供应，而不能做到真正竞价或合理报价。尤其当投标单位规模不一时，竞争能力必有差异，可能出现弱肉强食、被大企业操纵的局面。

（2）可能造成抢标。虽然投标单位报价竞标，也很有可能造成恶性抢标。恶性抢标是指有些单位以超低价格中标，然后以牺牲押金的方式争取时间，在最后时刻毁约，在重购时通过串通投标获得更多的利益。

（3）规格不一。由于可能由多家分配或轮流得标，所以供应的规格会有所差异，以致影响生产效率，增加损耗，并使维修更加困难。

4.3.3 招标采购制度及其运作模式

1. 招投标制度

招投标制度就是一种规范的比价采购模式。在国际通行的招投标制度（如世界银行采购招标程序、国际土木工程师协会 FIDIC 招标程序）中，对询价和定价的每一步操作均做出了详细的规定和说明，特别突出在以下 3 个方面。

（1）严格的操作程序、规则和标准招标文件。
（2）具体和明确的技术要求和计量规则。
（3）详细而全面的标准合同条件。

2. 招标采购运作模式

（1）政府采购招标。政府采购招标一般都是国家财政出钱，招标范围广、量多、频次高，一般针对的是万元以上额度的采购。对于耗材、DIY 散件等商品，以前都采用政府定点供应商的办法，通过招标选择定点供应商，但现在有的地方已取消此办法，因为这种方式不符合市场经济原则，会滋生新的不公，便利性也差。所以，已开放管制。

（2）行业投标。行业投标不像政府投标那样规则一致，不同行业有自己的规定，做法差异较大。大行业如电信、农垦、银行等都有自己常设的招标采购机构，有的还聘请评标专家组，由相关职能部门如计财、纪检、审计、法规等多方组成。有的行业规模较小，没有专门机构负责，一般由信息或科技管理部门分管。

行业投标有的不承诺最低价中标，原因是行业面窄、专业性强。注重对业务层面的了解，所以，有时会对标书的细节做些讨论，也往往带有一些倾向性。

（3）投标公司。投标公司是商业机构，一般受市场用户委托，靠卖标书收取标的额手续费而生存，往往承接的是一些较大的项目招标。它的招标信息一般由内部刊物刊登。它一般不拒绝企业参与招标，相反，标书卖得越多越好。开标、唱标一般有一个固定时间，由用户及相关专家到场。大家都可以参与，相对公正。当然，有时参与投标的公司搞些猫腻也是存在的。

4.3.4 招标采购流程

招标采购是一个复杂的系统工程，招标流程如图 4.1 所示，把整个招标采购流程划分为准备、招标、投标、开标、评标和定标 6 个阶段。需要说明的是，不同的招标项目可能具有不同的招标流程，招标单位可根据实际需要对一般的流程进行有针对性的改动。

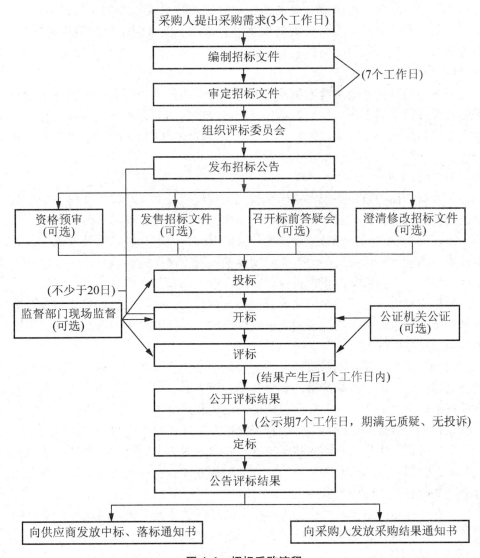

图 4.1　招标采购流程

1. 准备

在准备阶段，要对招标投标活动的整个过程做出具体安排，包括对招标项目制定总体实施方案、进行项目综合分析、确定招标采购方案、编制招标文件、组建评标委员会、邀请有关人员等。准备阶段主要包括以下程序。

1）制定总体实施方案

制定总体实施方案即对招标工作做出总体安排，包括确定招标项目的实施机构和项目负责人及其相关责任人、具体的时间安排、招标费用测算、采购风险预测以及相应措施等。

2）项目综合分析

对要招标采购的项目，应根据采购计划、采购人提出的采购需求（或采购方案），从资金、技术、生产、市场等几个方面对项目进行全方位综合分析，为确定最终的采购方案及其清单提供依据。必要时可邀请有关方的咨询专家或技术人员参加对项目的论证、分析，同时也可以组织有关人员对项目实施的现场进行踏勘，或者对生产、销售市场进行调查，以提高综合分析的准确性和完整性。

3) 确定招标采购方案

通过进行项目分析，同采购人员及有关专家确定招标采购方案，也就是对项目的具体要求确定出最佳的采购方案，主要包括项目所涉及产品和服务的技术规格、标准、主要商务条款以及项目的采购清单等，对有些较大的项目在确定采购方案和清单时有必要对项目进行分包。

4) 编制招标文件

招标人根据招标项目的要求和招标采购方案编制招标文件。招标文件一般应包括招标公告(投标邀请函)、招标项目要求、投标人须知、合同格式、投标文件格式等5个部分。

(1) 招标公告(投标邀请函)主要是招标人的名称、地址和联系人及联系方式等；招标项目的性质、数量；招标项目的地点和时间要求；对投标人的资格要求；获取招标文件的办法、地点和时间；招标文件售价；投标时间、地点以及需要公告的其他事项。

(2) 招标项目要求主要是对招标项目进行详细介绍，包括项目的具体方案及要求、技术标准和规格、合格投标人应具备的资格条件、竣工交货或提供服务的时间、合同的主要条款以及与项目相关的其他事项。

(3) 投标人须知主要是说明招标文件的组成部分、投标文件的编制方法和要求、投标文件的密封和标记要求、投标价格的要求及其计算方式、评标标准和方法、投标人应当提供的有关资格和资信证明文件、投标保证金的数额和提交方式、提供投标文件的方式和地点以及截止日期、开标和评标及定标的日程安排以及其他需要说明的事项。

(4) 合同格式主要包括合同的基本条款、工程进度、工期要求、合同价款包含的内容及付款方式、合同双方的权利和义务、验收标准和方式、违约责任、纠纷处理方法、生效方法和有效期限及其他商务要求等。

(5) 投标文件格式主要是对投标人应提交的投标文件做出格式规定，包括投标函、开标一览表、投标价格表、主要设备及服务说明、资格证明文件及相关内容等。

5) 组建评标委员会

(1) 评标委员会由招标人负责组建。

(2) 评标委员会由采购人的代表及其技术、经济、法律等有关方面的专家组成，总人数一般为5人以上单数，其中专家不得少于2人。与投标人有利害关系的人员不得进入评标委员会。

(3) 在招标结果确定之前，评标委员会成员名单应相对保密。

2. 招标

1) 发布招标公告(或投标邀请函)

公开招标应当发布招标公告(邀请招标发布投标邀请函)。招标公告必须在财政部门指定的报刊或者媒体发布。招标公告(或投标邀请函)的内容、格式与招标文件的第一部分相同。

2) 资格审查

招标人可以对有兴趣投标的供应商进行资格审查。资格审查的办法和程序可以在招标公告(或投标邀请函)中载明,或者通过指定报刊、媒体发布资格预审公告,由潜在的投标人向招标人提交资格证明文件,招标人根据资格预审文件规定对潜在的投标进行资格审查。

3) 发售招标文件

在招标公告(或投标邀请函)规定的时间、地点向有兴趣投标且经过审查符合资格要求的供应商发售招标文件。

4) 澄清、修改招标文件

对已售出的招标文件需要进行澄清或者非实质性修改的,招标人一般应当在提交投标文件截止日期15天前以书面形式通知所有招标文件的购买者,该澄清或修改内容为招标文件的组成部分。这里应特别注意,必须是在投标截止日期前15天发出招标文件的澄清和修改部分。

3. 投标

1) 编制投标文件

投标人应当按照招标文件的规定编制投标文件,投标文件应载明的事项有:投标函;投标人资格、资信证明文件;投标项目方案及说明;投标价格;投标保证金或者其他形式的担保;招标文件要求具备的其他内容。

2) 投标文件的密封和标记

投标人对编制完成的投标文件必须按照招标文件的要求进行密封、标记。这个过程也非常重要,往往因为密封或标记不规范被拒绝接受投标的例子不少。

3) 送达投标文件

投标文件应在规定的截止时间前密封送达投标地点。招标人对在提交投标文件截止日期后收到的投标文件,应不予开启并退还。招标人应当对收到的投标文件签收备案。投标人有权要求招标人或者招标投标中介机构提供签收证明。

4) 投标文件的撤回、补充或者修改

投标人可以撤回、补充或者修改已提交的投标文件;但是应当在提交投标文件截止日之前书面通知招标人,撤回、补充或者修改也必须以书面形式。

4. 开标

1) 举行开标仪式

招标人应当按照招标公告(或投标邀请函)规定的时间、地点和程序以公开方式举行开标仪式。开标由招标人主持,邀请采购人、投标人代表和监督机关(或公证机关)及有关单位代表参加。评标委员会成员不参加开标仪式。

2) 进行开标

开标活动主要包括以下程序。

(1) 主持人宣布开标仪式开始,并简要介绍招标项目的基本情况和参加开标的领导与来宾等。

(2) 介绍参加投标的投标人单位名称及投标人代表(这里需要对所招标项目作进一步介绍:如招标公告发布的时间、媒体、版面;截至什么时间,有多少家供应商做出了响应,并提交了资格证明文件;有多少家供应商购买了招标文件;在投标截止时间前有多少家供应商递交了投标文件等),在介绍招标人及其代表时,应按照递交投标文件的顺序介绍，先介绍招标人单位名称，接着介绍其代表人姓名、职务、身份。

（3）宣布监督方代表名单、工作人员名单（主要是开标人、唱标人、监标人、记标人），并宣读有关注意事项（包括开标仪式会场纪律、工作人员注意事项、投标人注意事项等）。

（4）检查评标标准及评标办法的密封情况。由监督方代表、投标人代表检查招标方提交的评标标准及评标办法的密封情况，并公开宣布检查结果。

（5）宣布评标标准及评标办法。由工作人员开启评标标准及评标办法（须在确认密封完好无损的情况下），并公开宣读。

（6）检查投标文件的密封和标记情况。由监督方代表、投标人代表检查投标人递交的投标文件的密封和标记情况，并公开宣布检查结果。

（7）开标。由工作人员开启投标人递交的投标文件（须在确认密封完好无损且标记规范的情况下）。开标应按递交投标文件的逆顺序进行。

（8）唱标。由工作人员按照开标顺序唱标，唱标内容须符合招标文件的规定（招标文件对应宣读的内容已经载明）。唱标结束后，主持人须询问投标人对唱标情况有无异议，投标人可以对唱标作必要的解释，但所作的解释不得超过投标文件记载的范围或改变投标文件的实质性内容。

（9）监督方代表讲话。由监督方代表或公证机关代表公开报告监督情况或公证情况。

（10）开标仪式结束。

在开标过程中，主持人应告知投标人评标的时间安排和询标的时间、地点（询标的顺序由工作人员用抽签方式决定），并对整个招标活动向有关各方提出具体要求。另开标过程应当作记录，并存档备查。

5. 评标

1）投标文件的移交

开标后，由招标人召集评标委员会，向评标委员会移交投标人递交的投标文件。

2）评标的基本要求

评标由评标委员会独立进行评标，评标过程中任何一方、任何人不得干预评标委员会的工作。

3）评标程序

（1）审查投标文件的符合性。由评标委员会对接到的所有投标文件进行审查，主要是审查投标文件是否完全响应了招标文件的规定，要求必须提供的文件是否齐备，以判定各投标方投标文件的完整性、符合性和有效性。如不符合招标文件的要求或者有不完整的，可根据招标文件的规定判定其为无效投标。

（2）审查。对投标文件的技术方案和商务方案进行审查，如技术方案或商务方案明显不符合招标文件的规定，则可以判定其为无效投标。

（3）询标。评标委员会可以要求投标人对投标文件中含义不明确的地方进行必要的澄清，但澄清内容不得超过投标文件记载的范围或改变投标文件的实质性内容。

（4）综合评审。评标委员会按照招标文件的规定和评标标准、办法对投标文件进行综合评审和比较。综合评审和比较时的主要依据是：招标文件的规定和评标标准、办法，以及投标文件和询标时所了解的情况。这个过程不得也不应考虑其他外部因素和证据。

(5) 评标结论。评标委员会根据综合评审和比较情况，得出评标结论。

评标结论中应具体说明收到的投标文件数、符合要求的投标文件数、无效的投标文件数及其无效的原因、评标过程的有关情况，最终的评审结论等，并向招标人推荐一个至三个中标候选人(应注明排列顺序并说明按这种顺序排列的原因以及最终方案的优劣比较等)。

6. 定标

1) 审查评标委员会的评标结论

招标人对评标委员会提交的评标结论进行审查，审查内容应包括评标过程中的所有资料，即评标委员会的评标记录、询标记录、综合评审和比较记录、评标委员会成员的个人意见等。

2) 确定中标人

招标人应当按照招标文件规定的定标原则，在规定时间内从评标委员会推荐的中标候选人中确定中标人，中标人必须满足招标文件的各项要求，且其投标方案为最优，在综合评审和比较时得分最高的。

3) 中标通知

招标人应当在招标文件规定的时间内定标，在确定中标后应将中标结果书面通知所有投标人。在通知所有未中标人并退还他们的投标保函时，应对他们的参与表示感谢。

4) 签订合同

中标人应当按照中标通知书的规定，并依据招标文件的规定与采购人签订合同(如采购人委托招标人签订合同的，则直接与招标人签订合同)。中标通知书、招标文件及其修改和澄清部分、中标人的投标文件及其补充部分是签订合同的重要依据。以上是招标采购的基本程序，不同的采购活动可根据实际情况进行步骤上的调整。

4.3.5 其他招标采购运作模式

1. 比价采购

比价采购就是通过在两个以上的卖方提供的产品或服务之间进行比较，并选择价格、质量等综合水平较高的卖方，与之成交。比价采购可以让买方有所比较，从而能够根据自己的需要，选择适当的卖方。并且通过适当的安排，可以在卖方之间建立竞争，从而形成对买方有利的态势。由于比价采购的明显优点，现在已经成为普遍采用的一种采购方式。但比价采购并没有固定的、合理的模式，具体操作的方法在询价、定价及交易等各个环节都可能有差异，这些差异可能导致比价的最终价格偏离采购者的初衷。比如，选择供应商不当极有可能导致采购失败，合同文本不严密可能导致发生交易纠纷，采购人员的恶意操控亦可能导致企业产生不必要的损失。

2. 即时制采购

即时制采购是受JIT生产管理思想的启发，在20世纪90年代出现的，它的基本思想是：在恰当的时间、恰当的地点，以适当的数量、恰当的质量提供恰当的物品。可见它是从即时制生产发展而来，是为了消除库存和不必要的浪费而进行的持续性改进的采购模式，它是即时制生产管理模式的必然要求。

其中供应商的选择、质量控制是其核心内容，其核心要素包括减少批量、频繁而可靠的交货、提前期压缩并且高度可靠、保持一贯的高质量。因此，这就需要与供应商签订在需要的时候提供需要数量的原材料协议。这也就意味着可能一天一次、一天两次甚至每小时几次的物资采购。

3. 联合采购

联合采购是指多个企业之间的采购联盟行为，因此可以认为联合采购是集中采购在外延上的进一步拓展。随着市场竞争的日益激烈，企业在采购过程中实施联合正在成为企业降低成本、提高效率的重要途径之一。

 小贴士　合作伙伴

合作伙伴指的是双方都致力于实现共同的目标，双方都愿意在获得成功的道路上进行实践和原谅对方的失误。合作伙伴关系需要以这些基本原则作为基础：能力、能量和信用。

4. 询价采购

询价采购是指采购者向选定的若干个供应商发出询价函，让供应商报价，然后根据各个供应商的报价而选定供应商的方法。这是一种比较通用的采购方式，询价采购具有以下特点。

（1）不是面向整个社会所有的供应商，而是在充分调查的基础上，筛选了一些比较有实力的供应商，进行邀请性采购。所选择的供应商数量不是很多，但是其产品质量好、价格低、企业实力强、服务好、信用度高。

（2）采购过程比较简单、工作量小。这是因为备选供应商的数量少，通信联系比较方便、灵活，采购程序比较简单，工作量小，采购成本低、效率高。

缺点是：由于采购频繁，工作量较大，采购供货周期受到制定询价文件、报价、评审选择、签订合同、组织供货等环节流转的影响，采购周期相对来说就显得较长，采购效率不易提高，供货和使用要求时常要受到影响。

4.3.6 招标采购中存在的问题及解决方法

1. 招标中存在的问题

从上述几种招标运行模式看，还有些问题存在：①项目型采购招标困难，没有统一的评价标准，所以难以进入正常的招标程序；②实时性不好，因为从做计划上报到真正开始招标，过程可能历经几个月，而有些产品更新换代可能很快，此时，可能招标产品在市场上已经过时了；③有些操作环节还不科学，需要人为沟通的较多，这就容易缺乏公正性；④有些参与投标的公司有抬标、围标行为，失去了招标的意义；⑤招标后兑现不了标书出现弃标；⑥与客户串通一气以低就高，以次充好；⑦单线以价格制胜，会降低后续的服务要求，因为服务往往在标书中不好体现；⑧整个中标后的执行过程缺少有效监督，招标公司力不从心，而用户方自己又做不了主。

2. 解决方法

1）人员选择

招标工作需要的人才应是项目管理型人才，除营销外，还要擅长于计划、沟通、协调、执行。对技术也不应陌生，又要略知法律，以便对签订的合同规避法律风险。对于这种人才的管理要实行有效的绩效考核加上适度的奖励和约束。因为，培养一名这样的人才需要精力和时间，而其一旦另谋他路，跑到竞争对手处，就难免造成损失。

2) 厂家支持

厂家的支持是企业中标的重要条件。因此，有了投标信息应该第一时间内通知厂商，就会得到第一注册资格。

3) 招标部门人际沟通

招标部门的人际沟通是必需的，对于企业获取相应的信息至关重要。什么时候有标，用户是谁，标书的主要内容等，早一天知道就多一分胜利保障。

4) 为用户制作标书

如果用户有采购计划，而企业能帮其制作标书，企业的胜率就会大很多。标书制作还是有很多策略的。

5) 自身资源准备

要很好地执行履约一个标书，应该全面协调自身的资源，主要包括以下几点。

(1) 有获取相关信息的渠道，这是企业决策的依据，甚至要了解竞争对手的某些信息。

(2) 良好的资金、技术储备。在自有资金、技术不足的情况下，积极争取厂商的支持是非常重要的。

(3) 利益核算。投标的目的是获取利益。有时，采取的策略会有所不同。对一个新用户，可能为了得到用户，不赚、少赔也要中标。

(4) 保持头脑清醒。这对操盘手的经验判断力要求很高，甚至其个性可能都是重要因素。

4.4 采购投标与评标

4.4.1 采购投标概述

1. 投标

投标(Submission of Tender)是与招标相对应的概念，它是指投标人应招标人的邀请或投标人满足招标人最低资质要求而主动申请，按照招标的要求和条件，在规定的时间内向招标人递价，争取中标的行为。

2. 投标的基本做法

投标人首先取得招标文件，认真分析研究后(在现场实地考察)，编制投标书。投标书实质上是一项有效期至规定开标日期为止的发盘或初步施组编写，内容必须十分明确，中标后与招标人签订合同所要包含的重要内容应全部列入，并在有效期内不得撤回标书、变更标书报价或对标书内容作实质性修改。

为防止投标人在投标后撤标或在中标后拒不签订合同，招标人通常都要求投标人提供一定比例或金额的投标保证金。招标人决定中标人后,未中标的投标人已缴纳的保证金即予退还。

招标人或招标代理机构须在签订合同后两个工作日内向交易中心提交《退还中标人投标保证金的函》。交易中心在规定的五个工作日内办理退还手续。

3. 采购投标步骤

撰写设计标书、邀请合格供应商参与投标及组织评标开标活动是采购方的工作,而对于参与投标的供应商来说,投标活动则更为重要,投标过程中的每一个细节,诸如投标书的撰写、报价、投标保证金的递交、有关文件是否按要求备齐等,出现失误都将导致整个投标工作全盘皆输。因此,要想获取投标的成功,必须谨慎小心,做好每一步。

1) 投标书撰写

投标方应仔细阅读招标文件的所有内容,按招标文件的要求提供投标文件,对招标文件的要求做出实质响应,符合招标文件的所有条款、条件和规定且无重大偏离与保留,并保证所提供的全部资料的真实性,以使其投标文件对应招标文件的要求,否则,其投标将被拒绝。

投标文件一般应包括下列部分:投标书、投标报价一览表、分项一览表、投标资格证明文件(公司的营业执照副本复印件加盖公章及其他相关证件)、公司与制造商代理协议和授权书、公司有关技术资料及客户反馈意见等。另外,投标方应按招标文件中提供的投标文件格式填写,并将投标文件装订成册。

2) 投标文件的签署及规定

投标文件正本和副本须打印并由投标方法人代表或委托代理人签署。除投标方对错处作必要修改外,投标文件中不许有加行、涂抹或改写。电报、电话、传真形式的投标一般不予接受。

3) 投标文件的密封和标记

投标方应准备正本和副本各一份,用信封分别把正本和副本密封,并在封面上注明"正本和副本"字样,然后一起放入招标文件袋中,再密封招标文件袋。一旦正本和副本有差异,以正本为准。

4) 投标文件的递交

所有投标文件都必须按招标方在投标邀请中规定的投标截止时间之前送至招标方。

投标文件从投标截止之时起,标书有效期为 30 天。招标方将拒绝在投标截止时间后收到的投标文件。

《招标投标法》第二十八条规定,投标人应当在招标文件要求提交投标文件的截止时间前,将投标文件送达投标地点。招标人收到投标文件后,应当签收保存,不得开启。投标人少于三个的,招标人应当依照本法重新招标。在招标文件要求提交投标文件的截止时间后送达的投标文件,招标人应当拒收。

5) 关于投标保证金

投标方应向招标代理机构按招标要求的固定金额或比例提供投标保证金。未中标的投标方的保证金,在定标后 5 日内予以退还(无息)。中标的投标方的投标保证金,在中标方签订合同并履约后 5 日内退还(无息)。投标保证金一般应于投标截止之日前交至指定处。未按规定提交投标保证金的投标,将被视为无效投标。

6) 关于报价

投标人应对招标项目提出合理的价格。高于市场的价格难以被接受,低于成本报价将被作为废标。因唱标一般只唱正本投标文件中的"开标一览表",所以投标人应严格按照招标文件的要求填写"开标一览表"、"投标价格表"等。

7) 其他文件

投标人的各种商务文件、技术文件等应依据招标文件要求备全,缺少任何必需文件的投标将被排除中标人之外。一般的商务文件包括:资格证明文件(营业执照、税务登记证、企业代码以及行业主管部门颁发的等级资格证书、授权书、代理协议书等)、资信证明文件(包括保函、已履行的合同及商户意见书、中介机构出具的财务状况书等)。

总之,投标人应以合理报价、优质产品或服务、先进的技术、良好的售后服务为成功中标打好基础。但投标人还应学会如何包装自己的投标文件。如在标书的印刷、装订、密封等均应给评委以良好的印象。

4.4.2 采购评标概述

1. 采购评标的概念

评标,是招标方的主权。评标系统是招标方根据自己的利益和客观、公正、公平的原则自主建立的。评标的根本目的,就是选中真正最优的技术方案投标方,为自己带来最大的效益。招标方将根据招标任务的特点组建评标小组(或委员会),评标小组成员 5 人以上,为表决方便,应取单数。

其成员中,有投标方企业的人员,也要有一定数量的技术、经贸、法律等方面的专家。评标小组根据公正、公平、公开原则对所有投标方的投标文件进行审查、质疑、评估、比较,并把最后的评比结果交给招标方。招标方应该掌握一定的评标方法与技巧,以成功推动评标工作的顺利进行。

2. 评标过程中应考虑的因素

在整个评标过程中,评委会将按照公正、公平、公开原则对待所有投标方,首先审查投标文件是否符合招标文件的所有条款和规定,然后依据投标商品的价格、技术性能、交货期、付款条件、售后服务、资信及履约能力和其他优惠条件等,综合评定后选择中标方。评标过程将重点考虑以下因素。

(1) 投标文件符合招标文件要求,方案设计先进、合理、针对性强、适用性强。

(2) 整体报价合理,不过高或过低。如投标报价过低,能够做出合理的解释。

(3) 所选用的设备及产品必须符合用户要求,产品具有较高的可靠性、先进性和可扩展性,同时具有较强的兼容性。产品的故障率低,今后服务有保障,运行成本费用合理,相关硬件的更换有保障。如果是选择服务,则要考虑供应商提供服务的能力、服务水平及服务管理能力的强弱。

(4) 供应商具有良好的信誉和产品(或服务)的开发和提升能力,资金雄厚,技术力量强,能够保证及时完成投标项目,在项目完成后,可以及时准确地解决用户所提出的问题。

4.4.3 评标的流程

1. 设定评标内容

评标的目的是根据招标文件中确定的标准和方法,对每个投标商的标书进行评价和比较,以评出最佳的投标商。评标必须以招标文件为依据,不得采用招标文件规定以外的标准和方法进行投标,凡是评标中需要考虑的因素都必须写在招标文件之中。

评标分为技术评审和商务评审两个方面。

1) 技术评审内容

技术评审的目的在于确认备选的中标商完成本招标项目的技术能力以及其后提供方案的可靠性,投标商实施本招标项目的技术能力。

技术评审主要包括以下内容。

(1) 标书是否包括招标文件要求提交的各项技术文件,它们同招标文件中的技术说明和图纸是否一致。

(2) 实施进度计划是否符合招标商的时间要求,计划是否科学和严谨。

(3) 投标商准备用哪些措施来保证实施进度。

(4) 如何控制和保证质量,措施是否可行。

(5) 如果招标商在正式投标时已列出拟与之合作或分包的公司名称,则这些合作伙伴或分公司是否具有足够的能力和经验保证项目的实施和顺利完成。

(6) 投标商对招标项目在技术上有何种保留和建议的可行性以及技术经济价值如何。

2) 商务评审内容

商务评审的目的在于从成本、财务和经济分析等方面评定投标报价的合理性和可靠性,并估量授标给各投标商后的不同经济效果。

商务评审的主要内容有以下几个方面。

(1) 将投标报价与标底进行对比分析,评价该报价是否可靠合理。

(2) 投标报价构成是否合理。

(3) 分析投标文件中所附现金流量表的合理性及其所列数字的依据。

(4) 审查所有保函是否被接受。

(5) 评审投标商的财务能力和资信程度。

(6) 投标商对支付条件有何要求或给招标商何种优惠条件。

(7) 分析投标商提出财务和付款方面建议的合理性。

2. 确定评标考核指标体系

确定评标考核指标体系是整个评标的关键,考评指标体系设置的科学、合理与否,在很大程度上将直接影响招标活动的顺利进行。因此,考评指标体系的确定,不能仅仅局限于投标单位的资格条件、经验、规模、服务和财务能力等,既要考虑到各方面的综合因素,又要便于操作。

在实际评标过程中,常用的考评指标体系有:投标商品的价格、技术性能、质量水平、交货期、付款条件、售后服务、资信及履约能力、合作精神和其他优惠条件等。根据具体情况可以在其基础上适当增加或减少。

要评价一个方案的好坏，不能只看某一个指标，而是要看各个指标的综合效果。这就要把每个指标的评价结果"加"起来求出一个总评价值，也就是总成绩。但是在评价指标体系的多个评价指标中，不是每个指标的重要性都是同等重要的。有的指标明显重要一些，有的就不那么重要。所以，为了表示各个指标的不同重要性，应当分别赋予每个指标不同的权值，把各个指标进行加权求和得出综合评价值。

为便于操作，一个重要的途径就是指标量化。这个量化，不仅是各个指标要量化，每个指标的重要性也要量化，认真确定考评指标体系中各个指标的权值，把每个指标值与其相应的权值相乘再相加，就可以得出综合指标评价值，这个评价值越高，方案越好。

3. 对投标书初步审查

投标书一经开标，即转送到评标委员会进行评标。评标是招标企业的主权。招标企业要依法组建评标委员会，其成员由招标企业代表和有关技术、经济等方面的专家组成。成员人数为5人以上单数，其中技术、经济等方面专家不得少于成员总数的2/3。评标委员会成员名单在中标结果确定前应当保密。

在正式开标前，招标企业要对所有的投标书进行审查。

(1) 审查投标书是否完整，有无计算上的错误，是否提交投标保证金，文件签署是否合格，投标书的总体编排是否有序。

(2) 审查是否有计算错误。如果单价与数量的乘积与总价不一致，以单价为准修改总价，投标书不接受对其错误的更正，可以拒绝其投标书，没收其投标保证金。如果用文字表示的数值与数字表示的数值不一致，以文字表示的数值为准。

(3) 审查每份投标书是否实质上与招标文件要求的全部条款、条件和规格相符，没有重大偏差。对关键条文的偏离、反对，例如，投标保证金、关税等偏高将被认为是实质上的偏离。如果投标书实质上没有响应招标文件的要求，招标企业将予以拒绝。

4. 对投标书深度审查

(1) 审查供应商资格。开标大会后，评标小组及工作人员对各供应商的投标文件进行符合性审查，剔除符合性审查不合格的供应商并作记录。

(2) 审查供应商报价。审查合格的供应商报价是否有缺项、漏项，报价计算是否准确，重新核算报价。

(3) 供应商报价排序。根据审核后的报价即评标价对各供应商进行排序。

(4) 确定入围供应商。按评标价排序从低至高的顺序确定入围询标的供应商名单。

(5) 确定询标内容。评标小组评审各入围供应商的投标设计方案，研究确定各入围供应商的询标内容。

(6) 进行询标。对各入围供应商分别询标，明确澄清问题，形成纪要或由供应商出具书面文字材料、有关人员签字(盖章)。

(7) 确定评标结果。评标小组根据询标情况形成评标小组集体决议，确定预中标供应商和备选中标供应商。

5. 编写完整全面的评标报告

招标单位根据评标委员会评审情况编写评标报告，评标报告编写完成后报招标管理机构审查。评标报告应包括以下内容。

1) 招标情况说明

(1) 工程说明。工程说明应包括工程概况及招标范围等。

(2) 招标过程。招标过程应包括：资金来源及性质、招标方式；招标文件报招标管理机构时间及招标管理机构的批准时间；刊登招标通告的时间；发放招标文件情况（有几家投标单位）、现场勘察和投标预备会情况（投标单位参加情况）；到投标截止时间递交投标文件情况（有几家投标单位）。

2) 开标情况说明

开标情况包括开标时间及地点、参加开标会议的单位及人员情况和唱标情况。

3) 评标情况说明

(1) 评标委员会情况。包括评标委员会的组成及评标委员会人员名单。

(2) 评标依据。包括评标所依赖的标准和规定等。

(3) 评标内容。评标内容包括：投标文件的符合性鉴定；投标单位的资格审查（未资格预审的采用）；审核报价；投标文件问题的澄清（如有必要时）；投标文件分析论证内容及评审意见。

4) 推荐意见

评标委员会经评审和比较后，向招标单位推荐中标优选方案，提出评审意见书，对推荐方案做出评价及提出修改、完善意见。

5) 附件

附件一般包括：评标委员会人员名单；投标单位资格审查情况表；投标文件符合性鉴定表；投标报价评比评价表；投标文件质询澄清的问题。

4.4.4 评标的方法

评标工作在整个招标采购中至关重要。评标工作的目的是根据招标文件中确定的标准和方法，对每个投标商的标书进行评价和比较，以评出合适的投标商。评标方法有很多，目前常用的也是最具有实操性的有以下几种。

1. 最低投标价法

最低投标价法是指在满足实质性要求和内涵相同的条件下，以报价最低确定中标方的评标方法。最低投标价评标方法操作简便，应用范围较广，是评标的常用方法。但由于此种方法在评标时，只注重考虑价格因素而忽略其他影响因素，缺乏科学性。因为每个厂家的生产能力、厂家规模、生产条件、质量保证和信誉度、交货期、运距都存在差异，在招标时的报价就会不同。因此，价格低廉不应作为中标的唯一标准。

2. 最低评标价法

最低评标价法是指以价格为主要因素确定中标候选供应商的评标方法，即在全部满足招标文件实质性要求的前提下，依据统一的价格要素评定最低报价，以提出最低报价的投标人作为中标候选供应商或者中标供应商。该评标法中"统一的价格要素"即为不确定的评标因素，需要根据实际情况确定这些评标因素，用加价的方式进行调整。

对于不同类型的采购标的，评标价的计算往往存在较大的差异，但总的来说，是以投标报价为基础，综合考虑质量、性能，交货或竣工时间，交付使用后的运行、维护费用，以及售后服务等各种因素，按照评标委员会确定的权数或量化方法，将这些因素一一折算为一定的货币额，并加入到投标报价中，最终得出的就是评标价。但对于哪些因素可加价及加价的幅度则根据采购人的采购意图等因素决定。应用这种方法时，本身报价较低且加价因素较少的产品，最终价格也比较低，所以对同档次的产品，报价低的有一定的优势。由此可见，运用该种方法应保证尽可能地减少招投标过程中的不确定因素。

采购内容比较单一、技术要求相对简单、标准较易统一，所评产品均符合采购需求的货物类项目，诸如计算机、空调等招投标项目可运用此法。国际招标，如世行贷款项目，多运用此法。

3. 综合评分法

综合评分法是指在最大限度地满足招标文件实质性要求的前提下，按照招标文件中规定的各项因素进行综合评审后，以评标总得分最高的投标人作为中标候选供应商或者中标供应商的评标方法。综合评分的主要因素是：价格、技术、财务状况、信誉、业绩、服务、对招标文件的响应程度，以及相应的比重或者权值等。

综合评分法是目前在国内运用最广泛的招标方法，货物、服务、工程的采购均可采用该种方法。因为这种方法运用起来灵活性较强，既能在一定程度上避免采购单位的倾向性，又能较好地体现采购人的意图。该方法的运用也使高报价战胜低报价成为可能。

运用这种方法，评标结果的产生主要取决于以下两方面的因素。

1) 采购人的倾向

对于注重产品质量的采购人来说，只要产品价格在其采购预算内的，哪怕很高，也有可能中标。因为在评分方法中会相应提高质量、品质的权重，而放低价格的权重。同理，如果注重价格，在评分方法中质量和价格所占的权重就会发生逆转，低报价中标的可能性就较大。这种灵活性是采用最低评标价法不能达到的。

2) 评委的打分情况

在这个过程中，采购人对评委们的倾向性的暗示，或各评委独立打分时对高报价或低报价的倾向性，使低报价中标或高报价中标都成为可能。在汇总各评委评分时，我们有时会看到这样的结果，即对于同一投标者，不同的评委会打出差距很大的分数，使众多投标者评分结果产生悬殊差距，使最终的评标结果的科学性受到了质疑。

综合评分法中的价格分统一采用低价优先法计算，即满足招标文件要求且投标价格最低的投标报价为评标基准价，其价格分为满分，其他投标人的价格统一按下列公式计算为

$$投标报价得分 = \frac{评标基准价}{投标报价} \times 价格权值 \times 100$$

以上各项评分因素分数之和为评审总得分，评审总得分最高的投标人为中标候选供应商，次之作为中标备选供应商。得分相同时，按投标报价由低向高顺序排列。得分且投标报价相同的，按技术指标优劣顺序排列。

4. 理想点评定法

运用理想点评定法评定中标厂家是一种较为科学、有效的方法。理想点评定法(Technique for Order Preference by Similarity to an Ideal Solution，TOPSIS)，是一种接近于简单加权法的排序方法。它借助多目标决策问题的"理想解"和"负理想解"进行排序，所谓理想解是一设想的最好解(方案)，它的各个属性值都达到各候选方案中的最好值；而负

理想解是另一设想的最坏的解,它的各属性的值都达到各候选方案中最坏的值。采用理想解去求解多目标决策问题是一种非常有效的方法,它的概念虽简单,但在使用时,还需要在目标空间中定义测度去测量某个解靠近理想解和远离负理想解的程度。

面对众多的供货商,科学的决策复杂而重要,需要考虑的问题很多,如价格、运输、生产能力、质量、售后服务等。传统的方法是,企业在选择采购渠道时,多是凭感觉、凭经验,缺乏科学的依据,运用理想点评定法就可解决上述问题。

由此可以看出,要运用理想点评定法选择供货商,关键是采购人员必须进行详细的市场调研,掌握大量的信息,再利用理想点评定法准确计算,就能够做到科学、合理,减少随意性、盲目性。

5. 寿命周期成本评标法

这种评标方法主要用于企业采购整套厂房、生产线或设备、车辆等在运行期内的各项后续费用(零配件、油料、燃料、维修)很高的设备。在计算寿命周期成本时,可根据实际情况,评标时在标书报价的基础上加上一定运行期年限的各项费用,再减去一定年限后设备的残值,即扣除这几年折旧费用后的设备剩余值。在计算各项费用或残值时,都应按标书中规定的贴现率折算成净现值。例如,电脑按寿命周期成本评标时应计算的因素:电脑价格、根据标书偏离招标文件的各种情况、估算电脑寿命期所需零件及维修费用、估算寿命期末的残值。

纵观几种确定中标厂家的方法,不难看出每种方法均各有利弊,因此在评标时应根据招标的物资类别或具体情况灵活运用,可采用一种固定方式,也可结合本企业的需求和特点综合评定。总之,评标是招标采购工作的关键和难点,它是比较投标人的结果。采用何种评标方法,还需因时、因物、因地,参考众多因素,随着标的物的变化,影响其评标因素的权重也将随之发生变化。这就要求在实践中不断摸索、不断地积累经验。

4.4.5 评标公证中应注意的问题

1. 提交的证明、材料要齐全

评标公证是国家公证机关根据招标方的申请,依法证明招投标行为的真实性和合法性的活动。评标公证由招标方所在地或招标行为发生地公证处受理。

办理评标公证,公证处应要求申请人填写公证申请表,并提交下列证明、材料:招标方主体资格证明和法定代表人身份证明;代理人代为申请的,代理人应提交授权委托书和本人的居民身份证及其复印件;受委托招标的,应提交委托书;上级主管部门对招标项目标记录;开标记录或纪要;投标单位的资格证明及法定代表人或代理人的身份证明;评标、决标记录;标底;公证人员认为应当提交的其他证明和材料。

2. 与投标方有利害关系应回避

公证处应告知评标组织成员,如与投标方有利害关系应回避。

3. 按照要求进行审查

联合招标或委托招标,注意审查联合的形式和各方关系及责任承担、委托行为是否属实有效。

4. 明确终止公证活动的条件

在招标活动进行过程中出现下列情况之一者,应终止公证活动。

(1) 招标文件、资料不真实、不合法的。

(2) 招标方擅自变更原定招标文件内容,违背招标程序、原则和其他有关规定,经指出不予纠正的。

(3) 招标中出现舞弊行为的。

附件:公证书参照格式公证人员在开标现场宣读公证词,7日内出具公证书,现场宣读公证词的时间为公证书的生效时间。

4.5 电子商务采购

4.5.1 电子商务采购概述

1. 基本概念

电子商务采购就是用计算机系统代替传统的文书系统,通过网络支持系统完成采购工作的采购处理方式,也称网上采购。它的基本工作都是在网上,网上寻找供应商、网上寻找商品、网上洽谈贸易、网上订货甚至在网上支付货款。它起源于美国,最初形式是一对一的电子数据交换系统,即 EDI(Electronic Data Interchange),后来随着计算机与因特网的发展,电子采购已经越来越普及。这种连接自己和供应商的电子商务系统的确能大幅度促进采购的效率。

2. 特点

电子商务采购过程中,采购方与供应商通过网络、电子邮件或聊天方式进行信息交流。不受时间空间限制;网上操作可以节省大量人工业务环节,省人、省时间、省工作量,总成本最小。采购方的招标公告全世界都可以看到,通过网络,所有的供应商都可以向采购方投标,可以调查所有的供应商。

3. 优势

作为一种具有发展潜力的采购方式,电子采购从根本上改变了商务活动的模式。它不仅将间接商品和服务采购过程自动化,极大地提高了效益,降低了采购成本,而且使企业在一定程度上避免了因信息不对称而引起的资源浪费,有利于社会资源的有效配置,便于企业以更有战略性的眼光进行采购。

(1) 节省采购时间,提高采购效率。企业实施电子采购是提高效率最直接、最易于实现的手段。电子采购实现了采购信息的数字化、电子化、数据传送自动化,减少了人工重复录入的工作量,使人工失误的可能性降到最低限度。电子采购实施过程中的流程再造,简化了业务流程。以东风汽车集团公司为例,以前需要 5 个计划员做半个月的工作,应用电子采购供应系统之后只需 2 天,并且降低了错误率,减少了损失。

(2) 使采购成本显著降低。电子采购由于建立了用户和商家直接进行沟通和比选的平台,减少了中间环节,节省了时间,从而使采购成本明显降低。大量数据表明,电子采购迅速为企业带来了巨大的成本节约。如东风集团物资供应公司应用了采购供应系统后，减少了库存，减少了资金占用。通过自动化比价系统，2000年年度比财务部门原来的计划节约了2.23亿元。

(3) 优化了采购及供应链管理。电子采购管理提供了有效的监控手段。很多大型企业和企业集团都会面临着这样的矛盾：企业规模大、部门多，采购物资种类庞杂、需求不定，严格监控必然导致效率的低下，反之则管理混乱。电子采购在提高效率的同时，使各部门甚至个人的任何采购活动都在实时监控之下，有效堵住了管理漏洞，减少了采购的随意性。

(4) 增强了服务意识，提高了服务质量。质量可靠的原材料、零部件是企业产品质量的基本保证。由于电子采购杜绝人情、关系、回扣等因素的影响，促进了供应商的公平竞争。对供应商管理的完善也促使供应商重视质量和服务管理，以免在客户的供应商档案管理里留下不好的记录。企业通过因特网建立与生产商的直接联系，减少了对中间商的依赖。

4.5.2 电子商务采购方式

电子商务采购方式也可以有多种方式，但是最主要的是以下两种方式。即：网上招标，网下采购和网上招标，网上采购。电子采购是在网络平台上进行的，不同的公司根据自己的网络环境可以选用合适的模式。

网上采购主要具有以下特点。

(1) 公开性。由于互联网有公开性的特点，全世界都可以看到采购方的招标公告，谁都可以前来投标。

(2) 广泛性。网络没有边界，所有的供应商都可以向采购方投标，采购方也可以调查所有的供应商。

(3) 交互性。电子商务采购过程中，采购方与供应商的网上联系非常方便，可以通过电子邮件或聊天的方式进行信息交流。

(4) 网上操作可以节省大量人工业务环节，省人、省时间、省工作量，总成本最小。

(5) 高速度。网上信息传输既方便，速度又快。

4.5.3 电子商务采购实施条件和步骤

1. 实施条件

(1) 企业实施电子采购需要有相应的硬件和软件系统。电子商务采购系统主要依靠目前的数据库技术、EDI技术以及计算机网络技术的支持。企业可以通过内部网与因特网的集成，若企业没有内部网，但有一个可以对外发布信息的因特网站，也可以进行简单的市场信息发布与采购。

(2) 电子银行结算与支付系统。企业需要金融电子化技术的支持来完成电子银行的结算与支付。银行在企业间的交易中起着重要的作用，它们处理业务的效率将直接影响着企业的资金周转。

(3) 进出口贸易大通关系统。在全球贸易的背景下，企业的采购可能涉及全球各个地方，尤其是电子采购下的全球采购更是离不开通关系统。

(4) 现代物流系统。现代物流系统是保证货物及时准确运送到指定地点的重要条件。离开了物流系统，企业就无法及时生产或者及时销售，进而影响到企业的利润。

(5) 对员工培训。电子采购所需要的软件系统主要是指对电子采购的执行者的要求，培训是不可缺少的，培训内容不仅要包括技能方面的知识，更重要的是让员工了解将在什么地方进行制度改革，以便将一种积极的、支持性的态度灌输给员工，这有助于减少未来项目进展中的阻力。

(6) 建立数据源。建立数据源的目的是为了在因特网上实现采购与供应管理的功能而积累数据，其内容包括：供应商目录、供应商的原料和产品信息、各种文档样本、与采购相关的其他网站、可检索的数据库、搜索工具等。

(7) 认证。标准的企业电子采购对于企业的要求也不同于个人网上采购，它需要认证、数据交换、即时结算、保证信誉与供应等。企业采购要远比个人采购复杂，涉及的安全风险问题也大得多。在进行合同传递、订购款项支付过程中，网上信息是否可靠、真实，是企业十分关心的问题。因此，认证问题就变得非常重要。信息失真会给交易双方带来风险，甚至是重大的经济损失。

2. 电子商务采购的步骤

网上采购一般包括以下几个步骤。
(1) 建立企业内部网、管理信息系统，实现业务数据的计算机管理。
(2) 建立企业的电子商务网站，在电子商务网站的功能中，应当有电子商务采购的功能。
(3) 利用电子商务网站和企业内部网络收集企业内部各个单位的采购申请。
(4) 对企业内部的采购申请进行统计整理，形成采购招标任务。
(5) 针对既定的电子商务采购任务进行网上采购的策划和计划。
(6) 进行网上采购的实施。

网上采购的实施包括以下几个步骤。
① 设计采购招标书。
② 发布招标公告。
③ 各个供应商编写投标书，向采购方的电子商务网站投标。
④ 采购方收集投标书，并且进行供应商调查和信息联系。
⑤ 组织评标小组，进行评标。
⑥ 把评估结果在网上公布。
⑦ 通知中标单位，订立采购合同。
⑧ 采购合同实施。

在上面所述的网上采购过程中，在企业的内部，采购申请主要通过互联网进行传递。在申请被批准并形成订单后，在企业外部的互联网上进行网上采购，途径也十分多样化。目前国际流行的网上采购数据传送途径主要包括以下几种形式：电子商务网站招标；人工向供应商发送电话或书面文件、传真订购；向供应商发送电子邮件订单；向供应商的站点提交订单；与供应商的ERP系统进行集成，电子交易平台等。

本 章 小 结

本章概括性地介绍了采购方式分类、政府采购、招标采购、邀请采购、电子商务采购等不同采购方式的含义、特点,以及各采购方式的基本过程和程序,简要说明了不同采购方式适应不同的采购领域,反映了采购业发展的趋势。本章通过对采购招投标的概念、特点、分类、招标文件、招标流程全面介绍,使得对采购招投标活动的主要内容有明确了解,并通过对投标概念、投标流程以及对评标方法、评标流程等的介绍,使读者熟悉整个招投标与评标的作业体系,以顺利完成企业的招投标活动。本章还介绍了电子商务采购。电子商务采购因其方便高效的特点越来越受到人们的重视。而电子商务采购的标准化和网络化已经成了其发展的趋势。

练 习

一、单项选择题

在每小题列出的四个备选项中只有一个是符合题目要求的,请将其代码填写在题中的括号内。

1. 从本质上来讲,正是采购的(　　)才将政府采购和私人采购区别开来。
   A. 资金来源不同　　B. 对象的广泛性　　C. 主体的特定性　　D. 行政性

2. 据统计,欧共体各国政府采购的金额占其国内生产总值的(　　)左右(不包括公用事业部门的采购)。
   A. 7%　　　　　　B. 14%　　　　　　C. 26%~27%　　　　D. 34%

3. (　　)是政府采购最基本和首要的目标。
   A. 稳定物价　　　　　　　　　　B. 促进就业
   C. 实现宏观调控　　　　　　　　D. 经济性和有效性目标

4. (　　)是政府采购的核心原则。
   A. 推动国内竞争促进产业发展原则
   B. 物有所值原则
   C. 公开、公平、公正和有效竞争的原则
   D. 反腐倡廉原则

5. 政府采购中的物有所值原则是指(　　)。
   A. 采购物品的现价与使用寿命之比最小　B. 采购的物品价格与使用性能比最小
   C. 寿命周期成本最小而收益最大　　　　D. 采购的物品价格与使用性能比最大

6. 政府采购,又称为(　　)。
   A. 团体采购　　B. 公开招标采购　　C. 战略采购　　D. 公共采购

7. 下列选项不属于政府采购的客体的是(　　)。
   A. 货物　　　　B. 工程　　　　　　C. 服务　　　　D. 技术

8. 大额采购是单项采购金额达到招标采购标准的采购，适用的具体采购方式有( )。
   A. 招标采购　　　　　　　　　　B. 询价采购
   C. 直接到商店采购　　　　　　　D. 直接到工厂采购

9. ( )既能体现充分竞争，又能体现灵活协商，逐渐成为占主导地位的采购方式。
   A. 招标采购　　　　　　　　　　B. 竞争性谈判采购
   C. 竞争性招标采购　　　　　　　D. 电子采购

10. 我国政府采购的主管机构是( )。
    A. 中央政府　　B. 财政部　　C. 仲裁机构　　D. 民政部

11. 关于处理质疑和申述机构设置，有的国家将这类机构设置在法院，如( )。
    A. 新加坡　　　B. 美国　　　C. 日本　　　　D. 英国

12. 政府按保护价从农民手中收购粮食，同时规定市场售价的最高价，如果出现投机，政府可以动用储备粮。这体现了政府采购的目标中的( )。
    A. 保护环境　　B. 促进就业　　C. 稳定物价　　D. 实现宏观调控

13. ( )是指采购活动具有较高的透明度。
    A. 公开　　　　B. 公平　　　　C. 公正　　　　D. 有效竞争

14. 通过( )，打破垄断和地区封锁，促进企业降低成本，提高产品技术含量，为企业的发展创造良好的环境。
    A. 招标采购　　B. 电子采购　　C. 政府采购　　D. 集中采购

15. ( )适用条件是：在招标限额以下的单一物品由个别单位购买，而且数量不大，但本级政府各单位经常需要；或单一物品价格不高但数量较大。
    A. 小额采购方式　　　　　　　　B. 批量采购方式
    C. 大额采购方式　　　　　　　　D. 集中采购方式

二、多项选择题

请把正确答案的序号填写在题中的括号内，多选、漏选、错选不给分。如果全部答案的序号完全相同，例如全选 ABCDE，则本大题不得分。

1. 按照国际惯例，政府采购包括( )。
   A. 国际招标　　B. 国内招标　　C. 货物采购
   D. 工程采购　　E. 服务采购

2. 下列关于政府采购说法正确的是( )。
   A. 也称公共采购
   B. 它是以政府机构或履行政府职能的部门为主体
   C. 是采购的一种基本形式
   D. 是市场经济国家管理政府公共支出的一种基本手段
   E. 它的采购活动具有营利性

3. 为了保证政府采购目标的实现，必须明确政府采购遵循的主要原则，包括( )。
   A. 公开、公平、公正和有效竞争的原则　　B. 物有所值原则
   C. 推动国内竞争促进产业发展原则　　　　D. 反腐倡廉原则
   E. 支持政府其他政策的原则

4. 政府采购的主体是指在政府采购过程中负有直接职责的参与者包括（　　）。
   A. 政府采购管理机关　　　　　　B. 政府采购机关
   C. 采购单位　　　　　　　　　　D. 政府采购社会中介机构
   E. 供应商和资金管理部门

5. 按照招标范围分类，招标可分为（　　）。
   A. 全国范围的招标　　　　　　　B. 公开招标采购
   C. 选择性招标采购　　　　　　　D. 限制性招标采购
   E. 国际招标

6. 政府采购模式可以分为（　　）。
   A. 集中采购模式
   B. 分散采购模式
   C. 半集中和半分散采购模式分散采购模式
   D. 集中和分散采购相结合的模式
   E. 混合模式

7. 竞争性谈判采购可以弥补竞争性招标采购方式的不足，包括（　　）。
   A. 缩短准备期，使采购项目更快发挥作用
   B. 供求双方能够进行更为灵活的谈判
   C. 减少采购工作量
   D. 有利于对民族产业进行保护
   E. 能转移采购风险

8. 为了减少采购活动中的争端，很多国家都制定了（　　），以确保政府采购活动的正常进行。
   A. 补偿措施　　B. 监管机构　　C. 内部审计
   D. 外部审计　　E. 监督程序

9. 质疑制度主要有（　　）。
   A. 关于质疑的提起　　　　　　　B. 关于质量解决措施
   C. 关于质疑程序　　　　　　　　D. 关于数量解决措施
   E. 关于赔偿者归属问题

10. 《政府采购协定》的24个条款主要包括（　　）。
    A. 适用范围　　　　　　　　　　B. 非歧视义务
    C. 防止限制公平竞争的规则　　　D. 最大可能竞争的采购方式
    E. 防止歧视的保障制度和其他

三、简答题

1. 什么是政府采购？它有什么特点？
2. 政府采购的原则是什么？
3. 政府采购的客体是什么？
4. 政府采购的模式有哪些？
5. 什么是政府采购的管理体系？

6. 在外包决策中需要注意哪些问题?
7. 电子商务采购的主要特点是什么?
8. 电子商务采购的基本步骤是什么?
9. 企业如何实施电子采购?
10. 你认为采购外包具有哪些优势能够引起企业的重视?

四、项目练习

项目：采购方式选择

要求：学生以5个人为一个小组，模拟企业进行采购方式选择。项目要求：

参照本章介绍的库存控制方法，每个小组分别模拟企业库存中采用定期，设定企业需要采购的产品，然后选择合适的采购方式。要求对所采用的采购方式要进行必要的描述，并将所采购的物品与采购方式的特点联系起来，分析其中的关系。在采购时，采购方式选择后可能会出现一些意外状况，各小组可通过谈论对采购方式进行改进，并将改进方案记录下来。最后由导师对整个活动进行总结。

五、案例分析

胜利油田实行网上采购实践

走进胜利油田有限公司物资供应处物资采购电子商务中心，令人感到一种文明快捷的工作作风和现代化的办公气息：宽敞明亮的大厅内，前来办理物资采购业务的人员来来往往、络绎不绝，业务人员正在熟练地操作着电脑、处理着料单，一切都在高效有序地运转着。

2001年9月初建成并投入运行的胜利油田物资采购电子商务网站，可与中石化物资电子商务网站、管理局物资信息管理系统、财务实时结算系统相对接，具有网上计划管理、网上采购、网上配送、供应链管理、信息发布及综合查询、控制管理等功能。这是继中石化集团公司建立物资采购电子商务网站后，中石化首家企业物资采购电子商务网站。

它对提升油田物资管理水平提供了强大的技术支持和操作平台。目前，全局已有27家二级供应站通过电子商务网站开始了网上计划申报、计划审批和物资查询等业务。通过网上计划申报、计划审批、计划核销，从源头上加强了物资需求计划的申报力度，规范物资采购行为，防止物资需求计划变相流失现象的发生；通过网上采购，比质比价，提高了采购质量，进一步推进了"阳光交易"；通过网上配送管理，推动了物资配送工作的开展，及时准确地将一线所需物资快速地配送到现场。2001年，网上物资采购就达到25亿元。同时，电子商务以其速度快、环节少、效率高的特点，为降本增效，节约采购资金提供了现代化工具，创造出了可喜的经济效益和社会效益。

资料来源：http://www.doc88.com/p—042804545674.html.

讨论：

1. 胜利油田有限公司的电子商务网站开通了哪些业务?
2. 本案例体现了电子采购的什么特点?
3. 简述电子采购的实施步骤。

第 5 章　采购质量与数量管理

【教学目标与要求】

本章介绍采购质量、采购质量管理和采购数量管理、采购质量分析、采购质量管理和数量管理的内容和原则、定期订货法、订货点法和 ABC 分类控制法。通过本章的学习，理解采购质量、采购质量管理和采购数量管理。熟悉采购质量分析的内容，了解采购质量管理和数量管理的内容和原则，掌握采购质量管理的基本方法，了解采购质量管理保证体系的构成和主要内容，掌握库存控制的基本方法，重点掌握定期订货法、订货点法和 ABC 分类控制法的基本原理和方法。

引导案例

某制造公司的采购数量控制

某制造公司于3年前开始生产某型号异步电动机,定价为每台3 500元,主要材料为硅钢片、钢板和其他辅助零件,每台异步电动机成本大约2 500元。虽然存在价差空间,但是该企业总赚不了钱,原因在于市场竞争激烈,企业的生产受原材料供应和销售市场波动影响很大,生产数量无法控制,生产中有时会大量剩余原材料,加上物流成本不断增加,因此利润越来越少。

后来该公司通过市场调查调整了异步电动机所需原材料的采购方法,对公司生产的几种型号产品的原料供货根据需求统筹安排,并安排了市场人员跟踪销售信息进行预测,然后根据原材料清单进行采购。采购上也采取了多批次少批量的方法,企业的成本终于得到了有效控制。

引例分析

采购管理问题的关键在于确定需求,控制数量,准确供货。采购需求是由外部需求和内部需求综合而来的,外部需求需要企业通过市场调查掌握供应市场情况,并依据预测来确定销售计划,内部需求控制需要企业从生产、库存等方面形成请购单,通过内外部的采购需求分析把握采购品种、数量、采购优先顺序等基本数据,为企业采购打下基础。

5.1 采购质量概述

5.1.1 采购质量有关定义

1. 质量的含义

什么是质量?质量是一个广泛的概念,不同的管理学家有不同的看法,根据哈佛商学院大卫·加温(David Garvin)教授的观点,它至少包括7种含义。①性能——产品或服务的主要功能;②特征——附加到产品或服务上的各种次要的感知特性;③耐久性——在一定时期内失灵的概率;④合格性——满足规格;⑤服务性——维护性和容易安装;⑥美学性——外观、气味、感觉和声音;⑦印象质量——顾客眼中的形象。从采购的角度看,第8个含义应该是"可采购性",即市场上长期和短期的、在合理价位上的可获得性以及产品性能不断改进的能力。

质量是反映实体(产品、过程或活动等)满足明确和隐含需要的能力的特性总和。质量是客户要求被满足的程度。当供应商和消费者对产品的要求达成一致并且要求被满足,就认为产品或服务满足质量要求。

从上述质量的定义来看,质量包含了产品的技术性能以及用户的易使用、易操作性,还包括产品的包装和运输、售后服务等内容,是一个广义的概念。

2. 采购质量

采购质量应当是属于质量这个大范畴内的一个部分,采购质量是指与采购活动相关的质量问题,采购质量的好坏直接影响到企业最终产品的质量。采购质量对采购活动提出了必须面对和解决的3个问题:第一是怎样把质量管理原理运用在采购部门自身的运作中;

第二是怎样与供应商合作，不断改进和提高产品的质量；第三是怎样建立采购管理质量保证体系。

因此，采购质量就是指一个组织通过建立采购质量管理保证体系，对供应商提供的产品进行选择、评价和验证，确保采购的产品符合规定的质量要求。

3. 采购质量管理

质量管理是为保证和提高产品质量所进行的调查、计划、组织、协调、控制、检查、处理及信息反馈等各项活动的总称，它的实质是通过企业一系列的管理工作来保证和提高产品质量，从而让用户满意和放心。

采购质量管理的主要内容是对采购部门本身的质量管理，其次是供应商的质量保证，包括供应商质量评估以及建立质量保证体系、采购认证体系等，最终建立采购质量管理保证体系。因此，采购质量管理就是指对采购质量的计划、组织、协调和控制，通过对供应商质量评估和认证，从而建立采购管理质量保证体系，保证企业的物资供应活动的总称。

5.1.2 采购质量管理的作用

1. 采购质量关系到企业生死存亡

采购质量管理是采购管理工作的重要内容。采购质量管理水平的高低直接影响到物料使用部门能否生产出合格的产品，消费者能否购买企业的产品，这是企业生死攸关的大问题。

2. 对供应商的质量管理

采购质量管理的重点是对供应商的质量管理，传统的采购政策和程序往往基于这样一个观点，即采购方和供应商之间的竞争关系是双方关系的核心，供应商对质量进行改进是因为担心其他的供应商会提供更高的质量、更优惠的价格、更好的运输条件以及更优质的服务来吸引采购方，而且采购方更换供应商是不需要付出代价的，多货源的订货方式既可以保证供应的安全，又可以对供应商加以控制。从采购质量的角度来看，质量无疑是采购供应主要考虑的标准，找到高质量的供应商很难，而要找到能不断改进质量的供应商就更难。实际上，它需要采购部门的人员在进行广泛调查的基础上，才能够找到，才能与供应商一起努力，不断地改进质量。因此，对同品种的产品实行多货源订货，频繁更换供应商以及经常去询价等，都是不现实的。

从供应链管理的角度来看，采购方与供应商是一种友好合作的战略伙伴关系，是一种合作型的采购。质量成为双方共同关注的焦点，与双方的利益紧密相连。通过双方的信息共享和沟通，进一步改进产品，提高产品质量，真正实现采供双方的双赢。

5.1.3 采购质量分析

采购质量管理的目标就是保证采购物料的质量符合规定的要求，就是要保证采购的物料能够达到企业生产所需要的质量要求，保证企业用其生产出来的产品个个都是质量合格的产品。保证质量，也要做到适度。质量太低，当然不行，但是质量太高，一是没有必要，二是必然造成价格升高，增加购买费用，也是不划算的，所以要求物资采购要在保证质量的前提下尽量采购价格低廉的产品。

要实现保证质量的目标,采购质量管理工作的主要内容包括三个方面:一是采购部门本身的质量管理;二是对供应商的评估、认证,以及产品的验收、把关等工作;三是采购质量管理保证体系的建立与运转。

1. 采购部门的质量管理

采购部门本身的质量管理是企业质量管理的一项基本管理活动,它的根本任务是根据生产的需要,保证采购部门适时、适量、适质、品种齐全地向生产部门提供各种所需物料,做到方便生产,服务良好,提高经济效益。

1)物料采购计划工作

首先,采购部门要进行需求分析,在面临较复杂的采购情况下,一般是在多品种多批次需求的情况下,涉及企业各个部门、工序、材料、设备、工具及办公用品等各种物资,要进行大量的、彻底的统计分析,在此基础上编制物料采购计划,并检查、考核执行情况。

2)物料采购的组织工作

依据物料采购计划,按照规定的物料品种、规格、质量、价格、时间等标准,与供应商签订订货合同或直接购置。

(1)运输与组织到货。确定供应商与采购方式后,根据采购计划内容(包括质量、运输方式、交货时间、交货地点等)要求,组织运输与到货,并保证在合理的时间内提前完成。

(2)验收。物料运到企业后,根据有关标准,经有关部门对进厂物料进行品种、规格、数量、质量等各方面的严格检验核实后,方可验收入库。

(3)存储。对已入库的物资,要按科学、经济、合理的原则进行妥善的管理,保证质量完好、数量准确、方便生产。

(4)供应。根据生产部门的需要组织好生产前的物资准备工作,按计划、品种、规格、质量、数量及时发送。

2. 物料采购供应的协调工作

在一个企业中,采购部门与生产部门由于分工往往产生矛盾与冲突,这些矛盾和冲突就需要进行协调,协调的对象归根到底是人际关系,通过沟通克服阻力,从企业的目标和利益出发进行沟通和协调,从而达到提高产品质量和经济效益的目的。

3. 物料采购供应的控制工作

由于采购活动涉及资金的流动以及各方的利益关系,为了减少贿赂所带来的采购物料质量差以及采购活动所带来的风险,必须加强采购控制工作,建立采购预计划制度、采购请示汇报制度、采购评价制度、资金使用制度、到货付款制度、保险制度等。

1)供应商的评估、认证以及产品的验收工作

在供应链管理的环境下,为了降低企业的成本,往往需要减少供应商的数量,当然,供应链合作关系也并不意味着单一的供应商。从供应链管理的需要出发,从采购产品的质量出发,企业采购质量管理就要求进行供应商的评估、认证以及产品的验收工作。

采购质量管理的重点在于正确地选择供应商,具体包括以下几点。

(1) 评估供应商。为了对供应商进行系统的、全面的评价，就必须建立一套完善的、全面的综合评估指标体系。

① 建立有效的供应商评估指标体系。为了对不同行业、不同产品、不同背景的供应商作出评价，可以从一些基本的共性出发，确定评估的项目、标准以及所要达到的目标。因此，评估指标体系主要包括供应商的业绩、管理水平、人力资源开发、成本控制、技术开发，特别是质量控制、交货期、运输条件、用户满意度等指标。建立供应商评估指标体系的优点是可以避免在选择供应商时主观成分过多，从而加强质量管理，选择出优秀的供应商，在此基础上成立评估小组，制定相应的评估管理办法。

② 分类进行评估。可以把供应商分成两类：一类是现有的供应商，第二类是潜在的供应商。对于现有的合格的供应商，每个月进行一次调查，着重对价格、交货期、合格率、质量等进行正常的评估，1～2年进行一次详细的评估。对于潜在的供应商，其评估的内容要详细一些，首先是根据产品设计对原材料的需求，寻找潜在的供应商，由其提供企业概况、生产规模、生产能力、经营业绩、ISO 9000 认证、安全管理、样品分析等基本情况，然后进行报价，接着对供应商进行初步的现场考察，考察时可以按照 ISO 9000 系列标准进行，然后汇总材料小组讨论，在进行供应商资格认定之后，再由相关部门进行正式的考察，如果认为该供应商可以接受，就可以小批量供货，一般考察三个月后，如果没有问题，再确定为正式的供应商。

③ 保持动态平衡。在供应链管理的前提下，企业的需求和供给都在不断变化，因此在保持供应商相对稳定的情况下，根据实际情况及时修改供应商评估标准，或者进行新的供应商评估。因此，合格供应商的队伍应当始终保持动态的状态，从而形成一种激励机制和竞争机制，从而提高产品质量。

④ 抓住关键问题。在评估指标体系中，质量是最基本、最重要的前提，虽然价格也很重要，但只有在保证质量的前提下，讨论价格才是有意义的。

此外，在供应商评估指标体系中，在行业中的地位、声誉、信用状况、领导的素质也具有很重要的参考价值。

(2) 建立采购认证体系。采购认证体系是针对采购流程的质量而言的，对采购的每个环节从质量的角度进行控制，在这个体系下，通过对供应商提供的产品质量进行检验，从而控制供应商的供应质量。

① 对选择的供应商进行认证，具体内容包括以一定的技术规范考察供应商的软件和硬件。软件是指供应商的管理水平、技术能力、工艺流程、合作意识等，硬件是指供应商设备的先进程度、工作环境的完善性等。

② 对供应商提供的样品进行试制认证，分两个阶段：第一阶段，对供应商外协加工的过程进行协调监控，例如设计人员制定的技术规格和供应商实际生产过程是否存在出入；第二阶段，认证部门组织设计、工艺、质量管理等部门相关人员对供应商提供的样品及检验报告进行评审，看其是否符合企业的技术规格和质量要求。

③ 对供应商提供的小批量物料进行中试认证。这是由于对物料的质量检验主要是通过测量、检查、试验、度量，与以往规定的标准进行比较看其是否吻合，但是样品认证合格不代表小批量物料能符合质量要求，往往小批量物料的质量与样品的质量存在差异，因此，中试认证是必要的。

④ 对供应商提供的批量物料的批量认证。其质量控制表现在两个方面：一是控制新开发方案批量生产的物料供应质量的稳定性；二是控制新增供应商的批量物料供应质量的稳定性。

（3）物料的验收工作。对于质量连续不合格的物料供应商，一方面提请供应商进行质量改进；另一方面，如果供应商的物料质量已经达到极限，则应从物料设计系统入手，选择适合大批量生产的物料种类。

对于质量连续符合标准的物料供应，则可以考虑对供应商实行免检。实行免检的物料事先要签订"质量保证协议"，并列出相应的处罚措施，从合同上对供应物料质量进行制约，提高供应产品的质量。

2）采购质量管理保证体系

质量保证是指质量控制所采用的方法和程序，也就是系统地检查产品的功能、产品的生产过程以保证产品满足要求。

知识链接　提高采购质量有十招

由于多种原因，在政府集中采购实践中遇到一些问题，主要表现：一是部门千方百计规避政府集中采购；二是无预算、超预算采购；三是政府采购操作程序不规范，影响政府采购的普遍推行；四是没有格式化的政府采购招标文本；五是政府采购监督体系不健全；六是像巴中这样的边远城市，公开招标采购评标专家缺乏；七是边远贫困地区政府采购供应市场不强，市场竞争力弱，政府采购效益差；八是缺乏政府集中采购工作优秀人才；九是政府采购缺乏具体的数额标准。

对此，四川省巴中市因地制宜，在政府集中采购实践中探索出提高政府采购质量和效益十条办法，取得了显著成效。

1. 加强预算管理

市财政局制订了《巴中市政府采购预算管理暂行办法》，对各级各部门、各单位的政府采购综合财政预算的要求，年初编制政府采购预算，报同级财政部门批复后实施，坚决禁止无预算采购和超预算采购，市政府将各部门的政府采购预算执行情况，纳入年终考核内容，从而有效控制了各部门政府采购的随意性。通江县去年计划街道"行道树"和"广场砖"采购，但未列入年初预算被督查停止，在今年政府采购预算批复后，实行公开招标采购，竞标金额为48.27万元，比去年协议价82万元节约33.73万元，资金节约率达41.1%。

2. 实行起点限制

对全市政府采购实行起点限制，规定凡各部门、各单位采购金额5 000元以上的，均要实行政府集中采购。审计部门和财政监督部门在对各单位的审计和财务查账监督中，以此起点为标准进行严格监督。通过起点限制，有效控制了各部门、各单位的随意采购和分拆标的规避政府采购行为。截至6月底，全市政府采购金额为1.83亿元，大大提高了货物或服务的政府集中采购率。

3. 合并同类

为了增强小额政府采购的及时性和降低政府采购成本，在行政服务中心专设"政府采购窗口"，方便各部门、各单位投递政府采购招、投标文件。对小额分散的采购标的，及时实行询价采购；对同类采购标的，合并归类，集合招标采购。巴州区通过对区级行政事业单位印刷制品的合并归类招标采购，使原来分散采购的354万元降为177万元，节约资金177万元。

4. 供应商库与网络建库结合

在对本地或周边供应商筛选建立供应商库的同时，通过考察筛选部分大中城市有实力的供应商，网上建库，实行网上竞标和本地竞标相结合的办法进行招投标采购，提高了公开招标采购的效益。截至6月底，公开招标采购149次，招标金额1.2亿元，占政府采购总额的65.6%，节约资金1 440万元，资金节约率12%，较全市平均节约率高3个百分点。巴中市医院通过招、投标采购药品1 900万元，比原协议采购节约资金310万元，资金节约率16%。

5. 资金国库直达

市财政局制定了《政府采购资金国库集中支付管理办法》，实行政府采购资金一律统一国库集中支付，对不按政府采购规定和程序采购的，一律不支付资金。市交通局在去年的两笔货物采购中，没有按规范程序操作，国库拒付资金20余万元，并严肃予以查处。

6. 规范招、投标文本

通过分类，制作了10类政府采购货物或服务招、投标规范文本，大大方便了招、投标方的招投标工作，提高了政府采购效率。

7. 推行专家网上评标

在建立专家评标委员会时，特聘了3位大城市的权威评标专家。对技术复杂、技术性强的大额标的评标，必要时召开现场和网上专家评标会，确保政府采购质量和效益。

8. 实行综合监督

在财政部门指定的媒体上公开政府采购信息，邀请和接受新闻媒体监督；实行纪检、监察、审计、财政等部门共同监督；实行供应商投诉监督；严肃纪律，加强集中采购机构内部监督。

9. 规范政府采购程序

制订了各种政府采购形式的规范操作程序，一方面，严格要求工作人员按程序操作；另一方面，使招、投标方明确采购行为的操作程序，调动招、投标方的积极性，规范招、投标行为。

10. 持证上岗运作

各级财政部门分级负责对集中采购机构和采购代理机构人员进行培训，经市采购办、市人事局严格考试，获取采购工作人员资格证后，持证上岗，提高业务员依法行事，规范运作的技能。

(资料来源：邓莉. 采购管理. 重庆：重庆大学出版社，2013)

5.2 采购质量管理

5.2.1 采购质量管理的内容

1. 采购技术规格

技术规格描述了产品技术方面的要求，技术规格一般由企业技术部门、产品设计部门确定，它是企业进行生产的依据或标准，也是企业质量检验部门所遵循的标准。

产品设计是产品质量的基础，在产品的开发过程中，产品性能规格越来越复杂，也越来越难以改动，而且，后期的改动会造成成本成倍的增加。因此，采购功能必须纳入产品早期开发过程。

在新产品开发过程中，大型的制造商通常从以下方面与供应商进行了沟通与合作。

1) 采购设计

采购人员是新产品设计小组的一员，他们根据采购的标准对设计提出意把采购目标市场的信息纳入新产品的设计阶段。

2) 供应商早期的参与

通过与供应商的合作经历，可以找出优秀的供应商并与其合作，供应商对提供符合特定规范的产品负全部责任，从而使采购方减少或免除对进货产品进行的检验，同时供应商负责提供测试证明文件或者按照 ISO 9004 中规定的程序之一向采购方汇报检验结果。邀请他们对新产品设计提出意见，对材料的选择提出建议，从而使设计不至于因为今后的更改而耗费更多的成本。

3）派驻工程师

采购方派调查员驻扎在供应商的生产车间，或派驻工程师到供应商处，专门解决各种问题，或者由调查员定期对供应商进行实地考察，时间可长可短，目的是共同解决开发过程中出现的设计和制造问题。

任何一个组织在开发新产品时，采购员起到了侦察员的作用，由于他们比开发者和工程师与供应商的联系更密切。采购员在开发的早期阶段加入，有助于更好地理解产品的功能和结构，把供应商及早引入，实践证明能够有效地降低成本和改进产品，见表 5-1。

表 5-1 把供应商纳入新产品开发，可以节约大量资金

产品设计阶段	设计的复杂程度或产品的独特性		
	低	中	高
初步设计	2～5	10～25	30～50
设计更改	1～3	3～15	15～25
为提高质量重新设计	10	15～30	40～60

注：表中反映的是成本节约的百分比。

2. 采购需求规格

规格是描述产品各方面要求的各种形式的结合体，需求规格一般由产品设计部门、使用部门或采购质量专职管理机构共同确定，它是供应商进行生产的依据或标准，也是企业来料检验部门所遵循的标准。

采购部门必须保证产品需求规格能在供应商处得到满足，同时必须确保供应商能遵守交货时间、交货质量和价格等其他协议，因此采购方必须进行全面质量管理。采购需求规格是首先要确定的问题。

使用产品的部门必须先明确需求，需要什么规格的产品，他们应当准确、详细地描述产品的规格，使采购部门清楚产品的特性，以利于更好地向供应商采购。采购部门不能随意改动产品的规格，但是他们可以向需求部门提出更好选择的建议。

一种产品的规格可以用多种形式进行描述，因此，采购需求规格就是指产品的描述方式，也可以是几种描述方式的综合，它通常包括以下几种方式。

1）品牌

品牌是指产品的牌子，它是销售者给自己的产品规定的商业名称，它包括名称、标志、商标，品牌实质上代表着供应商对交付给采购者的产品特征、利益和服务的一贯性的承诺。当采购方对购买的一件产品使用效果很满意，以后往往会再购买同样品牌的产品。

但是购买品牌产品可能成本比较高，采购方会选择非品牌的替代品。而且在采购时过分强调品牌，会导致潜在供应商数量的减少，丧失众多供应商竞争带来的价格降低或改进质量的机会。

2) 至少同等规格

在政府采购的招标或采购方的发盘中，经常会有这样的情况，规定一种品牌或厂商的型号，然后注明"至少同等规格"。这种情况采购方把责任留给了投标者，让他们去制定同等或更高的质量标准，自己不必再花费精力去制定详细的产品规格。

3) 工程图样

通过尺寸图等工程图样也是描述规格的一种方法，它可以和其他资料配合使用，这种方法特别适用购买非通用零部件，例如建筑、电子行业的一些产品，这种方法是规格描述中最准确的一种，适用于购买那些生产中需要的精密性非常高的产品。检验部门则按工程图样来测量尺寸和进行其他方面的检验。

4) 市场等级描述

例如小麦和棉花的采购就属于等级采购，评级工作必须由权威部门来完成，通过等级购买采购到满意的产品。

5) 样品

这种采购方法是检查一件欲购产品的样品，通过视觉来判断产品是否能接受，例如木材的品种、颜色、外观、气味。它适用于那些难以用文字、图样表达的物料以及它的特性。例如，塑胶件的外观标准就常需用样品来配合工程图样来加以规定。

6) 技术文件

技术文件常用于那些难以用图样表达或难以呈送样品（或样品不易保存）的物料。例如，常用的工程塑料颗粒，就无法用图样来描述，也不便用样品；化学药水（剂）的规格也使用技术文件来规定；例如，向供应商购买一台设备（比如一台铣床），只需说明是立式还是卧式、工作台行程、加工精度即可。

 小贴士　标准化的好处

标准化工作给采购方提供了很多有利条件，主要有以下几点。
（1）明确了规范，并消除了无论是在采购方还是在供应方的要求中任何不明确的地方。
（2）标准化有助于提高可靠性和降低成本。
（3）没有必要制定公司单独的规范，因此减少了解释信函、电话等的往来和节约了时间费用。
（4）由于节约了设计时间而使成品的生产时间也缩短。
（5）因为所有潜在供应商都对同样的东西报价，所以可对报价进行精确的比较。
（6）可供选择的供应商增多，减少了对专业供应商的依赖性，为商务谈判提供了更大的余地。
（7）减少差错与矛盾，进而增加了供应商的信誉。
（8）通过参照 ISO 标准，方便了国际性组织货源。
（9）减少库存的项目数和数量，从而降低了库存和成本。
（10）标准的使用使物资材料装卸操作的费用降低。

7) 国际（国家、行业）标准

规格包含产品规格的标准化，以及标准产品的型号、尺寸等。规格描述包括以下几点。

（1）物理或化学特性描述。

（2）物料和制造方式描述。

(3) 性能表现描述。

很多标准件（如螺钉、螺母等）不用画图，也不用样品，只需写明所需的大小及供应商应遵守的国标号即可。另外，如果某供应商生产的产品在行业中处于领先地位，样品经试用后又完全能满足生产要求，那么可能就会把供应商提供的图样或技术标准作为今后来料检验的标准。

3. 采购标准化

所谓标准就是对具有多样性和重复性的事物，在一定范围所作的统一规定，并经过一定的批准程序，以特定的形式颁布的规范和法规。其制定标准和贯彻标准的活动过程称为标准化。

按标准化的适用范围，可分为工业标准和企业标准。工业标准指的是为简化产品品种、规格，统一产品规格、质量以及性能而制定的一系列规范、规定。如产品系列的确定、零部件标准化、通用化范围的规定、主要产品技术标准的制定等，即为工业标准。这类标准是行业或全国通用的，分别称之为行业标准（专业标准）、国家标准，这是每个企业必须严格执行的，也是采购活动的主要依据和手段。企业标准是在国家或行业标准的基础上，由采购企业自己制定出的规格，在采购工作中采购部门也可以把企业标准寄给行业的主要的几个供应商，在最终采用前征求他们的意见。

采购标准包括国际标准、国家标准、行业标准和企业标准。采购标准化意味着可以简化采购工作量，意味着采供双方就明确的尺寸、质量、规格所达成的协议。通过加强采购的标准化工作，可以减少采购的品种，降低库存，从而降低最终产品的成本。

5.2.2 采购质量管理的原则

针对采购质量管理的内容，采购质量管理应当符合"5R"原则，总的来讲，采购质量管理的原则就是在适当的时候从适当的供应商处购买符合规格的所需数量的物料，采购质量管理必须围绕"质"、"供应商"、"时"、"量"、"地"5个方面来开展工作。

1. 适当的质量

一个企业不重视采购质量，在市场竞争中根本无法立足。质量低劣的物料会导致检验费用、管理费用的增加，会导致返工增加，生产效率降低；也可能会导致生产计划的延误，不能按承诺的交货时间交货，降低企业的信用程度。可能会导致客户退货，蒙受损失，严重的还会丢失客户。

因此采购质量管理首先就是要求采购到符合规格的产品，既要保证质量，又要恰当地处理质量与成本、供应、服务等要素之间的关系。不同物料、不同使用场合，其质量定位的标准有所不同。

质量与成本之间的关系采用"性价比"来平衡。质量不是越高越好，质量过高会产生质量过剩，并使成本大大上升，采购人员应严格掌握质量标准，慎重选择每一项物料。

质量与供应之间的关系也应当恰当处理。对于大批量的供应来说，由于对质量过高的要求，导致供应商加工周期过长，严重时会导致缺货。特别是对于自动化程度不高的供应商，只要物料不影响产品质量，不需要一个个非常认真地检验每一个物料。

质量与售后服务之间的关系也比较密切。由于产品组成部件的质量而导致频繁出现质量问题，不仅降低产品在客户心目中的形象，也给售后服务带来麻烦，增加服务成本，所以质量是第一关。

2. 适当的供应商

供应商的选择与评估是采购人员面临的首要任务，供应商的认证也是至关重要的。采购质量管理的重要职能是选择适当的供应商，并通过双方的互动不断提高产品质量，从而形成"双赢"的局面。

从采购发展的趋势来看，企业选择的供应商数量有集中化的趋势，对供应商的要求将越来越高，与供应商的合作关系也越来越密切，从而建立起一种长期的合作伙伴关系。因此，选择适当的供应商就显得尤为重要。

3. 适当的时间

企业已经安排好的生产计划会由于所需物料未能及时到达造成停工待料，从而造成直接经济损失。但如果采购量太多又会造成库存占用量太大，造成资金积压。如果实行 HT 采购，交货时机就显得尤为重要。采购人员要监督供应商按照订单约定的时间准时交货。

4. 适当的数量

大批量采购虽然会有数量折扣，但是会造成资金的积压。一般情况下，企业通常采用经济购批量进行采购，但也需要根据具体的情况进行具体分析。采购人员要监督供应商按照订单数量准时交货。

5. 适当的地点

在实施 JIT 采购的情况下，企业在选择供应商时通常必须选择在一定距离内的供应商进行合作，因此一个地区往往由于产业链形成产业集聚效应，使得沟通更迅速，可以降低物流成本。

5.2.3 采购质量管理的要求

对于企业管理中重复出现的工作，把它们的处理过程制定为标准，纳入规章制度，这就是管理制度。把采购管理工作中有关质量管理业务工作流程经过分析，使之合理化，并固定下来，这就是采购质量管理制度。建立采购质量管理制度可以使采购质量管理条理化、规范化，避免职责不清、相互脱节、相互推诿，所以它既是采购管理质量保证体系的重要内容，又是建立采购管理质量保证体系的一项重要的基础工作。

1. 加强进货检验的质量管理

加强进货检验的质量管理包括：进货的验收、隔离、标识等；进货检验或试验的方法及判断依据等；所使用的工具、量具、仪器仪表和设备维护及使用的要求；对检验员、试验员的技能要求。

2. 做好采购质量记录

做好与采购质量有关的记录：一是与接收产品有关部门的记录，如验收记录、进货检验与试验报告、不合格反馈单、到供应商处的验证报告等；二是与可追溯性有关的质量记录，如验收记录、发货记录、检验报告、使用记录等。

3. 采购质量的检查

采购质量检查的主要内容有：是否与供应商建立并保持了采购质量控制的书面程序。选择供应商时要审查供应商的资格和供货能力，对按 ISO 9000 要求选择的供应商，要对其质量体系进行审核。对供应商要进行供货能力的评估和持续供货能力的评估，要保存好供应商的档案。

4. 制作采购文件

采购文件在制作前，首先对采购的物资进行验证，对供应商进行验证，并保存好记录、验证合同。对采购物资的适用性进行认真的审核。

5. 制定详细的质量保证协议

要与供应商达成明确的质量保证协议，要求要得到供应商的认可。其中的质量要求要充分适当，充分考虑其有效性、成本、风险等方面的因素。通常质量保证协议要包括供应商的质量体系、货物的检验、试验数据以及过程控制记录，供应商进行全检或批次抽样检验的记录。企业对供应商的质量体系要进行评估，对接受的货物要进行检验。

6. 制定采购物资验证方法的协议

采购物资验证方法协议的作用是对供应商提供的产品的验证方法作出明确规定，同时防止由于验证方法的不一致所产生的对产品质量评价的争端。

企业要与分承包方达成明确的验证方法的协议，协议中规定的质量要求和检验、试验与抽样方法应得到双方的认可和充分理解。通常验证方法的协议的内容有检验或试验依据的规程（规范）、使用的设备工具和工作条件、判断的依据、双方交换检验数据和试验数据方面的协议和方法以及双方互相检查检验或试验方法、设备、条件和人员技能方面的要求。

5.2.4 采购质量管理的方法

1. 调查表法

调查表也叫检查表，是利用统计图表进行数据收集、数据整理和粗略原因分析的一种工具。其格式有多种多样，常用的调查表有采购质量分布调查表、不合格项目调查表、缺陷位置调查表、不良原因调查表、矩阵调查表等。

1）不合格调查表

对于供应商提供的物料，其中的不合格品需要进行详细的调查，查清这些项目占的比率大小。例如，可以把预先设计好的表格放在验收的现场，让验收人员随时在相应的格格中画上记号，添上数据，然后再进行统计，就可以及时掌握物料的情况。

2）矩阵调查表法

矩阵调查表法就是把造成采购质量问题的成对原因，分别排成行和列，在某交叉点上标出查处的问题。这是一种多元问题的调查法。

3）缺陷位置调查表法

对于供应商所提供的物料，其外观质量是考核的指标之一。外观的缺陷可能发生在不同的部位，出现多种不同类型。而缺陷调查表就是先画出物料的示意图，再把图划分为各个不同的区域。在进行调查时，按照物料的缺陷位置在平面图上的小区域内打上记号。最后归纳统计记号，可以得出某一缺陷比较集中的位置，从而得出一定的规律。

2. 分类法

分类法也就是分层法，是将质量数据按照一定标志加以分类整理，以便分析采购质量问题及其影响因素的方法。分类的目的，是为了通过分类把性质不同的数据和错综复杂的影响因素分析清楚，找到问题的症结所在，以便对症下药，解决问题。

数据分类并不是一种随意的划分，而是根据分析的目的，按照一定的标志进行区分，把性质相同、在同一条件下收集的数据归纳在一起。分类时，应使同一层内的数据波动幅度尽可能小，而不同类别的数据尽可能大。这是搞好分类法的关键所在。

分类应遵循以下原则。

（1）按检验时间不同划分：如按不同的班次、不同的时间进行分类。

（2）按供应渠道不同划分：如对不同地区的供应商进行分类，以及对不同供应商的名字进行划分。

（3）按运输方式不同划分：如按海运、航空、公路分类。

（4）按型号不同划分：如按不同的型号、新旧程度进行分类。

（5）按进货时间不同划分：如按进货日期的不同进行分类。

（6）其他分类法。

3. 因果分析法

在采购过程中，影响采购质量的因素是错综复杂的，多种多样的，因果分析图可以用来勾画出因果分析法，也就是用表示质量特性和原因关系的图，去整理和分析影响采购质量（结果）各因素（原因）之间的关系。

作图包括以下步骤。

（1）首先明确分析采购质量问题和确定需要解决的采购质量特性。

（2）召集采购质量问题有关人员讨论，充分发扬民主，集思广益，各抒己见。

（3）将采购质量问题写在图的右边，画一条带箭头的主干，来确定造成采购质量问题的大原因也就是主要原因。再勾画出其他影响采购质量的因素，根据具体情况增加项目，重点突出主要原因。

（4）按各个不同的大原因引导大家展开分析。将大家提出的看法按中小原因即相互之间的关系，用长短不等的箭头线画在图上，直到找到措施为止。

（5）把重要的、关键的原因分别用突出的色彩和线条标示出来，或者加上框框。用投票法、排列图法或评分法确定。

（6）记下必要的有关事项，如绘制日期、单位、讨论人员及其他注意事项。

5.2.5 采购质量控制

采购质量管理就是对采购质量的计划、组织、协调和控制，通过对供应商质量评估和认证，从而建立采购管理质量保证体系，保证企业的物资供应活动的总称。它的实质是通过企业的一系列采购管理工作来保证和提高采购产品的质量。

采购质量保证就是为使使用部门确信由采购方采购的产品质量满足规定要求的全部有计划、有系统的活动。采购质量保证是针对采购产品的使用部门而言的，目的在于确保使用部门对采购产品的质量信任。换句话说，采购质量保证也就是采购部门对采购产品的质量所提供的担保，保证使用部门使用的物料符合规定，从而生产出合格的最终产品。采购质量保证这个概念是对使用部门来说的，是在组织内部对采购部门以外的其他部门使用的。

采购质量管理与采购质量保证在定义上是不同的，在本质上是一致的，因为它们的目的都是让使用部门能够使用到符合规格的产品。采购质量管理是手段，采购质量保证是目的，采购质量保证必须以采购质量管理为前提。

1. 采购质量控制的内容

采购质量控制就是为保持采购产品的质量所采取的作业技术和有关活动，其目的在于为使用部门提供符合规格要求的满意产品。采购质量控制这个概念是在采购部门内部以及采购部门与其他部门、供应商之间使用的。采购质量控制的重点是对供应商的控制，采购质量控制是指采购物料的质量要求能保证得到满足并且能够客观地得到证明，这就意味着采购方和供应商之间的每一项业务，对下述问题的意见取得一致。

（1）对交易的基本要求。
（2）怎样实现这些要求。
（3）检验工作要符合规范。
（4）出现问题时的处理方法。

从总的来说，采购质量控制就是使企业所有的采购活动符合规定的质量目标，使企业采购的产品满足规定的质量水平。采购质量控制需要组织内部各个部门以及供应商的相互沟通并且协调一致，一旦确定了质量标准，采购的产品都必须处于这个标准的控制之下。为了达到这个标准，采购质量管理部门必须承担4个方面的职责：采购质量标准的制定、评估、控制和保证。

采购质量标准就是要保证采购的产品能够达到企业生产所需要的质量要求，保证企业用之生产出来的产品个个都是质量合格的产品。保证质量也要做到适度。质量太低，当然不行；但是质量太高，一是没有必要，二是必然造成价格高，增加购买费用，也是不划算的。所以，要求物资采购要在保证质量的前提下尽量采购价格低廉的产品。

采购质量保证是指采购质量控制所采用的方法和程序，也就是系统地检查产品的功能和生产过程以保证产品能够符合规定的质量要求。组织内部的采购质量评估活动通常叫做审核；组织外部的采购质量评估活动称为认证。

采购质量保证可以通过与供应商签订质量保证协议来进行。质量保证协议的作用一是对供应商提出质量保证要求，二是通过对供应商的适当控制保证采购产品的质量。对质量保证协议具有以下要求。

（1）与供应商达成明确的质量保证协议。
（2）质量保证协议中提出的质量保证要求应得到供应商的认可。

(3) 质量保证协议中提出的质量保证要求应适当，充分考虑其有效性、成本和风险等方面的因素。

质量保证协议中提出的质量保证要求包括以下内容。

(1) 信任供应商的质量体系。

(2) 随发运的货物提交规定的检验、试验数据以及过程控制记录。

(3) 由供应商进行全检。

(4) 由供应商进行批次接收抽样检验与试验。

(5) 由供应商实施组织规定的正式质量体系，在某些情况下，可涉及正式的质量保证模式。

(6) 由公司或第三方对供应商的质量体系进行评价。

(7) 内部接受检验或分类。

2. 采购质量风险防范对策

采购物品是企业产品的组成部分，并直接影响产品质量。质量在采购中的特殊地位，决定了采购质量风险控制成为采购风险控制的重要内容。目前，世界各国广泛采用新的最佳质量监控模式，即用 ISO 9000 标准评价供应商质量。物资采购质量主要取决于供应商，同时也与内部控制密切相关。

1) 控制物资采购质量风险的必要性

质量是产品的生命，一般企业按质量控制的时序将其分为采购质量控制、制造过程质量控制和产成品质量控制。由于产品中价值的 60%～70% 的数量是经采购由供应商提供，所以，产品的质量更多地体现在控制供应商的质量过程中。在物资采购过程中，由于供应商提供的物资质量不符合要求，而导致加工产品的性能达不到质量标准，从而给采购方的生产带来严重损失，并给用户造成经济、技术乃至人身安全等方面损害的可能性，这就是采购质量风险。采购质量风险是一种内外交叉风险，即它源于外部供应商，但也可能同内部有关。目前，社会上还存在不少假冒伪劣产品，如假药、假化肥、假种子、假设备、假原料等，不法商贩企图以售其奸，或者以次充好，提供不符合质量标准的原材料。如果物资采购者和物资验收者，不能及时识别或放松警惕，不按规章检查验收，那么假货很可能蒙混过关，造成质量风险。

据报道，20 世纪初震惊世界的豪华客轮泰坦尼克号沉海之谜，近期才被美国科学家解开，原因是连接船壳钢板的铆钉质量太差，含有砂眼，十分脆弱，一旦碰撞，纷纷断裂，轮船迅速沉没，来不及救援，导致 1 500 多名乘客遇难。可见，采购的原材料质量有问题，将会直接影响到产成品的整体质量和企业经济效益，因为原材料品质不良，经常性退货，造成各种管理费用增加；品质不良，影响产品的制造加工，影响交货期，降低信誉和产品竞争力；品质不良，使产成品的不合格品增多，返修多，返工多，增加时间成本和人员成本；品质不良，产成品不良率加大，客户投诉及退货增多，付出的代价就更高。

2) 用 ISO 9000 规范供应商

用 ISO 9000 规范供应商，是控制采购质量风险的关键，主要是加强对供应商的选择和考核。

(1) 选择合格供应商的条件。

确定为合格供应商应具备以下基本条件。

① 供方提供的原材料通过技术开发所组织的质量认定，确认符合使用要求。
② 确认供方的质量保证能力。
③ 价格合理，服务良好。

(2) 评价和审核供应商的质量体系。

首先，对供方的材料质量进行认定。具体事项包括5个方面：标准（规格）对比确认；理化分析、检测对比确认；工艺试验确认；小批量试投确认；中、大批量试投确认。最后，由总工程师或其授权人批准。

其次，对供方的质量体系和质量保证能力进行调查、审核和择价。填写"供应商质量体系审核检查表"，主要内容包括以下几点。

① 管理职责：总则、顾客需求、法规要求、质量方针、质量目标与计划、质量管理体系、管理评审。
② 资源管理：总则、人力资源、其他资源、信息、基础设施、工作环境。
③ 过程管理：总则、与顾客相关的过程、统计与开发、采购、生产与服务运作、不合格品的控制、售后服务。
④ 监测、分析与改进：总则、监测、数据分析、改进。在了解审核检查表的基础上，到现场实地考察。

最后，进行综合评定，确定合格供应商，并编制《合格供应商名册》。依质量保证体系完善程度，分为五级，即：2级——完善；3级——基本完善；4级——基本符合但需改进；5级——较差；6级——基本未建立。对于2、3级供应商确认为企业定点供应商；4级暂缓考虑；5、6不能作为材料定点供应商。

(3) 加强对合格供应商的考评与管理，一般每年进行一次复审评定。所有供应商都必须满足ISO 9000要求，考评主要指标是对年内合同执行情况，如供货质量、履行合同次数、准时交货率、来料批次合格率、价格水平、合作态度、售后服务等，评出A——很好、B——较好、C——一般、D——较差、E——很差5个等级。A和B——保留定点供应资格；C——保留定点供应资格，但要求限期整改；D和E的供应商，经批准后取消定点资格。

通过以上程序，选择了有质量保证能力的供应商，从而也为保证物资质量，避免采购质量风险奠定了基础。

3）加强验收控制和基础管理

加强企业内部控制和管理，是防范采购质量风险的重要措施和保证策略。

(1) 验收控制策略在物资进货、入库、发放过程中，都要对物资进行验收控制，主要包括以下几个方面。

① 物资验收控制：物资是否按规定进行检查，对不合格品是否加以标记？未经检查或检验不过关的物资是否予以扣留？供方是否保存了按标准验收并已通过的记录？
② 检测设备检验：检测设备是否运行正常、可靠。
③ 标识检验：包括标记、标签、标牌、印章、履约卡等是否齐全、准确、清楚、与实际相符。

为了保证验收控制顺利进行，要有严格的验收控制和检验工作程序和制度；验收部门应独立于采购、发运、会计和存货控制等职能之外，采取"封闭"检验法，以免人为因素的干扰和影响。

（2）不合格品控制策略。发现不合格品应及时记录，并采取以下措施：标识——对不合格品标出明显的识别标志；隔离——将不合格品进行隔离存放；评审——由主管领导、物资、质检人员和供方代表联合对不合格品进行评审；处置——根据评审决定，对不合格品进行立即处置；预防——对不合格品应进行质量分析，做到查明原因、分清责任、防范措施落实。

（3）制度控制策略。保证物资采购质量，必须制定严格制度，来规范和约束与采购有关的人员行为，防止暗箱操作，加强教育培训，提高人员素质。具体包括以下对策。

"三分一统"。"三分"即三个分开：市场采购权、价格控制权、质量验收权，三权分离，各自负责，互不越位；"一统"即合同的执行特别是结算付款一律统一管理。物料管理人员、化验员和财务人员不准与客户见面。财务部门依据合同规定的质量标准测定结果，认真核算后付款。从而形成一个以财务管理为中心，最终以保证质量、降低成本为目的的制约机制。

"三统一分"。所有外购物品统一采购验收，统一审核结算，统一转账付款，费用分开控制。只有统一采购验收，才能保证质量，满足需要，避免上当受骗。

"三公开两必须"。"三公开"即品种、数量和质量指标分开，参与供货的客户和价格竞争程序分开，采购完成后的结果公开；"两必须"是必须货比三家后采购，必须按程序按法规要求签订合同。

"五到位一到底"。"五到位"就是采购的每一笔物资都必须由采购人、验收人、证明人、批准人、财务审查人在凭证上签字，才算手续齐全。"一到底"就是负责到底，谁采购谁负责到底，包括价格、质量、使用效果都记录在案，经得起检查。

"监管制度全过程、全方位"。"全过程"的监督是指计划、审批、询价、招标、签约、验收、核算、付款和领用等所有环节都有监督。重点是对制订计划、签订合同、质量验收和结账付款四个环节的监督。对质量的监督是保证对供应商选择和验收过程不降低标准，不弄虚作假。

"全方位"的监督，是指行政监察、财务审计、制度考核三管齐下。

把监督贯穿采购活动的全过程，是确保采购规范和控制质量风险的第二道防线。科学规范的采购机制，不仅可以降低企业的物资采购价格，提高物资采购质量，还可以保护采购人员和避免外部矛盾。

总之，采购质量风险控制策略，主要从内外两个方面着手。从外部而言，物资采购质量主要取决于供应商，因此，如何对供应商进行选择、评价和考评成为确保物资质量防范风险的重要内容。在企业内部，加强对物资验收控制、不合格品控制和制度控制等策略的运用。

3. 把好采购质量关

1）从源头控制上把关

首先，从确定的采购对象上把关。看其是否属于应当实施紧急采购的救灾物资，对不属于紧急采购的采购对象应当向有关领导说明，并予以拒绝，必要时向上级部门报告，以防范出现张冠李戴、偷龙换凤等质量事件的发生。其次，从采购计划上把关。看其编制的采购计划是否符合上级要求，是否经过全体领导干部集体研究。对不符合要求的，要立即停止编制，并向上级报告，以防范出现擅自采购、超范围采购等质量事件的发生。再次，从采购公示上把关。不仅看是否实行了紧急采购公示程序，还要看其公示内容与经集体研究确定的采购对象、采购数量、规格、配置等是否一致。凡不公示或公示内容不一致的，要追查清楚，以便及时制止或纠正可能发生的质量问题。

2) 从强化内部控制上把关

一要成立3人以上代表内部采购、行政管理、质量检验三方的采购小组，以避免个别人在失去监督的情况下从头至尾包揽采购，发生与供应商联手作假的质量问题。二要对重要采购程序强化内部监控，如在单一来源采购或竞争性谈判采购的供应商选择上，要先由经办人说明选择方法和拟定依据，再集体研究确定，以避免所选供应商本身存在质量问题。在开标、评标、签订采购合同等程序上，要增派内部监察机构人员或职工代表参与现场监督，以避免个别人在这些程序上与供应商一起耍花样。三要实施环环相扣的复核程序，每实施一道采购程序，其经办人员要对上一道程序的工作质量情况进行复核，并形成书面复核记录。如拟写中标通知书的人员，要对评标记录进行复核，看其评标记录的内容是否符合评标标准、评标方法，评分数据加计是否正确等。

复核完备，填写复核记录并签名后，再连同拟写的中标通知书，交给下一道程序的工作人员，若发现问题及时采取相应措施，把有可能发生的质量问题消灭在采购过程中。

3) 从改进验收方法上把关

首先，要改变由个别人验收的做法。凡属于紧急采购的事项，无论数量多少，都应由单位内部监察、审计、技术、职工等多方人员组成的验收小组负责验收。其次，对较大数额或重要事项的验收，应取消单位自行验收的办法，改由集中采购机构组建的拥有专业技术人才的验收专业组织验收后交给单位，再由单位验收，这样便形成互相监督机制，不仅可以避免验收"真空"隐患，还可以避免验收中少数人百般挑剔，甚至违规运作。再次，对紧急采购的工程项目的验收要区别于对货物和服务的验收，要在不定期的跟踪验收基础上，实行分段验收与整体验收相结合的方法，并且把分段验收与工程资金分期付款结合起来。这样，既能把"豆腐渣"工程扼杀在每一阶段中，又能及时发现一些蛛丝马迹，采取针对性措施，使违法犯罪分子的企图不能得逞。

5.3 采购数量管理

5.3.1 库存管理概述

1. 库存基本概念

库存是一种暂时处于闲置状态的应用于将来的资源。设置库存的目的是预防不确定性的、随机的资源需求变化，保持生产的连续性、稳定性，以经济批量订货。

库存按照作用分为以下几种。

1) 周转库存

为了降低采购成本或生产成本，进行批量性采购或批量性生产，由此生产批量性周期库存，称之为周转库存，平均周转库存量等于9/2，其中9为订货批量。

2) 安全库存

为了解决因需求不正常变化引起的缺料，而设置一定数量的库存，称之为安全库存。

3) 调节库存

用于调节供需不平衡而设置的库存，称之为调节库存。

2. 库存管理策略

库存有有利的一面，也有不利的一面，作为企业的采购部门应尽可能减少库存量，以降低库存风险。

1) 库存管理指标

通常采用的指标是库存周转率。从采购角度来讲，主要是原材料的库存。其计算公式为

原材料的库存周转率＝原材料的年消耗额÷原材料年库存平均值

库存周转率的取值范围需要根据企业实际情况而定，对制造业选一年6～7次为参考值，其值越大说明库存使用率越高。

2) 库存放置

对原材料库存来讲，应尽量放置在供应商处，也就是说供应商为企业预设库存，从而可减少企业开支。对半成品库存，应尽量放置在下一道工序附近的仓库或物流中心。对成品来说，则尽量放置在靠近用户附近的仓库。

3) 减少库存方法

减少库存方法是周转库存。平均周转库存量等于 $Q/2$，其中 Q 为订单批量，只要减少订单批量即可减少周转库存，但库存的减少不能破坏"周转"的意义。

4) 设置安全库存

为了抵消意外情况的发生而设置安全库存，减少安全库存从以下几个方面入手。

(1) 准确需求预测。

(2) 压缩物料订单周期与生产周期。

(3) 增加采购环境的稳定性。

3. 库存的作用

库存的主要作用在于能有效地促进供需平衡，保证生产正常进行。具体作用有以下几点。

(1) 企业提高顾客的反应速度，保证正常供应，改善服务质量。

(2) 集中批量下达订单，减少订单次数，减少采购成本。

(3) 提高企业动作效率。

库存不仅占用企业流动资金，而且占用存储场地，增加管理开支；此外有时库存的物料会成为呆料或废品，这是因为市场的突变、加工工艺流程的优化、仓储管理问题导致物料性能下降等原因，从而使该物料不再被利用，或者要进行变卖处理。

5.3.2 库存控制的原则

1. 经济效益原则

企业进行库存控制的主要目的是为了获得良好的经济效益。它包括确定合理的订货时

间和订货数量。总费用成本包括每次订购成本、购入货物成本、存货成本(存货资金应计利息、保险费、仓库保管费、存货损耗费)和缺货成本(供应中断而使产生经营上的需要不能满足所造成的经济上的各种损失)。

2. 完整性原则

企业的存货必须保证企业生产所需的各项物资的供应,既要有适量的原材料的储备,又要有一定的辅助材料、生产器具、燃料等的储备,不能因为采购量小或物资的价值量小而想当然地认为可以临时购置,瞬间的环境变化可能完全改变采购的条件。

3. 安全原则

企业在进行库存控制管理过程中,要确保库存物资账实相符、质量稳定,不应使货物在储备中质量下降,如由一级品质变成二级品质、二级品质变成次品,甚至一堆垃圾等。从而使企业的有效资产迅速减少,直接影响到企业的经济效益。由于库存货物收发频繁,经常出库、入库及存储,容易导致在库存中发生计量误差、检查疏忽、自然损耗、非法侵占、被盗丢失等现象。因此,企业的库存控制必须加强安全意识,确保库存的安全。

4. 时效性原则

对库存的物资要进行经常的检查、及时的更新,特别是对于保险储备物资。企业制订物资供应计划之后,企业的日常生产经营活动所消耗的物资主要是经常性储备。只有当发生无法预料的事情时,企业才能用保险储备。因此,保险储备作为企业长年累月的库存积累,经常可能发生质变、自然损耗等,从而降低物资的使用率,经常对保险储备进行更换,则成为库存控制,提高经济效益和安全性的重要保证之一。

 小贴士　固定订货点体系

固定订货点体系也称不断订货体系或再订货点体系。此法由于提供了一个简单的非数学的方法对库存进行检验,也被称为"两箱"体系。在"两箱"体系下,某种产品的库存被分到两个"箱子"里。库存货物的取用先由第一个"箱子"开始。当该箱被用空时,仓库管理员发出请购单要求新的供货,这就是再订货。因此,这样的采购订货量就是一个固定的数量(它可建立在经济订货数量 EOQ 的基础上)。

5.3.3　库存管理的方法

1. 定量订购方法

定量订购是指预先规定一个定购点,当实际储备量降到订购点时,就按固定的订购数量(每次订购数量一般用经济批量法确定)提出订购。运用这种方法,每次订购的数量不变,而订购时间由材料物资需要量来决定。

定量库存控制的关键是正确确定订购点,即提出订购时的储备量标准。如果订购点偏高,将会增加材料物资储备及其储存费用;如果订购点偏低,则容易发生供应中断。确定订购点时需要考虑 4 个因素:一是经济订购批量的大小;二是订货提前量;三是超常耗用量;四是保险储备量。

计算公式为

$$订购点量 = 订购时间 \times 平均每日耗用量 + 保险储备量$$

保险储备量＝(预计日最大耗用量－每天正常耗用量)×订购提前期日数

上式的订购时间是指提出订购到物资进厂所需的时间。

例如：某企业乙种物资的经济订购批量为950吨，订购间隔期为30天，订购时间为10天，平均每日正常需用量为50吨，预计日最大耗用量为70吨，订购日的实际库存量为800吨，保险储备量为200吨，订货余额为零。则订购点库存量为

订购点库存量＝10×50＋(70－50)×10＝700吨

也就是说，当实际库存量超过700吨时，不考虑订购；而降低到700吨时，就应及时按规定的订购批量950吨提出订购。

这种方法的优点是手续简单，管理方便，缺点是物资储备控制不够严格。因此，它一般适用于企业的耗用量较少、用途固定、价值较低、订购时间较短的物资。

 小贴士　经济订货批量的适用条件

(1) 需求量变化不大，较稳定。
(2) 订货量的多少不受仓储容量或其他条件限制。
(3) 具体下订单的成本是固定的，与订货数量无关。
(4) 单位存货的成本与存货数量无关。
(5) 货物运费也与所订购的数量无关。

2. 定期订购方法

定期订购是指预先定一个订购时间，按照固定的时间间隔检查储备量，并随即提出订购，补充至一定数量。所以，这种方法订购时间固定，而每次订购数量不确定，按照实际储备量情况而定。计算公式为

订购量＝平均每日需用量×(订购时间＋订购间隔)＋保险储备量－实际库存量－订购余额

订购间隔是指相邻两次订购日之间的时间间隔；实际库存量为订购日的实际库存数量，订货余额是过去已经订购但尚未到货的数量。

在上例中，订购量＝50×(10＋30)＋200－800＝1 400(吨)。

这种订货方式的优点是对物资储备量控制严格，它既能保证生产需要，又能避免货物超储。缺点是手续麻烦，每次订货都得去检查库存量和订货合同，并计算出订货量，它一般适用于企业必须严格管理的重要货物。

3. ABC 分类管理

所谓 ABC 分类管理就是按照 ABC 三类，分别实行分品种重点管理方法。ABC 原理见表 5-2。

表 5-2　ABC 原理表格

类别	划分标准		控制方法	适用范围
	占存储成本比重	占实物量比重		
A	70%左右	不超过20%	重点控制	品种少，单位价格高的物料
B	20%左右	不超过30%	一般控制	介于两者之间的物料
C	10%左右	不超过50%	简单控制	品种多，单位价格低的物料

库存品种繁多，尤其是大中型企业的库存往往多达上万种甚至十几万种。实际上，有的库存尽管品种数量很少，但金额巨大，如果管理不善，将给企业造成极大的损失。相反，有的库存虽然品种繁多，但金额较小，即使管理中出现一些问题，也不至于对企业产生较大影响。因此，无论是从能力还是从经济角度，企业均不可能、也没有必要对所有库存不分主次，严加管理。ABC分类管理法正是基于这一考虑而提出的，其目的在于使企业分清层次，突出重点，提高企业管理库存资金的整体效果。

1) 库存ABC的分类标准

ABC分类的标准主要有两个：金额标准；品种数量标准。其中金额标准是最基本的，品种数量标准仅作为参考。

A类库存的特点是金额巨大，但品种数量较少；B类库存的金额一般，品种数量相对较多；C类库存的品种数量相对较多，但金额却很小。一般而言，三类库存的金额比重大致为A：B：C＝0.7：0.2：0.1，而品种数量比重大致为A：B：C＝0.1：0.2：0.7。可见，由于A类库存占用企业绝大部分资金，只要能够控制好A类库存，基本上也就不会出现较大的问题。同时，由于A类库存品种相对较少，企业完全有能力按照每一个品种进行管理。B类库存金额相对较小，企业不必像对待A类库存那样花费太多的精力。同时，由于B、C类库存的品种远远大于A类库存，企业通常没有能力对每一品种进行具体控制。因此，可以通过划分类别的方式进行管理。

2) ABC分类法在库存管理中的应用

通过对库存进行A、B、C分类，可以使企业分清主次，采取相应的对策进行有效的管理控制。企业在组织经济订货批量、储存期分析时，对A、B类库存可以分别按品种、类别进行。对C类库存只需要加以灵活掌握即可，一般不必进行上述各方面的测算与分析。此外，企业还可以运用ABC分类法将库存区分为A、B、C类，通过研究各类消费品的消费档次、倾向等，对各档次的库存需要且进行估算，并购进相应的库存，从而使企业的采购与销售建立在市场调查的基础上，提高库存的管理水平。

 小贴士　二八理论

ABC分析法，在日本被称为"二八理论"，也称为"20/80的法则"。其来源是按一般的经验，20%的商品的销售额往往要占整个销售额的80%。

4. 最低及最高存量法

这种方法是按物料类别的不同，分别确定最低及最高存量，即为每种物料设定最高存量及最低存量，制定出安全限度，以防止物料在采购周期内发生中断。设定最低存量等于设定了采购点，至于采购的数量，通常以使存货达到最高存量为止。最高存量是指在某特定期间内，某项物料存量的最高限度，其表达公式为

最高库存＝一个生产周期的时间×每一计量时间物料需求量＋安全库存量

最低存量是指在某特定期间内，为配合生产所需物料的最低限度，其表达公式为

理想最低存量＝前备期间×每一计量时间物料需求量

实际最低存量＝前备期间×每一计量时间物料需求量＋安全库存量

5. 双仓制度

这种方式是将一项物料划分为正常存量及备用存量两批。正常存量是收到第一批订货至发出另一批订货期间的使用量。备用存量包含订购日至交货日止的正常使用量及安全存量。

先由第一批正常存量领用物料,当正常存量用完后,第二批物料已送达备用。在领用第二批物料时,就应开出下一批请购单,以免发生缺料的情况。

实施双仓制度时,必须严格执行发料的顺序。双仓制度使用于物料价格低廉而使用量多的情况,例如 ABC 分析中的 C 级物料可采用此方法。

6. 自动采购

自动采购就是利用计算机系统输入各种有关的采购资料,当物料分类卡上显示的存量到了最低的采购点时,可自动发出载有经济订购量的订单。

物料控制部门,必须检查各项物料的预测消耗量及前备期间,设定安全存量、需求量及经济订购量,以后,每季或每半年应检查一次。

而物料的发出,则利用计算机记录材料卡,当库存量低至设定的订购点,将材料卡输入计算机中予以分类后,送到订购人员处,由其发出特定数量的订单。

7. 物料采购点的确定因素

当物料存量下降到预定的水准时,就要开始准备采购了,此时需采购的基准就是常说的采购点。采购点的确定取决于以下 3 种因素。

(1) 前备期间。从材料的请购起,经询价、比价、采购、交货、验收等所需的时间。

(2) 物料需求量。即前备期间内物料的使用量,其由每月、每周或每日的物料需要量乘以前备时间而得。

(3) 安全库存。为了预防意外之需而保持的最低存量。安全库存的计算,可依据每一计量时间物料需要量乘以前备期间而得。

8. 物料采购点的计算公式

物料采购点的计算公式为

$$采购点 = 物料需要量(平均销售量 \times 进货期时间) + 安全库存量$$

式中:安全库存量=平均销售量×保险天数

【例】某商场日平均销售毛巾 50 条,从进货、运输、验收到陈列商品需 4 天,机动保险天数为 1 天,求该商品的采购点。

解:采购点=(平均销售量×进货期时间)+(平均销售量×保险天数)
    =(50×4)+(50×1)=250(条)

答:该商品的采购点是 250 条。

5.4 采购库存控制

5.4.1 JIT 库存控制模型

1. 概述

准时制(Just In Time,JIT)是 20 世纪 80 年代中期由日本丰田汽车公司首创,并在日本工业企业中广泛推行的关于库存优化管理的一种新理念和管理方法，现在这一方式与源自日本的其他生产、流通方式一起被西方企业称为"日本化模式"，其中，日本生产、流通企业的物流模式对欧美的物流产生了重要影响，近年来，JIT 不仅作为一种生产方式，也作为一种物流模式在物流界得到推行。JIT 优点是可以避免库存积压，减少资金占用利息，还可以节省仓库建设投资和仓库管理费用。其基本原理包括以下几点。

（1）产品生产按照生产流程，各工序之间紧密配合，严格按生产进度时间表规定的生产节拍进行。

（2）根据市场需要，以最终产品的生产数量为基础，推动各有关工序的生产活动，按生产流程相反方向，计算各工序每天需要的零部件和材料的品名与数量。

（3）各道工序严格按下道工序的需要进行生产，并准时按完成的在制品交下道工序。因此，在各道工序上，最多有一天的在制品库存，或甚至几乎等于零。

（4）外购零部件和材料严格按各工序需用数量由协作厂和供应商在每天开工前按时送达指定的生产钱。因此，在各道工序，外购零部件和材料最多有一天的库存，甚至等于零。

实行准时生产制度，厂内物资流通与产品生产流程在时间和数量上同步进行，密切配合，使原材料、零部件、在制品和产品的库存减少到最低限度，几乎接近于零。

2. JIT 生产系统与传统库存管理的区别

1）生产流程化

比如汽车生产，运作模式是按生产汽车所需的工序从最后一个工序开始往前推，确定前面一个工序的类别，并依次地恰当安排生产流程，根据流程与每个环节所需库存数量和时间先后来安排库存和组织物流。尽量减少物资在生产现场的停滞与搬运，让物资在生产流程上毫无阻碍地流动。

"在需要的时候，按需要的量生产所需的产品"。对于企业来说，各种产品的产量必须能够灵活地适应市场需要量的变比。众所周知，生产过剩会引起人员、设备、库存费用等一系列的浪费。避免这些浪费的手段就是实施适时适量生产，只在市场需要的时候生产市场需要的产品。

2）生产均衡化

生产均衡化是实现适时适量生产的前提条件。所谓生产的均衡化，是指总装配线在向前工序领取零部件时应均衡地使用各种零部件，生产各种产品。为此在制定生产计划时就必须加以考虑，然后将其体现于产品生产顺序计划之中。在制造阶段，均衡化通过专用设备通用化和制定标准作业来实现。所谓专用设备通用化，是指通过在专用设备上增加一些工夹具的方法使之能够加工多种不同的产品。标准作业是指将作业节拍内一个作业人员所应担当的一系列作业内容标准化。

生产中将一周或一日的生产量按分秒时间进行平均，所有生产流程都按此来组织生产，这样流水线上每个作业环节上单位时间必须完成多少何种作业就有了标准定额，所在环节都按标准定额组织生产，因此要按此生产定额均衡地组织物质的供应、安排物品的流动。因为 JIT 生产方式的生产是按周或按日平均，所以与传统的大生产、按批量生产的方式不同，JIT 的均衡化生产中无批次生产的概念。

标准化作业是实现均衡化生产和单件生产单件传送的又一重要前提。丰田公司的标准化作业主要是指每一位多技能作业员所操作的多种不同机床的作业程序,是指在标准周期时间内,把每一位多技能作业员所承担的一系列的多种作业标准化。丰田公司的标准化作业主要包括：标准周期时间、标准作业顺序、标准在制品存量,它们均用"标准作业组合表"来表示。

  3）资源配置合理化

  资源配置的合理化是实现降低成本目标的最终途径,具体指在生产线内外,所有的设备、人员和零部件都得到最合理的调配和分派,在最需要的时候以最及时的方式到位。

  从设备而言,设备包括相关模具实现快速装换调整,例如,丰田公司发明并采用的设备快速装换调整的方法是 SMED 法。丰田公司所有大中型设备的装换调整操作均能够在 10 分钟之内完成,这为"多品种、小批量"的均衡化生产奠定了基础。

  在生产区间,需要设备和原材料的合理放置。快速装换调整为满足工序频繁领取零部件制品的生产要求和"多品种、小批量"的均衡化生产提供了重要的基础。但是,这种频繁领取制品的方式必然增加运输作业量和运输成本,特别是如果运输不便,将会影响准时化生产的顺利进行。合理布置设备,特别是 U 型单元连接而成的"组合 U 型生产线",可以大大简化运输作业,使得单位时间内零件制品运输次数增加,但运输费用并不增加或增加很少,为小批量频繁运输和单件生产单件传送提供了基础。

5.4.2 JIT 库存控制策略

  JIT 在最初引起人们注意时,曾被称为"丰田生产方式"。JIT 诞生后,最初是作为库存管理工具,经过几十年的发展,演变到今天可以说已形成了一个复杂的、涉及控制企业生产经营全过程的管理体系。它的基本思想是："只有需要的时候,按需要的量,生产所需的产品。"其核心是追求一种无库存生产系统,或使库存达到最小,它的出发点是减少或消除从原材料投入到产成品的产出全过程中的库存及各种浪费,建立起平滑而更有效的生产过程。

  JIT 对减少库存提出了一种新思路：把库存看成一条河水的深度,把库存中存在的问题看成河底的石头,水深时,要搞清石块必须潜入水中调查,但如果减少水量,石块就会自动显现出来。对库存来说,若减少库存,存在的问题浪费就会突出显露出来,就能针对问题提出解决方法,使问题得以全面解决。

  另外,JIT 实现的是适时适量生产,即在需要的时候按需要生产所需的产品,也就是产品生产出来的时间是顾客所需的时间,同样,材料、零部件到达某一工序的时刻,正是该工序准备开始生产的时候,没有不需要的材料被采购入库,也没有不需要的制品及产成品被加工出来。

  JIT 实行生产同步化,使工序间在制品库存接近于零,工序间不设置仓库,前一工序加工结束后,使其立即转移到下一工序去,装配线与机械加工几乎同时进行,产品被一件件连续地生产出来。在制品库存的减少可使设备发生故障、次品及人员过剩等问题充分显露,这样企业就可以针对问题提出解决方法从而带来生产率的提高。

  在原材料库存控制方面,若仅考虑价格与成本之间的关系,依照传统的库存控制策略就可能为赢得一定的价格折扣而大量地购入物品。JIT 在采购时不仅考虑价格与费用之间的关系,还考虑了许多非价格的因素,如与供应商建立良好的关系、利润分享且相互信赖，以减少由于价格的波动对企业带来的不利影响，选择能按质、按时提供货物的供应商，保证JIT生产的有效运行。这样，JIT就有效地控制了原材料库存，从根本上降低了库存。

5.4.3 JIT生产方式消除库存的关键做法

JIT生产方式的主要目的是使生产过程中物品（零部件、半成品及制成品）有秩序地流动并且不产生物品库存积压、短缺和浪费，因此有以下几个关键的做法。

1. 生产准备耗费与储存成本控制

传统观念认为生产准备耗费或订购成本与储存成本是必然存在且既定的，因而控制的方法是找到一个理想的储量，其成本之和为最低。与此相反的观点认为这两种成本并不是既定的，可以寻求方法和采取措施使之下降，或者趋于零。它的实现要通过以下方法。

（1）引进先进的机器设备，计算机化的控制与操作可使生产准备阶段所耗费时间变得很短，从而使准备耗费大幅度降低。

（2）仅仅选择几个可靠的供应商，且与他们建立起长期的订购关系，采购业务仅由电话或传真的方式进行。由此采购费用大量下降。

（3）改革生产过程的布局方式，由部门型或智能型转化为以产品为中心的生产方式，由此缩短了由原材料——零部件——产成品转移过程的路途。

（4）库存方式由集中型转变为小而分散式，减少了库存空间和资金占用。

2. 如何保证交货期

能否按期交货是衡量企业是否有能力满足顾客需求的关键标准之一。传统处理方式是由储存一定量的产成品来到达。然而，JIT却采用改善企业内部机制，大幅度缩短"提前期"的方式来实现的。这里的提前期是指顾客提出要拿到货物所需的时间。提前期越短，企业面临市场变化的需求的能力也提高。JIT在这方面的改革包括以下几方面。

（1）降低生产准备时间以缩短"提前期"。

（2）提高材料、零部件和产成品的质量，消除生产废品及事后检验的时间耗费。

（3）改革生产过程的布局方式，由部门型或职能型转化为以生产为中心的生产布局方式，由此缩短了由原材料——零部件——产成品转移过程的路途。

（4）库存方式由集中型转变为小而分散式，减少了库存空间和资金的占用。

3. 消化价格的影响

实施JIT系统订货与传统的订货有不同的方式和要求。物料购买过程中也就是与供应商打交道以获取企业生产产品或提供劳务所需的材料，购买的关键就是选择供应商，需要考虑价格、质量、及时交货等问题。传统的购买最关心的是价格，而忽视了质量和及时交货的要求，在这种购买方式下，企业一般有许多供应商。日本JIT采购系统的成功经验极大地影响了现代采购方式。JIT方式认为，从较少的供应商那里采购比从许多供应商那里采购有许多优势，从长远的角度来看，厂商与供应商建立合作关系将有利于厂商和供应商达成共识，促进双方共同获得成功，尽管价格仍然是一个不容忽视的因素，但质量和可靠性已成为现代购买方式中越来越重要的因素。在JIT系统中，如果物料质量和可靠性出现问题，将导致整个系统处于停顿状况。为消化价格的影响，JIT选择以下做法。

（1）选择较近的供应商，降低运输成本。

（2）选择能按时、保质保量提供货物的供应商，保证 JIT 生产的有效运行。

（3）与供应商建立良好的关系，利用分享且相互信赖，以此减少由于价格的变化对企业带来的压力。

4. JIT 库存控制作用

JIT 生产方式的基本思想是"只在需要的时候，按需要的量，生产所需的产品"，也就是追求一种无库存，或库存达到最小的生产系统。JIT 的基本思想是生产的计划和控制及库存的管理。这种生产方式，核心是消减库存，直至实现零库存，同时又能使生产顺利进行。这种观念本身就是物流功能的一种反应，而 JIT 应用于物流领域，就是指要将正确的商品以正确的数量在正确的时间送到正确的地点，这里的"正确"就是"just"的意思，既不多也不少、既不早也不晚，刚好按需要送货。这当然是一种理想化的状况，在多品种、小批量、多批次、短周期的消费需求的压力下，生产者、供应商及物流配送中心、零售商要调整自己的生产、供应、流通流程，按下游的需求时间、数量、结构及其他要求组织好均衡生产、供应和流通，在这些作业内部采用看板管理中的一系列手段来减少库存，合理规划物流作业。

JIT 的目标是彻底消除无效劳动和浪费，具体要达到以下目标。

（1）废品量最低。JIT 要求消除各种引起不合理的原因，在加工过程中每一工序都要求达到最好水平。

（2）库存量最低。JIT 认为，库存是生产系统设计不合理、生产过程不协调、生产操作不良的证明。

（3）准备时间最短。准备时间长短与批量选择相联系，如果准备时间趋于零，准备成本也趋于零，就有可能采用极小批量。

（4）生产提前期最短。短的生产提前期与小批量相结合的系统，应变能力强，柔性好。

（5）减少零件搬运，搬运量低。零件送进搬运是非增值操作，如果能使零件和装配件运送量减少，搬运次数减少，可以节约装配时间，减少装配中可能出现的问题。

在此过程中，无论是生产者、供应商还是物流配送中心或零售商，均应对各自的下游客方的消费需要作精确的预测，否则就用不好 JIT，因为 JIT 的作业基础是假定下游需求是固定的，即使实际上是变化的，但通过准确的统计预测，能把握下游需求的变化。

5.4.4 ERP 之库存分配

从 ERP 开发的角度分析库存分配。

1. 软分配与硬分配

库存分配分软分配与硬分配两种，软分配量是车间定单和销售定单要求量的总计，硬分配量是车间定单和销售定单提交后为领料预留的分配量。软分配在仓库级进行，在车间文档打印及客户定单输入期间建立，分配时可以超过当前现有量，在领料和定单关闭时解除软分配量。硬分配在库位级进行，在车间文档打印及提货单打印期间自动建立，或在车间控制及客户定单输入期间手工建立,分配时不可以超过当前仓库、库位的现有量,在领料和定单关闭时解除,也可手工解除硬分配量。

记录软分配量文件有物料主文件和物料仓库主文件,物料主文件记载着按该物料的车间定单软分配量与销售定单软分配量,物料仓库主文件记载着按物料及仓库的软分配量,见表5-3。

表5-3 记录软分配量文件

软分配量	载体文件	增 加	减 少	调 整
车间定单分配量	物料主文件	车间定单打印	领料	车间定单关闭
客户定单分配量	物料主文件	销售定单输入	领料	销售定单关闭
分配给定单数量（软分配量）	物料仓库主文件	车间定单打印和销售定单输入	领料	车间定单关闭和销售定单关闭

记录硬分配量文件有物料库位主文件和硬分配文件,物料库位主文件记载着按该物料及仓库、库位、(批号)硬分配量,硬分配文件记载着按定单类型、定单号、物料、仓库、库位、(批号)的硬分配量建立、解除的明细信息,见表5-4。

表5-4 记录硬分配量文件

软分配量	载体文件	增 加	减 少	调 整
车间定单分配量	物料主文件	车间定单打印	领料	车间定单关闭
客户定单分配量	物料主文件	销售定单输入	领料	销售定单关闭
分配给定单数量（软分配量）	物料仓库主文件	车间定单打印和销售定单输入	领料	车间定单关闭和销售定单关闭

2. 硬分配的几个概念

软分配量应用于 MPS/MRP 计算,硬分配量应用于物料管理。硬分配过程将车间定单子项物料需求表和销售定单物料进行分配,其分配结果按明细记录放在硬分配文件中。

硬分配只在可分配仓库和可分配库位进行,若是批号控制物料,则物料的需求日期必须落在被分配物料批号的有效期内。

可分配库位分为以下3种类型。

1) 强制库位

只分配该库位物料,其他仓库和其他库位物料都不参与分配。日常应用中,以来料加工的定单为例,可将来料定义为某一特定的强制库位,该定单需求的物料只能在该库位领用,在其他仓库和库位即使有相同物料号的物料,也不能领用。

2) 缺省库位

在当前的仓库中不考虑其他库位,但考虑其他仓库,本库位检索完后检索其他仓库下的库位。

3) 标准库位

先分配指定仓库的指定库位,其他仓库与库位按顺序进行。

3. 销售定单硬分配规则

销售定单硬分配在定单行指定的仓库进行，并且该行物料有分配请求。在进行分配时按以下顺序进行。

（1）优先级代码，从大到小。

（2）物料需求日期，从早到晚。

（3）批号截止日期，从早到晚。

（4）批号，从小到大。

（5）库位号，从小到大。

分配时还应遵守库位作用规则，即强制、缺省、标准。

4. 车间定单硬分配规则

车间定单硬分配可在多个仓库进行，其按以下顺序进行。

（1）定单仓库：车间定单指定的物料仓库。

（2）物料场所仓库：物料场所主文件中指定的物料存货仓库。

（3）物料主文件指定的仓库物料存货仓库。

（4）场所范围内其他可分配仓库：车间定单指定场所下的所有可分配仓库进行分配。

在同一仓库分配时，其按以下顺序进行。

（1）批号控制物品：按批号截止日期，从早到晚。再按批号，从小到大。再按库位，从小到大。分配时还应遵守库位作用规则，即强制、缺省、标准。

（2）非批号控制物品：按库位号从小到大。分配时还应遵守库位作用规则，即强制、缺省、标准。

本 章 小 结

本章介绍了采购质量和采购质量管理的概念，详细阐述了采购质量分析、库存控制的基本方法；介绍了采购质量管理、采购标准化、数量管理的内容和方法；重点介绍了采购质量体系的内容和运作过程、采购质量管理保证体系的构成及主要内容、库存控制的方法原则、定期订货法、订货点法和ABC分类控制法的基本原理和方法。

练 习

一、单项选择题

在每小题列出的四个备选项中只有一个是符合题目要求的，请将其代码填写在题中的括号内。

1. 对产品设计人员来说，质量是（　　）。

A. 产品满足功能要求的性质

B. 意味着在性能、外观方面能满足其需要的产品

C. 意味着以最小成本生产出符合订单规格要求的产品

D. 意味着在价格方面能满足其需要的产品

2. 下列关于全面质量管理描述错误的是（　　）。
　A. TQM 理念是建立在所有有关人员的积极参与上
　B. 可以被定义为"以满足客户需求为核心的管理哲学和体系"
　C. 约瑟夫·M·朱兰（JosephM. Juran）为 TQM 做出了许多贡献
　D. 更加注重提供的物品和服务，而不是集中在系统程序和过程

3. （　　）描述的是原材料和组件的质量、尺寸、化学成分、检验方法等。
　A. 化学和物理规格　　　　　　　B. 原材料和制造方法的规格
　C. 设计标准　　　　　　　　　　D. 商业标准

4. （　　）定义了产品或服务所必须达到的效果，它们用于定义重要的设备和许多类型服务的可接收性。
　A. 化学和物理规格　　　　　　　B. 原材料和制造方法的规格
　C. 绩效规格　　　　　　　　　　D. 设计标准

5. （　　）典型后果是过高的采购成本。
　A. 缺乏标准化　　B. 规格过于苛刻　　C. 松散的规格　　D. 过时的规格

6. 关于标准化的目的说法正确的是（　　）。
　A. 选择最合适的质量　　　　　　B. 挑选最便宜的
　C. 挑选最贵的　　　　　　　　　D. 挑选最好的

7. 建立地方标准的目的主要是（　　）。
　A. 形成市场分割
　B. 便于该地区的技术合作和技术交流
　C. 考虑到我国各地经济发展的不平衡并促进地方经济的发展
　D. 贸易保护

8. 使用"性价比"是来平衡（　　）之间的关系。
　A. 质量与成本　　　　　　　　　B. 数量与成本
　C. 数量与质量　　　　　　　　　D. 质量与价格

9. （　　）是对企业流程根本性的重新思考和彻底翻新，以便使企业在成本、质量、服务特征上取得显著的改善。
　A. ERP　　　　B. MRP　　　　C. MRPⅡ　　　　D. BRP

10. 质量小组的概念在 20 世纪 60 年代诞生于（　　）。
　A. 美国　　　　B. 德国　　　　C. 日本　　　　D. 英国

11. 一种常见的控制生产质量、防止最终产品出现缺陷的方法是（　　）。
　A. 全面质量管理　　B. 统计过程控制　　C. 平衡计分卡　　D. 标杆法

12. 某公司计划在未来一年内采购 C 货物 8 000 千克，每次采购相同的数量，已知每次采购成本为 50 元，每千克货物的全年库存成本为 5 元，C 货物的价格为 80 元/千克。该公司 C 货物的经济订购批量为（　　）。
　A. 1 600 吨　　B. 400 吨　　C. 40 吨　　D. 8 000 吨

13. 所谓订货提前期就是从（　　）。
　A. 确定一个请购要求算起到完成该订货所用的时间
　B. 确定一个请购要求算起到下一次确定一个请购要求所用的时间

C. 上一次完成订货的时间算起到下一次完成订货所用的时间

D. 完成上一个订货算起到确定下一个请购要求所用的时间

14. 以下属于高优先级别物料的是（　　）。

    A. 原材料　　　　B. 设备　　　　C. 清洁材料　　　　D. 标准元件

15. （　　）是影响采购价格的最根本、最直接的因素。

    A. 规格与品质　　　　　　　　　B. 竞争状况

    C. 生产季节与采购时机　　　　　D. 供应商成本

二、多项选择题

请把正确答案的序号填写在题中的括号内，多选、漏选、错选不给分。如果全部答案的序号完全相同，例如全选 ABCDE，则本大题不得分。

1. 如果规格不适用于特定的企业，企业接收不到期望的产品，就可能产生浪费和供货延迟。产生规格问题的原因包括（　　）。

    A. 缺乏标准化　　　　　　　　　B. 规格过于苛刻

    C. 松散的规格　　　　　　　　　D. 过时的规格

    E. 国际标准的差异

2. 根据《中华人民共和国标准化法》，我国的标准划分为（　　）。

    A. 区域标准　　　B. 国家标准　　　C. 行业标准

    D. 地方标准　　　E. 企业标准

3. 来源检验的优点有（　　）。

    A. 来源检验通常要比进货检验成本高许多

    B. 供应商对产品符合质量要求应承担的责任减小了

    C. 缩减了拒收、退货、再加工和再交货的周期

    D. 调查员对供应商产品情况了如指掌

    E. 供应商的专业检验程序与测试设备可得到充分利用

4. 采购过程的质量控制可以从以下（　　）方面进行阐述。

    A. 初选供应商的质量控制　　　　B. 样件试制采购的质量控制

    C. 中试采购的质量控制　　　　　D. 批量采购的质量控制

    E. 定量采购的质量控制

5. 鲍德里奇框架基本元素有（　　）。

    A. 执行者　　　B. 推动者　　　C. 目标

    D. 体系　　　　E. 进度衡量

6. 平衡记分把企业使命和战略转化成目标与测量度，然后通过（　　）这几个战略层面组织起来。

    A. 财务战略层面　　　　　　　　B. 客户战略层面

    C. 内部业务战略层面　　　　　　D. 创新战略层面

    E. 账务战略层面

7. 在（　　）之间实现平衡是每个采购人员都面临的挑战。

    A. 安全库存　　　B. 需求数量　　　C. 库存数量

    D. 订购数量　　　E. 采购提前期

8. 一个企业所需使用的原材料，按其性质划分，可分为（　　）。
   A. 高价物品　　B. 中价物品　　C. 低价物品
   D. 廉价物品　　E. 天价物品
9. 一般按市场上竞争和垄断的程度，将现实的市场划分为（　　）。
   A. 国家垄断　　B. 完全竞争市场　　C. 完全垄断市场
   D. 垄断竞争市场　　E. 寡头垄断市场
10. 采购必须使它的内部管理运作有效率及有效果，包括（　　）。
    A. 确定职员水平　　　　　　　　B. 确定及坚持中心预算
    C. 提供职业培训并为雇员增加机会　　D. 采用能改进生产率
    E. 提供更好抉择的采购系统

三、简答题

1. 什么是采购规格？采购规格有哪些描述方式？
2. 为什么要实施采购标准化？
3. 质量的定义是什么？什么是采购质量？
4. 采购质量管理的含义是什么？包括哪些内容？
5. 采购认证体系是如何运作的？
6. 采购质量管理的原则是什么？
7. 什么是采购质量管理保证体系？包括哪些内容？
8. 定期订货法、订货点法的基本原理和方法是什么？
9. ABC 分类控制法的基本原理和方法是什么？
10. 简述 JIT 库存控制策略。

四、项目练习

项目：库存控制。
要求：学生以 5 人为一个小组，模拟企业进行库存控制。项目要求：
1. 各组分别采用定期定购方法、定量订购方法和 ABC 库存控制方法进行实践。
2. 对以上 3 种方法的优缺点、操作过程进行描述，讨论 3 种方法的适用范围。
3. 讨论在使用 ABC 管理时，根据什么标准和原则对产品分类。
按以上要求，在充分讨论的基础上，形成小组的课题报告。

五、案例分析

全球的采购管理发展

在当前全球经济一体化的大环境下，采购管理作为企业提高经济效益和市场竞争能力的重要手段之一，在企业管理中的战略性地位日益受到国内企业的关注，但现代采购理念在中国的发展过程中，却遭到体制和观念的束缚。

在采购体系改革方面，许多国有企业虽然集团购买、市场招标的意识慢慢培养起来，但企业内部组织结构却给革新的实施带来了极大的阻碍。中国的大多数企业，尤其是国有企业采购管理薄弱，计划经济、短缺经济下粗放的采购管理模式依然具有强大的惯性。采购环节漏洞带来的阻力难以消除。

统计数据显示，目前在中国工业企业的产品销售成本中，采购成本占到60%左右，可见，采购环节管理水平的高低对企业的成本和效益影响非常大。一些企业采购行为在表面上认可和接纳了物流的形式，但在封闭的市场竞争中，在操作中没有质的改变。一些采购只是利用了物流的技术与形式，但经常是为库存而采购，而大量库存实质上是企业或部门之间没有实现无缝连接的结果，库存积压的又是企业最宝贵的流动资金。这一系列的连锁反应正是造成许多企业资金紧张、效益低下的局面没有本质改观的主要原因。

与国内从计划模式艰难蜕变出来的大型国有企业相比，欧美企业理念要先进得多，比如通用的采购体系，相对于尚在理论层次彷徨的众多国有企业和民营企业而言，通用的采购已经完全上升到企业经营策略的高度，并与企业的供应链管理密切结合在一起。

据统计，通用汽车在美国的采购量每年为580亿美元，全球采购金额总共达到1 400亿~1 500亿美元。1993年，通用汽车提出了全球化采购的思想，并逐步将各分部的采购权集中到总部统一管理，并推行JIT采购以降低库存损失。目前，通用下设4个地区的采购部门：北美采购委员会、亚太采购委员会、非洲采购委员会、欧洲采购委员会，4个区域的采购部门定时召开电视会议，把采购信息放到全球化的平台上来共享，在采购行为中充分利用联合采购组织的优势，协同杀价，并及时通报各地供应商的情况，把某些供应商的不良行为在全球采购系统中备案。

在资源得到合理配置的基础上，通用汽车开发了一整套供应商关系管理程序，对供应商进行评估。对好的供应商，采取持续发展的合作策略，并针对采购中出现的技术问题与供应商一起协商，寻找解决问题的最佳方案；而在评估中表现糟糕的供应商，则请其离开通用的业务体系。同时，通过对全球物流路线的整合，通用将各个公司原来自行拟订的繁杂的海运线路集成为简单的洲际物流线路。采购和海运路线经过整合后，不仅使总体采购成本大大降低，而且使各个公司与供应商的谈判能力也得到了质的提升。

资料来源：张碧君.采购管理.上海：格致出版社，2014.

讨论：

1. 采购战略的重点内容是什么？
2. 采购战略成功的关键要素有哪些？
3. 通用在采购管理的成功依赖于哪些措施？

第6章 采购谈判与渠道选择

【教学目标与要求】

　　本章主要介绍采购谈判、采购谈判基本技巧、采购合同、谈判流程、渠道。通过本章的学习，掌握采购谈判基本内容、采购谈判要素、采购谈判基本技巧。了解采购谈判的目的、作用和原则，熟悉谈判流程。掌握采购谈判的相关知识，熟悉渠道选择的概念、分类、标准和原则。

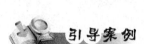
引导案例

谈判主题的选择

某制造公司，由于生产计划的变更，现急需采购规格为 114×4 Q235 的焊管 3.59 吨，并要求成交通知书发出后 3 日内供货。

由于时间紧迫，采购部决定通过询价来选择供应商。但是，梁经理发现，诸多供应商在价格、供应能力、交期和服务能力等方面的响应都有一定的差异，比较起来各有千秋，导致梁经理一时很难决策。

最后，梁经理为保证生产需要，决定选择以供货时间为谈判主题，分别与几家初选合格的供应商进行谈判。结果，供应商以供货时间紧迫为由，在价格和付款方式上提出了较为苛刻的要求，梁经理只好接受。

引例分析

通过案例可以看出，梁经理首先遇到的问题是，如何在短时间内寻找并最终选择供应商；其次，在一定背景下，为保障企业利益，应如何制定谈判目标等。

以上这些问题处理不好，将直接影响企业生产以及经济效益。

6.1 采购谈判理论

6.1.1 采购谈判概述

采购谈判是完成采购任务的一项重要的基础工作，对企业而言，掌握采购谈判技术有利于维护企业自身利益，从而促进采购的成功。

1. 采购谈判的含义和目的

采购方想以自己比较理想的价格、商品质量和供应商服务条件来获取供应商的产品；而供应商则想以自己希望的价格和服务条件向购买方提供自己的商品。当两者意向不完全统一之前，就需要通过谈判来解决，这就是采购谈判。

谈判的要义是双方达成互相满意的共识，双赢也就成为谈判的目的。

 小贴士 双赢谈判

双赢谈判，也称为整合性议价，通过合作性谈判寻求扩大参与者可能得到的价值与资源。各方仍然要通过谈判来决定如何分配更大的和增加的价值。增加的价值对买方意味着得到一个优于竞争者的采购价格，供应商提供了较短的物料订购前置时间，共同努力降低双方的浪费或者得到开发新技术或产品设计的帮助。

2. 采购谈判的原则

采购谈判一般应遵循以下基本原则。

（1）"三角"原则。"三角"原则的前提是"任何基于强迫或诡辩的谈判都不会成功"。

"三角"原则的含义是：首先明确自己的目标，然后找出对方的目标，向对方传达已经了解的信息，最后以对方能够接受的方式提出解决问题的方案。

（2）合法原则。合法原则是采购谈判中的重要原则。所谓合法，就是要求采购洽谈要在不违背国家法律法规的前提下进行，不能从事违法的交易活动，以牺牲企业利益为代价，或者假公济私、损公肥私。在谈判过程中，采购人员的谈判行为也必须合法，只有在合法的行为下达成的协议才能受到法律的保护。

（3）灵活原则。灵活原则就是要求在采购谈判过程中，要因人、因事而异，一事一议，一事一策，不能抱着教条不放。要学会妥协，通过自己妥协、让步换取自己的利益。

（4）相对满意原则。在市场经济条件下，采购谈判双方是一种合作关系，而不是对抗与冲突关系。双方的利益是共享的，谈判的任何一方都要让渡一定的、合理的利益给合作伙伴，而不可能独自占有更多的经济利益。

3. 采购谈判的作用

（1）采购谈判使企业和供应商之间明确了材料的质量要求，并得到双方的认同，从而保障了企业将获得质量稳定而且可靠的材料供生产经营所需，同时为企业自己生产出合格的产品并供应给客户打下了坚实的基础。质量条款中每批交货允许的次品率和目标次品率等指标的设定将极大地促使供应商改进其材料质量，这为企业产品质量的持续提升铺设了前进道路。

（2）采购谈判使企业和供应商就交货要求达成了协议，同时使企业更清楚地了解供应商的物流操作，从而保障了企业将获得持续稳定的材料供应，使其避免了可能因材料短缺而导致停产的风险，为其持续地满足客户的要求提供了先决条件。设置在物流条款中的供应商的安全库存量、允许的订单数量的变动幅度等内容充分保证了企业进行生产安排的灵活性，以及最大幅度降低库存的可能性。

（3）采购谈判使企业和供应商就材料价格等直接影响到成本高低的商业性内容达到了一致，使企业获得了满意的支付价格，从而保证了企业产品成本结构的合理性。采购谈判是实现采购管理对企业利润进行决定性影响的手段，在企业和客户共享采购谈判所带来的成本降低的情况下，企业产品在市场上的价格竞争力将得到大幅度的提高。

4. 采购谈判的特点

（1）采购谈判是为了最终获取本单位或部门的所需物资，保障本单位或部门及时持续的外部供应。

（2）采购谈判讲求经济效益。在谈判中，买卖双方争议最激烈的问题往往是商品的价格问题。对采购者来说，当然是希望以最低的价格或者最经济的价格获得所需商品。

（3）采购谈判是一个买卖双方通过不断调整各自的需要和利益而相互接近，最终争取在某些方面达成共识的过程。

（4）采购谈判蕴涵了买卖双方"合作"与"冲突"的对立统一关系。双方都希望最终能够达成协议，这是合作的一面；但各方同时又希望通过协议能够获得尽可能多的利益，这是冲突的一面。正是由于买卖双方的这种对立统一关系，才体现出采购谈判的重要性，以及在谈判中选用适当策略和技巧的必要性。

6.1.2 采购谈判的内容

1. 产品条件谈判

采购的主角是产品或原材料,因此,谈判的内容首先是关于产品的有关条件的谈判。产品条件谈判有的复杂,有的简单,主要决定于采购方购买产品的数量和产品的品种、型号。对于采购方来说,如果购买的产品数量少,品种单一,产品条件谈判就比较简单;如果采购的产品数量多,品种型号也多的情况下,产品条件谈判就比较复杂。一般来说,产品条件谈判内容包括:产品品种、型号、规格、数量、商标、外形、款式、色彩、质量标准、包装等。

2. 价格条件谈判

价格条件谈判是采购谈判的中心内容,是谈判双方最为关心的问题,通常,双方都会进行反复地讨价还价,最后才能敲定成交价格。价格条件谈判也包括数量折扣、退货损失、市场价格波动风险、商品保险费用、售后服务费用、技术培训费用、安装费用等条件的谈判。

3. 其他条件谈判

除了产品条件和价格条件谈判外,还有交货时间、付款方式、违约责任和仲裁等其他条件的谈判,见表6-1。

表6-1 谈判内容

采购谈判内容	具体条款
质量方面	产品的名称规格或图纸、产品所用材料的规格或标准、模具的寿命和产能、包装材料的要求、供应商出厂检验的标准和质量报告内容、采购方进货检验的标准、每批交货允许的次品率、目标次品率、拒收的条件和程序等
交货方面	交货周期、供应商的安全库存量、订单周期、最小订单量、标准包装量、允许的订单数量的变动幅度、运输方式等
价格方面	产品单价货币种类、允许的汇率浮动幅度或汇率换算比例、折扣比例、价格条款、运费、保险费、进口关税、付款条件等

此外还包括:①供应商的成本开支范围协议;②交货时间表与交货要求;③预期的产品与服务质量水平;④技术支持与协助,合同交易量;⑤向买方承诺的生产能力;⑥对买方需要的反应;⑦物料前置时间;⑧违约惩罚;⑨合同期限与更新包装要求;⑩损失赔偿责任;⑪支付条件;⑫运输方式与运输责任等。

知识链接　日本汽车的谈判策略

日本一家著名汽车公司刚刚在美国"登陆",急需找一个美国代理商来为其推销产品,以弥补他们不了解美国市场的缺陷。当日本公司准备同一家美国公司谈判时,谈判代表因为堵车迟到了,美国谈判代表抓住这件事紧紧不放,想以此为手段获取更多的优惠条件,日本代表发现无路可退,于是站起来说:"我们十分抱歉耽误了您的时间,但是这绝非我们的本意,由于对美国的交通状况了解不足,导致了这个不愉快的结果,希望我们不要再因为这个无所谓的问题耽误宝贵的时间,如果因为这件事而怀疑合作的诚意,那么我们只好结束这次谈判,我认为我们所提出的优惠条件是不会在美国找不到合作伙伴的。"日本代表一席话让美国代表哑口无言,美国人也不想失去一次赚钱的机会,于是谈判顺利进行下去了。

6.1.3 采购谈判的基础

谈判应以成本而不是以价格为中心,采购谈判以成本为基础能产生上好的协议。价格谈判不仅为了和供应商在成本上达成共识,还要看双方对利润是否都满意,如果想以成本为基础的谈判达成协议,必须做到以下几点。

1. 了解供应商成本的构成

要了解供应商成本的构成,应该进行成本分类和成本分析,这可帮助供应商定出公平的价格。成本包括直接成本、间接成本和总体行政费用。直接成本分为直接劳工和直接物料成本,间接成本可分为工程日常费用和生产日常费用;有时也可把成本分为固定和变动成本两种。

2. 充分信任和合作

充分的信任和合作是了解供应商成本和价格的第二个重要因素,如能做到这一点,供应商往往愿意将有关账目出示给采购方看,当然这需要预先签订保密协议。相互信任的另一好处在于双方有讨论成本降低的可能性,成本降低可通过产品或工艺品的改造来实现,也称价值工程。

3. 理解行业的规范

每个行业在长期的发展过程中为维护市场秩序、保护各方面的利益,都会形成一些约束市场参与者行为的行规。如对货款交付日期的约定和退货条件的约定等,可谓是约定俗成,人人遵守,这有利于简化谈判过程。而对供应商行业竞争程度的了解也至关重要,有多少商家能提供相似的产品?一个产品是否只有极少数的供应商?这都直接影响供应商的利润率。

4. 制定目标价格

采购方必须了解供应商所在的行业,以及相关的产品和服务的成本信息,这样就能在谈判之前估算出对方的成本,制定出切合实际的目标价格。

6.2 采购谈判的流程

6.2.1 采购谈判的准备

1. 对涉及价格方面的事情的准备

企业进行采购谈判,其主要的内容还是决定所采购材料的价格,因此,企业在进行采购谈判以前,要对谈判时涉及价格方面事情做充分的准备,其包括慎重选择供应商,确定采购材料的底价或预算,还要分析和比较报价的内容等。

（1）慎重选择供应商。最适合的供应商应该具备许多条件，能提供适合的品质、充分的数量、准时的交货、合理的价格和热忱的服务，应该是共同的要求。但是如何选择供应商，许多企业都感到很困难。通常企业的做法是先成立评选小组，决定评审项目后，再将合格厂商加以分类、分级。选择正确的供应商，可以使谈判工作事半功倍。

（2）确定底价与预算。谈判之前，采购人员应首先确立拟购物品的规格与等级，并就财务负担能力加以考虑，定出打算支付给供应商的最高价格，以便在议价之前，绝对讨价加以适当的还价。

（3）请报价厂商提供成本分析表或报价单。为了确定物品或劳务能真正符合卖方的需求，应请卖方提供报价单，以便详细核对内容，拟购项目如果有增减，也可以根据报价单重新核算价格。交货时，也应有客观的验收标准。对于巨额的定制品等，另请卖方提供详细的成本分析表，以了解报价是否合理。

（4）审查、比较报价内容。在议价之前，采购人员审查报价单的内容有无错误，避免造成将来交货的纷争，将不同供应商的报价基础加以统一，以免发生不公平的现象。

（5）了解优惠条件。供应商对长期交易的客户会提供数量折扣；对于能以现金支付的货款，享有现金折扣；对于整批机器的定购，附赠备用零件或免费安装。因此，采购人员应该掌握这些优惠条件的情报，以便于将来的谈判议价。

2. 谈判地点和时间的选择

（1）谈判地点的选择。关于谈判地点的选择，通常不外乎3种情况，在采购方企业所在地，在对方企业所在地，既不在采购方企业也不在对方企业的所在地的其他地方，这三种不同地点的选择各有利弊。

① 谈判地点选在采购方企业所在地的优点是：环境熟悉，不会给采购谈判人员造成心理压力，有利于以放松、平和的心态参加谈判；查找资料和邀请有关专家比较方便，可以随时向本企业决策者报告谈判进展；同时由于地利人和等因素，可以给对方谈判人员带来一定的心理压力。缺点是：易受本企业各种相关人员及相关因素的干扰，而且也少不了复杂的接待工作。

② 谈判地点选在对方企业所在地的优点是：采购方谈判人员可以少受外界因素打扰而以全部精力投入到谈判工作；可以与对方企业决策者直接交换意见，可以使对方谈判人员无法借口无权决定而拖延时间，同时也省去了许多繁杂的接待工作。缺点是：环境不熟悉，易有压力；因临时需要不方便查找资料和邀请有关专家。

③ 谈判地点选在其他地方对双方企业来讲都比较公平，谈判可以不受外界因素打扰，保密性强；但对双方来讲，查找信息和请示领导都多有不便，各项费用支出较高。

（2）谈判时间的选择。谈判时间一般都在白天，这时双方谈判人员都能以充沛的精力投入到谈判中，头脑清醒，应对自如，不犯或少犯错误。

3. 谈判人员的选择

谈判人员选择对于一次采购谈判的成功与否的重要性是不言而喻的。有的采购谈判可能因为规模小，目标单一明确，仅需要1~2名谈判人员；而有的采购谈判可能因为规模大，情况复杂，目标多元化而需要由多个谈判人员组成的谈判小组。但不管谈判人员的多少，一些谈判人员基本素质的共同要求是相同的。这些共同要求包括：谈判人员应具有良好的自控与应变能力、观察与思考能力、迅捷的反应能力、敏锐的洞察能力,甚至有时是经过多次采购谈判而无形之中形成的直觉。此外,采购人员还应具有平和的心态、沉稳的心理素质,以及大方的言谈举止。

对于必须组成谈判小组来说,其组成规模要适当,依据实际情况而定,应该遵循的原则就是保持精干高效。采购谈判小组除了一名具有丰富的谈判实践经验、高明的组织协调能力的组长之外,还需要财务、法律、技术等各个方面的专家。在性格和谈判风格上,小组成员应该是"进攻型"和"防御型"两类人员优势互补,从而使谈判取得最佳效果。

4. 谈判方式的选择

采购谈判方式可以简单分为两大类:面对面的会谈及其他方式。面对面的会谈又可以分为正式的场内会谈和非正式的场外会谈;其他谈判方式包括采用信函、电话、电报、电传、互联网方式。

1) 面对面的会谈

相对于其他方式,面对面的会谈能较多地增加双方谈判人员的接触机会,增进彼此之间的了解,从而更能洞悉对方谈判人员的谈判能力、谈判风格,给谈判人员充分施展各种策略技巧留下了很大空间。尤其是非正式的场外会谈,可以营造轻松的气氛,缓和正式谈判的紧张气氛。但是,这种谈判方式对谈判人员的个人素质有较高的要求;同时费用较高,该方式较适用于大宗贸易和想与对方长期合作关系的谈判活动。

2) 其他方式的谈判

在其他谈判方式中,把利用信函、电报、电传进行的谈判称为书面的谈判。书面谈判有助于传递详细确切的信息,且没有不必要的干扰。采用该种形式,谈判双方可以充分的时间去考虑谈判条件合适与否,便于慎重决策。电话谈判也可以用来获取某些信息,提高效率,费用较少。但是,无论是书面谈判还是电话谈判,都没有视觉交流,可能引起误解。

6.2.2 正式谈判

1. 摸底阶段

在正式谈判开始前,双方主要任务是相互摸底,希望知道对方的谈判目标底线,所以在该阶段说话往往非常谨慎,通常以介绍自己的来意、谈判人员的情况(姓名、职务、分工等)、本企业的历史、产品的有关情况等为主,并倾听对方的意见和观察其反应。在该阶段,价格这一敏感问题往往先不在谈话中涉及,而是在倾听对方意见之后,再来决定。另外,该阶段切忌只是自己一方喋喋不休地讲话,要遵循采购原则中"多听、多看、少说"的原则,给对方讲话的机会。

2. 询价阶段

价格是采购谈判的敏感问题,也是谈判最关键的环节,在该阶段要考虑的问题是:谁先开价、如何开价、对方开价后如何还价等问题。

3. 磋商阶段

在询价后,谈判就进入了艰难的磋商阶段,双方都已经知道了对方的初始报价,所以在磋商阶段主要是双方彼此讨价还价，尽力为己方争取更多利益的阶段。而初始报价已经表明了双方分歧的差距，要为己方争取到更多的利益，就必须判断对方为何如此报价，他们的真实意图是什么，可以通过一系列审慎的询问来获得信息，比如这一报价和购买数量的关系，有没有包括运费、零配件费用和其他费用在内等，但是，在该阶段，不适宜马上对对方的回答予以评论或反驳。

分歧在谈判中被重视是自然的，也是正常的。分歧的类型有3种：①由于误解而造成的分歧，主要在于未能进行充分和有效的沟通所造成的。比如在表达己方的意见时，未能阐述清楚，在对方报价时没有解释报价的依据等。②处于策略的考虑而人为造成的分歧。比如双方为了讨价还价以达到自己满意的价格的需要，开始报价的时候就报得很高或很低。③双方立场相差很远而形成的真正的分歧。比如购买方的价格底线差距很大，在通过多次磋商仍不能取得一致。

4. 设法消除分歧

在明确了分歧类型和产生的原因之后，就要想办法消除双方之间的分歧。对由于误解而造成的分歧，通过加强沟通、增进了解，一般是可以消除的；出于策略的考虑而人为造成的分歧和双方立场相差很远而形成的真正的分歧，其消除是非常困难和漫长的，需要高明的策略和技巧。

5. 成交阶段

经过磋商之后，双方的分歧得到了解决，就进入成交阶段。在该阶段，谈判人员应将意见已经一致的方面进行归纳和总结，并办理成交的手续或起草成交协议文件。

6.2.3 检查确认阶段

检查确认阶段是谈判的最后阶段，在该阶段主要做好以下工作。

（1）检查成交协议文本。应该对文本进行一次详细的检查，尤其是对关键的词、句子和数字的检查一定要仔细认真。一般应该采用统一的经过公司法律顾问审定的标准格式文本，如合同书、订货单等。对大宗或成套项目交易，其最后文本一定要经过公司法律顾问的审核。

（2）签字认可。经过检查审核之后，由谈判小组长或谈判人员进行签字并加盖公章，予以认可。

（3）小额交易的处理。对小额交易直接进行交易，在检查确认阶段，应主要做好货款的结算和产品的检查移交工作。

（4）礼貌道别。无论是什么样的谈判及谈判的结果如何，双方都应该诚恳地感谢对方并礼貌道别，这有利于建立长期的合作关系。

6.3 采购谈判的策略与技巧

6.3.1 采购谈判的策略

在采购谈判中，为了使谈判能够顺利进行并取得成功，谈判者应擅于灵活运用一些谈判策略和技巧，谈判策略是指谈判人员通过哪种方法达到预期的谈判目标，而谈判技巧则是指谈判人员采用什么具体行动执行谈判策略。在实际工作中，应根据不同的谈判内容、谈判目标、谈判对手等个体情况，选用不同的谈判策略与技巧。

1. 投石问路策略

所谓投石问路策略，就是在采购谈判中，当买方对卖方的商业习惯或有关诸如产品成本、价格方面不太了解时，买方主动地摆出各种问题，并引导对方去做较为全面的回答，然后，从中获得有用的信息资料。该策略一方面，可以达到尊重对方的目的，使对方感觉到自己是谈判的主角和中心；另一方面，自己又可以摸清对方底细，争得主动。

2. 避免争论策略

在谈判中，当不同意对方意见时，切忌直接提出自己的否定意见。这样会使对方在心理上产生抵触情绪，反而千方百计地维护自己的观点。如果有不同意见，最好的方法是先统一对方的意见，然后再做探索性的提议。分歧产生之后谈判无法进行，应立即休会。如果在洽谈中，某个问题成了绊脚石，使洽谈无法进行下去，双方为了捍卫自己的原则和利益，就会各持己见，互不相让，使谈判陷入僵局，休会的策略为那些固执己见型谈判者提供了请示上级的机会；同时，也为自己创造了养精蓄锐的机会。

3. 情感沟通策略

如果与对方直接谈判的希望不大，就应该采取迂回的策略。所谓迂回策略，就是要先通过其他途径接近对方，彼此了解，联络感情。在沟通情感后，再进行谈判，人都是具有感情的，满足人的情感和欲望是人的一种基本需要。因此，在谈判中利用感情因素去影响对方是一种可取的策略。

灵活运用该策略的方法很多，可以有意识地利用空闲时间，主动与谈判对手聊天、娱乐、谈论对方感兴趣的问题；也可以赠小礼品，请客吃饭，提供交通住宿的方便；还可以通过帮助解决一些私人的问题，从而达到增进了解、联络感情、建立友谊的目的，从侧面促进了谈判顺利进行。

4. 货比三家策略

在采购某种商品时，企业往往选择几个供应商进行比较分析，最后择优签订供销合约。这种情况在实际工作中非常常见，我们把采购商的这种做法称为"货比三家策略"。

在采用该策略时，企业首先选择几家生产同类型己方所需产品的供应商，并向对方提供自己的谈判内容和谈判条件等。同时也要求对方在限定的时间内提供产品样品、产品的性能等相关资料，然后，依据资料比较分析卖方在谈判态度、交易条件、经营能力、产品性价比等方面的差异，最终选择其中的一家供应商与其签订合同。

另外，在运用该策略时，买方应注意选择实力相当的供应商进行比较，以增加可比性和提高签约效率，从而更好地维护己方的谈判利益；同时，买方还应以平等的原则对待所选择的供应商，以严肃、科学、实事求是的态度比较分析各方的总体情况，从而寻找企业的最佳合作伙伴。

5. 声东击西策略

声东击西策略是指我方为达到某种目的，有意识地将洽谈的议题引导到无关紧要的问题上故作声势，转移对方的注意力，以求实现自己的谈判目标。具体做法是在无关紧要的事情上纠缠不休，或在不成问题的问题上大做文章，以分散对方对自己真正要解决的问题上的注意力，从而在对方无警觉的情况下，顺利实现自己的谈判意图。例如，对方最关心的问题是价格问题，而我方最关心的问题是交货时间，这时，谈判的焦点不要直接放到价格和交货时间上，而是放在价格和运输方式上。在讨价还价时，我方可以在运输方式上让步，而作为双方让步的交换条件，要求对方在交货时间上让步。这样，对方感到了满意，我方的目的也达到了。

6. 最后通牒策略

处于被动地位的谈判者，总有希望谈判成功达成协议的心理。当谈判双方各持己见，争执不下时，处于主动地位的一方可以利用这一心理，提出解决问题的最后期限和解决条件，期限是一种时间性通牒，它可以使对方感到如不迅速决定，他会失去机会。因为从心理学角度讲，人们对得到的东西并不珍惜，而对要失去的本来在他看来并不重要的某种东西，却一下子变得很有价值，在谈判中采用最后通牒策略就是借助人的这种心理定势来发挥作用的。

最后通牒既给对方造成压力，又给对方一定时间考虑，随着最后期限的到来，对方的焦虑会与日俱增。因为谈判不成功损失最大的还是自己，因而，最后期限的压力，迫使人们快速做出决策。一旦他们接受了这个最后期限，交易就会很快顺利地结束。

7. 其他谈判策略

除以上介绍的谈判策略和方法以外，在实际谈判活动中，还有许多策略可以采用，多听少讲策略、先苦后甜策略、讨价还价策略、欲擒故纵策略、以退为进策略等。

总之，只要谈判人员善于总结，善于观察，并理论结合实际，就能创造出更多更好的适合自身的谈判策略，并灵活使用它们，以指导实际谈判。

6.3.2 采购谈判的开局技巧

采购谈判的过程是采购人员与供应商智慧较量的过程，谈判中如不掌握一些策略和技巧，很可能会在无形中自己为自己制造障碍，甚至造成供应商的误解，致使谈判工作陷入被动。谈判开局对整个谈判过程起着相当重要的影响和制约作用，可以说，控制谈判开局，在某种程度上等于控制住了谈判对手。要着重围绕以下几个方面制定谈判开局策略。

1. 营造开局气氛

谈判开局气氛是出现于谈判开局阶段的气氛或情势。谈判开局气氛是由参与谈判的所有谈判者的情绪、态度与行为共同构成的，任何谈判个体的情绪、思维都要受到谈判开局气氛的影响。因此，营造一种有利的谈判开局气氛，从而控制谈判开局，控制谈判对手，就成为谈判开局阶段实施的一种有效策略。

开局气氛的营造又分为高调气氛、低调气氛和自然气氛3种情形。谈判气氛也不是一成不变的。在谈判中，谈判人员可以根据需要来营造适合于自己的谈判气氛。但是，谈判气氛的形成并非完全是人为因素的结果，客观条件也会对谈判气氛有重要影响，如节假日、天气情况和突发事件等。因此，营造气氛时，还要注意客观因素的影响。

2. 制定开局策略

谈判开局策略是谈判者谋求在谈判开局中的有利地位，实现对谈判开局的控制，而采取的行动方式或手段。基本的谈判开局策略包括：协商式开局策略、保留式开局策略、坦诚式开局策略和进攻式开局策略。

一般来讲，采购活动谈判，要尽量采用协商式、保留式、坦诚式开局策略，少用进攻式开局策略。

3. 引起注意与兴趣

引起谈判对方的注意与兴趣，这是在谈判开局阶段致使谈判顺利深入下去的"润滑剂"。要引起供应商的兴趣，首先，应该了解供应商的"兴趣点"，即什么是对方最关心的问题。其次，还要了解供方主谈者的性格，这样才能做到"对症下药"，针对不同的对手采取不同的方法。引起注意与兴趣常用的有4种方法，即夸张法、竞争法、胁迫法和利益诱惑法。

4. 寻求合作基础

一位供应商，对供货意向的注意点或兴趣点都各不相同。在采购谈判中，要针对个人不同的兴趣点，投其所好，有针对性地与之对接、洽谈，从而找到双方合作的基础，才能取得合作的成功。

6.3.3 谈判过程的技术技巧

在采购谈判中，采购人员应当根据不同的谈判内容、谈判目标和谈判对手等具体情况，运用不同的谈判技巧和战术，以推进谈判的进程，使之取得圆满的结果。在实践中，有以下一些常用的采购谈判技巧。

1. 适时反击

反击能否成功，就要看提出反击的时间是否掌握得准确。反击只有在对方以"恐怖战术"来要挟你时方能使用，所以，它也可以说是一种以退为进的防卫战。反击正是所谓的"借力使力"，就是利用对方的力量，再加上自己的力量，发挥"相乘效果"，一举获得成功。另外要注意的是，使用反击法时，如果对方不认为你是个"言行一致"的人，那效果就要大打折扣了。

2. 攻击要塞

谈判对手不止一人时，实际上握有最后决定权的，不过是其中一人而已。在此，姑且称此人为"对方首脑"，称其余的谈判副将为"对方组员"。"对方首脑"是我们在谈判中需要特别留意的人物，但也不可因此而忽略了"对方组员"的存在。

当你无法说服"对方首脑"时，就要另辟蹊径，把攻击的矛头指向"对方组员"。这正如古代的攻城略地一般，只要先拿下城外的要塞，就可以长驱直入了。

3. "白脸"和"黑脸"

要使用"白脸"和"黑脸"战术，就需要有两名谈判者，两名谈判者不可以一同出席第一回合的谈判。两人一块儿出席，如果其中一人留给对方不良印象，必然会影响其对另一人的观感,这对第二回合的谈判来说,是十分不利的。

第一位出现的谈判者唱的就是"黑脸",他的责任,在激起对方"这个人不好惹"、"碰到这种谈判的对手真是倒了八辈子霉"的反应;而第二位谈判者唱的是"白脸",也就是扮演"和平天使"的角色,使对方产生"总算松了一口气"的感觉。就这样,二者交替出现,轮番上阵,直到谈判达到目的为止。"白脸"与"黑脸"战术的功效是源自第一位谈判者与第二位谈判者的"联线作业"上。第二位谈判者就是要利用对方对第一位谈判者所产生的不良印象,继续其"承前启后"的工作。第一位谈判的"表演"若未成功,第二位谈判者自然也就没戏可唱了。

4. "转折"为先

"不过……"这个"不过",是经常被使用的一种说话技巧,它具有诱导对方回答问题的作用。在日常用语中,与"不过"同义的,还有"但是"、"然而"、"虽然如此"等,以这些转折词作为提出质问时的"前导",会使对方较容易作答,而且又不致引起其反感。

5. 文件战术

在谈判时若要使用"文件战术",那么,所携带的各种文件资料,一定要与谈判本身有关。如果带了大批与谈判无关的资料前去谈判,一旦被发现,谈判信用便将破产,而谈判信用一旦失去,便将再难挽回,也无法弥补了。

参加任何谈判,都要留意自己所使用的战术或技巧是否适用于谈判的内容,这是非常重要的。所使用的战术或技巧要是不够高明、不适合于谈判内容,都将使谈判难以顺利地展开。

 小贴士

在对方的阵营中谈判时,除了必要的,及在谈判中将使用到的文件资料外,最好什么都不要携带。这么做,除了乐得轻松及不致让对方起疑外,对信用的提升,也有无形的帮助;而信用,正是谈判成功的关键所在。

6. 期限效果

从统计数字来看,谈判人员可以发现,有很多谈判,尤其较复杂的谈判,都是在谈判期限即将截止前才达成协议的。不过,未设定期限的谈判也为数不少。

谈判若设有期限,那么,除非期限已到,不然谈判者是不会感觉到什么压力存在的;所谓"不见棺材不落泪"就是这种道理。谈判对手或许会在有意无意中透露一个"截止谈判"的期限,譬如"我必须在一个小时内赶到机场"。在这种情况下,你只需慢慢地等,等着那"最后一刻"的到来即可。当距离飞机起飞或开会的时间越来越近,对方的紧张不安想必也越来越严重,甚至巴不得双方就在一秒钟内达成协议。此时此刻,你就可以慢条斯理地提出种种要求。

 小贴士

在谈判时,不论提出"截止期限"要求的是哪一方,期限一旦决定,就不可轻易更改。所以,无论如何,你都必须倾注全力,在期限内完成所有准备工作,以免受到期限的压力。如果对方提出了不合理的期限,只要你提出异议,期限即可获得延长。

7. 调整议题

有时谈判双方或单方会急于获得某种程度的协议。譬如，你想买进对方所持有的某种颇具影响力的资产，那么，为了使"换挡"的技术在谈判中发挥效果，最重要的就是不让对方察觉到你的意图。你可以顾左右而言他，可以装作漠不关心的样子，也可以声东击西。总之，如果被对方察觉到你"购买欲极强"的意图，他必然会想尽办法来对付你，使你难遂所愿。

8. 打破僵局

谈判的内容通常牵连甚广，不止单纯的一项或两项。在某些大型的谈判中，最高纪录的议题便多达 70 项。当谈判内容包含多项议题时，可能有某些项目已谈出结果，某些项目却始终无法达成协议。这时可以这么"鼓励"对方，"看，许多问题都已解决，现在就剩这些了。如果不一并解决，那不就太可惜了吗？"这就是一种用来打开谈判僵局的说法，它看来虽稀松平常，实则却能发挥莫大的效用，所以值得作为谈判的利器，广泛地使用。牵涉多项讨论议题的谈判，更要特别留意议题的重要性及优先顺序。

9. 声东击西

该策略在于把对方的注意力集中在采购方不甚感兴趣的问题上，使对方增加满足感。具体的运用方法是，如果谈判人员认为对方最注重的是价格，而己方关心的是交货时间，那么进攻的方向，可以是付款条件问题，这样就可以把对方从两个主要议题上引开。这种策略如果能够运用得熟练，对方是很难反攻的。它可以成为影响谈判的积极因素，而不必负担任何风险。

10. 金蝉脱壳

当谈判人员发觉他正被迫做出远非他能接受的让步时，他会声明没有被授予达成这种协议的权力。这通常是谈判人员抵抗到最后时刻而亮出的一张"王牌"。这时双方都很清楚，这是为了不使谈判破裂。

然而，如果用直截了当的方式使用"职权有限"，该策略还是有危险性的。因为，为使谈判得以顺利进行，就要求双方共同以适当的速度朝着预期的方向努力，要求共同交换条件，共同得到满足，共同做出让步。

11. 欲擒故纵

在一个由两人组成的谈判小组中，其中一个成员在谈判的初期阶段起主导作用，另一个人在结尾阶段扮演主角。这样做的好处，在于洽谈开始时，小组某一成员（硬派）则保持沉默，寻找解决问题的办法，然后建议做出让步。这当然须在不会损害第一个主人的"面子"的原则下。这样做的不利之处，在于使谈判工作更加复杂化。因为按上述做法行事，两个谈判人员要密切配合，这是很费力的事情。

该策略是很难对付的。相应的反措施是：另一方应该放慢让步速度，不要很快就在持强硬态度的人面前让步；但是，当持温和态度的人上演主角时，若要使对方做出过分的让步是很困难的。

12. 缓兵之计

谈判进行了一段时间以后，可以休息 5~10 分钟。在休息期间，让双方走出会谈大厅，回顾谈判的进展情况，重新考虑自己，或者让头脑清醒一下再进入洽谈，这些都是有必要且有用的谈判策略。

一般情况下，休息的建议是会得到对方积极响应的。休息具有积极意义，它不仅有利于己方，对双方，对共同合作也十分有益。它使双方有机会重新计划甚至提出新的构想和方案，可以使双方在新的气氛下再聚一堂，使精力和注意力再度集中起来。

有人担心休息会有消极作用，担心会破坏刚才的谈判气氛，会使良好有效的谈判气氛受到干扰，或者会给对方改变方针的机会。其实，这种担心是多余的。

13．"假定……将会"策略

采取"假定……将会"的策略，目的是使谈判的形式不拘泥于固定的模式。比如，在谈判中，不断地提出以下种种问题："如果我再增加一倍的订货，价格会便宜一点吗？……如果我们自己检验产品质量，你们在技术上会有什么新的要求吗？"

在试探和提议阶段，这种发问的方法，不失为一种积极的方式，它将有助于双方为了共同的利益而选择最佳的成交途径。因此，该策略用在谈判开始时的一般性探底阶段，较为有效。

14．赤子之心

"赤子之心"是指向对方透露90%的情况。有些人认为，在谈判过程中，毫无保留无异于"自杀"，事实却不是如此。有的谈判人员的性格特别直爽和坦率，他们不但有与对方达成协议的能力，还能够不断地向对方提供情况，提出建设性意见。

这种性格很值得奖励，它能使对方与我方积极配合。因此，如果能够把"赤子之心"和"达成协议"的其他技巧联系起来使用，并使其发挥作用，这对双方都是有利的。

15．走为上策

当谈判小组长认为，双方需要在某种新环境中非正式地见面，用以鼓励为谈判建立一种信任和坦率的气氛的时候，也要采用这种策略。众所周知，交际场所充满了愉快的气氛。这种策略，对于双方重新建立一种合作精神是十分有帮助的，如果有足够时间、机会和新的建议，它能使大家意见合一。

该策略的价值在于：避开正式的谈判场所，把谈判转到轻松的环境中。当然，如果把全部谈判都搬到俱乐部来进行，也是不合时宜的。但只要小心谨慎，这不失为一个有效的策略。

6.3.4 谈判僵局处理的技巧

谈判僵局是指在商务谈判过程中，当双方对所谈问题的利益要求差距较大，各方又都不肯做出让步，导致双方因暂时不可调和的矛盾而形成对峙，而使谈判呈现出一种不进不退的僵持局面。谈判僵局之所以经常出现，其原因就在于来自不同的企业、不同的国家或地区的谈判者，在商务谈判中，双方观点、立场的交锋是持续不断的；当利益冲突变得不可调和时，僵局便出现，从而影响谈判协议的达成。

因此，当僵局出现以后，必须进行迅速的处理，否则就会对谈判顺利进行产生影响。具体来说，打破谈判僵局主要有以下几个策略。

1. 用语言鼓励对方打破僵局

当谈判出现僵局时，你可以用话语鼓励对方。

对于牵涉多项讨论议题的谈判，更要注意打破存在的僵局。如在一场包含六项议题的谈判中，有四项是重要议题，其余两项是次要议题。现在假设四项重要议题中已有三项获得协议，只剩下一项重要议题和两项小问题了，那么，针对僵局，你可以这样告诉对方："四个难题已解决了三个，剩下一个如果也能一并解决，其他一些小问题就好办了，让我们再继续努力，好好讨论唯一的难题吧！如果就这样放弃了，前面的工作就都白做了，大家都会觉得遗憾的！"听你这么说，对方多半会同意继续谈判，这样僵局就自然化解了。

叙述旧情，强调双方的共同点。就是通过回顾双方以往的合作历史，强调和突出共同点和合作的成果，以此来削弱彼此的对立情绪，以达到打破僵局的目的。

2. 采取横向式的谈判打破僵局

当谈判陷入僵局，经过协商而毫无进展，双方的情绪均处于低潮时，可以采用避开该话题的办法，换一个新的话题与对方谈判，以等待高潮的到来。横向谈判是回避低潮的常用方法。由于话题和利益间的关联性，当其他话题取得成功时，再回来谈陷入僵局的话题，便会比以前容易得多。

把谈判的面撒开，先撇开争议的问题，再谈另一个问题，而不是盯住一个问题不放，不谈妥誓不罢休。例如：在价格问题上双方互不相让，僵住了，可以先暂时搁置一旁，改谈交货期、付款方式等其他问题。如果在这些议题上对方感到满意了，再重新回过头来讨论价格问题，阻力就会小一些，商量的余地也就更大些，从而弥合分歧，使谈判出现新的转机。

3. 寻找替代的方法打破僵局

条条大路通罗马，在商务谈判上也是如此。谈判中一般存在多种可以满足双方利益的方案，而谈判人员经常简单地采用某一种方案，而当这种方案不能为双方同时接受时，僵局就会形成。

在谈判中，双方原来坚持的立场都是合理的，而当双方越过所坚持的立场，而去寻找潜在的共同利益时，就能找到许多符合双方利益的方案，僵局就可以突破。商务谈判不可能总是一帆风顺的，双方磕磕碰碰是很正常的事，这时，谁能创造性地提出可供选择的方案，既能有效地维护自身的利益，又能兼顾对方的利益要求——谁就掌握了谈判的主动权。

同时也可以对一个方案中的某一部分采用以下不同的替代方法。

（1）另选商议的时间。例如，彼此再约定好重新商议的时间，以便讨论较难解决的问题。因为到那时也许会有更多的资料和更充分的理由。

（2）改变售后服务的方式。例如，建议减少某些烦琐的手续，以保证日后的服务。

（3）改变承担风险的方式、时限和程度。在交易的所得所失不明确的情况下，不应该讨论分担的问题，否则只会导致争论不休。同时，如何分享未来的损失或者利益，可能会使双方找到利益的平衡点。

(4) 改变交易的形态。使互相争利的情况改变为同心协力、共同努力的团体。让交易双方老板、工程师、技工彼此联系，互相影响，共同谋求解决的办法。

(5) 改变付款的方式和时限。在成交的总金额不变的情况下，加大定金，缩短付款时限，或者采用其他不同的付款方式。

4. 运用休会策略打破僵局

休会策略是谈判人员为控制、调节谈判进程，缓和谈判气氛，打破谈判僵局而经常采用的一种基本策略。它不仅是谈判人员为了恢复体力、精力的一种生理需求，而且是谈判人员调节情绪、控制谈判过程、缓和谈判气氛、融洽双方关系的一种策略技巧。

谈判中，双方因观点产生差异、出现分歧是常有的事，如果各持己见、互不妥协，往往会出现僵持严重以致谈判无法继续的局面。这时，如果继续进行谈判，双方的思想还沉浸在刚才的紧张气氛中，结果往往是徒劳无益，有时甚至适得其反，导致以前的成果付诸东流。因此，比较好的做法就是休会，因为这时双方都需要找到时间进行思索，使双方有机会冷静下来，或者每一方的谈判成员之间需要停下来，客观地分析形势、统一认识、商量对策。

5. 利用中间人调停打破僵局

当谈判双方严重对峙而陷入僵局时，双方信息沟通就会严重障碍，互不信任，互相存有偏见甚至敌意，有些谈判务必取得成果，而不能用中止或破裂结束，如索赔谈判，这时由第三者出面斡旋可以为双方保全面子，使双方感到公平，信息交流可以畅通起来。中间人在充分听取各方解释、申辩的基础上，能很明显发现双方冲突的焦点，分析其背后所隐含的利益分歧，据此寻求这种分歧的途径。

商务谈判中的中间人主要是由谈判者自己挑选的。其所确定的斡旋者应该是为对方所熟识，为对方所接受的，否则就很难发挥其应有的作用。

6. 更换谈判人员或者由领导出面打破僵局

谈判中出现了僵局，并非都是双方利益的冲突，有时可能是谈判人员本身的因素造成的。双方谈判人员如果互相产生成见，特别是主要谈判人员，在争议问题时，对他方人格进行攻击，伤害了一方或双方人员的自尊心，必然引起对方的怒气，会谈就很难继续进行下去，使谈判陷入僵局。

类似这种由于谈判人员的性格、年龄、知识水平、生活背景、民族习惯、随便许诺、随意违约、好表现自己、对专业问题缺乏认识等因素造成的僵局，虽经多方努力仍无效果时，可以征得对方同意，及时更换谈判人员，消除不和谐因素，缓和气氛，就可能轻而易举地打破僵局，保持与对方的友好合作关系。

7. 从对方的漏洞中借题发挥打破僵局

在一些特定的形势下，抓住对方的漏洞，小题大做，会给对方一个措手不及。这对于突破谈判僵局会起到意想不到的效果，这就是所谓的从对方的漏洞中借题发挥。该策略有时被看做是一种无事生非、有伤感情的做法。

然而，对于谈判对方某些人的不合作态度或试图恃强凌弱的做法，运用从对方的漏洞中借题发挥的方法做出反击，往往可以有效地使对方有所收敛。相反，不这样做反而会招致对方变本加厉的进攻,从而使我们在谈判中进一步陷入被动局面。事实上,当对方不是故意地在为难我们,而我方又不便直截了当地提出来时,采用这种旁敲侧击的做法,往往可以使对方知错就改、主动合作。

8. 利用"一揽子"交易打破僵局

所谓"一揽子"交易,即向对方提出谈判方案时,好坏条件搭配在一起,像卖"三明治"一样,要卖一起卖,要同意一齐同意。往往有这种情况,卖方在报价里包含了可让与不可让的条件。所以向他还价时,可采用把高档与低档的价加在一起还的做法。如把设备、备件、配套件三类价均分出 A、B、C 3 个方案,这样报价时即可获得不同的利润指标。在价格谈判时,卖方应视谈判气氛、对方心理再妥协让步。

作为还价的人也应同样如此,即把对方货物分成三档价,还价时取设备的 A 档价、备件 B 档价、配套 C 档价,而不是都为 A 档价或 B 档价。这着棋的优点在于有吸引力,具有平衡性,对方易于接受,可以起突破僵局的作用。

9. 有效退让打破僵局

达到谈判目的途径是多种多样的,谈判结果所体现的利益也是多方面的,有时谈判双方对某一方面的利益分割僵持不下,就轻易地让谈判破裂,这实在是不明智的。他们没有想到,其实只要在某些问题上稍作让步,而在另一些方面就能争取更好条件。

就拿从国外购买设备的合作谈判来看,有些谈判者常常因价格分歧,而不得不不欢而散,至于诸如设备功能、交货时间、运输条件、付款方式等尚未涉及,就匆匆地退出了谈判。事实上,购货一方有时可以考虑接受稍高的价格,然而在购货条件方面,就更有理由向对方提出更多的要求,如增加若干功能,或缩短交货期,或除在规定的年限内提供免费维修外还要保证在更长时间内免费提供易耗品,或分期付款等。

10. 适当馈赠打破僵局

谈判者在相互交往的过程中,适当地互赠礼品,会对增进双方的友谊、沟通双方的感情起到一定的作用,也是普通的社交礼仪。西方学者幽默地称为"润滑策略"。每一个精明的谈判者都知道:给予对方热情的接待、良好的照顾和服务,对于谈判往往产生重大的影响。

 小贴士

所谓适当馈赠,就是说馈赠要讲究艺术,一是要注意对方的习俗;二是防止有贿赂之嫌。有些企业为了达到自身的利益乃至企业领导人、业务人员自己的利益,在谈判中把送礼这一社交礼仪改变了性质,使之等同于贿赂,不惜触犯法律,这是错误的。所以,馈赠礼物是要在社交范围之内的普通礼物,突出"礼轻情意重"的礼仪规范。

11. 场外沟通打破僵局

谈判会场外沟通亦称"场外交易"、"会下交易"等。它是一种非正式谈判,双方可以无拘无束地交换意见,达到沟通、消除障碍、避免出现僵局的目的。对于正式谈判出现的僵局,同样可以用场外沟通的途径直接进行解释,消除隔阂。

12. 以硬碰硬打破僵局

当对方通过制造僵局，给你施加太大压力时，妥协退让已无法满足对方的欲望，应采用以硬碰硬的办法向对方反击，让对方自动放弃过高要求。如揭露对方制造僵局的用心，让对方自己放弃所要求的条件。

谈判陷入僵局时，如果双方的利益差距在合理限度内，即可明确地表明自己已无退路，希望对方能让步，否则情愿接受谈判破裂的结局。前提是：双方利益要求的差距不超过合理限度。

只有在这种情况下，对方才有可能忍痛割舍部分期望利益、委曲求全，使谈判继续进行下去；相反，如果双方利益的差距太大，只靠对方单方面的努力与让步根本无法弥补差距时，就不能采用该策略，否则就只能使谈判破裂。

商务谈判僵局处理的成功与否，从根本上来讲，要取决于谈判人员的经验、直觉，以及应变能力等综合素质。从这种意义上讲，僵局突破是谈判的科学性与艺术性相结合的产物。在具体谈判中，最终采用哪种策略应该由谈判人员根据当时当地的谈判背景与形势来决定。

6.3.5 采购议价的技术技巧

议价（Negotiated Price），是指买卖双方根据国家的有关规定和市场供求状况议定价格的过程。身为采购人员必须提升议价的谈判能力，方可达到使卖方获得合理利润，使买方获得降低成本的双赢效果。下面就从3种不同情况分别介绍谈判议价技巧。

1. 买方占优势的议价技巧

在买方占优势的情况下，供应商彼此竞争激烈，买方如何"因势利导"，可运用以下压迫式议价技巧。

1) 借刀杀人

通常询价之后，可能有3～7个供应商报价。所谓"借刀杀人"是指从报价并非最低者开始。如果时间有限，先找比价结果排行第三低者来议价，探知其降低的限度后，再找第二者来议价，经过这两次议价，"底价"就可浮现出来。

如果此"底价"比原来报价最低者还低，表示第三、第二低者承做的意愿相当高，则可再找原来报价最低者来议价。以前述第三、第二者降价后的"底价"，要求最低者降至"底价"以下来承做，达到"借刀杀人"的目的。

"借刀杀人"达到合理的降价目的后，应见好就收，免得造成报价供应商之间"割颈竞争"（Cut-throat Competition）以致延误采购时效。

2) 过关斩将

通常供应商不会自动降价，采购人员必须据理力争，但是供应商的降价意愿与幅度，视议价的对象而定。如果采购人员对议价的结果不太满意，此时应求上级主管来和供应商（业务员）议价，当买方提高议价的层次，卖方有受到敬重的感觉，可能同意提高降价的幅度。

3) 化整为零

采购人员为获得最合理的价格，必须深入了解供应商的"底价"。如果能要求供应商提供详细的成本分析表,则"杀价"才不至于发生错误。因为真正的成本或底价,只有供应商心里明白,任凭采购人员乱砍乱杀,最后恐怕还是无法取得效果。

因此,特别是拟购的物品是由几个不同的零件组合或装配而成时,宜要求供应商"化整为零",列示各项零件并逐一报价,并另洽制造这些零件的专业厂商独立报价,以寻求最低的单项报价或总价作为议价的依据。

4) 压迫降价

在买方占优势的情况下,采购人员可以胁迫的方式要求供应商降低价格,而并不征询供应商的意见。这通常是在卖方处于产品销路欠佳,或竞争十分激烈,以致发生亏损或利润微薄的情况下,为改善其获利能力而使出的杀手锏。在采取"压迫降价"时,必须注意切勿"杀鸡取卵",以免危害长期的供应商关系或激起对抗的行为。

2. 买方处劣势的议价技巧

在卖方占优势的情况下,特别是单一来源或独家代理,买方寻求突破议价困境需要掌握以下技巧。

1) 迂回战术

由于卖方占优势,正面议价通常效果不佳,采取迂回战术才能奏效。如某厂家从本地的总代理处购入某项化学品,发现价格竟比同类 X 公司贵,因此要求总代理说明原委,并比照售予同业的价格。未料总代理未能解释其中道理,也不愿意降价。因此,采购人员则委托总代理原厂国的某贸易商,先行在该国购入该项化学品,再运至广州。

此种转运安排虽然费用增加,但总成本还是比透过总代理购入的价格便宜。

2) 直捣黄龙

某单一来源的供应商或总代理对采购人员的议价要求置之不理时,若能摆脱总代理,寻求原厂的报价将是良策。某制鞋厂拟购缝纫机 7 部,经总代理报价后,虽然三番两次邀约前来议价,总是推三阻四不得要领,当采购人员查阅产品目录时,灵机一动,将目录上印有总代理名称、地址及电话的标签撕下,赫然发现国外原厂的通信地址。即时发送要求降价 12% 的传真给原厂,事实上只是存在姑且一试的心理,不料次日原厂回电同意降价 12%,使采购人员雀跃不已。

3) 哀兵姿态

在买方居于劣势下,由于买方没有能力与卖方议价,应以"哀兵"姿态争取卖方的同情与支持。以预算不足作借口,请求卖方同意在其有限的费用下,勉为其难地将货品卖给他,而达到减价的目的。

4) 釜底抽薪

为了避免卖方处于优势下攫取暴利,采购人员只好同意卖方有"合理"利润,否则胡乱杀价,仍然给予卖方可乘之机。因此,通常由买方要求提供所有成本资料,借以查核真实成本,然后加计合理的利润作为采购的价格。

3. 买卖双方势均力敌时的议价技巧

1) 欲擒故纵

由于买卖双方势力均衡,任何一方无法取胜,此时,买方应该设法掩藏购买的意愿;否则,若被卖方识破非买不可的处境,将使买方处于劣势。所以,此时买方应采取若即若离的姿态，以试探性的询价着手。若能判断卖方有强烈的销售意愿，再要求更低的价格，并做出不答应即行放弃或另行寻求其他来源的表示来达到降价的目的。

2）差额均摊

由于买卖双方议价的结果，存在差距，若双方各不相让，则交易失败。买方无法取得必需的商品，卖方丧失了谋利的机会，双方都是输家。因此，为了促成双方的交易，最好的方式就是采取"中庸"之道，即将双方议价的差额，各承担一半，结果双方都是赢家。

6.3.6 采购谈判的报价与还价技巧

1. 报价的技巧

在谈判中，报价不仅仅是在价格方面提出自己的想法，还泛指谈判双方在洽谈项目中的利益要求，也就是想要达到的目的。谈判双方在经过摸底，明确了具体内容和范围之后，提出各自的交易条件，表明自己的立场和利益。

谈判双方通过报价来表明自己的立场和利益要求。但是，任何一方在阐述自己要求的时候，都不会一下子就把自己的底价透露给对方，而总是要打个"埋伏"，给自己留下讨论协商、讨价还价的空间；或者以优于底价的条件成交；超过既定目标完成谈判；或者以不低于底价的条件成交，完成谈判的既定目标。所以报价是有技巧性的。

1）报价要果断

报价应该坚定、明确、完整，且不加任何解释和说明。开盘价的报价要坚定、果断，不保留任何余地，而且毫不犹豫。这样做能够给对方留下我方是认真而诚实的印象。要记住，任何欲言又止、吞吞吐吐的行为，必然会导致对方的不良感觉，甚至会产生不信任感。开盘报价明确、清晰而完整，可以使对方能够准确地了解我方的期望。实践证明，报价时含糊不清最容易使对方产生误解，从而扰乱己方所定步骤，对己不利。

报价时不要对己方所报价格做过多的说明和辩解，因为对方对我方报价的水分多少都会提出质疑的。如果在对方还没有提出问题之前，便主动加以说明，会提醒对方意识到我方最关心的问题，而这种问题有可能是对方尚未考虑过的问题。因此，有时过多的说明和解释，会使对方从中找出破绽或突破口，猛烈反击，甚至会使我方十分难堪，无法收场。

2）"低开"策略

"低开"策略也称为"开端"法，是指采购方先提出一个低于自己实际要求的谈判起点，试图首先去击败对手，然后再与其进行真正的谈判，迫使对方让步，达到自己的目的。

在谈判过程中应根据具体情况看能否运用"低开"策略，同时我们也要防止对手运用这一策略。如果在谈判的开始阶段，对方接受或提出一些违反常态的便宜要求，当确认对方有"低开"的嫌疑，就要采取一些破解方法要求对方预付定金。

（1）在洽谈未达成正式协议之前，不要拒绝其他谈判方。

（2）要求速战速决。

（3）先草签协议，把实质性问题定好。

（4）如果对方执迷于实施"低开策略"，则可提前点破他。

最重要的是，在谈判时不要低估对手，不要有轻易占小便宜的心理，要明白占小便宜有时会吃大亏。

3) 影子报价

影子报价是一方说谎或有意误导对方，例如买方可以告诉卖方说，他收到另一个供应商的报价，每单位低于 6 美元，如果卖方不对该价格做出相应的变动，说明他是不想和买方做生意了。卖方也可以使用这种方法，卖方可以通知买方，说另一买方准备以更高的价格采购这些物料（这些物料是稀缺的）。显然这是一个不道德的、冒险的策略，但如果对方担心丢掉这笔生意，就会在自己期望的成交位置做出相应的让步。反之，对方如果对这种威胁性的报价没有反应，就意味着自己的这一策略失效。

4) 探知临界价格

在谈判中厂家想知道供应商的最低出让价，供应商想知道厂家的最高接受价，以便判断出一个双方都接受的临界价格，所以要运用一些技巧从对方口中探听出来。下面的一些技巧能有效地帮助厂家准确地探知临界价格。

（1）假设试探。假设要购买更多或额外的东西价格是否能降低一些。

（2）低姿态试探。厂家先告诉供应商，他没有那么多钱来购买某些贵重的物料，但出于好奇想知道这些物料现在能值多少钱，没有防备的供应商会毫无保留地说出来。供应商可能没有想到厂家是真正存心要买这些物料的，不久就来议价了。

（3）派别人试探。先让另一个厂家出低价来试探供应商的反应，然后厂家才出现。

（4）规模购买试探。对于只卖少量物料的供应商，厂家可以提议成批购买。供应商会认为太荒谬，而说出许多不该说的话，使厂家知道供应商真正愿意接受哪个价格。

（5）低级购买试探。厂家先提出购买品质较差的物料，再设法以低价购买品质较好的物料。

（6）可怜试探。表现出对供应商的产品很感兴趣，但资金有限买不起，看供应商能否出个最低价。

（7）威胁试探。告诉供应商，要卖就是这个价，否则就算了。

（8）让步试探。厂家提议以让步来交换对方的让步，然后再以此为起点继续谈判。

（9）合买试探。厂家先问供应商两种物料多少钱，再问其中一种多少钱，然后以这个差价为基础确定另一种物料的价钱。

2. 还价技巧

在报价结束之后，双方就会进入讨价还价的胶着状态，开始一场价格和其他问题的拉锯战，这个过程是漫长而重要的，要求谈判者必须始终要保持谈判的高昂热情、冷静的头脑与灵敏的应变能力，当然还要掌握相应的还价技巧。

1) 还价要有弹性

在价格谈判中，还价要讲究弹性。对于采购人员来说，切忌不要漫天还价，乱还价格；也不要一开始就还出了最低价。前者让人觉得是在"光天化日下抢劫"，而后者却因失去弹性而处于被动，让人觉得有欠精明，使价格谈判毫无进展。

2) 化零为整

采购人员在还价时可以将价格集中开来、化零为整，这样可以在供应商心理上造成相对的价格昂贵感，以收到比用小数目进行报价更好的交易。

在报价时，不妨将价格换种说法，化零为整、化大为小，从心理上加重商品价格的昂贵感，给供应商造成很大的压力。这种报价方式的主要内容是换算成大单位的价格，加大计量单位。例如,"公斤"改为"吨","两"改为"公斤","月"改为"年","日"改为"月","小时"改为"天","秒"改为"小时"等。

3）过关斩将

所谓"过关斩将",即采购人员应善用上级主管的议价能力。通常供应商不会自动降价,采购人员必须据理力争,但是,供应商的降价意愿与幅度,视议价的对象而定。因此,采购人员对议价的结果不太满意,此时应要求上级主管来和供应商议价,当买方提高议价者的层次,卖方有受到敬重的感觉,可能同意提高降价的幅度。若采购金额巨大,采购人员甚至可进而请求更高层的主管(如采购经理,甚至副总经理或总经理)邀约卖方的业务主管(如业务经理等)面谈,或直接由买方的高层主管与对方的高层主管直接对话,此举通常效果不错。因为,高层主管不仅议价技巧与谈判能力高超,而且社会关系广及地位高,甚至与卖方的经营者有相互投资或事业合作的关系,因此,通常只要招呼一声,就可获得令人意想不到的议价效果。

4）压迫降价

压迫降价,是指买方占优势的情况下,以胁迫的方式要求供应商降低价格,并不征询供应商的意见。

这通常是在卖方处于产品销路欠佳,或竞争十分激烈,以致发生亏损和利润微薄的情况下,为改善其获利能力而使出的杀手锏。由于市场不景气,故供应商亦有存货积压,急于脱手产品换取周转资金的现象。因此,这时形成买方市场。采购人员通常采取企业的紧急措施,通知供应商自特定日期起降价若干;若原来的供应商缺乏配合意愿,就更换供应来源。当然,这种激烈的降价手段,会破坏供需双方的和谐关系;当市场好转时,原来委曲求全的供应商,不是"以牙还牙"抬高售价,就是另谋发展,供需关系难以维持良久。

5）敲山震虎

在价格谈判中,巧妙地暗示对方存在的危机,可以迫使对方降价。通过暗示对方不利的因素,从而使对方在价格问题上处于被动,有利于自己提出的价格获得认同,这就是该方法的技巧所在。但必须"点到为止",而且要给人一种"雪中送炭"的感觉,让供应商觉得并非是幸灾乐祸、趁火打劫,而是真心诚意地想合作、想给予帮助。当然这是有利于双方的,那么还价也就天经地义了。

6.4 物流采购渠道与时机的选择

6.4.1 物流采购渠道的选择概述

1. 概念

物流采购渠道是指与物流相关的各种社会产品的来源,即到哪里去采购物资,向谁去采购物资。由于物资来自国内生产、国外进口、国家储备,以及社会潜在物资的利用等若干方面,因此,市场采购必然反映出多渠道、多方面的特点。

2. 物流采购渠道的分类

（1）按分配方式的不同分类：①计划内物资分配渠道,即通过计划分配,企业获得物资资源的渠道；②计划外物资采购渠道，即计划分配以外的所有物资资源采购渠道。

随着我国社会主义市场经济的发展和完善，计划分配物资的品种和数量越来越少，而市场采购的物资则成为企业物资来源的主要渠道。

(2) 按所有制性质不同分类：①全民所有制企业采购渠道；②集体所有制企业采购渠道；③中外合资企业采购渠道；④中外合作企业采购渠道；⑤外商独资企业采购渠道；⑥国内私营企业采购渠道。其中全民所有制企业和集体所有制企业是主要渠道。

(3) 按物资的地区来源不同分类：①地产资源渠道，即本地区生产的物资进货渠道；②外区调入资源渠道，即由兄弟地区生产的物资，调入本地区作为采购对象时形成的采购渠道；③国外进口物资资源渠道，即由国家外汇进口，并调给本地区的物资资源和地方外汇进口的物资资源所形成采购对象时物资采购渠道。

(4) 按部门不同分类：①工农业生产部门的物资采购渠道；②国家储备拨入物资采购渠道；③国外进口物资采购渠道；④社会收购物资采购渠道。

3. 物流采购渠道的选择标准

随着我国社会主义市场经济的发展和完善，物流采购渠道已成为企业采购物资的主渠道。在进行物资采购时，应对各渠道进行充分了解，并结合企业自身的经营特点，对供应者进行对比分析和经济比较，从中对物流采购渠道进行选择。物流采购渠道的选择应按照以下标准。

(1) 产品质量合适。产品质量是实现产品功能的保证。如果质量过低，则会影响生产和销路，影响企业信誉，所以在采购前，必须首先对产品的质量进行考察。但如果产品的质量过高，或功能过于繁多，则会伴随着产品价格的提高，这往往是花费了一定的代价购买了产品不必要的功能。所以产品的质量应合适，而不是越高越好。

(2) 价格低。采购成本在很大程度上影响企业的经济效益。如果产品无法以合适的价格采购，就会直接影响到企业的经营。产品价格偏高，则经营成本偏高，就会直接影响到企业的利润和产品的销路。产品价格过低，则可能是产品质量过低，这样就会减弱所经营产品的市场竞争能力。需要说明的是，价格标准应结合其他标准，如运输条件、服务质量等因素一起进行综合评价。

(3) 费用省。选择采购单位时，要全面衡量运输费用、订购费用和储存费用等各项费用支出。有时某一项费用支出增加，会使某项费用支出减少，而其他费用增加。因此，应以总费用支出最少作为评价标准。在产品质量、价格等条件合适的前提下，就地就近选择采购单位，对节省运输费用和储存费用有很大好处，也便于加强同供应单位的联系。

(4) 交付及时。供应单位能否按商定的交货期限或交货条件组织供货，会直接影响到企业经营活动的连续性，因此它也是选择采购单位的一个重要标准。交货及时、信誉好的供货单位，自然是采购单位选择的重点对象。交货的及时性一般用合同完成率表示。

(5) 服务好。企业在采购物资及选择采购的单位时，还应比较供应单位所能提供的服务。例如，各种技术服务项目，方便采购者的措施，为采购者节省费用的措施等。

此外，对各个供应单位的生产能力、技术力量、成品储备能力、生产稳定性、管理水平等方面，也要进行比较，这样有助于在选择供应单位、掌握理想的采购渠道方面作出正确的决策。

6.4.2 物流采购渠道的选择原则

1. 系统原则

物流采购是企业经营活动的开始，它对企业的经营活动必将产生巨大的影响。系统的原则，要求把企业的经营活动看成一个整体，它是由许多相互联系、相互作用的因素系统来共同完成的。这就要求物流采购要以企业经营整个系统的总目标为核心，求得实现整体的最优化。

2. 量力而行的原则

物流采购既要考虑企业的外部环境，即市场变化的规律和未来市场的发展趋势，同时还必须考虑到企业内部条件，即企业所拥有的优势和劣势、经营因素和能力，并把两者结合起来，从实际出发，量力而行。物流采购就是要在两者之间进行平衡协调，使市场采购既切实可行，又有较好的经济效益。

3. 民主原则

企业物流采购往往十分复杂，影响因素多，牵涉面广。因而采购之前应倾听各方面的意见，集中群众智慧、经验，保证市场采购的正确性和可行性。

4. 讲究效益原则

讲究效益是企业经营的根本目的，只有重视采购的经济效益，才能保证企业效益的提高。物流采购的目标是要及时地组织适销对路的物资，满足供应任务的需要，最大限度地降低采购成本，增加利润，最终有利于提高经济效益。

5. 短渠道、少环节原则

能从生产厂商进货的，不要经过其他商业中间环节；能从产地批发企业进货的，不要从中转地或销地批发企业进货；在保证商品品种和数量的前提下，尽量就近进货，避免长距离运输。

6. 费用最省原则

从运输里程、流通环节、运输工具、在途时间上综合考虑，尽可能节约费用；选择环节最少、渠道最短、费用最省的采购渠道。

6.4.3 物流采购渠道的选择策略

商品采购渠道的选择要讲究策略，只有这样才能高质量地完成采购任务。

1. 直接短渠道策略

能向生产厂商进货的尽量向生产厂商进货；能减少中间环节的尽量减少中间环节，以降低采购成本。

2. 定向稳定渠道策略

对于企业要经常采购的物品，稳定的采购渠道，以保证货源和质量的稳定性，节约差旅费，维持企业正常的经营。

3. 多渠道策略

企业在采购时为了保证货源，除了有主渠道外，还可有辅助渠道，以应付突发性的需要，降低采购风险。

6.4.4 物流采购时机

合理地确定采购时间，不仅能确保企业商品供应不间断，更好地满足消费需求，而且能合理地控制商品的库存时间，从而减少商品的损耗，节省库存费用，不同商品的采购时间是不同的。

1. 一般商品

一般商品，也称常年性销售商品，即常年生产、常年销售的商品，它在销售上比较平稳，没有明显的淡旺季变化，如毛巾、肥皂等日用品及一些副食品。这些商品可采用采购点的方法来确定采购时间。

小贴士

采购点是指通过计算一个合理的商品库存，当商品库存量下降到确定的合理库存量时，即开始进货，是开始进货的库存量点。

当企业物品的库存至采购点时，就应该再次采购，等到下批物品到达时，原有周转库存正好用完，只剩下保险储备，如图 6.1 所示。

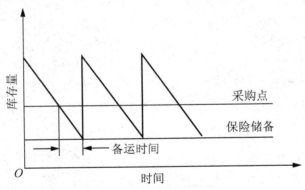

图 6.1 商品采购点示意图

注：备运时间是指从提出订单开始到物品验收入库为止的间隔时间。保险储备是指为防止物品不能按时到货或不能按时投入使用而建立的准备。

2. 特殊商品

特殊商品主要是指季节性商品和流行性商品。下面就针对这两部分商品分别进行介绍。

1) 季节性商品进货时机的确定

季节性商品主要是指消费有明显季节变化的商品，往往季节到来时，销售量猛增，达到最高峰，形成销售旺季；季节一过销售量则大幅度下降，形成销售淡季。

(1) 季节性的到来。造成商品销售季节性变化的原因很多，概括起来主要有以下几个方面。

① 购买力的季节性变化。消费者并不是什么时候都有资金，有时资金较多，购买商品的可能性就大些；当手中资金少时，购买的商品也就少。这种情况在农村市场尤为明显。农民只有在秋收后才有收入，而在其他时间收入很少。我国农业人口占绝大部分，从而造成购买力的季节性波动很突出。

② 节假日。我国有5 000多年的文明历史，流传下来许多传统的节假日，从而导致某一节日到来前，部分商品销售达到高峰，如中秋节的月饼，春节前的家电、食品等。

③ 商品本身消费的季节性。有些商品本身的消费具有季节性，如冬天的羽绒服、毛衣类服装等。

（2）采购时机的确定。采购时机的确定要科学地确定季节性商品的采购时机，必须明确两个基本概念：即销售旺季和消费旺季。销售旺季指的是某种商品销量最大的时期；而消费旺季指的是人们使用某种商品最多的时机。一般来讲，销售旺季比消费旺季来得早一些。很显然，采购时机应选择在消费旺季到来之前。

商品销售的淡旺季变化，在不同地区、不同商品上有所不同，但选择季节性商品的时间和数量的总要求是：节令前备足备齐，当令补档防脱，落令停止进货。

2）流行性商品采购时机的确定

流行性商品的特点是只在一定时期内形成一种"潮流"，流行期过后，这种商品便不会再具有市场，流行期商品虽具有周期的循环性，但商品的流行过程也有其自身的规律。流行过程可称作商品流行周期，是指商品从提倡到流行、直致消失的过程。

因为流行性商品在销售周期上所显示的不可循环的特征，所以商业企业在采购时要特别谨慎，掌握好采购时机，正确判断流行周期的各种阶段。在第一阶段可试探性地进货，在肯定了其流行趋势后，可大批量进货，抢走市场形成消费高潮之前销售。如果在第二阶段考虑进货，就应首先进行预测，其流行期较长，则可较大批量进货。

一般情况下，进货批量不可太大，防止积压。在第三阶段才考虑进货的企业，要特别慎重，尽量不再进货，而去发现新的"热点"。采购流行性商品是"宁做鸡头，不做凤尾"，因为它一旦过时，就会滞销，不会再有第二次流行期，企业将会蒙受损失。

3. 采购的调整

在对采购批量和采购时间的分析，都是在一定的前提条件下进行的。如假定供货资源不受限制，采购单位的储存能力不受限制等。在实际工作中，采购批量和采购时间受多种因素的影响。这就必须具体分析有关影响因素，对初步得到的采购批量和采购时间加以调整，使采购决策更切合实际，更经济合理。

6.4.5 采购时机的影响因素

1. 销售特点

对于均衡、连续的商品销售，采用定期采购的方法能取得良好效果。而对销售不均衡，或销售呈趋势形态，或各周期变动大的，定期采购较难适应。若采用定量采购，当满足不了需要时，就要加大采购批量；当实际商品消耗速度明显地大于或小于预测量时，也要加大或减少采购批量，提前或推迟采购时间来加以调整。

2. 储存能力限制

采购批量受储存能力或仓储作用能力的限制,尤其对要求特殊储存条件的商品更是如此。因而要按仓储能力的可能性来调整采购批量,减少各类商品同时集中进货,注意进货时间与发货时间的衔接配合,不仅使仓库能力得以充分利用,也能在很大程度上减少仓储能力对采购批量的限制。

3. 储备资金的限制

由于资金不足,有时不能按经济定购批量进货。在需要比较均衡的情况下,只能适当减少采购批量,但这会使采购储存总费用增加,因此,需要确定在允许的总费用增加范围内合理地采购批量。

6.4.6 供货单位条件的影响

1. 供货生产和供货特点

对供方批量轮番生产或生产有明显季节性的商品,供货往往呈现集中供货、季节性供货的特征,对这类商品,一般要加大采购批量。

2. 订货、发货限额

如果经济定购批量或定期采购的进货周期采购量低于供方规定的限额,一般要以限额为标准来调整采购批量或进货周期。

3. 折扣

在供方提供采购数量折扣时,如果折扣采购量(即享受折扣价格必须达到的采购数量)大于经济定购批量,采购单位就得决定是按原价订进经济批量还是按折扣价订进折扣采购量。

6.4.7 市场行情的影响

1. 供求动态

当市场资源趋于紧张时,一般要适当提前采购和进货,适当加大采购量,目的在于增加保险储备量,防止产生缺货。

2. 价格变动

当市场价格高于平均价格且预期会下跌时,可采用应急购买方式,即仅采购短期需要的商品,采购数量要比正常的采购数量少得多;相反时,可提前采购并增加采购数量。

6.4.8 运输因素的影响

1. 运输方式

运输速度和运价是选择运输方式的两个重要技术经济指标。对急需的商品,多选用运送速度快的方式,但往往运费较高,所以要减少采购数量;而对正常需要的商品,运输时间是在备运时间中考虑的，采用速度快的运输方式，备运时间短，采购时间可以晚一些。

2. 发运方式

不同商品的发运方式不同，其运费也不同，如铁路零担发运就比整车发运运费高得多。采用整车方式采购批量要大，当采购批量小于整车装载标准时，就得考虑是否加大采购批量用整车采购方式。

3. 运输季节性

由于运输季节性的影响而使进货也具有季节性的特征，因而相应地调整采购批量和采购时间。

本 章 小 结

本章详细介绍了采购谈判的含义、目的，讲述了采购谈判的基本原则，介绍了采购谈判的特点和主要内容，叙述了采购谈判的基本程序，着重介绍了采购谈判的策略与技巧以及应用。并根据采购实际，提出了采购谈判中议价的技巧。本章还介绍了渠道的选择概念、标准、分类和原则。

练 习

一、单项选择题

在每小题列出的四个备选项中只有一个是符合题目要求的，请将其代码填写在题中的括号内。

1. （　　）的前提是"任何基于强迫或诡辩的谈判都不会成功"。
   A. "三角"原则　　　　　　　　B. 合法原则
   C. 灵活原则　　　　　　　　　D. 相对满意原则
2. （　　）是了解供应商成本和价格的第二个重要因素。
   A. 供应商成本的构成　　　　　B. 理解行业的规范
   C. 制定目标价格　　　　　　　D. 充分的信任和合作
3. 下列选项不属于采购谈判组织的构成原则的是（　　）。
   A. 规模要适当　　　　　　　　B. 步调要一致
   C. 知识要互补　　　　　　　　D. 性格要协调
4. 计划过程的第一步是（　　）。
   A. 收集相关信息　　　　　　　B. 分析各方的优劣势
   C. 确立希望通过谈判达到的明确目标　　D. 认识对方的需要
5. （　　）是谈判过程的核心。
   A. 焦点区域　　B. 成交位置　　C. 谈判区域　　D. 分歧位置
6. （　　）是谈判中最常用的力量形式。
   A. 专业　　　　B. 奖励　　　　C. 影响力　　　D. 信息

7. 下列（　　）不属于分配性议价的特征。
   A. 开发能提供额外价值的创造性解决方法
   B. 固定的谈判成交位置
   C. 在谈判桌上展开对抗性竞争
   D. 在固定的价值上展开竞争

8. （　　）是在谈判开局阶段使谈判顺利深入下去的"润滑剂"。
   A. 营造开局气氛　　　　　　　B. 制定开局策略
   C. 引起注意与兴趣　　　　　　D. 寻求合作基础

9. 开始就赶尽杀绝，报价300元的还价就是150元，然后逐档添价，步步紧迫，160元、170元，并故作大方状："已加了这么多钱，你还好意思不卖？"这段话体现的杀价技巧是（　　）。
   A. 欲擒故纵　　B. 开低走高　　C. 博人同情　　D. 循循善诱

10. 通常供应商不会自动降价，采购人员必须据理力争。但是，供应商的降价意愿与幅度，视议价的对象而定。此时应采取的还价技巧是（　　）。
    A. 敲山震虎　　　　　　　　B. 压迫降价
    C. 还价要有弹性
    D. 善用高层，采购人员应善用上级主管的议价能力

11. "如果你把价格减少3%，我们就会增加10%的订单"这句话体现了在进行谈判过程中的（　　）。
    A. 协议阶段　　B. 商谈阶段　　C. 谈判后阶段　　D. 讨价还价阶段

12. （　　），表现出对供应商的产品很感兴趣，但资金有限买不起，看供应商能否出个最低价。
    A. 可怜试探　　B. 威胁试探　　C. 让步试探　　D. 合买试探

13. 下列（　　）不属于采购谈判过程中的策略与技巧。
    A. 引起注意与兴趣　　　　　　B. 要真诚地关怀对方
    C. 谈判中要做个积极的听众　　D. 善于推销自己的观点

14. 如果供应商不同意特定的要求，买方就威胁单方面收回业务或降低价格。这句话体现了谈判力量来源中的（　　）。
    A. 影响力量　　B. 奖励力量　　C. 胁迫力量　　D. 专业力量

15. 在进行谈判过程中，（　　）定期进行总结有助于避免以后出现的混乱。
    A. 准备阶段　　B. 商谈阶段　　C. 筹备阶段　　D. 讨价还价阶段

二、多项选择题

请把正确答案的序号填写在题中的括号内，多选、漏选、错选不给分。如果全部答案的序号完全相同，例如全选ABCDE，则本大题不得分。

1. 采购谈判一般包括（　　）。
   A. "三角"原则　　B. 合法原则　　C. 灵活原则
   D. 相对满意原则　　E. 合理原则

2. 采购谈判有以下（　　）要素。
   A. 谈判的目的　　B. 谈判动机　　C. 谈判的阻碍
   D. 谈判者素养　　E. 谈判的技巧

3. 供应商成本包括（　　）。
   A. 直接劳工　　　B. 直接物料成本　　C. 日常费用
   D. 总体行政费用　E. 生产日常费用

4. 谈判流程可以分成包含以下（　　）阶段的过程。
   A. 确认或预计采购需求　　　　B. 确定是否需要谈判
   C. 计划谈判　　　　　　　　　D. 进行谈判
   E. 履行协议

5. 为了进行成功的谈判，谈判之前必须进行详尽的规划。规划由（　　）构成。
   A. 观察　　　　B. 预测　　　　C. 总结
   D. 学习　　　　E. 分析

6. 下列（　　）属于不容易得到的信息。
   A. 寻求更多的供应来源（包括海外）　B. 稽核效果
   C. 有用的成本——价格资料与分析　　D. 掌握关键原料或关键因素
   E. 限制供应商谈判能力

7. 采购谈判的准备主要包括（　　）。
   A. 背景调查　　　B. 计划制订　　　C. 资料准备
   D. 场景布置　　　E. 临场模拟

8. 对谈判后阶段提出的指导方针包括（　　）。
   A. 制订协议草稿
   B. 保证你的组织中的员工具有执行协议的义务
   C. 根据协议准备官方合同
   D. 记住只有在协议得到了执行后，谈判才是成功的
   E. 找时间对绩效进行评估，首先评估谈判的绩效，其次评估执行绩效

9. 要着重围绕（　　）制定谈判开局策略。
   A. 营造开局气氛　　　　　　B. 制定开局策略
   C. 引起注意与兴趣　　　　　D. 寻求合作基础
   E. 寻求合作空间

10. 采购价格谈判无非是采购人员与供应商之间讨价还价的过程，包括（　　）。
    A. 询价技巧　　　B. 还价技巧　　　C. 杀价技巧
    D. 让步技巧　　　E. 砍价技巧

三、简答题

1. 采购谈判的要素有哪些？
2. 简述采购谈判的流程。
3. 简述采购谈判的内容。
4. 结合实际，采购谈判中可运用的谈判技巧有哪些？
5. 采购议价技巧有哪些？
6. 简述谈判策略。
7. 简述采购谈判策略。
8. 简述采购还价技巧。

9. 简述采购杀价技巧。
10. 物流采购渠道选择的原则是什么?

四、项目练习

项目:采购谈判技巧。

要求:收集资料,全面了解所要谈判产品的信息(主要是产品质量、交货及价格条款);对谈判进行详尽的规划;总结出规律性、技巧性,确定谈判技巧方法。

在教师指导下,将班级学生分成 10 人为一组的谈判项目小组,并确定负责人,由教师选择 2~3 个类型的产品作为谈判的样本对象。小组成员通过充分讨论后,统一认识、统一口径、基本统一谈判标准,最后选出 2~3 人负责最后的谈判。

五、案例分析

有关购买汽车的谈判

两位男士走进汽车经销商的一个展览室,看过几款车型后,他们便来到某位销售人员身边,把自己感兴趣的那款车型告诉了他。但他们最后做出购买决定的关键还在于要价是否能尽如人意。于是,这位销售人员走出去查看他们相中的车。

销售人员决定单独试一下这辆车,便让两位客户留在销售处。由于销售人员不在场,两位男士进行了一次重要的磋商。一会儿,这位销售人员便驾车回来了,于是三个人进入销售处在桌旁坐了下来,开始讨价还价。

谈判艰难地进行着,销售人员开始询问两位男士他们使用过的车的价位,但这两位男士不愿做出回答。于是销售人员不得不先报价:经过一番思考和计算,他在一张纸上写下一个数字,折叠好,把它递给了这两位客户。几秒钟后,这两位男士就知道了销售报价。

其中一位男士首先发言,他对这个报价的反应是不可思议:"对这款车而言,这个价位是不可能的,纯粹在欺骗。""别的经销商要价比这还高"销售人员说。整个商讨气氛变得紧张起来。两位男士控制不住站了起来,随即又坐了下来。但那位最先发言的人还是忍不住对同伴说,"走,约翰!又是没有别的地方可以去,我们走!"于是他做出了离开的姿态,但另一位男士仍然不动,并用一种随和的语调与销售人员继续交谈,告诉销售员他的同伴有点激动。但是他本人有他的理由,他接着表示:如果这位销售人员能改变他的报价,也许他能说服他的同伴买车。

资料来源:王为人.采购管理案例十分析.北京:机械工业出版社,2013.

讨论:

(1) 采购谈判流程包括哪些步骤?
(2) 结合案例,说说谈判在采购中的作用。
(3) 采购谈判过程中的策略和技巧主要有哪些?

第7章 采购外包与供应商管理

【教学目标与要求】

本章主要介绍采购外包、外包流程、外包的优势和决策分析、外包管理、分包和MRO外包、供应商的选择和评价、供应商关系。通过本章的学习,掌握采购外包的含义、外包流程,熟悉外包的优势和决策分析、外包管理。了解分包和MRO外包。掌握供应商的选择和评价。了解供应商评价的目的、内容和步骤。

沃尔玛——供应商关系管理的典范

2010年4月,美国《财富》杂志公布了2010年美国500强排行榜,沃尔玛以4 082.14亿美元年销售额位居榜首,沃尔玛的成功不能不引起人们的思考。

20世纪80年代末期,沃尔玛投入巨资,构建网络和数据交换系统,并与供应商共享信息,沃尔玛还有一个非常好的系统,叫零售链接。任何一个供应商可以进入该系统当中来了解他们的产品卖得怎样,昨天、今天、上一周、上个月和去年卖得怎么样。他们可以知道这种商品卖了多少,而且数据还可以实时更新。

另外,沃尔玛不仅仅是等待上游厂商供货,而且也直接参与到上游厂商的生产计划中去,与上游厂商共同商讨和制订产品计划、供货周期,甚至帮助上游厂商进行新产品研发和质量控制方面的工作。这就意味着沃尔玛总是能够最早得到市场上最希望看到的商品,当别的零售商正在等待供货商的产品目录或者商谈合同时,沃尔玛的货架上已经开始热销这款产品了。

引例分析

在利润微薄、竞争激烈的零售行业,沃尔玛为什么能击败众多竞争对手而成为世界第一的零售企业、世界第一的跨国企业?经过深入分析发现,其成功与其先进的供应商管理运作模式密切相关。

沃尔玛投入巨资,构建网络和数据交换系统,并与供应商分享市场信息,甚至直接参与到上游厂商的生产、产品研发和质量控制,这些行动均是供应商关系管理理论的大胆运用,它至少产生两方面的影响。一是提高了供应商对市场的掌控能力、新产品的研发能力、科学管理的能力;降低了供应商的成本;增强了供应商的竞争力。二是通过密切与供应商的关系,确保自己"天天最低价"的战略有效实施。

在新型战略联盟伙伴关系引导下,对其竞争者而言,沃尔玛已经形成了比较优势,这是它势如破竹,横扫千军,不断壮大的根本原因。

7.1 采购外包

7.1.1 采购外包概述

1. 采购外包的含义

外包(Outsourcing),英文一词的直译是"外部寻源",指企业整合利用其外部最优秀的专业化资源,从而达到降低成本、提高效率、充分发挥自身核心竞争力和增强企业对环境的迅速应变能力的一种管理模式。

最为流行的外包服务形式主要包括:IT资源外包服务、客户服务中心外包、营销外包、人力资源管理外包、应收账款外包等。

2. 采购外包的优势

采购外包有很多优势,主要体现在以下几点。

(1) 利用外包战略,公司可以集中有限的资源,建立核心竞争力,并使其不断得到提升,进而构筑公司所在行业的进入壁垒,从而确保公司能够长期获得高额利润,并引导行业朝着有利于企业自身的方向发展。

(2) 利用外包战略可以减小公司的规模,精简公司组织,从而减轻由于规模膨胀而造成的组织反应迟钝,缺乏创新精神的问题,使组织更加灵活地进行竞争。

公司要想在激烈变化的环境里实现成长,就必须尽量控制其规模,以确保公司灵活反应的能力,外包战略在该方面具有非常重要的意义。可以预料,在相当长的时期内,这种为适应竞争而精简公司组织模式的外包会有很大的持续发展。

(3) 能降低风险或与合作伙伴共同分担风险。该优势可以从以下所列出的几项功能得到充分的证实。

① 在迅速变化的市场和技术环境下,通过"外包",企业之间可以建立起战略联盟,利用其战略伙伴的优势资源,缩短产品从开发、设计、生产到销售的时间,减轻在较长的时间里由于技术或市场需求的变化所造成的产品风险。

② 由于战略联盟的各方都可以利用企业原有的技术和设备,因而将从整体上降低整个项目的投资额,从而也就降低了各企业的投资风险。

③ 由于战略联盟的各方都利用了各自的优势资源,这将有利于提高新的产品或服务的质量,提高新产品开拓市场的成功率。

④ 采用外包战略的公司在与其战略伙伴共同开发新产品时,实现了与它们共担风险的目的,从而降低了由于新产品开发失败给公司造成巨大损失的可能性。

7.1.2 采购外包的选择

什么样的采购才适合进行采购外包呢?企业必须对其采购流程和采购支出的竞争优势进行全面的差距分析。如果企业对某些特定的商品和采购支出的绩效能够有比较好的了解,就必须以一流的企业为参照进行标杆分析。只有当企业真正了解哪些东西的采购和哪些采购流程必须作为核心业务保留的时候,它才能知道哪些采购活动应该外包。

可以从以下两个关键的领域来评价企业的采购竞争力。

(1) 评价采购项目的战略价值和采购费用的可控性。产品和服务的相对战略价值主要由它对制造、分销和差别化战略的影响决定,一个采购项目的战略价值还可以由产品和服务在市场上的独特性和可得性来决定。应当搞清楚的是,具有较高的战略价值并不必然意味着要把该项目从准备外包的清单中剔除。大多数的企业为了控制其最具战略价值的采购活动而配置相应的资源,并努力培养采购竞争优势。所以,企业不会把所有的战略采购活动全部外包。但是,许多公司会借助于外部服务供应商,包括采购服务供应商、咨询公司,以及电子采购解决方案供应商的基础设施和服务来增强其内在的竞争优势。

(2) 评价企业自己的专业知识和基础设施是否支持特定的采购项目,是否支持相应的供应商开发、采购和为有效管理采购项目所需的供应管理流程。了解企业采购支出的结构只是决定哪些采购项目适合外包的第一步,企业还要评估自己的专业知识和管理特定采购开支的能力。可以用来评价企业内部专业知识和管理能力的方法有:①根据每个采购品种计算采购成本,同时审查它们各自所占用的企业内部资源。要特别注意采购经理是如何跟踪市场变化和供应商能力的,一定要测算每个采购品种所占用的特定资源在公司总的采购支出中的比重。②检查现有每种商品采购合同的更新程序和更新间隔期,要密切注意供应商选择的决策是在车间、部门,还是在公司总部做出的,还要检查在用供应商的选择程序是不是一致和缜密(如果采购经理使用的是价比三家的方法来更新合同,那就要考虑请外部专家了)。③与一流的采购组织比较价格、条款和流程。标杆数据可从采购协会、贸易出版物和咨询公司那里获得。

7.1.3 采购外包管理流程

采购外包管理流程的模型由 4 个步骤组成:内部高标定位分析、外部高标定位分析、合同谈判和外包管理。

1. 内部高标定位分析

企业首先要识别自己的核心竞争力,例如,与竞争对手相比较,能提供差异化的服务。确定组织的核心竞争力往往不是件容易的事。外包决策取决于很多因素,每个组织必须基于自己的目标、目的、长期战略等来评价这些因素。外包关系错综复杂,可以从特异性和复杂性来考虑,如图 7.1 所示。

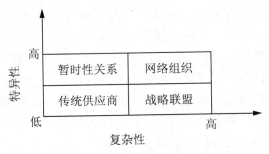

图 7.1 内部高定位分析图

特异性是指服务商选址、资源和技术等运作能力的变异度;复杂性是指监控、商定合同条款和外包程序的难易程度。

外包关系组合中共有 4 种:传统供应商、暂时性关系、战略联盟和网络组织。

2. 外部高标定位分析

外部高标定位分析指如何选择采购服务提供商,采购外包的企业可以选择单一供应商、多个独立的供应商或多个供应商联盟组成的单一供应商,于是对应 3 种采购服务提供商战略:单一服务提供商战略、多个服务提供商战略和整合的服务提供商战略。采用质量管理中的多标准决策分析(Multi-Criteria Decision Analysis,MCDA),可以帮助选择最优战略。选择的标准是:市场占有率、价格、技术质量、管理供应商关系的能力,以及已签过的合约数等。

外部高标定位分析通常被认为是监控所提供服务的质量和确定其他竞争对手的市场地位的工具。采购外包的企业要定义服务质量标准,即所谓的服务质量协议(Service Level Agreement,SLA)。SLA 是由各相关团队达成的协议,包括签订的合同。在大公司里,由一群专家组成的服务质量管理部门,负责监督、控制和评估服务质量,以及负责协调供应商关系、财务和时间方面的可实现价值。

3. 采购合同谈判

由于书面合同的冗长烦琐和缺乏审计价格与服务的资源，业务外包带有隐性成本。在某些情况下，外包采购、制造、物流、IT 系统和其他业务功能所带来的成本节约可能只占到外包合同所承诺的 5%～10%。因此，与 EMS 公司签订的合同中，OEM 公司往往要求包含供应商定价、季度物料清单成本更新，包括采购数量和价格说明的提前期报告，以及供应商的产品描述。

即使合同条款明确也并不意味着外包一定成功，关键要规范管理外包者和供应商之间的关系，确定时间进度表、期望目标以及评估的标准等。

4. 采购外包管理

它主要包括时间进度控制和动态监控。外包者和提供服务的供应商应对目标和检查点达成一致，确定服务标准协议的绩效指数是控制时间进度的关键，例如，检查点、目标曲线和实际曲线之间的可容忍距。如果差距超过了可容忍度，外包者就要寻找原因并提出改进的解决方案。差距过大的原因之一可能是服务标准协议定义不准确，或者是定义的检查点不适宜。如果这些原因都不是，应该考虑确定新的外包战略或者重新策划外包项目。采购外包中存在的最大问题是，采购服务提供商在向外包企业传递价格降低信息上存在延迟。专门从事外包合同审计的 2ndEdison 公司在最近的一项调研中发现，大多数 EMS 供应商通知价格上涨只需两天，而通知价格降低则需要 22 天。因此，企业应按季度审查采购服务提供商为其采购的物料，从而对价格变化了如指掌，并密切关注成本趋势和数据分析。外包企业要经常拜访采购服务提供商，以确保额外的成本不被隐藏在报价中，如果不跟踪市场动态和对服务公司进行审计，将会造成很大的经济损失。

完善的采购外包管理流程，可以帮助外包企业更好地保护自己的利益。因为采购外包的确能带来优势，同时隐性成本也会增加，道德风险会增大。外包企业应该在合同中注明特定的保护条款来进行自我保护，避免道德风险过高。此外，管理采购外包流程时，时间进度控制和动态监控是值得注意的问题。

知识链接　业务外包

外包模式近几年日趋频繁，究其原因是工业结构日趋合理，社会分工日益细化。特别是互联网的广泛使用，不仅为外包业务创造了良好的外部环境，而且提供了广阔的发展空间。因此，企业将一些与其核心业务关联性不强的业务外包给别的专业公司来操作，可以使本企业减少资金占用，把更多的精力集中在核心业务上。

尤其在美国，业务外包已相当成熟。通用汽车公司通过采用业务外包策略，把运输和物流业务外包给戴维斯公司。戴维斯公司负责通用汽车公司的零部件到 31 个北美组装厂的运输工作，通用汽车公司则集中力量于其核心业务制造轿车和载货汽车上。始于 1991 年的合作节约了大约 10% 的运输成本，缩短了 18% 的运输时间，裁减了一些不必要的物流职能部门，减少了整条供应链的库存，并且在供应链运作中保持了高效的反应能力和用户服务水平。戴维斯公司在克力夫兰设有一个分销中心处理交叉复杂的跟踪装运情况，并且根据实际需求实现 JIT 方式的运输，戴维斯公司的卫星系统可以保证运输线路的柔性化，迅速调整运输线路的组合，这给实际操作带来较大的灵活性、主动性，不仅提高了业务能力，而且改善了服务质量。外包业务促使企业与合同制造商进一步建立了长期稳定和信任的伙伴关系，共同收益、共同进步。

7.2 分包与 MRO 外包

7.2.1 分包

1. 分包的产生

在自制的或外购的连续系列中,有一个特别的区域:分包。通常在军事或建筑行业的采购活动中,主承包商会就合同中某些部分工作向其他承包商进行招标,此时,分包就出现了,术语"分包商"也产生了。分包最为简单的形式是条款明示的采购定单。它的复杂度和管理变化幅度与项目的价值、规模呈直接的比例关系。对分包进行管理需要专门的技术与能力。因为它需要大量的各种形式的沟通、制图、项目审查、管理报告等工作。另外,费用支付方式也是多种多样的,且经常要根据分包合同约定的条款、条件协商实际价格。

2. 分包的使用

是否使用分包的决策依据很简单,当定单的发放工作很难定义、历时很久、费用又很大时,使用分包就比较合适。例如,航空公司总是将大型建筑项目和控制系统分包出去。着陆装置、雷达系统等高成本部件经常购自分包合同。类似的分包形式还常见于建筑业,建筑物承包商往往将建筑物或项目的电气、管道系统等分包出去。

分包管理是一项复杂的活动,既需要具备处理数据的专门知识,又需要具有预计行为结果,确保其达到预期最终结果的能力。就像外包一样,分包有时也需要建立一个团队进行管理。例如,航空业的分包一般就由团队负责,团队成员包括:分包主管、设备工程师、质保专员、可靠性工程师、材料成本价格分析员、行政人员、现场专员等。分包主管必须自始至终控制好成本、进度、技术和整体结构等。

3. 分包成本控制

分包成本控制的第一步是协商确定公平、合理的价格,适当选择合同类型,缜密思考可利用的因素。进度控制需要良好的生产计划,其中包括所有必要的、可行的合同内容。设计良好的书面报告和必要的修订过程也很关键。

分包成本控制的目标是使产品达到合同规定的产品规格说明书中的各项指标。过程控制的目标则是确保所有变化均被记录在案。好的过程控制对产品的"后期市场"和填补市场空白至关重要。与最简单的标准采购定单不同,大型分包合同结算行为需要事先进行大量细致明确的定义。结算行为因合同类型和项目任务完成的困难程度不同而各不相同。履约期间,大型的、复杂的运作过程往往会发生较大变化,因变化而增加的成本必须在签约之前协商好。另外,提供给承包商的数据、材料等在合同完成后也必须返还原主。收到物料、数据、报告时,必须接收并检验,分包商所需物品因合同完成的复杂程度而异。同时,必须对所有分包商绩效做出书面总结,为将来招标过程中的供应商选择与供应商评价提供依据。这类报告还可为再一次协商的细节提供信息。

7.2.2 MRO 外包

1. MRO 的含义

MRO，是英文 Maintenance、Repair and Operations 3 个词的缩写，指工厂或企业对其生产和工作设施、设备进行保养、维修，保证其运行所需要的非生产性物料，这些物料可能是用于设备保养、维修的备品备件，也可能是保证企业正常运行的相关设备，耗材等物资。

与构成最终产品的直接物料（Bill of Material，BOM）不同，MRO 物料通常是一些低值易耗的商品，其种类繁杂而且采购量不定，因此在采购和库存管理上与 BOM 物料也有较大的差异。

MRO 的外包，即 MRO 渠道集成供应商的服务。渠道集成商的产品与服务可以包括以下方面：低成本、高质量的 MRO（渠道集成）；快速的物流配送网络；咨询服务，优化企业的仓储管理，提供新产品信息和产品应用方案；在整个供应链上企业的 MRO 供应的整体集成和优化。

2. MRO 的经济效益

MRO 采购不仅对维持企业的正常运转起重大作用，它对成本控制、利润的影响不可忽视。据美国一项对 MRO 采购的调查报告显示，MRO 采购占企业总体采购成本的比率平均为 26%，高的甚至可达 63%。以一个采购成本占总成本 60%、利润率为 5% 左右的企业为例，只要将采购成本降低 8%，就可以将利润率提高到 11%。我国作为世界第二大经济体，世界制造业中心，据相关部门估计其 MRO 年采购总量上接近 3 000 亿人民币，市场容量巨大，现在 MRO 分销正如春笋般破土而出。

3. MRO 采购外包内容

MRO 采购外包如今已迅速发展为一个全新的"最佳实践"。许多公司发现有 50%~80% 的供应链采购行为涉及 MRO。MRO 采购的管理因其独特性必须有别于其他产品采购。一般而言，MRO 定义包括的材料和服务主要包含以下一些内容。

（1）电力和机械材料（包括一些元件、仪器、计算机和终端设备）。

（2）专业设施（包括实验仪器和应用仪器）。

（3）工业供应品（包括通常的维护供应品）。

（4）安全和保健器械。

（5）机械应用件（如工业机器、设备和工具）。

（6）办公用耗材和设备。

（7）化学供应品和设备。

（8）自动化和散装元件、设备和供应品。

MRO 材料自身的价值占采购总成本的比例还不到 25%，但所有运输、库存、应收款和应付款及交易过程成本却超过 75%。获取这些低价值、低风险、高交易费用的材料采购项目的过程成本经常超过了材料本身的成本。一般来说，MRO 是个无差异市场，有上千个销售者和采购者在进行占成本 75% 的采购、运输、储存、库存和可支付的交易。它的特征通常是长时间无价值的拖延和许多的隐藏成本。销售者关注较多的是订货管理成本、后勤成本和财务风险;采购者关注的则是材料成本、管理成本和质量标准。表 7-1 概述了直接生产材料和 MRO 之间的一些不同。

表 7-1 直接生产资料与 MRO

项 目	直接生产材料	MRO
前景	好	稀少
订货形式	数据	电话或传真
订货频率	有规律	无规律
平均单价/元	大于 40 000	小于 20 000
运输方式	公路、铁路	邮政包裹、航空
供应商数目/件	小于 250	大于 5 000
占采购支出百分比	大于 80%	小于 20%
占交易量的百分比	小于 20%	大于 80%
管理成本占材料成本的比重	小于 0.5%	大于 25%

MRO 的采购和后勤管理是降低成本、提高质量、进行创新、减少中间环节周转时间的一个重要目标领域。美国一些机构的调查向我们提示,超过一半公司的 MRO 交易额还不到整个公司和组织采购额的 2%,每笔交易的平均支出低于 50 美元,而获取及管理的平均成本却高达 65 美元。

在现代的经营环境中,公司为了适应变化,经常不断地调整公司结构,合理安排供应链中的每一个环节以获得成本优势,此时,MRO 是降低人力、投资、设备和管理成本的一个重要目标。有效的 MRO 外包需要对使用者进行培训和教育,需要对绩效进行反馈,如果制度完善,大多数 MRO 外包关系都会获得良好的结果。

7.3 供应商管理

7.3.1 供应商的概念和分类

1. 供应商的概念

供应商是指直接向零售商提供商品及相应服务的企业及其分支机构、个体工商户,包括制造商、经销商和其他中介商,或称为"厂商",即供应商品的个人或法人。

供应商是向买方提供产品或服务并相应收取货币作为报酬的实体,是可以为企业生产提供原材料、设备、工具及其他资源的企业。供应商可以是生产企业,也可以是流通企业。企业要维持正常生产,就必须要有一批可靠的供应商为企业提供各种各样的物资供应。因此,供应商对企业的物资供应起着非常重要的作用,采购管理就是直接和供应商打交道,而从供应商那里获得各种物资。因此,采购管理的一项重要工作,就是要搞好供应商管理。

2. 供应商的分类

按照不同的角度，供应商可分为不同的种类，具体来说主要有以下几种。

1) 按供应商的规模和经营品种不同分类

按供应商的规模和经营品种不同分类，可分为四类，如图 7.2 所示。

图 7.2　按规模和经营品种不同分类

专家级供应商是指那些生产规模大、经验丰富、技术成熟，但经营品种相对少的供应商，这类供应商的目标是通过竞争来占领广大市场；低产小规模的供应商是指那些经营规模小、经营品种少的供应商，这类供应商生产经营比较灵活，但增长潜力有限，其目标仅是定位于本地市场；行业领袖供应商是指那些生产规模大、经营品种也多的供应商，这类供应商财务状况比较好，其目标为立足本地市场，并且积极拓展国际市场；量小品种多的供应商虽然生产规模小，但是其经营品种较多，这类供应商的财务状况不是很好，但是其潜力可培养。

2) 按 80/20 规则分类

根据 80/20 规则可以将采购物品分为重点采购品（占采购金额 80% 的 20% 的采购物品）和普通采购品（占采购金额 20% 的 80% 的采购物品），相应地，可以将供应商进行依据 80/20 规则分类，划分为重点供应商和普通供应商，即占 80% 采购金额的供应商为重点供应商，而其余只占 20% 采购金额的供应商为普通供应商。

对于重点供应商应投入 80% 的时间和精力进行管理与改进。这些供应商提供的物品为企业的战略物品或需集中采购的物品，如汽车厂需要采购的发动机和变速器，电视机厂需要采购的彩色显像管及一些价值高但供应保障不力的物品。而对于普通供应商则只需要投入 20% 的时间和精力跟踪其交货。因为这类供应商所提供的物品的运作对企业的成本质量和生产的影响较小，例如办公用品、维修备件、标准件等物品。

按 80/20 原则的供应商分类，如图 7.3 所示。

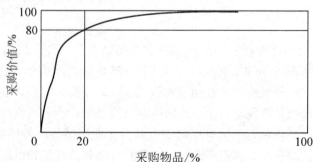

图 7.3　按 80/20 原则的供应商分类

在按 80/20 规则进行供应商细分时，应注意以下事项。

（1）80/20 规则细分的供应商并不是一成不变的，是有一定的时间限度的，随着企业生产结构和产品线的调整，需要重新进行细分。

（2）对重点供应商和普通供应商应采取不同的策略。

7.3.2 供应商管理概述

1. 供应商管理的概念

供应商管理，就是对供应商的了解、选择、开发、使用和控制等综合性的管理工作的总称。其中，了解是基础，选择、开发、控制是手段，使用是目的。供应商管理的目的，就是要建立起一个稳定可靠的供应商队伍，为企业生产提供可靠的物资供应。

供应商管理的重要性早在 20 世纪 40 年代就受到发达国家的重视，随着经济环境的变化，不断出现新的内容。从传统的供应商管理发展到现代供应商管理，企业在供应商管理方面有了很大的创新。在对物流管理越来越重视的今天，优秀的企业将供应商管理提高到战略的高度，并且在实践中不断地寻求更好的方法。两者的比较，见表 7-2。

表 7-2　传统供应商管理与现代供应商管理比较

比较内容	传统供应商管理	现代供应商管理
供应商数目	多数	少数
供应商关系	短期的买卖关系	长期合作的伙伴关系
企业与供应商的沟通	仅限于采购部与销售部之间	双方多部门沟通
信息交流	仅限于订货、收货信息	共享众多信息
价格谈判	尽可能低的价格	适宜的价格，更多的选择标准
供应商选择	凭采购员经验	完善的程序和战略标准
供应商对企业的支持	无	有
企业对供应商的支持	无	有

2. 供应商管理的目的

企业通过有效的供应商管理，要达到以下管理目标。

（1）获得符合企业质量和数量要求的产品或服务。

（2）以最低的成本获得产品或服务。

（3）确保供应商提供最优的服务并及时地送货。

（4）发展和维持良好的供应商关系。

（5）开发潜在的供应商。

3. 供应商管理的意义

供应商，作为企业的外部环境的组成部分，它必然间接或直接地对企业造成影响。因为任何供应商，不管是不是已经与企业有直接关系，还是没有直接关系，都是资源市场的组成部分。资源市场中物资的供应总量、供应价格、竞争态势、技术水平等，都是由资源市场的所有成员共同形成的。而企业的采购，都只能从这个资源市场中获取物资。所以，采购物资的质量水平、价格水平都必然受到资源市场每个成员的共同影响。

供应商的一个特点，就是他们都是一个与购买者有独立的利益主体，而且是一个以追求利益最大化为目的的利益主体。按传统的观念，供应商和购买者是利益互相冲突的矛盾对立体，供应商希望从购买者手中多得一点、购买者希望向供应商少付一点，为此常常斤斤计较，甚至在物资商品的质量、数量上做文章，以劣充优，降低质量标准，减少数量，甚至制造假冒伪劣产品坑害购买者。购买者为了防止伪劣质次产品入库，需要花费很多人力、物力加强物资检验，大大增加了物资采购检验的成本。因此，供应商和购买者之间，既互相依赖，又互相对立，彼此相处总是一种提心吊胆、精密设防的紧张关系。这种紧张关系，对双方都不利。对购买者来说，物资供应没有可靠的保证、产品质量没有保障、采购成本太高，这些都直接影响企业生产和成本效益。

相反，如果找到了一个好的供应商，它的产品质量好、价格低，而且服务态度好、保证供应、按时交货，这样采购时就可以非常放心。不但物资供应稳定可靠、质优价廉、准时供货，而且双方关系融洽、互相支持、共同协调，这样对采购管理、对企业的生产和成本效益都会有很多好处。

为了创造出这样一种供应商关系局面，克服传统的供应商关系观念，我们有必要非常注重供应商的管理工作，通过多个方面持续努力，去了解、选择、开发供应商，合理使用和控制供应商，建立起一支可靠的供应商队伍，为企业生产提供稳定可靠的物资供应保障。搞好供应商管理也是搞好采购管理所必须具备的基础工作。只有建立起一个好的供应商队伍，各项采购工作才能比较顺利地进行。

对供应商加强管理的重要意义可从以下几个方面来考虑。

（1）提升企业核心能力。随着企业越来越注重于核心能力的培养和核心业务的开拓，从外部获取供应资源，有利于企业集中精力来提升自身的核心竞争能力。

（2）新产品的开发。据美国采购经理预测，未来五年，新产品上市时间将缩短40%～60%，仅仅依靠制造商或核心企业的能力是远远不行的，让供应商早期参与研发可缩短产品开发周期，并有效降低开发成本。

（3）降低商品采购成本。由于采购成本在企业总成本中占据相当大的比重，且该比例将随着核心能力的集中和业务外包比例的增加而增加，制造商只有与供应商联合，形成长期稳定的采购关系，才能实现产品采购成本的进一步降低。

（4）提高产品质量。原材料的质量直接影响到产成品的质量状况。研究表明，30%的产品质量问题是由供应商引起的。因此，提高原材料、零配件的质量是改进产品质量的有效手段。

（5）降低库存水平。有效的供应商管理可以帮助企业建立一支可靠的供应商队伍，为企业生产提供稳定可靠的物资供应保障。从而有助于制造商降低库存水平，减少库存的压力。

（6）缩短交货期。据统计，80%的产品交货期延长是由供应商引起的，缩短产品交货期应从源头做起。

（7）集成制造资源。制造业面临的是全球性的市场、资源、技术和人员的竞争，制造资源市场已成为一个开放型的大市场。制造资源应被集成起来发挥作用早已是人们在制造生产中得到的共识，有效的供应商管理可实现制造企业与供应商（另一类制造商）的有效集成。

4. 供应商管理的主要内容

（1）供应商初选。依据供应商的一些基本信息，如市场信誉度、合作的意愿、财务状况、地理位置等基本因素，对已有的和潜在的供应商进行分析并分类，以识别关键供应商。

（2）供应商审核。在初选的基础上，依据一定的审核标准对选定的供应商做进一步的认定审核。

（3）供应商考评。供应商考评是一项很重要的工作。它分布在各个阶段：在供应商的选择过程中需要考评；在供应商的使用阶段也需要考评。不过每个阶段考评的内容和形式并不完全相同。

（4）供应商关系管理。建立起不同层次的供应商网络，通过减少供应商的数量，致力于与关键供应商建立合作伙伴关系。

7.3.3 供应商的考查

对于初次合作的供应商，了解起来还是困难重重。可以采用以下几种方法，从多个侧面了解供应商的真实情况。

 小贴士　供应商开发

供应商开发是指从无到有地寻找新的供应商，建立起适合于企业需要的供应商队伍。

1. 研究供应商的资料

每一个供应商都想把自己尽快地推销出去。作为企业宣传策略的一种，供应商会印制一些宣传资料，通常都是一些精美的图表画册。为了获得更多的订单，供应商会把自己企业的资料介绍提供给有采购意向的企业，如此一来企业就会拥有大量相关资料。这就需要采购人员充分利用资源仔细研究各个供应商提供的宣传材料，大致确定可以进行进一步接触的供应商。

2. 向有意向的供应商发放调查问卷

调查问卷是一种应用范围很广又很有效的方法，只是应用起来比较烦琐，需要耗费大量的人力、物力和时间。企业根据本身所处行业的物料情况，制定详细的调查问卷，发放给有意向的供应商。根据调查问卷的回复，来确定被调查供应商的实力如何。但是，如果只向供应商发放调查问卷，则所获得的信息不能确保其真实性。有些供应商为了凸显自己或是为了获得订单，并不如实回答问卷，从而使获得的信息失真。在这种情况下，必须将这种方法与其他方法结合起来使用，向与采购商有接触的其他合作企业发放问卷请求合作。

3. 实地考察供应商

为了更好地了解供应商的情况，如果有可能，企业应该实地考察供应商。这种做法的主要目的一方面是要防止供应链增加不必要的中间环节；另一方面是要更好地调查供应商的实力。实地考察供应商的代价很高，因此只有在进行重大的资本性设备采购或选择战略伙伴型供应商时才会实施。

4. 向其他相关人员了解

企业可以充分利用拥有的人力资源向曾经隶属于该企业但现在已经离开的企业员工进行采访，向他们了解供应商的实际情况。这种方法所获得的信息甚至比实地考察更有价值，但是该方法的使用要避免触犯法律，避免被人起诉进行不正当竞争。

5. 向大型的调查企业购买相关资料

对于非常重要的采购项目，为了谨慎起见，同时也为了减少人力和时间的耗费，可以选择可靠的大型专职调查企业，向他们购买所需的相关资料。

6. 与供应商进行初步谈判

与供应商进行谈判是与供应商的正面接触，是企业初选供应商必不可少的环节。企业经验丰富的采购人员通过谈判就可以基本上弄清供应商的真实实力。

7. 向供应商发放采购说明书

经过以上几个环节，基本上可以确定参加本次采购项目竞标的供应商群体，以后所要进行的工作就是向他们发放采购说明书，包括图纸、技术规范和检验指导书。

8. 供应商提供项目供应报告

意向供应商接到采购说明书及相关资料后，根据自己的情况拟制供应报告。报告的主要内容为：项目价格、可达到的质量、能提供的月或年供应量、售后服务情况等。意向供应商也可根据需要对项目技术资料进行适当改动。

9. 确定三家以上的初选供应商

确定三家以上的初选供应商进行比较，选择理想的供应商。

通过以上考查，可以选定有资格参与投标的供应商名额。

7.4 供应商的选择和评价

7.4.1 供应商选择要考虑的因素

在市场经济条件下，企业采购的外部环境发生了重大变化，主要体现在进货渠道多、价格差异大、质量难以控制、采购风险大等方面，这对企业采购工作提出了新的要求。合理地选择供应商直接影响到采购的品质，是搞好供应商管理的前提和关键环节。

在实施供应链合作关系的过程中，市场需求将不断变化，必要时还需要根据实际情况的变化及时修改供应商的选择评价标准，或重新开始供应商的评价选择。因此，选择供应商是一个动态的过程，它不是一成不变的，情况发生了变化，选择的标准亦要随之改变。从供应链的角度看，选择供应商主要考虑以下因素。

1. 技术水平

衡量一个企业素质高低，关键因素是企业的创新能力。影响企业创新能力的一个重要因素是技术水平，供应商技术水平的高低，决定了供应商能否不断改进产品，是否能长远发展。

2. 产品质量

供应商提供的产品质量，要求能满足企业的需要。常言道："一分钱，一分货。"质量太低，虽然价格低，但不能满足企业的需要；质量太高（精度太高），价格也高，会给企业带来浪费。另外，要求供应商提供的产品质量稳定，以保证生产经营的稳定性。

3. 生产能力

要求供应商具有一定的规模和发展潜力，能向企业提供所需的一定量的产品，且与企业的发展规模相适应。供应商的制造设备必须能够在数量上达到一定的规模，能够保证供应所需产品的数量。

4. 价格

价格是构成采购成本的一个重要部分。价格太高，会提高采购成本，影响企业的经济效益。当然也不是价格越低越好，这里的低价格指的是在其他条件相同的情况下，选择价格低的供应商。

5. 服务水平

从现代营销观念看，企业采购的不仅是产品，而且还包括服务，特别是采购一些技术含量较高的产品（如机电产品）时，一定要选择能提供配套服务的供应商。

6. 信誉

在选择供应商时，应该选择有较高声誉、经营稳定、财务状况好的供应商，以避免给企业造成不应有的损失。守合同、讲信誉的供应商是企业选择时考虑的重要因素。同时，双方应该相互信任，讲究信誉，并能把这种关系保持下去。

7. 结算条件

在选择供应商时，若其可给予价格折扣或延期付款时，也可适当考虑，以充分利用资金的时间价值。

8. 快速响应能力

在市场经济条件下，市场竞争越来越激烈，客户对企业的要求越来越高，交货期越来越短，企业要求供应商能有较好的响应能力，能及时满足企业的需要。

在全球竞争加剧、产品需求日新月异的环境下，消费者的个性化需求越来越明显，许多企业为了适应消费者各种各样的需求，实行个性化的定制生产。只有生产的产品多样化，才能适应消费者需求的个性化，实现占有市场和获取利润的目的。

为了提高企业产品的市场竞争力，企业应提高柔性生产能力，而企业的柔性生产能力是以供应商的品种柔性为基础的，供应商的品种柔性决定了消费品的种类。

 小贴士

为了降低库存，许多企业都尽量实行准时生产（JIT），在这种形势下，供应商交货的准时性就显得更为重要。因此，交货准时性也是重要的影响供应商选择的因素。

9. 设计能力因素

集成化供应链是供应链的未来发展方向，产品的更新是企业的市场动力。产品的研发和设计不仅仅是生产商分内之事，集成化供应链要求供应商也应承担部分的研发和设计工作，提高供应的灵活性。因此，供应商的设计能力属于供应商选择机制的考虑范畴。

10. 特殊工艺能力因素

每种产品都具有其独特性，没有独特性的产品的市场生存能力较差，产品的独特性要求特殊的生产工艺。所以，供应商的特殊工艺能力也是影响因素之一。

11. 其他因素

地理位置、交货准确率、提供产品的规格种类是否齐全、同行企业对供应商的评价、供应商的管理水平、供应商是否愿为企业构建库存、供应商的项目管理能力、售后服务水平、库存水平等，也是应考虑的因素。

总之，要合理选择供应商，必须考虑以上各因素。但并不要求选择各方面都能达到最好要求的供应商，而是综合考虑以上各因素，通过一定的方法选择一个令人满意的供应商。

7.4.2 供应商选择的途径

选择最适当的供应商，是许多企业与机构采购部门最重要的职责之一。一般而言，供应商的家数越多，选择最适当供应商的机会就越大。因此，如何扩大寻找供应商的来源，便是采购人员相当重要的课题。寻找供应商，可通过下列各种途径来进行。

1. 利用现有的资料

在管理比较上轨道的公司，一般会建立合格厂商的档案或名册，因此采购人员不必舍近求远，应该就现有的厂商去甄选，分析和了解他们是否符合要求，如适当的品质、准时交货、合理的价格及必需的服务等。

2. 公开招标的方式

政府机构一般以公开招标的方式来寻找供应商，使符合资格的厂商均有参与投标的机会，不过企业通常比较少用此种方式。因为这是被动的寻找供应商方式，换句话说，如果最适合的供应商不主动来投标，恐怕就不能达到公开招标的目的。

3. 通过同行介绍

所谓"同行是冤家"，一般是指业务人员之间，相反，同行的采购人员之间倒是"亲家"，因为彼此可以联合采购或互通有无，同行会乐于提供供应商的参考名单。

4. 阅读专业刊物

采购人员可从各种专业性的杂志或刊物，获得许多产品供应商的信息，也可以从"采购指南"、"工商名录"、"黄页"等获得供应商的基本资料。

5. 协会或专业顾问公司

采购人员可以洽询拟购产品的同行公会，提供会员厂商名录，此外也可洽询专业顾问公司，特别是来源稀少或取得不易的物品，例如，精密的零件或管制性的仪器等。

6. 参加产品展示会

采购人员应参加有关行业的产品展示会，亲自收集适合本企业的供应商资料甚至进行当面洽谈。

最后，值得一提的是，供应厂商的寻找不应局限于本地或本国，也应该利用外地或国外的供应来源。利用网络或采购专业网站来寻找供应商，也越来越普遍。

7.4.3 供应商选择的方法

1. 直观判断法

直观判断法是指根据调查了解各供应商情况，通过征询意见、经验判断、综合分析来选择供应商。该种方法较易掌握，但缺乏定量分析，所以一般还应与其他方法一起使用。

2. 综合评分法

综合评分法即合理规定各选择标准的权数，然后根据统计资料，分别计算各准供应商相关因素的得分，选择其中得分最高者。

 小贴士

某采购企业按以下的权数来评价各准供应商：产品产量40分，价格35分，合同完成率25分，这几个供应商基本情况见表7-3。

表7-3 供应商基本情况表

供应商名称	收到产品量/件	验收合格品/件	单价/元	合同完成率/%
甲	2 000	1 920	0.89	98
乙	2 400	2 200	0.86	92
丙	600	480	0.93	95
丁	1 000	900	0.90	100

计算四个准供应商的综合得分。

甲：$1920/2000 \times 40 + 0.86/0.89 \times 35 + 0.98 \times 25 = 96.7$

乙：$2200/2400 \times 40 + 0.86/0.86 \times 35 + 0.92 \times 25 = 94.7$

丙：$480/600 \times 40 + 0.86/0.93 \times 35 + 0.95 \times 25 = 88.1$

丁：$900/1000 \times 40 + 0.86/0.90 \times 35 + 1 \times 25 = 94.4$

甲供应商得分最高，可予以选择。

3. 采购成本比较法

当供应商的产品质量和交货时间都能满足采购企业的要求时，便可进行采购成本比较，即分析不同的价格和采购中各项费用支出，从中选择采购成本最低的作为最佳供应商。

4. 招标法

招标法由采购企业提出采购(招标)条件，各供应商进行竞标，然后采购企业决标，与提出最有利条件的供应商签订购销协议。一般在采购数量大、供应企业多时采用这种方法选择最佳供应商。招标可以是公开的，也可以指定竞争招标。公开招标对投标者的资格不予限制，指定竞争招标则由采购企业预先选择若干供应商，再进行竞标和决标。招标法竞争性强，采购企业能在更广泛的范围内选择供应商，获得有利的供应条件。

5. 协商选择法

协商选择法由采购企业先选出供应条件较为有利的几个供应商，同它们分别协商，再确定合适的供应者。一般在可供单位较多，采购企业一时难以抉择时，采用该方法。与招标方法比较，协商选择方法因双方能充分协商，在产品质量、交货日期和售后服务等方面有保证，但由于选择范围有限，不一定能得到最便宜、供应条件最有利的供应来源。当采购时间紧迫、投标单位少、竞争劲头小时，协商选择法比招标法更为合适。

7.4.4 供应商选择的实施步骤

大型的公司、企业或其他机构一般都有自己长期合作的供应商群体，在进行新一轮采购时，一般会优先考虑已有的供应商群体。但由于市场需求瞬息万变，不能完全依赖已有的供应商群体，一旦不能满足新的采购需求，就必须重新选择。

供应商的选择是一项复杂、涉及面较广的工作，要做好这项工作，企业的决策者需因地制宜，对企业所处的内外环境进行详细的分析，根据企业的长期发展战略和核心竞争力，做出对供应商的选择，其实施步骤如图 7.4 所示。

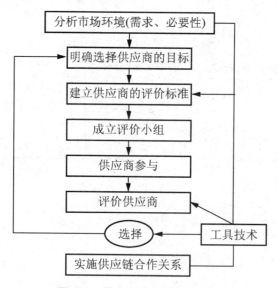

图 7.4　供应商选择的实施步骤

1. 分析市场竞争环境以及企业自身规模等客观条件

建立基于信任、合作、开放性交流的供应链长期合作关系，必须首先分析市场竞争环境，必须知道现在的产品需求是什么、产品的类型和特征是什么，找到针对哪些产品市场开发供应链合作关系才有效，以确认用户的需求，确定是否有建立供应链合作关系的必要，从而确认供应商选择的必要性。

企业的自身规模也是需要考虑的一个客观条件，根据企业的现状及规模的不同，来选择不同类型的供应商。

2. 明确选择供应商的目标

企业必须确定供应商的评价程序，必须建立实质性的、实际的目标。其中，降低企业的采购成本是主要目标之一。评价和选择供应商不仅仅是一个简单的评价、选择过程，它本身也是企业自身和企业与企业之间的一次业务流程的重构过程，如果实施好，它可以带来显著的经济效益。

企业可以从供应商手中获得并开发创新能力，企业需要重要供应商的大力支持，因为其拥有至关重要的能力来帮助企业实现其发展战略。

3. 建立对供应商的评价标准

供应商综合评价的指标体系是企业对供应商进行综合评价的依据和标准。不同行业、企业的产品需求和不同环境下的供应商的评价侧重点是不一样的，这些标准见表7-4。

表7-4 供应商评价要素表

要 素	标 准	要 素	标 准
交货时间	按时供应	服务	以企业的满意度为标准
质量	满足企业的质量体系	柔性	能按企业的要求改变和调整供应
价格	等于或低于采购价格	信誉	以上标准执行的合格情况

表7-4的各种要素中，质量仍被看做是第一位的。几乎所有的公司都认为质量是最重要的因素。如果价格低但产品质量有问题，用户会要求退款或不再采购该供应商的产品。除了质量、信誉、准时交货之外，供应商的规模和可持续发展能力也是选择供应商的重要标准。因为，这是决定其能否不断提供新技术和降低成本的重要依据。

选择供应商时，要注意和供应商达成明确的共识，与供应商保持良好的关系，让他们理解企业的使命，加强与供应商决策人员的沟通，明确双方合作的目标。积极主动地与供应商进行沟通，这主要表现在双方的经营理念要相一致，认可对方的企业目标。只有如此，合作双方才能把握短期利益和长期利益的平衡区域，达到"双赢"。

总之，在建立供应商的评价标准时，不外乎涉及供应商的业绩、设备管理、质量控制、人力资源开发、成本控制、技术开发、用户满意度、交货协议等各个方面。这是一个选择供应商问题的核心环节。不同的企业要根据上述确立的选择目标，来构建供应商的评价标准，并按此标准来选择供应商。

4. 建立供应商选择和实施的团队组织

供应商选择是企业发展过程中重要的功能之一。供应商的选择绝不是采购员个人的事，而是一个集体的决策，涉及企业的生产、技术、计划、财务、物流、市场等部门。因此，企业特别需要设立跨职能部门的团队组织来控制与实施供应商的选择。

5. 市场调研和数据的采集

尽可能地收集供应商的名单和资料，包括已有的供应商及从各种展销会、媒体、政府有关统计调查报告、网络、招标等渠道收集的新的供应商资料，以便从较大范围内找出较好的供应商。调研和数据采集是供应链选择机制的起始环节,市场调研和数据采集的正确与否是供应商选择的有效和准确实施的关键。

6. 在现有的供应商和潜在的供应商中选择

在现有的供应商和潜在的供应商中选择符合企业要求的供应商,是供应商选择机制的最后环节,根据现有的供应商和潜在的供应商的供应能力,利用所得到的调研数据,按照选择标准,对现有的供应商和潜在的供应商进行排序,从中选择最为有利的供应商。

7. 建立供应链合作关系

建立供应链合作关系也是不可忽视的重要环节。企业的决策者应该根据企业的具体状况和市场竞争态势,选择有效的供应链合作关系。在建立供应链合作关系的过程中,市场需求和市场竞争状态将不断变化,可以根据实际情况改变供应链合作关系或重新开始供应商选择。

7.4.5 供应商选择的策略

1. 稳定策略

选择综合素质较好的供应商作为合作伙伴,并不断加强两者的关系,以便长期合作。采用这种策略可使企业货源稳定,产品的质量、数量、交货期等得以保证,使企业能稳定地经营。

2. 动态选择策略

企业面临的经营环境总是在不断变化的。面对以下两种情况,企业要重新选择开发新的供应商。

(1) 市场的需求是多变的。为了满足市场的需要,企业的产品组合要不断地调整,导致企业采购的物品结构也要不断地调整。当原来供应商的经营范围与企业的需要不适应时,需调换供应商。

(2) 与供应商建立长期稳定的关系固然重要,但一些长期老关系的供应商的信誉会发生变化。为使企业不上当吃亏,应淘汰一些不合格的供应商,选择开发更好的供应商,与之建立合作关系。这也能促进供应商不断调整自己,提高信用。

3. 对应策略

针对不同的产品、不同的市场态势,在选择供应商时应分别采取不同对应的策略。下面是不同情况下选择供应商的对策。

(1) 科技含量较高的产品,在评价和选择供应商时,质量、服务因素权数大而对一般大宗商品在质量一定时,价格权数较大。

(2) 市场有3种态势,针对不同态势,在选择评价供应商时,应采取不同的对应策略。

① 供小于求的紧俏产品,因该种产品较紧俏,不及时购买就会买不到,影响企业的经营。因此,在选择评价供应商时,质量的权数适当放小,否则采购不到,会因小失大。

② 供大于求的滞销产品，因为是买方市场，企业采购时可选择的余地大，要货比多家，在选择评价供应商时将质量、价格的权数适当放大。

③ 供求平衡的平稳产品，评价选择供应商时，质量因素是主要的，其次才是价格因素。

7.4.6 供应商的评价

对供应商进行评价的基础是确定评价的内容、方法、地位和作用，基于供应商在企业供应链中的地位和作用，可以从以下几方面对此问题加以考虑。

1. 供应商是否遵守公司制定的供应商行为准则

供应商行为准则是企业对供应商最基本的行为约束，也是二者保持合作关系的基本保障，这是进行供应商评价的首要内容。

2. 供应商是否具备基本的职业道德

供应商具备基本的职业道德主要表现在以下几个方面。

（1）是否遵守企业指定的保密协议。
（2）是否通过不正当手段获得采购人员的信任。
（3）是否通过不正当手段邀请采购人员娱乐。
（4）是否串联相关其他企业哄抬物料价格。
（5）提供物料是否以次充好，能否达到合同约定的品质。
（6）是否让采购人员持有供应企业股份，以达到对其进行贿赂的目的。

3. 供应商是否具备良好的售后服务意识

采购物料在装配使用和运输过程中，可能因为质量问题或使用方式不当等原因而导致损坏。在发生这种情况时，供应商应及时修理，提供相关的售后服务支持，而不应借故拖延，或者让采购企业蒙受损失。

4. 供应商是否具备良好的质量改进意识和开拓创新意识

随着市场竞争的加剧，企业的技术创新、产品创新层出不穷。尤其是在高新技术企业中，产品更新换代的速度已以日计。企业的创新意识离不开供应商的支持和原材料品质和技术的进步，有时供应商的创新甚至是推动企业创新的原动力之一，它为企业提供了更大的利润空间。

5. 供应商是否具备良好的运作流程、规范的企业行为准则和现代化企业管理制度

管理混乱、行为规则不健全的供应商企业是很难在激烈的竞争中维持生存和发展的，因为这些问题的存在不利于和采购方建立长期稳定的合作关系。

6. 供应商是否具备良好的沟通和协调能力

企业之间的合作要建立在双方良好的沟通和协调之上。在生产和管理中，企业可能因为多种原因需要得到供应商的配合和帮助，如计算机制造企业和汽车制造企业，因为技术具有专用性就需要在专业人员的操作指导下进行组装生产。

7. 供应商是否具有良好的企业风险意识和风险管理能力

有些物料未来的市场需求很难确定，可能有大量需求，也可能仅具有研发阶段的供应。具有良好风险管理能力的供应商有能力在不确定的市场环境中，以合适的价格提供企业所需要的物料和产品，保证本企业生产活动的正常进行。

8. 供应商是否具有在规定的交货期内提供符合采购企业要求货品的能力

这是企业评价供应商的最低标准。无论是具有长期合作关系的供应商还是短期的供货合同，这一点都是至关重要的。

对供应商进行评价的内容涉及许多方面，不同企业对此有各自的具体要求和期望。对于大型企业尤其是跨国集团来讲，供应商选择的成功与否关系到企业整个系统的正常运作，因此他们对供应商进行评价时有更多、更严格的标准和广泛的内容。而中小企业对供应商的要求则相对较为宽松。另外，就评价内容而言，有些方面可以量化，有些则只能从企业在长期的运作中观察得到。许多企业根据自身规模和运作，根据实际情况形成了对供应商进行考评的指标体系。

7.4.7 供应商评价的步骤

供应商的评价要经过以下步骤。

1. 分析市场竞争环境

要想建立基于信任、合作、开放性交流的供应链长期合作关系，必须首先分析市场竞争环境。目的在于找到针对哪些产品市场开发供应链合作关系才有效，企业必须知道现在的产品需求、产品的类型和特征以此来确认客户的需求，确认是否有建立供应链合作关系的必要。

2. 建立选择的目标

企业必须确定供应商评价程序如何实施，而且必须建立实质性、实际的目标。供应商评价选择不是一个简单的过程，它本身也是企业自身的一次业务流程重构过程。

3. 建立供应商评价标准

供应商评价指标体系是企业对供应商进行综合评价的依据和标准，是反映企业本身和环境所构成复杂系统的不同属性的指标，是按隶属关系、层次结构有序组成的集合。以下几个方面可能影响供应链合作关系。

（1）供应商的业绩。
（2）设备管理。
（3）人力资源开发。
（4）质量控制。
（5）成本控制。
（6）技术开发。
（7）客户满意度。
（8）交货协议。

4. 建立评价小组

企业必须建立一个专门的小组控制和实施供应商评价,这个小组的组员以来自采购、质量、生产、工程等与供应链合作关系密切的部门为主。

5. 供应商参与

企业决定实施供应商评价,评价小组必须与初步选定的供应商取得联系,来确认他们是否愿意与企业建立供应链合作关系,是否有获得更高业绩水平的愿望。所以,企业应尽可能早地让供应商参与到评价的设计过程中来。

6. 评价供应商

评价供应商的一个主要工作是调查、收集有关供应商生产运作等全方面的信息。在收集供应商信息的基础上,就可以利用一定的工具和技术方法进行供应商的评价了。

7. 实施供应合作关系

在实施供应链合作关系的过程中,市场需求将不断变化。企业可以根据实际情况的需要及时修改供应商评价标准,或重新开始供应商评价选择。在重新选择供应商时,应给予合作供应商以足够的时间适应变化。

7.4.8 供应商评价的指标

供应商评价主要从以下几个方面指标进行考核。

1. 产品质量

产品质量是最重要的因素,在开始运作的一段时间内,主要加强对产品质量的检查。检查可分为两种:一种是全检,一种是抽检。全检工作量太大,一般采用抽检的方法。质量的好坏可以用质量合格率来描述。如果在一次交货中一共抽检了 n 件,其中有 m 件是合格的,则质量合格率为 p。其公式为

$$p = \frac{m}{n} \times 100\%$$

显然,质量合格率越高越好。有些情况下,企业采取对不合格产品退货的措施,这时质量合格率也可以用退货率来描述。所谓退货率,是指退货量占采购进货量的比率。如果采购进货 n 次(或件、个),其中退货 r 次(或件、个),则退货率可以用公式表示为

$$退货率 = \frac{r}{n} \times 100\%$$

2. 交货期

交货期也是一个很重要的考核指标参数。考察交货期主要是考察供应商的准时交货率,准时交货率可以用准时交货的次数与总交货次数之比来衡量,其公式为

$$交货准时率 = \frac{准时交货的次数}{总交货次数} \times 100\%$$

3. 交货量

考察交货量主要是考核按时交货量。按时交货量可以用按时交货量率来评价，按时交货量率是指给定交货期内的实际交货量与期内应完成交货量的比率，其公式为

$$按时交货量率 = \frac{期内实际交货量}{期内应完成交货量} \times 100\%$$

4. 工作质量

考核工作质量，可以用交货差错率和交货破损率来描述，其公式为

$$交货差错率 = \frac{期内交货差错率}{期内交货总量} \times 100\%$$

$$交货破损率 = \frac{期内交货破损率}{期内交货总量} \times 100\%$$

5. 价格

价格就是指供货的价格水平。考核供应商的价格水平，可以将它与市场同档次产品的平均价和最低价进行比较。分别用市场平均价格比率和市场最低价格比率来表示，其公式为

$$平均价格比率 = \frac{供应商的供货价格 - 市场平均价}{市场平均价} \times 100\%$$

$$最低价格比率 = \frac{供应商的供货价格 - 市场最低价}{市场最低价} \times 100\%$$

6. 进货费用水平

考核供应商的进货费用水平，可以用进货费用节约率来考核，其公式为

$$进货费用节约率 = \frac{本期进货费用 - 上期进货费用}{上期进货费用} \times 100\%$$

7. 信用度

信用度主要考核供应商履行自己的承诺、以诚待人、不故意拖账、欠账的程度。信用度可以用公式来描述为

$$信用度 = 1 - \frac{期内失信的次数}{期内交往总次数} \times 100\%$$

8. 配合度

主要考核供应商的协调精神。在与供应商相处的过程中，常常因为环境的变化或具体情况的变化，需要调整变更工作任务，这种变更可能要导致供应商的工作方式的变更，甚至导致供应商要做出一点牺牲。这一点可以考察供应商在这些方面积极配合的程度。另外如工作出现了困难，或者发生了问题，可能有时也需要供应商配合才能解决。这时，都可以看出供应商的配合程度。

考核供应商的配合度，主要靠人们的主观评分来考核。主要找与供应商相处的有关人员，让他们根据这个方面的体验为供应商评分。特别典型的，可能会有上报或投诉的情况。这时可以把上报或投诉的情况也作为评分依据。

7.5 供应商的关系管理

7.5.1 供应商关系的模式

传统的供需双方之间的竞争关系与供应链管理下的双赢关系模式的采购特征有很大的不同,基于此,供应关系主要分为以下两大类。

1. 竞争关系模式

竞争关系是价格驱动的,这种关系模式的采购策略表现为以下几点。

(1) 买方同时向多处供应商购货,通过供应商之间的价格竞争获得价格好处,同时也保证供应链的连续性。

(2) 买方通过供应商之间分配采购数量对供应商加以控制。

(3) 买方与供应商保持的是一种短期合同关系。

2. 双赢关系模式

双赢关系模式是一种供应商与生产商之间共同分享信息,通过合作和协商的相互行为。这种关系模式的采购策略表现为以下几点。

(1) 制造商对供应商给予协助,帮助供应商降低成本、改进质量、加快产品开发进度。

(2) 通过建立相互信任的关系提高效率,降低交易/管理成本。

(3) 长期的信任合作取代短期的合同。

(4) 比较多的信息交流。

3. 双赢关系对企业采购的意义

供应商与制造商的合作关系对于准时化采购的实施是非常重要的,只有建立良好的供需合作关系,准时化采购策略才能得以彻底贯彻落实,并取得预期的效果。

从供应商的角度来说,如果不实施准时化采购,由于缺乏和制造商的合作,库存、交货批量都比较大,而且在质量、需求方面都无法获得有效控制。通过建立准时化采购策略,把制造商的JIT思想扩展到供应商,加强了供需之间的联系与合作。

在开放性的动态信息交互下,面对商场需求的变化,供应商能够快速反应,提高了供应商的应变能力。对制造商来说,通过和供应商建立合作关系,实施准时化采购,管理水平得到提高,制造过程与产品质量得到有效控制,成本降低了,制造的敏捷性与柔性增加了。

概括起来,双赢关系对于采购中供需双方具有以下作用。

(1) 增加对整个供应链业务活动的共同责任感和利益的分享。

(2) 增加对未来需求的可预见性和可控能力,长期的合同关系会使供应计划更加稳定。

(3) 成功的客户有助于供应商的竞争力。

(4) 高质量的产品增加了供应商的竞争力。

(5) 增加对采购业务的控制能力。
(6) 通过长期的、有信任保证的订货合同保证了满足采购的要求。
(7) 减少和消除了不必要的对购进产品的检查活动。

建立互惠互利的合同是巩固和发展供需合作关系的根本保证。互惠互利包括了双方的承诺、信任、持久性。信守诺言，是商业活动成功的一项重要原则，没有信任的供应商，或没有信任的采购客户都不可能产生长期的合作关系，即使建立起合作关系也是暂时的。

持久性是保持合作关系的保证，没有长期的合作，双方就没有诚意做出更多改进和付出。机会主义和短期行为对供需合作关系将产生极大的破坏作用。

7.5.2 供应商关系的建立

企业在供应链管理环境下与供应商的关系是一种战略性合作关系，提倡一种双赢（Win-Win）机制。企业在采购过程中要想有效地实施采购策略，充分发挥供应商的作用就显得非常重要。采购策略的一个重要方面就是要搞好供应商的关系管理，逐步建立起与供应商的合作伙伴关系。要搞好供应商的关系管理，主要应注重以下几个方面的问题。

1. 建立准入制度

企业在采购过程中必须对众多的供应商进行选择。设立供应商准入制度，目的是从一开始就淘汰和筛选掉不合格的供应商，节约谈判时间。供应商准入制度一般由采购业务部制定、商品采购小组审核、总经理签发后实施。

供应商准入制度的核心是对供应商资格的要求，包括供应商的产品质量、产品价格、资金实力、服务水平、技术条件、资信状况、生产能力等。这些条件是供应商供货能力的基础，也是将来履行供货合同的前提保证。这些基本的背景资料要求供应商提供，并可通过银行、咨询公司等中介机构加以核实。

在通过对供应商的考核并认定供应商资格达到基本要求后，采购人员应将企业对具体供货要求的要点向供应商提出，初步询问供应商是否能够接受。如果对方能够接受，方可准入，并且将这些要点作为双方进一步谈判的基础。这些要点主要包括：商品的质量和包装要求；商品的送货、配货和退货要求；商品的付款要求等。

2. 合理使用供应商

供应商经过考核成为企业的正式供应商之后，就要开始进入日常的物资供应运作程序。与入选的供应商要做的第一项工作，就是要签订一份与供应商的正式合同。这份合同既是宣告双方合作关系的开始，也是一份双方承担责任与义务的责任状，也是将来双方合作关系的规范书。所以双方应当认真把这份合同书的合同条款协商好，然后双方签字盖章。协议生效后，它就成为直接约束双方的法律性文件，双方都必须遵守。

在供应商使用的初期，采购企业的采购部门，应当和供应商协调，建立起供应商运作的机制，相互在业务衔接、作业规范等方面建立起一个合作框架。在该框架的基础上，各自按时、按质、按量完成自己应当承担的工作。在日后供应商使用的整个期间，供应商当然尽职尽责，完成企业规定的物资供应工作。采购企业的采购管理部门应当按合同的规定，严格考核检查供应商执行合同、完成物资供应任务的情况。

3. 建立供应商接待制

在与供应商建立合作关系以后，为了规范采购和提高采购质量，企业应在同供应商接洽中建立严格的供应商接待制度，供应商接待制度包括以下三方面要求。

1）接待时间要求

为了保证采购业务人员有足够的时间去进行市场调查并制订采购计划，而不是将绝大多数时间、精力花在接待供应商上，企业应确立供应商接待日，最好定在物资采购小组召开例会的前一天，以便新物资采购的审核工作能及时进行，尽快给供应商一个是否进一步谈判的答复。

2）接待地点要求

为了规范采购人员和供应商的行为，接待地点一般定在公司采购业务部供应商接待室，不要在供应商提供的会议室，更不要在供应商的招待宴席上或娱乐场所中洽谈业务。

3）洽谈内容要求

首先要按采购的物资类别设置专职洽谈人员，负责接洽相关类别供应商；同时洽谈内容要紧紧围绕采购计划、促销计划和供应商文件进行，不能随意超越权限增加商品谈判内容。

4. 建立战略性的双赢供应合作关系

双赢关系已经成为供应链企业之间合作的典范，因此，要在采购管理中体现供应链的思想，对供应商的管理就应集中在如何与供应商建立双赢关系并且维护和保持双赢关系。

1）信息交流与共享机制

信息交流有助于减少投机行为，有助于促进重要生产信息的自由流动。为加强供应商与制造商的信息交流，可以从以下几个方面着手。

（1）在供应商与制造商之间经常进行有关成本、作业计划、质量控制信息的交流与沟通，保持信息的一致性和准确性。

（2）实施并行工程。制造商在产品设计阶段让供应商参与进来，这样供应商可以在原材料和零部件的性能和功能方面提供有关信息，为实施QFD（质量功能配置）的产品开发方法创造条件，把用户的价值需求及时地转化为供应商的原材料和零部件的质量与功能要求。

（3）建立联合的任务小组解决共同关心的问题。在供应商与制造商之间应建立一种基于团队的工作小组，双方的有关人员共同解决供应过程及制造过程中遇到的各种问题。

（4）供应商和制造商经常互访。供应商与制造商采购部门应经常性地互访，及时发现和解决各自在合作活动过程中出现的问题和困难，建立良好的合作气氛。

（5）使用电子数据交换（EDI）和互联网技术进行快速的数据传输。

2）合理的供应商评价方法和手段

没有合理的评价方法，就不可能对供应商的合作效果进行评价，将大大挫伤供应商的合作积极性和合作的稳定性。对供应商的评价要抓住主要指标或问题，比如交货质量是否改善，提前期是否缩短，交货的准时率是否提高等。通过评价，把结果反馈给供应商，和供应商一起共同探讨问题产生的根源，并采取相应的措施予以改进。

5. 供应商激励与控制

为了保证供应商使用期间日常物资供应工作的正常进行，须采取一系列的措施对供应商进行激励和控制。对供应商的激励与控制应当注意以下事项。

1) 逐渐建立起一种稳定可靠的关系

企业应当和供应商签订一个较长时间的业务合同关系，如1～3年。时间不宜太短，太短了让供应商不完全放心，不可能全心全意为搞好企业的物资供应工作而倾注全力。只有合同时间长，供应商才会感到放心、才会倾注全力与企业合作，搞好物资供应工作。特别是当业务量大时，供应商会把本企业看做是自己生存和发展的依靠和希望，这就会更加激励他努力与企业合作。企业发展，自己也得到发展；企业垮台自己也跟着垮台。由此形成一种休戚与共的关系。

2) 有意识地引入竞争机制

有意识地在供应商之间引入竞争机制，促使供应商之间在产品质量、服务质量和价格水平方面不断优化而努力。

3) 与供应商建立相互信任的关系

建立信任关系，包括在很多方面。例如，对信誉高的供应商的产品进行有针对性的免检，显示出企业对供应商的高度信任；或不定期地开一些企业领导的碰头会，交换意见，研究问题，协调工作，甚至开展一些互助合作。

特别对涉及企业之间的一些共同的业务、利益等有关问题，一定要开诚布公，把问题谈透、谈清楚。彼此之间需要树立起"双赢"的指导思想，一定要兼顾供应商的利益，尽可能让供应商有利可图。只有这样，双方才能真正建立起比较协调可靠的信任关系。

4) 建立相应的监督控制措施

在建立起信任关系的基础上，也要建立起比较得力的、相应的监督控制措施。特别是一旦供应商出现了一些问题，或者一些可能发生问题的苗头之后，一定要建立起相应的监督控制措施。根据情况的不同，可以分别采用以下一些措施。

(1) 对一些非常重要的供应商，或是当问题比较严重时，可以向供应商单位派常驻代表。常驻代表的作用，就是沟通信息、技术指导、监督检查等。

对于那些不太重要的供应商，或者问题不那么严重的单位，则视情况分别采用定期或不定期到工厂进行监督检查，或者设监督点对关键工序或特殊工序进行监督检查；或者要求供应商自己报告生产条件情况、提供产品的检验记录，用让大家进行分析评议等办法实行监督控制。

(2) 加强成品检验和进货检验，做好检验记录，退还不合格品，甚至追究赔款或罚款，督促供应商改进。

(3) 组织本企业管理技术人员对供应商进行辅导，提出产品技术规范要求，使其提高产品质量水平或企业服务水平。

 知识链接　供应商怎样为奥迪增加价值

随着新奥迪A3型汽车投放市场，奥迪在小型汽车市场已经成为领先者。A3通过其优秀的设计、优良的品质、安全性和广泛使用标准装置为业界设立了新标准。A3是奥迪仅用了24个月就开发成功的高级小型汽车。没有奥迪供应商的热心和参与，就不可能完成这样的任务。

在 A4 轿车和 Avant 轿车的开发中,奥迪已经在汽车供应行业的一体化方面开创了新领域。这里的专用语就是"同步工程"。同步工程是指开发步骤平行进行。这样做可以节省时间,但同时要求极强的纪律性和可靠的程序,因而对公司所有部门的职员和奥迪供应商的职员的要求方面必须彻底地改变。对于作为直接接口与供应行业相联系的采购部门尤其需要如此要求。

20 世纪 80 年代,"采购"仅仅代表一个主要以低成本采购为导向的部分购置过程。然而在今天,采购承担了全面产品开发过程的共同责任。这个变化的结果之一就是奥迪在选择供应商时进行的整体分析。作为前端供应来源的一个组成部分,这些供应商在一个很早的阶段就被奥迪整合在一起,有时甚至参与了设计阶段的工作。供应商有机会以其知识和经验承担产品设计以促进生产。

在产品计划的早期阶段,考虑到核心竞争力,物流、研发、控制和采购共同定义了开发和产品深度。这是影响奥迪品牌进入高级轿车行列的决定性因素。公司的目标就是以最大程度的连续性创造支持对模块和系统负责的过程链……奥迪希望其合作伙伴(供应商)逐渐发展成为提供全方位服务的系统供应商。

资料来源:http://edu.21cn.com/qy/Learn/41082.htm

 小贴士　供应商关系管理

在供应商管理中,必须将供应商关系分为不同的类别。目的是将企业的有限资源,发挥最高的效率,即企业要根据供应商对企业的重要程度设定优先次序、区别对待,以利于集中精力重点改进、发展对企业最重要的供应商。所以,供应商关系的分类是供应商关系管理的基础。

本 章 小 结

本章介绍了采购外包和供应商管理,阐述了外包的意义、作用和管理。介绍供应商管理在采购管理中的重要地位。主要介绍了供应商、供应商管理等概念,分别详细阐述了供应商考查与选择的内容与方法;供应商评估的必要性、评估标准的确立、评估指标体系的建立、评估方法等;选择供应商的标准、步骤和方法;加强供应商关系管理的重要性,供应商评价的内容、步骤和方法,以及进行供应商管理的主要措施。

练　　习

一、单项选择题

在每小题列出的四个备选项中只有一个是符合题目要求的,请将其代码填写在题中的括号内。

1. 下列(　　)不属于传统采购外包关注的重点。
A. 管理费用　　　　　　　　　　B. 信息系统
C. 技术领域　　　　　　　　　　D. 评估供应链采购和后勤行为

2. 中国台湾宏基公司将在台湾生产的系统转变为在台湾生产主板和监视器等关键零部件,其他部件则外包给市场所在地厂商生产,然后在市场地组装销售,从而提供给世界各地的消费者。这种模式推出后,库存时间从 100 天降到 50 天,资金周转率提高了一倍,新产品提前上市一个消费者月,产品也更能迅速满足个性的需求。这段话主要为了说明(　　)。

A. 该公司进行了流程再造，并取得成功

B. 该公司越来越符合市场的需求

C. 该公司在构建自身的核心竞争力

D. 该公司的外包战略运用使企业获得很大的成功

3. 下列（　　）外包是战略性的。

　　A. 办公室设计　　　　　　　　B. 员工餐厅

　　C. 复印　　　　　　　　　　　D. 与供应商联合进行研究和开发

4. 非常特殊和独特的MRO(过度的或非常特殊的)项目一般处于MRO与供应链采购关系图的（　　）部分。

　　A. 左上象限　　B. 左下象限　　C. 右上象限　　D. 右下象限

5. 目前美国公司的外包业务所占比重最高的是（　　）。

　　A. 客户清洁　　B. 运输　　　　C. 库存保管　　D. 货物付款

6. 在进行重大的资本性设备采购或选择战略伙伴型供应商时，主要通过（　　）去真正了解供应商。

　　A. 研究供应商提供的资料

　　B. 实地考察供应商

　　C. 发放调查问卷

　　D. 向大型的调查企业购买相关资料

7. （　　）的审核可以视企业自身情况而定。

　　A. 产品层次　　　　　　　　　B. 工艺过程层次

　　C. 质量保证体系层次　　　　　D. 公司层次

8. 常言说："一分钱，一分货。"这句话主要说明选择合适的供应商，必须考虑（　　）因素。

　　A. 价格　　　　B. 信誉　　　　C 技术水平　　D. 产品质量

9. 下列关于供应商行为准则说法错误的是（　　）。

　　A. 企业对供应商最基本的行为约束

　　B. 二者保持合作关系的基本保障

　　C. 进行供应商评价的首要内容

　　D. 建立供应商战略合作伙伴关系的基石

10. （　　）是企业评价供应商的最低标准。

　　A. 供应商是否具备基本的职业道德

　　B. 供应商是否具有良好的沟通和协调能力

　　C. 供应商是否具有在规定的交货期内提供符合采购企业要求货品的能力

　　D. 供应商是否具有良好的企业风险意识和风险管理能力

11. 要想建立基于信任、合作、开放性交流的供应链长期合作关系，必须首先（　　）。

　　A. 分析市场竞争环境　　　　　B. 建立供应商能够选择的目标

　　C. 建立供应商评价标准　　　　D. 评价供应商

12. 市场平均价格比率与（　　）成正比。

　　A. 市场最低价　　　　　　　　B. 市场最高价

C. 供应商的供货价格 D. 市场平均价

13. "80/20 规则"是指( )。
   A. 占20%价值的20%供应商为重点供应商,其余占80%采购金额的80%的为普通供应商
   B. 占80%价值的20%供应商为重点供应商,其余占20%采购金额的80%的为普通供应商
   C. 占80%价值的80%供应商为重点供应商,其余占20%采购金额的20%的为普通供应商
   D. 占20%价值的80%供应商为重点供应商,其余占80%采购金额的20%的为普通供应商

14. 对供应商的评价各要素中,( )是最重要的因素。
   A. 价格   B. 交货期   C. 产品质量   D. 信用度

15. 在对一个供应商进行认证审核之前,不属于供应商至少应满足的条件是( )。
   A. 供应商提交的样件已经通过认证
   B. 价格及其他商务条款符合要求
   C. 供应商审核必须合格
   D. 供应商具有良好的企业风险意识和风险管理能力

二、多项选择题

请把正确答案的序号填写在题中的括号内,多选、漏选、错选不给分。如果全部答案的序号完全相同,例如全选 ABCDE,则本大题不得分。

1. 外包有很多优势,主要体现在( )。
   A. 能降低风险或与合作伙伴分担风险
   B. 利用外包战略,公司可以集中有限的资源,建立自己的核心竞争力
   C. 可以有效控制合作伙伴
   D. 可以减小公司的规模,精简公司组织
   E. 容易和合作伙伴建立长期的战略合作伙伴关系

2. 初选供应商主要是要做好的工作是( )。
   A. 确定供应商的范围   B. 研究供应商提供的资料
   C. 实地考察供应商   D 真正了解供应商
   E. 确定三家以上的初选供应商

3. 供应商审核方法中的客观法可以具体分为( )。
   A. 调查表法   B. 现场打分评比法
   C. 供应商绩效考评法   D. 供应商综合审核
   E. 总成本法

4. 质量体系审核的主要内容包括( )。
   A. 质量检测   B. 管理职责   C. 资源管理
   D. 过程管理   E. 监测、分析与改进

5. 供应商选择策略有( )。
   A. 静态选择策略   B. 动态选择策略
   C. 稳定策略   D. 对应策略
   E. 长远策略

6. 市场有以下（　　）态势，在选择评价供应商时，应采取不同的对应策略。
A. 供小于求的紧俏产品　　　　　　B. 供大于求的滞销产品
C. 供求平衡的平稳产品　　　　　　D. 供小于求的替代产品
E. 供大于求的剩余产品

7. 供应商评价管理的具体目标是（　　）。
A. 获得符合企业总体质量和数量要求的产品和服务
B. 确保供应商能够提供最优质的服务、产品及最及时的供货
C. 力争以最低的成本获得最优的产品和服务
D. 淘汰不合格的供应商，开发有潜质的供应商，不断推陈出新
E. 维护和发展良好的、长期稳定的供应商合作关系

8. 供应商是否具备基本的职业道德这主要表现在以下（　　）。
A. 是否遵守企业指定的保密协议
B. 是否通过不正当手段获得采购人员的信任或邀请采购人员娱乐
C. 是否串联相关其他企业哄抬物料价格
D. 提供物料是否以次充好，能否达到合同约定的品质
E. 是否让采购人员持有供应企业股份，以达到对其进行贿赂的目的

9. 下列关于建立供应商评价标准描述正确的有（　　）。
A. 为建立供应商战略合作伙伴服务的
B. 不同行业、企业、不同产品需求和环境下的供应商评价都差不多
C. 企业对供应商进行综合评价的依据和标准
D. 反映企业本身和环境所构成复杂系统的不同属性的指标
E. 按隶属关系、层次结构有序组成的集合

10. 下列公式（　　）可以用来描述质量合格率。

A. $p = \dfrac{m}{n} \times 100$　　　　B. $p = \dfrac{n}{m} \times 100$　　　　C. $p = \dfrac{r}{n} \times 100$

D. $p = \dfrac{n}{r} \times 100$　　　　E. $p = \dfrac{r}{m} \times 100$

三、简答题

1. 什么是采购外包？外包有什么意义？
2. 什么是分包？什么是MRO外包？
3. 什么是供应商管理？供应商管理的内容有哪些？
4. 进行供应商管理的目标及战略有哪些？
5. 供应商选择的策略有哪些？
6. 供应商评价包括哪些步骤？
7. 进行供应商评估的标准与指标体系各有哪些？
8. 选择供应商的标准与步骤各有哪些？
9. 试述供应商选择的方法。
10. 要搞好供应商的关系管理，主要注重解决好哪几个方面的问题？

四、项目练习

项目：供应商的选择与评价

要求：在教师的指导下，实地调查学校所在城市的供应商企业，并与在图书馆、因特网、统计局等查找的资料相结合，分小组讨论、分析，最终得出供应商选择的相关数据。完成以下任务。

1. 通过对供应商进行调研与考察，建立有效的供应商档案。
2. 依据收集信息，确定供应商评估的参考指标。
3. 根据设定的供应商评估体系标准设计一个合理的评估计分系统，选择出合作伙伴。

按以上要求，在充分讨论基础上，形成小组的课题报告。

五、案例分析

TCL 公司的供应商评价工作

TCL 王牌电子(深圳)有限公司于 1992 年介入彩电行业。刚开始的供应商评价工作是由供应方即惠州长城公司来做的。1996 年，公司具备了生产条件之后才开始自行开展供应商评价工作。目前，TCL 公司已经建立起了一整套供应商评价体系。其评价原则也已逐渐成为企业文化的一部分。供应商评价工作在企业实施稳定的供应链合作关系、保证产品质量、降低生产成本、提高经济效益等方面发挥巨大的作用。

建立评价体系，通常要确定评价的项目、评价的标准、要达到的目标。这些问题明确以后，要建立相应的评价小组。TCL 王牌目前评价小组有 10 个，包括部品采购类、生产设备类、检测设备类、后勤设备类、动力设备类等，并针对每一类都制定了相应管理办法。

TCL 公司进行评价的对象主要有两类：现有供应商和新的潜在供应商。对于现有供应商，TCL 公司每个月都要做一个调查着重就价格、交货期、进货合格率、质量事故等进行正常评价，1~2 年做一次现场评价。由于 TCL 公司在行业内是较为领先的企业，因而其供应商在行业内也是很优秀的；对新的潜在供应商的评价过程要复杂一些，具体的操作过程是在公司产品开发提出了对新材料的需求后，就会要求潜在的目标供应商提供其基本的情况，内容包括：公司概况、生产规模、生产能力、给哪些企业供货、ISO 9000 认证、安全认证、相关记录、样品分析等，然后进行报价。同时，在实施供应链合作关系的过程中，市场需求和供应都在不断变化，TCL 公司在保持供应商相对稳定的条件下，会根据实际情况及时修改供应商评价标准，或重新开始新的供应商评价。目前，TCL 公司的供应商基本能做到 100%的产品合格率，因此，价格就成了评价的主要因素。TCL 公司会要求新的供应商提供一个成本分析表，内容包括生产某一元器件由哪些原材料组成、费用是如何构成的等，通过这些资料来分析里面的价格空间还有多少，如果认为有不合理的因素在里面，就会要求供应商进行调整。

TCL 公司有一个基本思路：合格的供应商队伍不应该总是静态的，而应该是动态的，这样才能引入竞争机制。TCL 公司的供应商基本上是行业内出类拔萃的，也几乎都是主动找上门来，希望能成为 TCL 公司的供应商。这也体现了市场经济的特点。TCL 公司坚持这样的一个理念："不管处在怎样的环境，都希望我们与供应商一起共同发展。"

资料来源：王为人．采购管理案例＋分析．北京：机械工业出版社，2013.

讨论：

1. 供应商评价的操作步骤有哪些？
2. 结合案例，一般从哪些方面考核供应商？
3. TCL 公司是如何评价供应商价格的？在供应商管理中，价格考核指标是什么？

第 8 章 采购预测与决策

【教学目标与要求】

本章主要介绍市场调查的功能和作用、调查的技术、采购市场预测、采购决策方法内容和程序、沉没成本、重置成本、差别成本、机会成本、付现成本。通过本章的学习,熟悉采购市场调查的功能和作用,掌握调查的技术。了解采购市场预测的作用、原理和程序。熟悉采购决策方法内容和程序。掌握定性预测分析及定量预测分析的方法。能运用采购预测及决策的理论和方法,解决实际工作中遇到的物流采购预测和决策的问题。熟悉采购成本决策中的沉没成本、重置成本、差别成本、机会成本、付现成本。

A 酒店的采购决策

A 酒店由于经营业绩的提升,准备在华北区域再开设几家连锁酒店,在装修完成之后,如何尽快配套酒店用品就成了酒店采购部接下来的重点工作。酒店需要采购一次性的家具、电器等大件用品,也需要采购床单、被罩等日常用品,还有保质期短、质量不稳定的鲜货类用品,如肉类、家禽类、蔬菜、蛋类等。

公司给采购部门的要求是:在充分满足酒店日常运营与客人日常需求的同时,尽量不增加企业的储存成本又能应付突发事件的发生。因此,采购部门正确的决策对于公司的经营和服务非常重要。

引例分析

采购决策是指根据企业经营目标的要求,提出各种可行方案,对方案进行评价和比较,按照满意性原则,对可行方案进行抉择并加以实施和执行的管理过程,是企业决策的重要组成部分。

采购决策是企业经营管理的一项重要内容,其关键问题是如何制定最佳的采购方案,确定合理的商品采购数量,为企业创造最大的经济效益。

8.1 物流采购市场调查

8.1.1 物流采购市场调查概述

1. 物流采购市场调查的功能

市场调查是社会调查的一个方面,它是以市场及与市场相联系的一切方面为对象,了解其历史、现状及影响其发展变化的诸因素的活动。市场调查有两层含义:一是指以市场为对象的调查研究活动或调查工作过程,它是一种经济调查;二是指研究和阐述市场调查理论和方法的一门科学,它是市场调查实践经验的科学总结,是了解市场、认识市场的有效方法和手段。通常所说的市场调查指前一种含义。

物流采购市场调查,指企业运用科学的方法,有系统有目的地搜集市场信息,记录、整理、分析市场情况,了解市场的现状及其发展趋势,为市场预测提供客观的、正确的资料。

2. 采购市场调查的作用

(1) 采购市场的调查是企业进行经营决策的基础。现代企业经营的重心在决策。信息是企业经营决策的前提。只有通过市场调查收集准确、及时的市场信息,并进行科学的加工处理,才能做出正确的决策,减少经营失误,把风险降低到最小限度。

(2) 采购市场调查是调整和矫正采购计划执行情况的重要依据。通过市场调查可以了解采购市场情况,检查企业采购计划是否正确,在哪些方面还存在不足,甚至失误;可以认识客观环境是否发生变化,出了哪些新问题和新情况,为企业提供修改和矫正计划的依据。

(3) 采购市场调查是改善企业经营管理的重要工具。在市场经济条件下,企业经营的好坏和经济效益的高低是通过市场来检验的。采购市场的调查是企业经营管理活动的出发点,也是了解和认识市场的一种有效方法。通过采购市场调查,取得企业经营活动所需的第一手资料,就可以制定正确的采购策略,取得较好的采购效益。

8.1.2 物流采购市场调查的程序

1. 采购市场调查程序

采购市场调查既是一项经济工作,又是一项科学实验。它具有很强的科学性。为了保证市场调查的准确性,必须遵循一定的科学程序。

市场调查一般可分为3个阶段7个步骤来进行,其基本程序如图8.1所示。

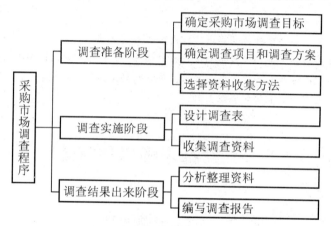

图8.1 采购市场调查的程序

(1) 确定采购市场调查目标。调查之前,要先确定调查的目的、范围和要求。如调查什么问题,解决什么问题,以谁作为调查对象等,只有调查目标明确,才能有的放矢。

(2) 确定调查项目和调查方案。在认真研究调查目标的价值、资料获得难易程度和所需费用多少的基础上,经过对比分析后,确定具体的调查项目。然后再根据调查项目的要求,具体确定调查地点、调查方法、调查人员等调查方案。

(3) 选择资料的收集方式。①调查方法:采用什么方法进行调查。②调查对象:由谁提供资料。③调查地点:在什么地方进行调查。④调查时间:什么时候调查最合适。⑤调查次数:一次调查或多次调查。

(4) 设计调查表格。调查表格和问卷设计的好坏,直接关系到调查内容的质量。为此,在调查过程中,为了有针对性地收集有关数据或文字资料,事先必须根据调查主题的要求,确定有关指标,设计各种不同的统计表格和问卷。调查表格和问卷的设计,必须使问题具体、重点突出,使被调查者乐于合作,能准确地记录和反映被调查者回答的事项,而且便于统计资料的整理。

(5) 收集调查资料。调查资料的收集是市场调查工作的重点。在一般情况下,企业采购市场调查收集的资料一般分为两种。一种是第一手资料,又称为原始资料;另一种是第二手资料,也叫间接资料。它是其他机关或个人搜集而且经过加工整理的资料,是现实资料,如政府公报、有关单位的海报等。

(6) 分析整理资料。通过市场调查所得的大量信息资料,往往是零星分散的,某些资料甚至是片面不真实的，不能系统而集中地说明问题。这就需要系统地加以整理分析，严格筛选，去粗取精，去伪存真，以保证资料系统完整和真实可靠。对资料的分析整理主要包括以下内容：①检查、核实与核对；②分类编号；③统计计算；④分析、结论。

（7）编写调查报告。在综合分析的基础上，作出结论，提出建议，写成调查报告供决策者参考。

2. 调查的内容

（1）引言：包括标题和前言。

（2）主体报告：①调查目的；②详细的解析方法；③调查结果的描述分析；④调查结论与结论摘要；⑤意见与建议。

（3）附件：包括样本的分配、图表及附录。

8.1.3 物流采购市场调查的方法

采购市场调查的方法，是指市场调查人员在实施调查过程中搜集各种信息资料所采用的具体方法。合理地选择采购市场调查方法，是物流采购市场调查中的重要环节，调查方法选得是否合适，对调查结果有一定的影响。采购市场调查的具体方法有询问法、观察法、实验法三大类。

1. 询问法

询问法是指调查者用被调查者愿意接受的方式向其提出问题，得到回答，获得所需要的资料。询问法又分为3种。①问卷调查法。其基本做法是根据调查目的，在制定好调查提纲的基础上，制定出简明易填的调查问卷。将设计好的问卷交给或邮寄给被调查者，请其自行填答后交回或寄回。②面谈调查法。其基本做法是走出去或请进来，由调查人员直接与调查对象见面，当面询问或举行座谈会，互相启发，从而了解历史和现状，搜集信息，取得数据。③电话调查法。其基本做法是调查人员根据抽样规定或样本范围用电话询问对方的意见。

2. 观察法

观察法是指调查人员在现场对调查对象进行直接观察记录，取得第一手资料的一种调查方法。这种调查方式的基本做法是：调查人员直接到市场，对被调查的现实情况和数量进行观察与记录，并辅之以照相、录像、录音等手段，往往使被调查者并不感觉到正在被调查。这种调查方法的主要优点是，调查的结果比较真实可靠，用仪器进行观察比较客观。缺点是只能观察被调查者的表面活动，不能了解其内在的因素，调查结果是否正确受调查人员的业务技术水平所制约。

3. 实验法

实验法是把调查对象置于一定的条件下，了解其发展趋势的一种调查方法。它用于在给定的试验条件下，在一定范围内观察经济现象中自变量与因变量之间的变动关系，并作出相应的分析判断，为企业预测和决策提供依据。这种调查方法的优点是可以有控制地分析市场变量之间是否存在着因果关系以及自变量的变动对因变量的影响程度，可获得比较正确的情况和数据，作为预测和决策的可靠基础。缺点是相同的实验条件不易选择，变动因素不易掌握，实验结果不易比较，实验时间较长，取得资料的速度慢，费用较高。

8.1.4 物流采购市场调查的技术

1. 调查表设计

调查表是指系统地记载需要调查的问题和调查项目的表格。它是用来反映调查的基本内容，为调查人员询问和被调查者回答提供依据，是实现调查任务的重要工具。调查表的设计效果如何，直接关系到调查结果的质量。设计不当的调查表，往往会造成调查材料遗漏错误以致无法进行汇总与分析。

调查表的设计是一项细致复杂的工作，它的基本要求是：问题具体，重点突出，能正确记录和反映被调查者回答的事项，便于资料的统计和整理，使被调查者乐于合作。

（1）调查表的构成。一张完善的调查表通常由以下几部分组成：①被调查者的基本情况，包括被调查者的姓名、性别、年龄、职业、工作单位等，列入这些项目是为了便于对调查资料进行分类和具体分析；②调查内容，它是调查表中最主要的组成部分，是指所需调查内容的具体项目，如采购什么，采购多少，什么时间采购等；③调查表填写说明，包括填表目的要求，调查项目的含义，调查时间及注意事项等的说明，目的在于取得被调查者的合作，明确填表的要求和方法；④调查表编号，有些调查表还应加以编号，以便分类归档，或由计算机处理。

（2）设计调查表的步骤。设计调查表，一般可取得以下步骤。①根据调查目的要求，拟定调查提纲。调查提纲是调查人员事先准备好的，要向被调查者提出的问题。这些问题的类型一般有是非题、选择题、问卷题、顺位题和评定题5种。②根据调查提纲的要求，确定调查表的形式，开列调查项目清单，编写提出的命题。③按照调查表各个构成部分的要求，设计调查表格。④将初步设计的调查表，进行实验性调查，然后作必要的修改，以确定最终的调查表。

（3）设计调查表应注意的几个问题：①确定调查的问题与项目，要把调查需要和是否可能结合起来考虑；②调查提纲的拟定要根据调查内容和调查对象的不同特点，灵活应用；③调查中使用的命题用语，要通俗易懂，简明扼要；④调查表的排列格式，要清晰明朗，顺理成章，有助于被调查者回答问题；⑤在调查表的设计过程中，要反复检查修改，发现问题，及时纠正。

2. 询问调查技术

（1）自由回答法，是指调查人员根据调查主题提出问题，由被调查者自由回答，不受任何约束来回答的方法。例如："你们单位一般在什么时候采购原料？"这种询问法，气氛活跃，回答自由，有利于被调查者回答和思考问题。

（2）二项选择法，又称是非法、真伪法，是指所提的问题只允许在两个答案中选择一个的提问方法。例如："你们单位从什么地方采购原料？①陕西；②山东。"这种提问，其优点是可以得到明确的答复，而且时间较快，易于统计，缺点是不能表示意见的深度和广度。

（3）多项选择法，是指调查人员事先对所提出的问题，拟定若干个答案，供被调查者从中选择一个或数个。例如："你们单位采购物资的方式是：①随时采购（　　）；②定时采购（　　）；③现货采购（　　）；④期货合同采购（　　）。"被调查者可将选择的答案在括号中打√号。这种方法可以避免是非题强制选择的缺点，也便于统计。但被选择的答案不宜过多，否则，被调查者难以选择，也不便于归类整理。

(4) 顺位法，是指在多项选择的基础上，由被调查者根据自己的认识程度，对所列答案定出先后顺序。例如："根据你单位采购要求，请排出采购因素考虑的先后顺序：①价格（   ）；②距离（   ）；③质量（   ）；④服务（   ）"。采用这种方法，答案不宜过多，顺位确定要以调查目的而定。

(5) 评定法，是指要求被调查者表示自己对某个问题的认识程度。例如："你认为本单位采购的物资质量怎样？①优（   ）；②良（   ）；③一般（   ）。"请根据你单位的看法在括号中打√号。利用这种方法拟定问题时，要注意无关的问题不要列入；所拟问题要在被调查者能够答复的范围内；还要注意询问语气的措辞和语气。

3. 抽样调查技术

调查资料最好用全面调查的方法。但全面调查花费的人、财、物很多，调查周期较长，在物流采购市场调查中一般用得很少。抽样在采购市场调查中使用得最为广泛，因为它省钱、省时、省力的方式而得到与普遍调查相接近的结果。

所谓抽样调查，就是根据一定的原则，从调查对象的总体中抽出一部分样本进行调查，从而推断总体情况的方法。采用抽样调查，必须解决3个问题：一是合理确定抽样方法；二是合理确定样本的大小；三是判断抽样调查的误差。

抽样调查可分为随机抽样和非随机抽样两大类。随机抽样是指在总体中按随机原则抽取一定数量的样本进行观察，用所得的样本数据推断总体情况。非随机抽样是指不按随机原则，而是按调查者主观设立的某个标准，抽选样本单位。

(1) 随机抽样的常用方法有以下几种。①简单随机抽样，也称纯随机抽样。就是在总体单位中不进行分组、排队，排除任何有目的的选择，完全按随机原则抽样选取调查单位。在物流采购市场调查中，通常采用抽签法或随机数字表法抽选调查单位。前者是将总体中的每一个体逐一编上号码，然后随机抽取，直到抽足预选规定的样本数目为止；后者是利用预先编号的随机数字表来抽选样本单位。随机数字表含有一系列组别数字的表格。它是利于特别的摇码机器，在0～9的数字中，按照每组数字位数的要求，自动地随机摇出一定数目的号码编成，以备查用。②分类随机抽样，也称分层随机抽样。就是将总体中所有单位按主要特征进行分类，然后在各类中再用随机抽样方法抽取样本单位。③分群随机抽样。它是将总体先分为若干群体，再从各群体中随机抽取样本，其抽取的样本不是一个而是一群，所以称分群随机抽样。

(2) 非随机抽样的常用方法有以下几种。①任意抽样。它是根据调查者方便与否，随机抽选调查单位的一种抽样方法。这种方法简便易行，调查费用也少，但抽取的样本偏差大，结果不够准确，因此，在正式调查中很少使用。②判断抽样。它是根据调查者的主观判断选定调查单位的一种抽样方法。判断抽样有两种做法：一种是由专家判断决定所选样本，一般选取"多数型"或"平均型"的样本为调查单位。另一种是利用统计判断来选取样本，即利用调查对象的全面统计资料，按照一定标准，选取样本。这种方法能适应某些特殊需要，调查的回收率较高，但容易出现因主观判断失误而造成的抽样偏差。③配额抽样。它是在调查总体中按分类控制特性，先确定样本分配数额，然后由调查人员在规定的分配数额范围内，主观判断调查单位的一种抽样方式。配额抽样可分为独立控制和相互控制两种。前者是指只对某种特性的样本数目加以规定,而不规定必须同时具有两种或两种以上特性的样本数额;后者是指各种特性之间有联带关系,每个样本的数目都有所规定,并按特性配额所规定的样本数,制成一个交叉控制表。通过此表,调查人员能够确定如何分配,使抽选的样本满足各种特性配额。

8.2 物流采购市场预测

8.2.1 物流采购市场预测概述

1. 概念

预测就是根据过去和现在的已知因素,运用人们的知识、经验和科学方法预先估计,并推测事物未来的发展趋势的活动过程。

物流采购预测是指依据掌握的物流采购活动信息、历史采购资料以及采购与各种技术经济因素的相互依存关系,采用科学的方法,对物流企业未来采购水平及其变化趋势做出的科学推测。采购预测是物流企业工作的重要组成部分,是采购管理的重要环节。在社会主义市场经济中,竞争越演越烈,技术更新不断加速,企业要想在竞争中生存求发展,不能只停留在事后的采购成本核算和分析之上,即不能只是反映实际消耗和分析成本升降的原因,而更应当着眼于未来,合理地计划出未来一定时期的采购成本水平和目标利润。能否实现预期的目标利润,关键的是在于采购的科学预测。因此,必须对物流采购的各种因素进行科学分析,准确预测降低成本。

 小贴士 预测的必要性

"守诺者大会"要依赖良好的物流管理来保证宗教活动准时开展。"守诺者大会"是一个基督教组织,在全美主持23项重要活动——参加者从50人~8万人不等。其中许多活动的运作规模很大,需要大型卡车公司来承担这些活动的物流工作。承运人利用定时送货的概念来协调捐献物品的供应,比如,将《圣经》从芝加哥运出或者将帽子从堪萨斯城运出,同时另用拖车来运输讲坛设备。设备必须先进行组装,然后分秒不差地送到活动场所。由于活动一般在体育场、赛车场或类似场所举行,同一周末这些场所还安排有其他活动(球赛、赛车等)。整个过程中,大约有30车物料的运输活动需要协调,货物要准点送到,准时离开,以免妨碍其他活动的物流工作。此外,运作中还运用了计算机技术跟踪卡车,以保证各个环节配合得天衣无缝。

2. 采购预测的意义

(1) 采购预测是进行物流采购决策和编制物流采购计划的依据。物流企业的任何重要生产经营活动,都需要做出预测。采购预测对物流企业来说,主要是指在进行物流服务之前对采购数量的科学估算。如提供不同的服务水平所需成本水平,对客户提供个性化服务是否有利可图,提供服务方案的安排等,若无事前的采购预测,很难做出正确的决策及其控制。通过预测,对未来物流采购活动可能出现的有利和不利因素,进行全面的分析,以避免采购决策的片面性和局限性,把采购成本降低到最低。

(2) 采购预测是正确编制物流采购计划的前提。预测是对未来事件的描述,预测是决策的基础，它直接服务于决策，是科学决策的前提条件。计划是对未来的具体部署，预测的下一步就应该是计划和执行。要制定正确的物流采购计划，离不开通过正确采购预测所提供的数据资料。所以，采购预测是物流企业编制采购计划过程中不可缺少的科学分析阶段，是物流采购计划的基础工作。

（3）采购预测能为物流企业挖掘降低成本的潜力、获得更多的第三利润。通过预测，可以预测哪些物流项目成本最低、经济效益最高，以便企业领导选择成本最低、效益最高的采购途径，从而为物流成本控制确立方向，应从哪些环节入手，从而选择最优的物流服务方案，提高经济效益。

3. 物流采购市场预测的作用

预测思想，古已有之。"凡事预则立，不预则废"；"人无远虑，必有近忧"。预测是指对尚未发生的事件或已发生的事件的未来前景所做的推测或判断。物流采购市场预测，就是指在采购市场调查所取得的各种信息的基础上，经过分析研究，运用科学的方法和手段，对未来一定时期内采购市场的变化趋势和影响因素所做的估计和推断。

市场预测是生产社会化和商品经济的产物。在商品经济迅速发展的情况下，经济贸易已打破了地区界限、国家界限，市场规模空前广阔，竞争日趋激烈。企业迫切需要了解市场变化趋势和竞争对手的情况，以便进行采购决策。于是，市场预测的必要性和重要性也日益明显，已成为企业生存和发展的重要条件之一。市场预测主要有以下作用。

（1）采购市场预测是企业采购决策的前提。决策是企业采购活动的核心，没有对未来发展趋势的预测，决策只能是盲目的，只有在科学预测的基础上作出的决策，才能靠得住、行得通。

（2）采购市场预测是企业编制采购计划的依据。企业采购计划是对未来行动的部署，采购市场预测是对企业采购市场未来发展趋势的陈述，有了预测，才能更好地进行计划，部署行动，使计划适应采购市场环境的变化。

（3）采购市场预测是企业增强竞争能力和提高经营管理水平的重要手段。

8.2.2 物流采购市场预测的原理

1. 可知性原理

辩证唯物主义把实践的观点作为认识论的第一的和基本的观点。辩证唯物主义的认识论认为，客观世界是可知的，客观事物的变化规律是可以认识的。

人们通过"实践——认识——再实践——再认识"这一无限反复过程，就可以认识客观世界和客观事物发展变化的规律性。采购市场预测活动的实践，就是可知性原理在物流采购市场领域的应用。

2. 系统论原理

系统论原理是把市场预测的对象看作一个系统，以系统论原理指导市场预测活动。系统论认为，每个系统内部各个组成部分之间存在着相互联系，相互制约的关系，它同其他系统之间也是相互联系、相互制约的。例如，企业对某种物资采购量的预测，要考虑企业内部的各种因素对该物资需要的影响，同时，也要考虑市场上的资源情况、价格波动情况、竞争情况，等等。市场预测活动不是孤立的，而是同其他预测活动密切相关的。因此，进行采购市场预测必须以系统论原理为指导。

3. 因果性原理

因果性原理是指客观事物各种现象之间存在着一定的因果关系，人们可以从已知的原因推测出未知的结果。在采购市场预测中，如能找到客观事物与影响因素之间的因果关系规律，只要把握住客观事物变化的原因，就可以推断出其必然的结果。

4. 连贯性原理

连贯性原理是指客观事物发展的各个阶段具有合乎规律的连续性，今天的情况是由昨天的情况演变而来，明天的情况又是今天情况顺序发展的结果。也就是说，过去和现在的事情持续发展到未来。按照这个原理，未来情况和过去的情况有相似之处，当然也会有变化。但是很多方面具有继承性。既然如此，连贯性原理便可以用来分析未来事物的变化过程，并据此来进行采购市场预测。

5. 类推性原理

类推性原理是指按照某一事物的发展变化规律，推出和它类似的其他事物的发展变化规律。

6. 可控性原理

可控性原理是指人们对所预测的客观经济事件的未来发展趋势和进程，在一定程度上可以加以控制。人们在客观事物发展规律面前，不是完全无能为力的，当人们认识了客观事物的发展趋势后，可以采取积极措施，使预测对象的发展趋势朝着人们所希望的方向发展。

8.2.3 物流采购市场预测的程序

物流采购市场预测是一个比较复杂的系统分析过程，为了保证预测结果的正确性、可靠性，就必须采取科学的态度，遵循正确的程序。物流采购市场预测的程序如图8.2所示。

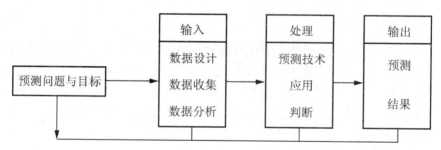

图8.2 采购市场预测的程序

1. 确定预测目标

由于预测的目标、对象、期限不同，预测所采用的分析方法、资料数据收集也就不同。因此，采购市场预测首先要明确规定预测的目标，即预测要达到什么要求，解决什么问题，预测的对象是什么，预测的范围、时间等。

2. 拟定预测计划

预测计划是预测目标的具体化，即要具体地规定预测的精度要求、工作日程、参加人员及分工等。

3. 收集分析数据资料

预测要广泛收集影响预测对象未来发展的企业可控与不可控的一切资料，即内部与外部环境的历史与现状的资料。对资料要加以整理、分析，剔除由于偶然因素造成的不正常情况的资料。

4. 选择预测方法

建立预测模型。据美国斯坦福研究所统计，随着科学技术的飞速发展，预测方法已有150多种。预测方法不同，适应范围和预测精度也各有不同。因此，应根据预测的目的范围、预测期的长短、精度要求，以及数据资料的占有情况，选择不同的预测方法。选择的原则是误差小、时间快、方法简、费用省。

小贴士　预测降低成本

美国洛杉矶西海报关公司与码头、机场、海关都有信息联网。当货物从世界各地起运，客户便可以从该公司获得准确的到达时间、到泊（岸）位置，使收货人与各仓储、运输公司等相关部门做好准备，以便货物快速流动安全、高效地直达目的地。再如，美国橡胶公司（USCO）的物流分公司设立了信息处理中心，接受世界各地的订单，通常在几小时内便可把货物送到客户手中。良好的信息系统能大大提高服务水平，赢得客户的尊敬与信赖。

在大型的配送公司里，往往建立了 ECR 和 JIT 系统。所谓 ECR，即有效客户信息反馈，它可以做到客户要什么就生产什么，而不是生产出东西等客户来买。如果平常仓库货物的周转次数每年约 20 次左右，那么利用 ECR 这种有效手段之后便可提高到每年约 24 次左右，使得仓库的吞吐量大大增加。通过 JIT 系统，企业可以从零售商店很快地得到销售反馈信息，不仅实现了内部的信息网络化，而且增强了对货物信息的跟踪、反馈能力，从而大大提高了物流企业的服务水平，降低了成本，增强了竞争力。

5. 估计预测误差

预测误差在所难免。误差大小可用平均绝对误差（MAD）来表示，其计算公式为

$$MAD = \frac{\sum [实际值(D_i) - 预测值(F_i)]}{期数(n)}$$

式中：$i = 1, 2, 3, \cdots, n$。

为了避免预测误差过大，要对预测值的可信度进行估计，即分析各种因素的变化对预测可能发生的影响，并对预测值进行必要的修正。

6. 提出预测报告和策略性建议，追踪检查预测结果

通过数学模型计算而得到的预测值，不可能把影响采购市场预测的全部因素考虑进去；即使有些因素已经考虑，但各种因素影响程度的估算也会有偏差；再加之预测人员的素质对预测结果也会有影响。

因此，预测结果仅仅是企业确定市场采购量变化的起点。若发现预测与实际不符，应立即进行修改调整，并分析产生误差的原因，修正预测模型，提高以后的预测精度。

8.2.4 物流采购市场预测的方法

1. 定性预测方法

1)类推法

类推法是指应用类推性原理,把预测目标同其他类似事物加以对比分析,推断预测目标未来发展变化趋势的一种预测方法。类推法可分为相关类推和对比类推两种。前者是从已知相关的各种市场因素之间的变化来推断预测目标的变动趋势。后者是把预测目标同其他事物加以对比分析来推断其未来发展趋势。

2)特尔斐法

特尔斐法又名专家意见法。它是由美国兰德公司在20世纪40年代末期提出来的。这种方法主要是利用有关方面专家的专业知识和对市场变化的敏感洞察力,在对过去发生的事件和历史信息资料进行综合分析的基础上得出预测结论。按照这种方法的程序,须请有关专家以匿名方式对预测项目作出答复,然后把这些答案综合整理,再反馈给这些专家,将所得的意见再次反馈,如此反复多次,直到得出趋于一致的结论,以代表多数专家的意见。这种方法的优点是专家们以匿名方式无约束地发表意见,能够避免别人尤其是权威人士意见的影响,反映各位专家的真实看法,得出较为可靠的预测。缺点是该方法要经过多次的征询与反馈,程序繁杂,时间较长,不利于及时作出预测。

3)用户调查法

用户调查法是指调查者向采购企业进行直接调查,分析他们采购量的变化趋势,预测某种物资在未来一定时期的采购量。用户调查法可以采用全面调查法、抽样调查法、典型调查法。全面调查法所需要的时间长、费用高,实行起来困难大,而采用抽样调查法或典型调查法,根据少数用户或重点用户的情况,推断出全部用户的情况。这样做既省时间,又省费用,而且预测结果也能比较准确。

4)经验判断法

经验判断法是指依靠熟悉业务的有经验和综合分析能力的人来进行预测的方法。为了提高经验判断的准确性,往往不是依靠个人的经验判断,而是依靠一些人的集体经验对预测目标作出判断,这样可以克服个人认识的片面性。在物流采购市场的预测中,常用的经验判断法有以下几种。①经理人员评判法。这种方法是指把一些经理人员集中起来,座谈研究市场的前景。由于他们都主管一种业务,对市场情况和发展方向比较清楚,经过座谈,互相启发,互相补充,能作出比较切合实际的判断。②采购人员意见综合法。企业召集直接从事市场采购工作的有关人员,对市场进行预测。由于他们对自己负责的区域及联系部门是熟悉的,因此他们的估计是比较可信的,这些直接从事市场工作的有关人员,尽管他们只看到一个局部,但他们所做的预测对于短期的预测还是比较准确的,当然用于中长期预测是有一定困难的。③意见汇总法。这种方法是汇总企业采购所属各个部门的预测意见,然后加以分析判断,确定本企业预测结果的一种方法。经验判断法的优点是比较简单迅速,费用较省。缺点是容易受当时的乐观或悲观气氛的影响,使预测结果出现过高或过低的偏向。

2. 定量预测方法

定量预测法是用数学的方法,对过去的历史资料进行科学的处理与加工,借以揭示有关因素和变量之间的数量关系，以此作为预测的依据。定量预测法可分为两类：一类是以某一指标过去的变化趋势，预测未来，把未来看作是过去的延伸；另一类是利用指标间的数量关系，以一个指标的变动为基础，来推断另一个指标的变动程度。定量预测方法中运用比较广泛的有高低点法、回归分析法、本量利分析法、时间序列法、投入—产出法等，下面介绍几种常用的预测方法。

1）时间序列预测法

时间序列预测法是根据历史统计资料的时间序列，预测事物发展趋势的方法。该方法常用的工具有以下几种：简单平均法、移动平均法、指数平滑法等。

（1）简单平均法。它是在对时间序列进行分析研究的基础上，计算时间序列预测方法。这种方法简便易行，不需要复杂的模型设计和数学运算，是市场预测中最简单的定量预测方法。方法虽然简单，但只要使用得当，也可以取得良好的预测效果。

简单平均预测法根据所计算的平均数不同，主要包括简单平均数预测法、加权平均数预测法、平均增减量预测法、平均发展速度预测法。

（2）移动平均法。它是对时间序列观察值由远向近按一定跨越期计算平均值的一种预测方法。随着观察值的向后推移，平均值也向后移动，形成一个由平均值组成的新的时间序列，对新时间序列中平均值加以调整，可作为观察期内的估计值，最后一个平均值是预测值计算的依据。移动平均法包括一次移动平均法、二次移动平均法及加权移动平均法等。

（3）指数平滑法。指数平滑法就是根据本期的实际值和预测值来预测下一期数值的方法。它实际上是一种特殊的加权移动平均法。其特点有以下几种。

①对离预测期近的观察值，给予较大的权数，对离预测期渐远的观察值给予递减的权数。②对于同一市场现象连续计算其指数平滑值，由近及远按等比级数减小。③指数平滑法中的平滑系数 O，是一个可调节的权数值，$0 \leqslant O \leqslant 1$。

指数平滑法在实际预测中可分为一次指数平滑法和多次指数平滑法。一次指数平滑法一般用于近期预测，其中一次指数平滑法中平滑值及预测值的计算公式为

$$S_t^{(1)} = \alpha y_t + (1-\alpha) S_{t-1}^{(1)}$$

$$y_{t+1} = S_t^{(1)}$$

式中：y_t——观测对象的第 t 期预测值（观测值）；$S_t^{(1)}$——第 t 期的一次指数平滑期；α——平滑系数；$[y_1, y_2, \cdots, y_n]$——原始时间序列。

难点例释

某企业 2013 年的成本预测值为 30 000 元，系数为 0.4，要求用指数平滑法预测 2014 年的采购总成本。

解：$M_t = 0.4 \times 36\,000 + (1-0.4) \times 30\,000 = 32\,400$（元）

2）回归预测法

回归预测法就是对具有相关关系的变量之间数量变化的一般关系进行测定，配合一个相关的数学方程式，以便进行估计或预测的统计方法。根据回归分析方法得出的数学方程式称为回归方程。根据具体资料的性质不同，回归方程有直线方程和曲线方程。通过回归方程的建立，就可以根据自变量的数值来估计或推测因变量的理论值。

（1）一元回归预测。一元回归是指研究两个变量之间数量变动关系的回归分析。即一个自变量和一个因变量之间的数量变动关系。由于社会经济现象的复杂性，两个变量的相关关系呈现出不同的形态，既有直线形式，也有不同的曲线形式。因此，一元回归预测可分为直线回归预测和曲线回归预测。

① 直线回归预测。进行直线回归预测时要根据自变量和因变量的数值资料，配合一条回归直线来表示变量间的一般数量变化关系。

直线回归方程的一般形式为 $y = a + bx$

式中：x 为自变量；y 为因变量；a 为回归系数；b 为回归系数。

可得出直线回归方程中的参数 a、b 的求解方程组为

$$\sum y = na + b\sum x$$
$$\sum xy = a\sum x + b\sum x^2$$

② 曲线回归预测。在实际工作中，可能会遇到现象之间相当复杂的相互依存关系，以至于不能用直线方程来表现，在这种情况下，就要根据现象之间的相互关系的形式，采用不同的曲线方程来表现。

曲线回归模型很多，如二次曲线、双曲线、指数曲线、对数曲线等。在进行回归分析时，要根据相关现象原始资料，正确选择回归模型。

（2）多元回归预测。前面研究了一元回归问题，它反映的是某一个因变量与一个自变量之间的变动关系。但是，客观现象之间的联系是复杂的，许多现象的变动涉及多个变量之间的数量关系。例如，物流企业经营成本，不仅与企业提供的服务产品产量有关，还与企业的技术水平、管理水平以及燃料的价格有关。在统计中，研究一个因变量与多个自变量之间变动关系的理论和方法称为多元回归分析。

多元回归可分为多元线性回归与多元非线性回归，这里只讨论最常用的多元线性回归问题。

多元线性回归方程用于表达一个因变量与多个自变量之间相互关系及其规律性的一种数学模型，其方程的一般形式为

$$y_c = a + b_1x_1 + b_2x_2 + \cdots + b_nx_n$$

式中：x——自变量；y——因变量；a_1——未知参数；b_1——未知参数；n——变量个数。

与研究一元回归时的情形相似，求参数 a，b_1，b_2，$\cdots$，b_n 方法仍然用最小平方法，现以二元回归为例予以说明。

二元回归的方程式为 $y_c = a + b_1x_1 + b_2x_2$

式中，a，b_1，b_2 3个特定参数的求解方程式为

$$\sum y = na + b_1\sum x_1 + b_2\sum x_2$$
$$\sum x_1y = a\sum x_1 + b_1\sum x_1^2 + b_2\sum x_2$$
$$\sum x_2y = a\sum x_2 + b_1\sum x_2^2 + b_2\sum x_2^2$$

（3）回归分析法的具体操作。

① 以合计数 $\sum$ 的形式来表达 $y = a + bx$ 中的每一项，得 $\sum y = na + b\sum x$。

② 将上式中的每一项乘以 x，得 $\sum xy = a\sum x + b\sum x^2$。

③ 将上述两式联立，得下式，将数据代入求得 a 和 b。

$$\begin{cases} \sum y = na + b\sum x \\ \sum xy = a\sum x + b\sum x^2 \end{cases}$$

④ 将计划产量及 a、b 代入 $y = a + bx$ 计算出计划年度的产品总成本。

难点例释

某制造企业近几年有关产量和采购成本总额资料见表 8-1，要求：假如 2014 年的计划产量为 140 件，利用回归分析法预测 2014 年的采购成本。

表 8-1　回归分析数据资料

年份	x	y	xy	x^2
2008	20	240	4 800	400
2009	40	280	11 200	1 600
2010	60	340	20 400	3 600
2011	100	380	38 000	10 000
2012	120	460	55 200	14 400
2013	80	340	27 200	6 400
合计	420	2 040	156 800	36 400

将有关数据代入联立公式为

$$\begin{cases} 2\ 040 = 6a + 420b \\ 156\ 800 = 420a + 36\ 400b \end{cases}$$

解方程得：$a = 200$；$b = 2$　所建立的预测模型为 $y = 200 + 2x$。

最后，预测 2014 年的采购成本。假如 2014 年的计划产量为 140 件，则 2014 年的采购总成本预测为：$y = 200 + 2 \times 140 = 480$(元)。

（4）注意的问题。必须指出，采用回归直线法分解采购成本，采购成本总额与需求之间必须具有线性联系，如果没有这种线性联系，分解出来的结果也就失去意义，相关程度分析以相关系数月来表示，相关系数 R 的取值范围在 0 与 ±1 之间。当 $R = 1$ 时，说明采购成本总额与需求量之间完全相关；当 $R = 0$ 时，说明两者之间没有关系。在采购成本管理中，一般当 $R \geqslant 0.8$，就表明采购成本总额与需求量之间有密切联系，这样就可运用回归直线法进行分解。

根据上例资料，相关系数月的计算为

$$R = \frac{n\sum xy - \sum x \sum y}{\sqrt{[n\sum x^2 - (\sum x)^2][n\sum y^2 - (\sum y)^2]}} = 0.97$$

由于相关系数接近于 1，相关程度较高，因此可使用回归直线法。

在进行采购成本预测中，许多人都感到采用定量预测方法所得到的结果往往与实际情况相距甚远，缺乏可靠性，究其原因，在于成本预测模型是依据成本统计资料，对采购成本变动的历史发展趋势和规律所作的描述,没有充分考虑在生产经营条件发生变化的情况下,各因素对成本的影响作用。对未来影响因素的变动及其作用,仍然要依靠成本管理人员的实践经验和职业判断能力。即使在定量预测方法和计算手段渐趋成熟和先进的条件下,定性预测方法及其与定量预测方法的结合应用,也是提高采购成本预测可靠性的重要方面。

8.3 采购决策

8.3.1 采购决策概述

1. 采购决策的概念

所谓采购决策,是指企业采购人员对采购中一些重大问题进行选择的一种行为。任何决策都是为了实现一定的组织目标,因而采购决策也是为了实现一定的采购目标。

(1) 企业采购目标。企业采购目标主要是:①通过物资供应采购,保证生产、经营活动的正常进行;②科学采购,保证合理库存;③保证供应商产品质量的不断提高;④发展有竞争力的供应商,建立长期合作关系;⑤实现采购的低成本等。

(2) 采购决策的内容。对于一个企业来讲,采购决策是否科学,将直接影响企业运作的成本。企业采购决策主要包括如下内容:①采购价格决策;②采购质量决策;③采购数量决策;④采购品种、规格决策;⑤供应商选择决策;⑥交货期决策;⑦采购中的运输方式选择;⑧采购中货款结算决策。

2. 采购决策的特点

(1) 预测性。预测性主要是指对未来的采购工作做出预知和推测,应建立在对市场预测的基础之上。

(2) 专业性。产品在质量表现因素、使用方向、过程、安全因素、价格等多方面都有某些特有的专业性,而且也正是由于这种专业性要求,客户都会安排专业人士来实施产品采购,包括市场考察、选择产品、商务谈判、合同执行、纠纷处理等各个环节,以确保产品的质量和使用安全。

(3) 过程复杂性。在采购流程上都要经过前期考察、报价、洽谈、形成初步意见、报批、签订合同、执行合同等过程,而且有时候一些环节还需要相当长的时间,而且在形成初步意见、报批两个环节中采购单位的决策团体内部很可能有不同意见,甚至需要对前面工作推倒重来,因此相对于其他产品采购来说其决策过程相当复杂,而且时间漫长,有些材料供应商在一两年甚至更长时间内就开始着手某些项目的营销工作了,这些方面主要是工业品采购的一个显著特征。

(4) 目的性。任何采购决策都是达到一定的采购目标。

(5) 可行性。采购决策方案应该是切实可行的,否则就会失去决策的意义。

(6) 评价性。对各种可行的采购方案进行分析评价,选择满意的方案。

3. 采购决策的作用

企业在生产经营活动中面临着大量的决策问题,也是管理者花费时间和精力最多的工作之一，科学的决策可以把握正确的经营方向，趋利避害，扬长避短，对于提高企业的生存和竞争力具有积极的作用。采购决策除了具有规避风险、增强活力等一般作用之外，还可以发挥以下重要作用。

（1）优化采购活动。采购活动对生产经营过程、产品成本和质量等产生重要影响，为了保证企业各项目标的实现，必须推进采购活动的优化，实现采购方式、采购渠道、采购过程的最佳化，提高采购资源的最佳配置。优化采购活动必须对采购活动涉及的诸多问题进行科学的策划，做出最佳的选择。没有科学的采购决策就不可能产生理想的采购活动。

（2）实现准时采购。准时采购是指供应商"在需要的时间，向需要的地点，以可靠的质量，向生产企业提供需要的物料"。它的核心要素是减少批量，频繁而可靠地交货，提前期压缩并且高度可靠，一贯地保持采购物资的高质量。为了满足及时生产的需要，实行准时采购，而合理的采购决策则使准时采购成为可能。

（3）提高经济效益。在产品的规格、质量、服务等一定的情况下，准确采购可降低进价，减少库存，降低各种费用的支出，提高竞争力，使企业获得更大的利润。采购活动受到诸多因素的影响，各因素之间有特定的关系，任何一种因素处理不好，都可能影响经济效益的提高，采购决策可以正确地处理这些因素之间的关系。

8.3.2 影响采购决策的因素

好的采购工作要求采购部门必须从市场需要和企业经营效益出发，做到采购的质量、数量、价格、货源、落单时间、交货时间合适。为此，必须做好采购商品单品品质、采购价格、采购批量、采购时机等各方面采购决策工作。在做采购决策时，采购部门会受到方方面面的因素影响。影响企业采购决策主要因素可归纳为以下 7 个方面。

1. 环境因素

市场环境和经济前景对产业的发展影响甚大，从而也必然影响到产业用户的采购计划。例如，当经济前景欠佳，风险较大时，产业用户必然要减缩投资，减少采购量，这时供应者只有降价到一定程度，才有足够刺激，使客户愿意购买并承担一定风险。原材料的供给状况是否紧张，也是影响产业用户采购的重要环境因素。一般企业都愿购买并储存较多紧缺物资，因为保证供应不中断是采购部门的主要职责。

此外，技术、法律、竞争等环境因素的变化，也都会影响企业的采购，营销者应密切注意，设法将环境威胁转化成营销机会。在我国，国家政策的变化是影响产业投资的一个重要环境因素，这也是企业最难预测和掌握的一个因素。

2. 组织因素

组织因素是指企业的营销目标、采购政策、工作程序、组织结构和管理体制等。例如，有的地方规定只许采购本地区的原材料；有的只许买本国货，不许买进口货，或相反；有的购买金额超过一定限度就需要上级主管部门审批等。又如发达国家兴起"准时生产系统"（Just-in-time Production Systems），即适量及时供货、"零库存"，对产业用户改进采购工作影响极大。

3. 人际因素

企业的采购决策往往受到非正式组织的各种人际关系的影响，采购中心的各个成员在身份、地位、威信和感染力、说服力等方面各有特点，供应者如能够掌握这些特点并施加影响，将有助于获得订单。

4. 个人因素

企业购买者行为是组织行为，但最终还是要由若干个人做出决策并付诸实施。参与采购决策的成员难免受个人因素的影响，而这种影响又因个人年龄、职位、受教育程度、个性和对风险态度的不同而有所不同。

在实际工作中，一般会有采购决策人、相关的财务人员、支持人员、技术人员和实际使用产品的人员参与决策。供应者应了解客户采购决策相关人员的个人特点，并处理好个人之间的关系，这将有利于营销业务的开展。

5. 商品定位因素

采购中考虑商品定位因素，其目的是要使商品能更好地满足目标市场定位，并使商品之间能互相配套，最大效用地发挥作用。采购操作中主要要求采购员按采购计划选择新的商品。

采购计划中的商品种类分布表，往往并不是指具体的特定商品，它是指构成商品种类的单品需要具备哪些条件。除非特殊情况，采购商品时，要根据采购计划要求进行。只有根据计划采购，才能保证商品定位的前后一致性，减少采购工作的盲目性。

6. 商品本身的因素

商品本身的因素主要包括机能、感觉、资讯等三个方面。机能是形成商品价值的基础，包括商品的材质、结构、设计、耐久性、使用性、安全性等。感觉方面以造型、外壳、色彩、商品的格调、容器、包装等为主。资讯方面是指商品知名度，具体地说是指厂家及其品牌的知名度。

7. 采购条件因素

它包括价格条件、折扣条件、付款条件、附带服务、供给能力、交货时间等。如材质是否采用适当的材料；构造的设计如何；外观是否装饰得很漂亮；耐久性是否符合要求；是否安全无害；容器、包装、品质与感觉是否适合商品定位；品牌的知名度如何；对商品品种结构的适应；与其他相关系列商品的协调；与周围其他部门商品的协调；与整个商品销售协调采购条件；采购价格是否足够低；现金、数量、累积折扣等；付款方式如何；附带服务，各种服务是否齐全；再订购时能否准确及时交货等。

为了方便分析和比较，可以将上述各项指标绘成表格，再进行打分，以此来决定是否引进商品。如果综合评价不到80分，或80分以上却有两项被评为差，则该商品就不能列入选择的对象。

8.3.3 采购决策的程序

采购决策程序指的是采购决策过程中所形成的各环节、步骤及其活动的总和，是实现采购决策目标的过程和手段。坚持正确的决策程序，依照决策的基本步骤，就要占有大量的资料、数据和信息，集中各方面的正确意见，从社会、经济、技术等方面对多个备选方案进行定性和定量分析，从中确定最优的决策方案和最佳的实施办法。采购决策关系到采购工作的质量,是一项复杂的工作,所以必须按照一定的程序进行。

1. 确定采购目标

这是采购决策活动的起点,是决策过程的第一步。准确的目标是决策的首要标准,这一步骤的主要任务是根据企业的整体经营目标,确定企业的采购目标。确定目标,首先应该明白采购目标的概念、内容(企业现在做什么?以后打算做什么?能做什么?);采购目标的时间要求(多长时间做完?具体什么时间做完什么?做到哪个阶段?);明确各分目标的关系(做什么为主?什么为辅?);采购决策目标的约束条件(做该事需要的主客观条件是什么?哪些是主要约束条件?哪些是次要的约束条件?哪些条件稍微变化就会影响整体的决策?)以及采购决策目标应尽量用数量表示(要达到目标的可量化而便于运用决策工具做定量分析)。

企业的总体目标是实现及时准确的采购,满足经营的需要,降低采购费用,提高经济效益。根据采购目标,可制定采购的具体目标,如订购批量目标、订购时间目标、供应商目标、价格目标等。

2. 收集信息

信息是决策的基础,是为了交流和使用而做的各种数据的全面汇编。准确、及时、可靠的统计数据是采购决策的依据。只有掌握充分的、明确的、及时的信息,并对它进行系统的归纳整理、比较、选择,进行去粗取精、去伪存真、由表及里、由此及彼的加工制作,才能做出科学的采购决策。

1) 企业外部信息

(1) 有关法律、经济政策。包括《中华人民共和国合同法》、《中华人民共和国反不正当竞争法》、《中华人民共和国商标法》等法律以及国家的价格政策、产业政策、外贸政策等。

(2) 货源信息。物品的市场供求状况,供应渠道,供应商价格、服务、质量、规格品种等资料。

(3) 科技信息。尤其与本企业所采购物品密切相关的科技水平发展情况。

(4) 运输信息。有关运输的新规定,各种运输方式,运输工具价格等。

(5) 同行信息。同行从哪里采购,进价是多少,是否有更经济的材料等。

2) 企业内部信息

(1) 物资需求情况。根据销售计划、生产计划制定需求计划,再结合库存情况,制定采购计划。

(2) 库存情况。企业库存能力如何、库存费用多少、现有库存状况等。

(3) 财务情况。是否有充足的采购资金、采购资金的周转速度和筹集状况等。

(4) 采购队伍。采购人员的敬业精神、综合素质、合作精神等。

3. 拟定可行性方案

在目标确定之后,就要探索和拟订一定数量有质量的备选方案,备选方案的好坏在很大程度上影响着决策的质量。每个方案都必须经过加工、整理、计算使之更为直观化,以供决策者分析讨论直至选出最优成本方案。

以企业现有的情况为基础,以可获取的信息为条件,组织有关人员,集思广益,列出可能的准则，方案和不确定性因素，进行敏感性分析以确定进一步进行不确定性处理的关键变量，删除不太重要和关系不太大的因素，在可能的计算条件下进行采购决策，构造寻求满意解的模型，提出各种可行性采购方案，每个采购方案应包括：采购预算、货源渠道、供应商、产品质量、价格、服务、运费、交货期、结算条件等，为企业决策者做出正确的采购决策提供依据。

在拟定方案时应注意：一是拟定的方案应是所有可能实现的方案，不得有遗漏，这是保证最后能选定最优方案的一个重要条件；二是方案之间应是互相排斥的，其间有原则性的差异，非此即彼，否则就无法比较。

4. 分析评估，选择满意方案

这是采购决策过程的关键步骤。方案的选择问题是一个对各种可行性方案进行分析评价的过程。依据一定的评价原则、评价标准、评价方法，运用决策技术对所有备选方案进行可行性分析论证，反复比较、权衡利弊、取长补短，然后运用决断理论从中选出最优决策方案。

要选择满意方案，首先要对各备选方案进行比较评价，既采用一定方式、方法，对已经拟订的可行方案进行效益、危害、敏感度和风险度等评估，以进一步判断方案利弊及可行性。方案评估的任务主要由参谋咨询系统来承担。选择决策方案就是进行决断，即由决断系统根据参谋咨询系统的评估结果，从各种可行方案中选择一个满意方案的过程。

5. 实施方案与控制反馈

采购决策过程的最后一个环节。选择好决策方案之后，就要实施决策方案。实施决策方案，一方面要对决策方案真正落实；另一方面还要在实施中发现是否有与原来目标偏离的情况，如有，则进行适当的调整或进行追踪决策。

有了采购目标和满意的采购方法，还要制定具体细则，以使满意方案得以实施。在实施阶段主要应做好以下几方面的工作。

采购实施计划，把采购决策具体化；组织实施力量，保证采购决策方案的实现；落实实施责任，建立严格的责任制；同时，还应注意收集、整理方案在实施过程中出现的新情况，建立反馈系统，及时检查发现采购决策方案实施中的问题；纠正决策偏差，必要时进行决策修正或追踪决策，以保证采购目标的实现。方案的实施是决策的延续，是检验决策、完善决策的基本环节。最后，对满意方案的实施进行检查和分析。

实施与反馈过程中，应对实际执行情况与原定决策目标进行比较。如果比较结果表明不能达到原定的决策目标，就要立即进行追踪决策，以使决策方案趋于完善。

决策误差的出现是不可避免的，误差出现的原因一般有两方面：一是原来决策本身有漏洞；二是具体实施过程中执行不力。无论是什么原因，都应该确定改进的措施，为下一步的采购决策提供依据。

8.3.4 采购成本决策

1. 采购成本概念

所谓采购成本决策，是对两种或两种以上采购备选方案，利用有关决策的理论和方法进行比较分析，权衡利弊，从中选择最优采购方案的一项活动。决策正确与否，直接影响着企业未来的经营前途和经济效益的水平。著名的经济学家赫伯特西蒙揭示管理的本质时指出："决策是管理的心脏,管理是由一系列决策组成的,管理就是决策。"采购决策师在采购预测的基础上,根据内部潜力,制订优化采购成本的多种可行性方案,运用决策理论和方法,对多种方案进行比较,从中选择最优方案,决定应达到的目标及其执行的过程。

2. 采购决策的职能

(1) 采购成本决策是采购管理的一项基本职能。采购预测的结果,只是提供了多种可能性,它有待于采购成本决策之后才能加以确定并付诸实施。采购成本计划是具体的行动指南,它建立在采购决策的基础上,有利于保持计划的整体一致性,保证采购成本管理与其他生产经营管理方面的协调统一性。采购成本决策也与成本控制相关联。采购成本决策所确定的目标成本,是采购成本控制的总目标。总控制目标的存在,有利于增强控制过程的灵活性,调节因采购成本计划编制的局限性所带来的影响。成本决策是成本管理的关键环节。加强成本决策,对于加强采购成本计划、采购成本控制、采购成本分析和考核,都会产生直接或间接的影响。

(2) 采购成本决策是经营环境和经济效益的客观要求。由于市场竞争和价值规律的作用,使得过去单一的计划管理和行政手段已远远不能满足市场经济的变化趋势,采购成本决策呈现出更为特殊的重要性。企业与外界的联系日趋复杂,企业内部的生产规模和生产过程在不断扩大和复杂,影响决策的因素也日趋增加,决策的影响也越大。企业必须不断扩大市场和降低成本,在市场竞争中以提高经济效益求生存,加强自身的竞争能力和适应能力,这一切都依赖于科学的采购成本决策。决策的产生和完善,标志着企业经营管理由过去经验式的定性管理发展到科学的定量管理。

8.3.5 采购决策成本

采购决策成本是指与物流决策有关的一些成本概念。这些成本概念同企业传统的成本数据,既有区别,又有联系。它们一般无需记录在凭证和账本上,而只是在物流决策过程中为了分析评价不同备选方案需要加以考虑的因素,主要包括:沉没成本、重置成本、差别成本、机会成本、付现成本等。

1. 沉没成本

沉没成本主要用于采购项目的投资决策,与其对应的成本概念是新增成本。沉没成本是指已发生或承诺、无法回收的采购成本支出,例如,因失误造成的不可收回的投资。沉没成本是一种历史成本,对现有采购决策而言是不可控成本,不会影响当前行为或未来的采购决策。因此,沉没成本是采购决策非相关成本,在采购项目决策时无须考虑,相对的,新增成本是采购决策相关成本,在采购项目决策时必须考虑。

如有一物流项目 A,马上物流项目需要添置设备 B,购置成本 20 000 元,而决策者目前已经拥有闲置的设备 C,其账面成本为 30 000 元,并在主要性能上与设备 B 相同,但要完全满足项目 A 的需要,还必须对其进行改造,改造成本 5 000 元。这样就出现了两个方案,购置方案和改造方案。对购置方案而言,设备成本为 20 000 元,而对改造方案则为 35 000 元(30 000+5 000),如果以两方案的设备成本进行比较,那么购置方案的设备成本更低，减少了 15 000 元（35 000－200 000），这样一比较，好像应该选择购置方案了。那么，是否意味着真的应当做出如此的决策吗？答案是否定的。因为在购置方案中，物流设备成本 20 000 元在决策时尚未实际发生，如果决策采用该方案时，新增成本也为 20 000 元；而在改造方案中，由于闲置的物流设备的账面成本在决策前已经实际支出，无论决策结果如何，都无法收回该账面成本（假设该设备无转让价值），因此，账面成本 30 000 元即为沉没成本，而改造成本 5 000 元才是新增成本。

通过这样的分析，购置方案在新增成本上要比改造方案高 15 000 元（20 000－5 000），所以，在不考虑其他因素的条件下，应当选择改造方案，而不是购置方案。

2. 重置成本

重置成本是指目前从市场上购买同一项原有资产所需支付的成本，亦称为"现时成本"。在定价决策中，往往要把重置成本作为重点考虑的对象。某物流公司某一库存商品的单位成本为 25 元，重置成本为 27 元，共 1 000 件，现有客商准备以单价 26 元购买全部该种库存商品。如果只按库存成本考虑，每件可获利 1 元，共获利 1 000 元。如果该公司销售的目的是重新购进，按重置成本计算，该公司将亏损 1 000 元。由此可见，企业在进行价格决策时应考虑重置成本而不是历史成本。

3. 差别成本

又称"差量成本"，指在不同可供选择的方案中所估算出来的成本总额之间的差异。通常是在对物流企业的产品包装、技术装备、加工工艺、销售等方面拟予变动而需要在几个方案中优选一个方案时，为决策所需的数据而估算的，用以判断各个方案的优劣。也有人将此类成本称为"增量成本"，指由于生产能力利用程度不同而增加或减少产量时所产生的成本差额，用以作为接受客户订货时的价格参考。一般情况下，在生产能力范围内，增加出售一件产品，如果其售价超过其变动成本，即使售价低于生产成本，但由于其仍能分担一部分固定费用，仍会给企业增加利润。

4. 机会成本

机会成本就是把一种资源投入某一特定用途之后，所放弃的在其他用途中所能得到的最大利益。假设某物流企业仓库只能加工甲或乙或丙一种产品，预计甲产品利润为 5 000 元，而乙产品利润为 4 000 元，丙产品利润为 3 000 元，最终决定加工乙产品，则加工甲产品的机会成本为 4 000 元，因为这是放弃加工乙产品的牺牲代价；另一方面，决定加工乙产品的机会成本则为 5 000 元，这是未加工甲产品的损失代价；如果加工丙产品的机会成本则为 5 000 元，这也是未加工甲产品的损失代价。

5. 付现成本

付现成本是指在未来某项采购决策方案中，需要以现金支付的成本。例如，企业 5 年前购买了一台叉车，现已陈旧，拟购置一台价值为 30 000 元的更新式叉车取代。卖方提出可以旧机器作价 1 500 元交换，其余的 28 500 元（30 000－1 500）以现金支付。所以，这 28 500 元就是付现成本。当物流企业财务状况吃紧，现金储备不足时，付现成本大小便成为方案选优的重要标准。有时管理者宁可选择付现成本较低的方案，替代那些收益最大、总成本最低的方案。例如，如果物流企业需要购进某设备有两个方案，方案一是一次性动用现金 10 万元付款购买；方案二是用旧设备作价 5 万元贴换，但仍需 6 万元现金支付，那么，方案一的付现成本为 10 万元，方案二的付现成本为 6 万元。虽然方案一的总成本为 10 万元，方案二的总成本为 11 万元，但由于物流企业现金储备不足，所以仍需选择方案二，因为其付现成本较低。

本章小结

本章介绍了物流采购市场调查作用、内容，详细阐述了采购市场调查的程序、采购市场调查的方法和技术；介绍了市场预测作用、原理；详细介绍了采购预测的定性预测法、定量预测法和回归分析法；重点介绍了采购决策的程序、采购决策中的沉没成本、差别成本、重置成本、差别成本、机会成本、付现成本。

练 习

一、单项选择题

在每小题列出的四个备选项中只有一个是符合题目要求的，请将其代码填写在题中的括号内。

1. 以下不属于定性预测分析法的有（　　）。
   A. 专家意见法　　　　　　　　B. 集合意见法
   C. 头脑风暴法　　　　　　　　D. 本量利分析法

2. 进行定量预测时，当成本变化趋势比较稳定的情况下适合使用（　　）。
   A. 本量利分析法　　　　　　　B. 高低点法
   C. 简单分析法　　　　　　　　D. 回归分析法

3. 假设某企业只能生产甲或乙或丙一种产品，预计甲产品利润为 3 000 元，而乙产品利润为 4 000 元，丙产品利润为 2 000 元。最终决定生产甲产品，则生产甲产品的机会成本为（　　）。
   A. 3 000 元　　B. 4 000 元　　C. 2 000 元　　D. 以上均不对

4. 在定性预测分析法中有一种方法的基本点可以归为"开动脑筋、互相启发、集思广益"，这种方法是（　　）。
   A. 专家意见法　　　　　　　　B. 集合意见法
   C. 头脑风暴法　　　　　　　　D. 本量利分析法

5. 从市场上购买同一项原有资产所需支付的成本称为（　　）。
   A. 机会成本　　B. 沉没成本　　C. 差量成本　　D. 重置成本

6. 制订采购战略的第二步是（　　）。
   A. 确定业务单位的需求　　　　B. 确定采购需求的重要性
   C. 确定业务需求和供应市场的调研　　D. 设定目标并进行差距分析

7. 下列物品落在获取型象限的是（　　）。
   A. 办公设备　　B. 生物医药　　C. 个人电脑　　D. 办公用品的供应

8. 价值＝质量/价格，这个公式属于（　　）中物品的价值。
   A. 杠杆型象限　　　B. 多样型象限　　　C. 战略型象限　　　D. 获取型象限
9. 采购战略中的（　　）经常被忽略，但是它对于理解供给与需求至关重要。
   A. 第一步　　　　　B. 第二步　　　　　C. 第三步　　　　　D. 第四步
10. （　　）主要目标是实现成本与质量的快速和大范围的改善。
    A. 供应库优化　　　　　　　　　　　　B. 全面质量管理
    C. 全球采购　　　　　　　　　　　　　D. 建立长期供应商关系
11. 下列（　　）属于采购决策的一般作用。
    A. 优化采购活动　　　　　　　　　　　B. 实现准时化采购
    C. 规避风险　　　　　　　　　　　　　D. 提高经济效益
12. 本期的采购数量与下列（　　）选项无关。
    A. 本期生产需用材料数　　　　　　　　B. 本期末预订库存量
    C. 前期已购未入库数量　　　　　　　　D. 安全库存
13. 物料采购量过小，会造成（　　）。
    A. 采购成本提高　　　　　　　　　　　B. 过高的存货储备成本
    C. 过高的资金积压　　　　　　　　　　D. 运输次数增加
14. 采购认证计划的第三个步骤为（　　）。
    A. 准备认证计划　　　　　　　　　　　B. 评估认证需求
    C. 计算认证容量　　　　　　　　　　　D. 制订认证计划
15. 供应商金城公司在11月30日之前可供应6万个特种开关（A型3万个），供应商佳华公司在11月30日之前可供应10万个特种开关（A型6万个），那么11月30日之前，下列说法错误的是（　　）。
    A. A和B两种开关的总体订单容量为16万个
    B. 佳华公司A和B两种开关的总体订单容量为16万个
    C. B型开关的总体订单容量为7万个
    D. A型开关的总体订单容量为9万个

二、多项选择题

请把正确答案的序号填写在题中的括号内，多选、漏选、错选不给分。如果全部答案的序号完全相同，例如全选 ABCDE，则本大题不得分。

1. 采购预测方法中以下属于定性预测分析法的有（　　）。
   A. 专家意见法　　　　　　　　　　　　B. 集合意见法
   C. 头脑风暴法　　　　　　　　　　　　D. 本量利分析法
   E. 时间序列法
2. 以下属于时间序列法的有（　　）。
   A. 简单平均法　　　　　　　　　　　　B. 移动平均法
   C. 指数平滑法　　　　　　　　　　　　D. 本量利分析法
   E. 加权平均法
3. 以下属于决策成本的有（　　）。
   A. 机会成本　　　　B. 变动成本　　　　C. 差量成本
   D. 固定成本　　　　E. 沉没成本

4. 采购成本预测根据所采用的方法分为( )。
   A. 定性预测法　　　B. 定量预测　　　C. 头脑风暴法
   D. 本量利分析法　　E. 德尔菲法
5. 采购成本决策的程序有( )。
   A. 确定决策目标
   B. 拟订备选方案
   C. 评价与选择决策方案
   D. 实施决策方案并进行追踪决策
   E. 收集反馈意见
6. 采购战略应考虑研究中的相关标准,其中包括( )。
   A. 质量标准
   B. 供应商选择标准
   C. 其他不同选择所带来的"机会成本"
   D. 最佳供应商的相对标准
   E. 业务单位需求方案可能产生的"风险"
7. 决定最适当的采购数量方法有( )。
   A. EOQ　　　　　B. FOQ　　　　　C. LFL
   D. FPR　　　　　E. MRP
8. 服务的总成本包括的关键要素是( )。
   A. 人对供应商的外部支出
   B. 与材料、服务相关的服务承包商的外部支出
   C. 基于存货价值的库存持有成本
   D. 通过流程图中的内部供应链活动确认耗费的内部成本
   E. 采购成本
9. 开展培训计划包括( )。
   A. 培训地点　　　　　　　　B. 培训日程
   C. 培训矩阵　　　　　　　　D. 在行为和组织上的培训
   E. 在战略采购的概念和专业技能上进行培训
10. 采购决策10企业决策中的重要组成部分,它具有的特点是( )。
    A. 预测性　　　　　　　　　B. 可靠性
    C. 可行性　　　　　　　　　D. 目的性
    E. 评价性
11. 采购决策关系到采购工作的质量,是一项复杂的工作,基本程序包括( )。
    A. 确定采购目标　　　　　　B. 收集有关的信息
    C. 拟订实现目标的多个可行性方案　　D. 选择满意的方案
    E. 实施与反馈

三、简答题

1. 什么是采购预测?采购预测有什么意义?
2. 什么时间序列法?

3. 什么是回归分析法？使用回归分析法要注意什么问题？
4. 什么是指数平滑法？
5. 什么是采购决策？
6. 简述采购市场预测原理。
7. 简述采购市场预测程序。
8. 简述定性预测法、定量预测法。
9. 采购决策内容有哪些？
10. 什么是物流采购渠道？

四、项目练习

项目：采购成本决策

要求：分小组讨论分析，参照本章介绍的成本决策方法进行实践。

有一物流项目 A，马上物流项目需要添置设备 B，购置成本 30 000 元，而决策者目前已经拥有闲置的设备 C，其账面成本为 40 000 元，并在主要性能上与设备 B 相同，但要完全满足项目 A 的需要，还必须对其进行改造，改造成本 5 000 元。请各小组做出决策，看是否需要采购新设备。

五、案例分析

日本卡斯美采购管理之道

日本卡斯美目前拥有 102 家超市，年销售额约为 1 480 亿日元，折合人民币 123 亿元，经营品种约为 1.2 万种。卡斯美总部负责商品采购业务的部门被称为商品部，商品部以商品的进货、开发和管理为中心，其职能包括起草进货和销售计划、负责商品开发、制品开发、渠道开发。商品部内部设 11 个部门，设立的原则是根据其在经营额中的重要程度。目前，卡斯美鲜鱼部的销售额约占 15%，鲜肉部约占 12%，果蔬部约占 14%。确定商品分类表开办超市，首先要做的工作就是决定卖什么商品，即把商品的大分类、中分类及小分类确定下来，这就要根据当地的消费水平、消费习惯来确定商品分类表。由于各地区生活习惯的差别，各地超市的商品分类表也不相同。比如说南方地区由于天气炎热，饮料可作为一个大类来经营。在商品的经营和管理上，卡斯美有一套根据自家的理解而设定的分类框架。通常的做法是，按照使用者的用途或 TPOS(时间、场所、动机、生活方式)设定商品分类。分类框架设定好后，再筛选、找寻应备齐的具体商品品种，最后建立起自己的 MD 体系(商品体系)。

日本超级市场的商品分类框架一般设定为 5 个梯度（五段分位法），即部门、品群、小分类、品种、品目。根据当地实际编制出的商品分类表是推行标准化的内容之一，作用极大。一是可界定所经营的商品范围，二是便于对经营业绩按商品结构进行分析。做商品分类后，计算机系统也同时对卖场进行分类管理，分析销售额、毛利率、损耗率、费用额、客单价、卖场销售效率、周转天数的变更。根据业态理论确定大众品和实用品，超市经营居民日常生活需要的食品和日用品，也就是高消耗、高周转的大众品和实用品。大众品不是指便宜的商品，而是一般老百姓日常生活要吃或要用的东西。实用品是指用完了还要周而复始地去购买的东西。就具体的小分类来讲，适合居民日常生活消费的例子，如酒类，市场上最便宜的酒假设是 3 元 1 瓶、二锅头酒是 5 元 1 瓶、最贵的酒是洋酒。根据中国目前的收入水平，15 元 1 瓶的酒应当作为大众品，这样在安排备齐商品的时候，15 元 1 瓶的酒品数目应当最大、品种最全。根据商品陈列面表确定小类商品的适当规模。

在卡斯美，陈列面管理表运用得非常广泛，几乎每家连锁店的每个店铺都有陈列面管理表，它是管理控制商品最基本的工具。因此，一个店在开设之前，应当首先把陈列面管理表规划好，再进行一切硬件的设置与进货陈列。

在日本对新产品的导入的做法是,厂商推出新品有固定的日期,一般是春、秋两季各1次。每年年初,日本大厂商召开新产品发布会,各商业单位采购员到那里去看,对感兴趣的新品就会索取资料。在导入新品的时候,先要把旧的商品砍掉。由于计算机程序比较完备,采购员在商品底账上敲进一个记号,第一次导入新品时,为了避免风险,一般先选择标准店铺进行试销,作堆头陈列,统计每天的顾客量、销售额、计算PI值。试销一星期,如卖况较好可引进,其陈列面数的安排可与老产品进行类比做出,如卖况不好就不再引进。在电视上做广告的新品要比别人更快地导入。

在卡斯美,老产品的淘汰也是采购员的职责之一。当有新品引进时必先淘汰老产品,否则货架上的商品品目就会越来越多,而陈列面会越来越少,销售额就会下降。

淘汰老产品的标准主要是依据销售额。采购员根据计算机系统提供的小分类销售报表、商品销售额排序、商品销售量排序、ABC分析、部门管理表等资料,能够非常精确地淘汰掉那些卖况差的品目。

卡斯美的采购管理是现代零售业态和经营方式下的一种管理模式,是现代零售管理模式的重要标志之一。与传统的商业管理方式相比,这种操作方式使采购职能大大扩展,工作方法和管理手段的技术含量大大提高。

资料来源:李恒兴.采购管理.北京:北京理工大学出版社,2011.

讨论:
1. 日本卡斯美采购管理有什么独特之处?
2. 案例给了我们什么启示?

第 9 章 采购成本管理

【教学目标与要求】

本章主要介绍采购物流成本的概念、管理的基本程序、采购物流成本的构成、采购物流成本控制的方法、采购成本计算管理。通过本章的学习,了解采购物流成本的概念、管理的基本程序,掌握采购物流成本的构成、采购物流成本控制的方法、采购成本计算管理。了解采购成本主表内容、采购成本支付形态管理、采购成本分配比例。

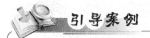

某制造公司的采购成本控制

某制造公司年销售额为 300 亿元，公司采购部负责从全国各地采购制造所需的各种零件计 10 000 多种，价值 120 亿元。企业由于零部件种类繁多，采购支出金额较大，采购价格居高不下，且供应商经常涨价，部分零部件库存积压占用较多流动资金，部分零件需要进口或者跨省采购，采购周期较长，生产车间经常由于某种零部件供应不及时而影响生产进度。

该公司经过调研后，通过供应商成本价格分析，有重点、有针对性地控制部分零部件的采购价格，通过控制订货点及订货批量，降低库存积压，减少了采购费用。采取以上措施后，采购支出降低了 20%，采购价格相对稳定，库存积压得到有效控制，供货及时。

引例分析

该公司针对采购价格居高不下且经常波动的现象，对供应商成本进行分析，估算供应商底价，为价格谈判提供依据，有效控制采购价格；该公司运用经济订购批量来控制采购批量，在保证生产供应的情况下，减少库存，控制采购成本。通过以上措施，该公司成功地对与采购相关的成本开支进行了有效控制，为公司利润的提高作出了贡献。

9.1 采购成本管理概述

采购活动是企业全部经营活动的起点，采购的效率、订单的执行等都会直接影响到企业的下一个经营过程。而在企业全部的采购成本中，采购物流成本是成本管理的主体和核心，加强采购物流成本管理对企业成本管理具有重要的意义。

9.1.1 采购物流成本的概念

采购物流成本是指将企业生产或经营所需的原材料（或商品）从供应者仓库（或货场）运回企业仓库，实现一次采购而进行的各种活动的全部费用。如采购物的成本、采购人员的工资、差旅费、办公费、邮资、电报电话费、运输损耗、入库前的挑选整理等支出。

1. 采购物流成本的分类

1) 按与供应商的关系不同分类

按与供应商的关系不同分类，采购物流成本可分为向外部的供应商发出采购订单成本或内部的生产准备成本。

(1) 采购订单成本是指为发出一次采购订单而花费的各种费用。采购订单成本中有一部分与采购次数无关，如常设采购机构的基本开支等，称为采购的固定成本；另一部分与采购的次数有关，如差旅费、邮资等，称为采购的变动成本。具体地讲，采购成本包括以下将发生的费用：检查存货水平；编制并提出采购申请，对供应商进行调查比较，选择最合适的供货商；填写并发出采购单；填写、核对收货单；结算资金并进行付款。

(2) 生产准备成本是指当某些原材料或库存商品不由外部供应而是企业自己生产时，企业为生产货物而发生的前期准备性成本，实质上这也可以看成是一种"采购"，只不过是采购部门向企业生产部门的采购而已。其中更换模具、夹具需要的工时或添置某些专用设备等属于固定成本,与生产产品的数量有关的费用,如材料费、加工费等属于变动成本。

2) 按会计核算的具体内容不同分类

按会计核算的具体内容不同分类,采购物流成本包括买价、运杂费、运输途中的合理损耗和入库前的挑选整理费。

(1) 买价,是指企业采购物品时在发票上所开列的购买价格。买价的确定应以购销双方在交易中支付的扣除进货折扣、进货折让后的价格。

(2) 运杂费,包括市内运杂费和外地运杂费。市内运杂费指由购货单位所在地的车站、码头、口岸到本单位仓库或生产地由购货单位负担的运输、装卸等费用;外地运杂费指从供应商所在地的车站、码头、口岸起运到购货单位所在地车站、码头、口岸所发生的应由购货单位负担的包装、运输、装卸、仓储、保险、进口材料的关税等费用。

(3) 运输途中的合理损耗,是指在运输途中,由于客观原因难以避免的损耗。该损耗应制定定额加以限制,没有超出定额的认为是合理损耗,可以计入采购物流成本;超出定额的为不合理损耗,应查明原因和分清责任。

(4) 入库前的挑选整理费,是指挑选整理过程中发生的工资、物料消耗和其他有关费用支出。

2. 降低采购物流成本的原则

作为采购人员,其最终目的是要以最低的成本及时采购到质量合格的原材料或商品,满足企业生产经营所需,因此降低成本成为采购过程中所必须思考的主要问题。应遵循以下原则降低成本。

1) 原材料(商品)质量最优原则

成本最优往往被许多企业误解为价格最低,所以很多企业为降低成本购进低质的原材料(商品),不仅影响后续生产和经营活动,而且还耽误了企业及时对客户的供给,损害企业的商誉。

2) 总体成本最低原则

采购决策影响后续的原料运输、调配、维护、调换,乃至长期产品的更新换代,因此,必须有总体成本考虑的远见,必须对整个采购流程中所涉及的关键成本环节和其他相关的长期潜在成本进行评估。

3) 以事实和数据信息为谈判基础原则

谈判不是一味压价,而是基于对市场和自身的充分了解和长远预期的协商。总体成本分析、供应商评估、市场评估等为谈判提供了有力的事实和数据信息,帮助企业认识自身的议价优势,从而掌握整个谈判的进程和主动权。按照双方交易原则,建立与供应商的长远双赢规划。许多先进的国际企业都建立了供应商评估、激励机制,与供应商建立长期的合作关系,确立双赢的合作基础。例如,帮助供应商优化运输计划,承诺最低采购量和价格保护等。

4) 从保持企业核心竞争优势角度制定采购成本管理战略的原则

采购物流成本管理的目的不仅在于降低成本,更重要的是为了建立和保持企业的核心竞争优势。也就是说,如果某项成本的降低削弱了企业的战略地位,则应弃之不用;但是,如果某项成本的增加有助于增加企业的竞争力,这种成本是值得增加的。

9.1.2 采购物流成本分析

1. 成本分析基本原理

无论是采购成本还是生产成本，成本是企业永久的话题，也是最敏感的话题。要研究成本问题，首先要搞清楚成本的概念和理论范围。

1) 总成本的含义

在采购专业领域中，总成本是指采购成本、运送成本，以及间接因操作程序、检验、质量保证、设备维护、重复劳动、后续作业和其他相关工序所造成的成本的总和。总成本是一个相对复杂的系统，它对成本分析、采购决策、供应商策略等都是至关重要的。

2) 成本管理与成本分析

成本管理的关键是成本分析。成本分析是对每一个成本单元（如材料、工时、行政开支、管理开支和利润）加以分析并相加，得出最终价格的过程。成本包括以下关键组成部分。

（1）直接的材料成本。用经济可行的办法能算出的，所有包含在最终产品中或能追溯到最终产品上的原材料成本。对汽车厂来说，钢板就是直接原材料。直接原材料不包括胶水、钉子等项目，因为在这极小部分上一个一个花时间计算成本是不合算的，它们应该被计入间接材料（辅料）成本中去。

（2）直接劳动力成本。用经济可行的办法能追溯到最终产品上的所有劳动力成本，如机器的操作员、组装人员。对需要大量高技术劳动力的产业来说，如信息业或IT业，直接劳动力成本会占很高的比例。

要记住，如果采购项目包括高技术劳动力的时候，一定要有针对性地进行分析，不能直接将其他案例中的数据拿来运用。另外，要避免用本地的工资水准来衡量异地供应方的直接劳动力成本，在信息不足的情况下往往会犯这种错误。

（3）间接生产成本（也叫生产管理费用）。除了上述成本以外，所有和生产过程有关的成本。它又包括可变管理费用，如水电、供应和劳动力等。间接劳动力是可变成本还是固定成本，要取决于公司的性质。

固定管理费用，如租金、保险、财产税、折旧和工商管理费等。

2. 采购物流成本统计范围

1) 在开发过程中因选择或供货商介入可能发生的成本

在开发过程中因选择或供货商介入而发生的成本，包括原材料或零部件对产品的规格与技术水平的影响；供货商技术水平及参与本公司产品开发的程度；对供货商技术水平的审核；原材料或零部件的合格及认可过程；原材料或零部件的开发周期对本公司产品的开发周期影响；原材料或零部件及其工装（如模具）等不合格对本公司产品开发的影响等因素。

2) 采购过程中可能发生的成本

采购过程中可能发生的成本，包括原材料或零部件采购费用或单价；市场调研与供货商考察、审核费用；下单、跟货等行政费用；文件处理及行政错误费用；付款条件所导致的汇率、利息等费用；原材料运输、保险等费用等因素。

3）生产过程中可能因采购而发生的成本

生产过程中因采购而发生的成本，包括收货、发货（到生产使用点）费用；安全库存仓储费、库存利息；不合格来料滞仓费，退货、包装运输费；交货不及时对本公司生产的影响及对储存等工作的影响；生产过程中的原材料或零部件库存；生产过程中涉及原材料或零部件的行政费用等因素。

4）质检过程中可能发生的采购成本

质检过程中可能发生的采购成本，包括供货商质量体系审核及质量水平确认（含收货标准）；检验成本；因原材料或零部件不合格而导致的对本公司的生产、交货的影响；不合格品本身的返工或退货成本；生产过程中不合格品导致的本公司产品的不合格；处理不合格来料的行政费用等因素。

5）售后服务过程中因原材料或零部件而发生的成本

售后服务过程中因原材料或零部件而发生的成本，包括零部件失效产生的维修成本；零部件供应给服务维修点不及时而造成的影响；因零部件问题严重而影响本公司的产品销售；因零部件问题导致本公司的产品理赔等因素。

9.1.3 采购成本的构成

采购成本是指因采购而带来的或引起的成本，不仅包括采购活动的成本（包括取得物料的费用、采购业务的费用等），而且还包括因采购带来的库存维持成本及因采购不及时而带来的缺料成本，不过物料的价格不包括在内。

1. 材料成本

材料成本是指原材料的进价成本，也可以称为购置成本，是材料本身的价值，等于采购单价与采购数量的乘积。在一定时期进货总量不变的条件下，无论企业采购次数如何变动，材料的进价成本通常是保持相对稳定的，因而属于决策无关成本。

2. 订购成本

订购成本是企业为了实现一次采购而进行的各种活动的费用支出，主要指向供应商发出采购订单的成本费用。订购成本包括固定成本和变动成本两部分。在订购成本中与订购次数无关的成本被称为固定成本，如常设采购机构的基本开支等；与订购的次数有关的成本被称为订购的变动成本，如差旅费、邮资等。

3. 采购管理成本

采购管理成本是指企业向外部的供应商发出采购订单的成本费用，使企业为了实现一次采购而进行的各种活动的费用，如办公费、差旅费、邮资、电话电报费、运输费、检验费、入库搬运费等支出。采购管理成本中有一部分与订货次数无关，如专设机构的基本开支等，这类固定性进货费用是与决策无关的成本；另一部分与订货次数有关，如差旅费、邮资、电话电报费用等与进货次数成正比例变动，这类变动性进货费用是与决策相关的成本。更详细地说，采购管理成本包括与下列活动相关的费用：检查存货水平；编制并提出采购申请；对多个供应商进行调查比较，选择最合适的供货商；填写并发出采购单；填写、核对收货单；结算资金并进行付款。

4. 维持成本

维持成本是指企业为保证物料持续稳定在一定数量上而发生的相关成本。维持成本可以分为变动成本和固定成本。变动成本与存货的持有数量有关，与数量成正比例关系，如物料资金的应计利息、物料的损坏和变质损失、物料的保险费用等；固定成本与存货数量的多少无关，不随存货数量的变化而变化，如仓库折旧、员工的工资等。在企业中，维持成本往往占据采购成本的大部分。

维持成本是根据平均物料价值估算持有成本百分比的财务数据，需要从管理上判断和估算各种费用，以及在一定程度上需要直接进行测量。年度持有成本一般为20％左右，但是它的范围可以变动很大，主要取决于企业的存货政策。一般包括在持有物料成本账目中的项目有：资本成本、折旧、储存、税金和保险。持有成本百分比是根据每一个存货单位或配送地点的平均存货价值评估出来的。由此产生的持有成本就能够与其他采购成本构成进行优选，以便最后确定采购成本管理政策。表9-1说明了持有成本的百分比。

表9-1 持有成本的百分比

要　　素	平均数/%
资本成本	13.00
折旧	1.50
储存	3.00
税金	0.70
保险	0.05
总计	18.25

订购成本和维持成本随着订购次数或订购规模的变化呈反方向变化。随着订购规模的增加，持有成本增加，而订购成本则降低，使总的订购成本呈U字形，如图9.1所示。

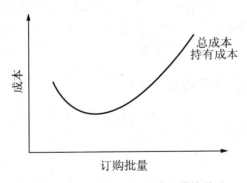

图9.1 采购总成本与订购规模的关系

5. 缺料成本

缺料成本是由库存供应中断而造成的损失，包括原材料供应中断造成的停工损失、产成品库存缺货造成的延迟发货损失和丧失销售机会的损失。

1) 延期交货及其成本

延期交货可以有两种形式：一是缺货商品可以在下次规则订货中得到补充；二是利用快递延期交货。如客户愿意等到下一个规则订货，那么企业实际上没有什么损失，但是企业如果经常缺货，客户可能就会转向其他供应商。如果延期交货，就会发生特殊订单处理和送货费用，延期交货经常是小规模装运，可能需要利用快速、昂贵的运输方式运送延期交货的货物，送货费用相对较高。因此，延期交货成本可根据额外订单处理费用的额外运费来计算。

2) 失销成本

尽管一些客户允许延期交货，但是仍有一些客户会转向其他企业。也就是说，许多公司都有生产产品的竞争者，当一个企业没有客户所需的货物时，客户就会从其他企业订货，在这种情况下，缺货就会导致失销。这时企业的直接损失就是这种货物的利润损失。这样，可以通过计算这种货物的利润乘以订货数量来确定直接损失。关于失销，需要指出：首先，除了利润损失，还包括当初负责这笔业务的销售人员的人力、精力损失等，这就是机会成本损失；其次，很难确定在一些情况下的失销总量。许多客户习惯电话订货，在这种情况下，客户只是询问是否有货，而未说明要订多少货，如果这种产品没有货，客户就不会说明需要多少，也就不会知道损失的总量；最后，很难估计一次缺货对未来销售的影响。

3) 失去客户的成本

由于缺货失去客户，客户转向另一个供应商，企业也就失去了将来一系列收入，这种缺货造成的损失很难估计，需要用科学管理的技术及市场营销研究方法来分析和计算。除了利润损失，还有由于缺货造成的商誉损失。商誉在采购成本控制中常被忽略，但它对未来销售及客户经营活动非常重要。

4) 保险库存及其成本

许多企业都会考虑保持一定数量的保险库存及缓冲库存，以防在需求方面的不确定性。确定何时需要保持多少保险存货是关键问题，保险库存太多意味着多余的库存，而保险库存不足则意味着缺销或失销。企业保持保险库存，可以在用户的需求率不规则或不可预测的情况下有能力供应。准备追加存货是要不失时机地为客户及内部需要服务，以保证企业的长期效益。这里有两点需要指出：保险存货的风险大，储存成本高；保险存货水平的决策涉及概率分析。

9.1.4 有效降低采购成本的方法

采购部门的基本职责之一是降低采购成本，降低采购成本不应依靠压缩采购人员的待遇，而应着眼于供应商和供应市场。总结起来有以下几种方法。

1. 集中降低采购成本的方法

1) 谈判法

在采购管理中一项至关重要的工作就是对供应商的成本结构及其业绩进行分析，并在此基础上进行谈判。谈判是降低采购成本的重要渠道之一，但最新研究表明，通过谈判降低采购成本的幅度是有限的，企业还要配合集中采购、目标成本法、供应商成本结构分析等方法的运用，综合考虑如何降低采购成本。

2) 作业成本法

作业成本法是另一种控制成本的方法，它是将间接成本依照在某一产品上实际花费的时间正确地进行配置，将间接成本平均分摊的做法。运用到采购管理中，即将采购间接成本按不同的材料、不同的使用部门等进行分配，从而科学地评价每种材料、各个部门实际分摊的采购间接费用。它可以让管理层更清楚地了解间接采购成本分配的状况。

3) 集中采购法

集中采购是指将各部门的需求集中起来，采购单位便可以通过较大的采购筹码得到较好的商业折扣。商品标准化后，可取得供应商标准品的优惠价格，库存量也可以相对降低。但集中采购会给人一种没有弹性的感觉，另一个较折中的方法是由使用量最多的单位来整合所有采购数量，负责主导采购议价，这除了可以拥有与集中采购相同的采购筹码外，还能让采购单位更接近使用单位，更了解使用单位的需求状况。也可以运用其他类似的方法降低采购成本，如由各相关部门代表组成的产品委员会、联合采购、长期合约，以及总体采购合约等。

4) 成本结构分析法

对供应商成本结构进行分析可以使企业在谈判过程中取得合理的价格。控制、降低采购成本的一个基本手段是要求供应商提供尽可能详细的报价单，即将供应商提供的产品按固定费用及变动费用逐项展开计算，并核定其准确性。

5) 价值分析法

利用价值分析是通过价值分析降低采购成本的途径。主要是将产品设计简化以便于使用替代性材料或制造程序；选择提供较优惠付款条件的供应商；采购二手设备而非全新设备；运用不同的议价技巧；选择费用较低的货运承揽业者，或考虑改变运输模式（如将水运改为空运），同样可以降低成本。

6) 目标成本法

目标成本法是指企业在新产品开发设计过程中，为了实现目标利润而达到的成本目标值，即产品生命周期成本下的最大成本允许值。目标成本规划法的核心工作就是制定目标成本，并且通过各种方法不断地改进产品设计与工序设计，以最终使得产品的设计成本小于或等于其目标成本。

2. 优化整体供应商结构及供应配套体系

(1) 通过对现有供应商的改进来降低采购成本。企业通过对现有供应商的改进来降低采购成本，如促使供应商实施即时供应、改进供应商的产品质量以降低质量成本、组织供应商参与本企业的产品开发及工艺开发，降低产品成本与工艺成本、与供应商实行专项共同改进项目以节省费用并提高工作效率等。

(2) 通过运用采购技巧和战术来降低采购成本。其中最常用的是灵活运用采购谈判技巧。进行价格谈判的一个基本工具就是成本结构分析，另一个工具就是了解供应商的"学习曲线"，再一个就是利用价格折扣。在所有的降低采购成本的方式当中，供应商参与产品开发最具潜力，成本可降低42%，利用供应商的技术与工艺则可降低成本的14%，而通过改进采购过程以及价格谈判等仅可降低11%。欧洲某专业机构的另一项调查也得出类似结论：在采购过程中通过价格谈判降低成本的幅度一般为3%~5%，通过采购市场调研比较得知优化供应商平均可降低成本3%~10%，通过发展伙伴型供应商并对供应商市场调研比较得知优化供应商平均可降低成本 3%~10%；通过发展伙伴型供应商并对供应商进行综合改进可降低成本 10%~25%；而供应商参与早期产品开发，成本降低则可达到 10%~50%。因此，在整体采购成本中，采购人员更应该关注"上游"采购，即在产品的开发过程中充分有效地利用供应商。

9.2 采购成本管理的基本程序

企业必须进行采购程序设计，明确采购职能分工，减少采购工作随意性，充分发挥采购部门的采购职能，根本目的是降低采购物流成本。

9.2.1 确定采购计划

采购的起点是根据销售计划、生产计划或订单制订采购计划，而计划是建立需求的基础之上的。如果采购部门不了解使用部门的需求，就不能有效地采购，也不能使供货商完全理解商品的规格、质量等级、所对应的国际或国内标准等。编制采购计划一般是需求部门按生产或技术人员的要求先做好需求预测，然后由采购部门确定最佳订购量，或者根据市场价格的趋势，为避免涨价发出一些期货订单，确定经济采购量。经济采购量就是一定期间采购一批物料的相关总成本达到最低的采购数量。确定经济采购量的目的，就是使与物料有关的成本总和达到最低，重点要考虑各成本之和的最小化，最终得出一定期间的经济采购量。采购计划一般包括日常采购计划和战略采购计划。日常采购计划根据物料的需用计划和经济采购量的分析结果，在查清库存数量的基础上，根据物料的配套情况编制采购计划，说明如何对采购过程进行管理；战略采购计划包括供应链的建立，供应商选择与认证、供应商前期参与，以提高原料、工艺和服务的标准化程度，减少差异性带来的后续成本等内容。采购计划可以是详细的，也可以是概括的，关键强调其正确性、及时性和可执行性。

9.2.2 收集供货商信息

在贸易全球化的今天，找到商品质量和价格能够符合需求的供货商，绝非易事。根据统计，采购人员约有三分之一的时间从事信息搜集、确定供货商的相关工作。

1. 质量信息的搜集

对采购人员而言，质量的定义应为"符合买卖约定的要求或规格就是好的质量"。故采购人员应设法了解供应商对本身商品质量的认识或了解的程度。通常在买卖的合同或订单上，质量是以下列方法其中的一种来表示的。

市场上商品的等级、品牌，商业上常用的标准，物理或化学的规格，性能的规格，工程图、样品（卖方或买方）及以上的组合。采购人员在采购时应首先与供应商对商品的质量达成互相同意的质量标准。

2. 价格信息的搜集

价格是所有采购事项中最重要的项目。在采购之前，采购人员应事先调查市场价格，并做好成本或价格分析。具体可采用以下几种方法，如图 9.2 所示。

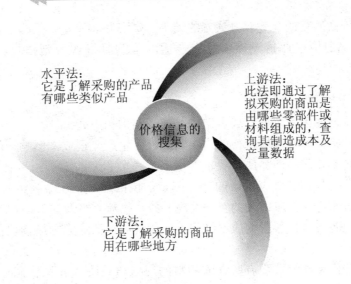

图 9.2　价格信息的搜集方法

由于调查范围广、市场环境变化迅速，采购部门就必须将市场资料加以整理、分析，筛选出正确有用的信息，在此基础上提出报告及建议。

3. 调查供货商的实力

供货商调查就是从可能的卖方那里获得谁有资格、谁能以最低成本完成材料采购计划中的供应任务，确定供应商的范围。获取信息的渠道有市场调查、行业刊物、专业网站等媒体。采购部门收集供货商资料从以下几个方面考虑：供货商的技术水平、售后整体服务水平、供货期及应急能力。若是选择长期合作的供货商，还应考察企业的创新能力、抵抗风险的能力、供货商内部组织与管理是否良好、可持续发展能力、资信情况、主要员工的稳定情况等内容，然后根据调查情况选择合适的供货商。

9.2.3　确定供应商

在向战略采购发展过程中，企业与供应商要建立紧密的合作关系，运作过程中需要尽量减少供应商的数量，这就需要建立一套完整、科学、全面综合的认证体系，对供应商作出系统、全面的评价。

（1）进行供应商选择认证。按照一定的规范考察供应商的硬件和软件是否符合要求：硬件主要指供应商设备的先进性、环境配置的完善性；软件主要指供应商人员的技术水平、工艺流程、管理制度、合作意识等方面。

（2）对供应商提供的样品进行认证，即对供应商提供的样件及检验报告进行评审，看其是否能满足企业技术和品质要求。

（3）对供应商提供的批量物料进行认证。样品合格不代表批量生产能符合采购要求，重点控制新开发方案或新增供应商批量生产物料供应质量的稳定性。

9.2.4　确定采购价格

采购价格的高低直接影响采购成本和企业总成本，因此一些采购员在谈判时大幅度砍价，认为采购价格的高低全凭双方谈判的结果。事实并非如此，采购人员应了解供应价格的影响因素、制定价格评价制度，选择合适的采购时机和谈判技巧，取得满意的市场价格。

1. 掌握影响供应价格的因素

影响供应价格的因素主要有成本结构、市场结构和采购条件。

（1）成本结构是影响供应价格的内在因素，受生产要素成本影响，包括原材料、劳动力价格、产品技术要求、产品质量要求、生产技术水平等。

（2）市场结构是影响供应价格的外在因素，包括经济、社会政治及技术发展水平等，具体有宏观经济条件、供应市场的竞争情况、技术发展水平及法规制约等。

市场结构同时又会强烈影响成本结构，但供货商自己的成本结构往往不会对市场结构产生影响。

（3）采购条件表现为采购者所采购物料的规格与品质、采购数量的多少、交货条件、付款条件、采购物品的供需关系、生产季节与采购时机、客户与供货商的关系等因素，这些条件均会影响采购价格。

2. 建立价格档案和价格评价体系

企业采购部门应对所有采购物料进行分类，尽量合理而且详细，根据类别建立价格档案，对每一批采购物品的报价，首先与归档的材料价格进行比较，分析价格差异的原因。如无特殊原因，原则上采购的价格不能超过档案中的价格水平，否则要作出详细的说明。对于重点材料的价格，要建立价格评价体系，由公司有关部门组成价格评价组，定期收集有关的供应价格信息，来分析、评价现有的价格水平，并对归档的价格档案进行评价和更新。

3. 建立标准采购价格，对采购人员根据工作业绩进行奖惩

对重点监控的材料，根据市场的变化和产品标准成本定期定出标准采购价格，促使采购人员积极寻找货源，货比三家，不断降低采购价格。标准采购价格可与价格评价体系结合起来进行，并提出奖惩措施。对完成降低公司采购成本任务的采购人员进行奖励；对没有完成采购成本下降任务的采购人员，分析原因并确定对其惩罚的措施。

9.2.5 确定采购方式并签订供货合同，实施采购行动

1. 确定采购方式

采购方式是企业获得原材料、零（配）件、工程或服务的途径、形式和方法。合适的采购方式是对企业资源、内（外）部环境、专业水平、资金情况、储运水平等因素的综合考虑。现代采购管理已不仅仅将采购作为一种库存的补充，订单的安排，它应是一种寻求发展，追求整个价值链创新，降低企业成本创造利润的一种重要形式。常见的采购方式有：定量采购、定期采购、集中采购、招标采购、网上采购、公开市场采购、询价采购、比价采购、议价采购、定价收购等，采购人员可根据实际情况合理选择其中一种或多种形式搭配使用。

2. 签订供货合同，实施采购行动

采购合同是在确定了供应商后，企业与供应商之间签订的确保双方履行约定的一份法律文件。企业在签订合同之前，需要选择合同类型，因为不同的合同类型决定了风险在买方和卖方之间分配。采购合同通常包括质量、价格、交货时间、交货数量、运输要求、付款条件和售后服务等内容，签订合同后，企业根据采购计划和采购合同发出采购订单。

供应商能否按时、按质、按价供货对企业生产影响很大，企业要严格订单管理和采购的日常管理，主要包括货物跟催、验收入库、支付货款和退货处理。

9.2.6 评价采购工作

一个采购流程结束或一定的工作期间，要进行采购工作评价，其内容包括绩效评价、结案、记录维护档案。

（1）绩效评价是按照采购价格、质量、交货期、采购批量、采购批次、采购金额、采购量、资金周转、库存水平等综合绩效评估指标体系，对采购部门和采购人员的行为进行评价。

（2）结案是在一项采购业务完成后，将各种采购资料及时分类、整理，审查采购成效好坏，报请有关部门和领导校阅批示，然后归档。

（3）记录维护档案是对有查阅和参考价值的资料保留下来，分类建立采购档案并进行日常整理、借阅和维护。如对采购品种进行分类，建立采购成本数据库；对供应商的数据信息，进行分析检验，与行业采购成本数据和绩效表现水平比较，建立供应商资料库。

9.3 采购成本的控制

9.3.1 采购成本控制的方法

企业运营的主要目标是创造最大的利润。所以，在审核年度绩效时，投资报酬率便成了最好的参考数字，投资报酬率有不同的计算方式，最普通的表示方法为

$$投资报酬率＝利润率\times 资产周转率$$

利润率代表了企业相对于收益的对成本控管的能力，而资产周转率则反映出管理层对企业可用资产有效利用的能力。所以，企业管理层可通过降低采购成本、利用现有资产来增加销售业绩来达到增加投资报酬率。采购成本控制具体包括以下方法。

1. 定期采购控制法

定期采购控制法是指按预先确定的订货间隔期间进行采购，补充库存的一种采购成本控制方式。企业根据过去的经验或经营目标预先确定一个订货间隔期间。每经过一个订货间隔期间就进行订货；每次订货数量都不同，定期订货方式中定货量的确定方法为

$$定货量＝最高库存量－现有库存量－订货未到量＋顾客延迟购买量$$

定期采购控制法是从时间上控制采购周期，从而达到控制库存量目的的方法，只要订货周期控制得当，既可以不造成缺货，又可以控制最高库存量，从而达到成本控制的目

的,即使采购成本最少。

定期采购控制法的优点是:由于订货间隔期间确定,因而多种货物可同时进行采购,这样不仅可以降低订单处理成本,还可降低运输成本。另外,这种方式不需要经常检查和盘点库存,可节省这方面的费用。这种订货方式的缺点是:由于不经常检查和盘点库存,对商品的库存动态不能及时掌握,遇到突发性的大量需要,容易造成缺货现象从而带来损失,因而企业为了对应订货间隔期间内需要的突然变动,往往库存水平较高。定期采购控制法适用于品种数量大,占用资金较少的企业的商品采购成本控制。

实际上,订货周期也可以根据具体情况进行调整。例如,根据自然日历习惯,以月、季、年等为周期;根据供应商的生产周期或供应周期进行调整等。

2. 定量采购控制法

定量采购控制法是指当库存量下降到预定的最低库存数量(采购点)时,按规定数量(一般以经济批量EOQ为标准)进行采购补充的一种采购成本控制方式。当库存量下降到订货点(也称为再订货点)时马上按预先确定的定货量(Q)发出货物订单,经过交纳周期(LT),收到订货,库存水平上升。采用采购控制法必须预先确定订货点和订货量。

通常采购点的确定主要取决于需求率和订货、到货间隔时间这两个要素。在需要固定均匀和订货、到货间隔时间不变的情况下,不需要设定安全库存,订货点确定公式为

$$E = LT \times D/365$$

式中:D——每年的需要量。

当需要发生波动或订货、到货间隔时间变化的情况出现时,订货点的确定方法较为复杂,且往往需要安全库存。

订货量通常依据经济批量的方法来确定,即以总库存成本最低时的经济批量(EOQ)为每次订货时的订货数量。

定量采购控制法的优点是:由于每次订货之前都要详细检查和盘点库存(看是否降低到订货点),能及时了解和掌握商品库存的动态。因每次订货数量固定,且是预先确定好了的经济批量,方法简便。这种订货方式的缺点是:经常对商品进行详细检查和盘点,工作量大且须花费大量时间,从而增加了库存保管维持成本。该方式要求对每个品种单独进行订货作业,这样会增加订货成本和运输成本。定量订货方式适用于品种数目少但占用资金大的商品。

3. ABC控制法

一般来说,企业的物资种类繁多、价格不等、数量不均,有的物资品种很多但价值不高。由于企业的资源有限,因此,对所有品种均给予相同程度的重视和管理是不可能的。为了使有限的时间、资金、人力、物力等企业资源能得到更有效的利用,将管理的重点放在重要的物资上,进行分类管理和控制,即依据库存物资重要程度的不同,分别进行不同的管理,这就是ABC控制方法的基本思想。

ABC分析法是20/80原理的一种应用。20/80原理指出存在着重要的"少数"——20和不重要的"多数"——80,该思想就是将管理资源集中于重要的"少数"而不是不重要的"多数"。花80%的时间与精力在最重要的20%上,将得到80%的回报;而在另外的80%上,只需花费20%的精力,即能得到不错的结果。

ABC 控制法是将手头的库存按年度货币占用量分为三类。为了确定 ABC 分析法所需要的年度货币量,将每个品种库存的年度需求量与每件库存的成本相乘。A 级是年度货币量最高的库存,这些品种可能只占库存总数的 15%,但用于它们的库存成本却占到总数的 70%~80%。B 级是年度货币量中等的库存,这些品种占全部库存的 30%,占总价值的 15%~25%。那些年度货币量较低的为 C 级库存品种,它们只占全部年度货币量的 5%,但却占库存总数的 55%。因此,利用 ABC 分析法可以保证更好的预测现场控制、供应商的信赖度,以及减少安全库存和库存投资。通过将物料分级,采购经理就能为每一级的物料品种制定不同的策略,实施不同的控制。

1) ABC 三类物品的区分

任何采购物品可区分为 3 个不同部分。

(1) A 类物品。高值——其价值占采购总值 70%~80% 的相对少数物品,通常占物品的 15%~20%。

(2) B 类物品。中值——其总值占采购总值的 15%~20%,物品数居中,通常占物品的 30%~40%。

(3) C 类物品。低值——其采购总值几乎可以忽略不计,只占 5%~10%,是物品的大多数,通常占 40%~55%。

分为 A、B、C 三大类当然是任意的。许多公司作进一步的分类,例如加一个 D 类或把 A 类再分为 AAA、AA 与 A 三等。每类物品,当然可以在该类之中作 ABC 分类。

2) 分类原则

(1) 采购记录。

① A 类物品要求最准确、完整与明细的记录,要频繁地,甚至实时地更新记录。对事务文件、报废损失、收货与发货的严密控制是不可缺少的。

② B 类物品只需正常的记录处理、成批更新等。

③ C 类物品不用记录(或只用最简单的),成批更新,简化的记录。

(2) 订货过程。

① 对 A 类物品提供仔细、准确的订货量。

② 对 B 类物品,每季度或当发生主要变化时评审一次 EOQ 与订货点。

③ 对 C 类物品不要求做 EOQ 或订货点计算,手头存货还相当多时就订上一年的供应量,使用评审、堆放等。

(3) 控制程度。

① 对 A 类物品应尽可能地严加控制,包括最完备、准确的记录,最高层监督的经常评审,从供应商按订单频繁交货,对车间紧密跟踪去压缩提前期等。

② 对 B 类物品作正常控制,包括良好的记录与常规的关注。

③ 对 C 类物品应尽可能使用最简便的控制,如定期目视检查库存实物、简化的记录或只有最简的标志法表明补充存货已经订货了,采用大库存量与订货量以避免缺货,另外安排车间日程计划时给以低优先级就可以了。

(4) 优先级。

① 在一切活动中给 A 类物品以高优先级以压缩其提前期与库存。

② B类物品只要正常地处理，仅在关键时给以高优先级。
③ 给C类物品以最低的优先级。

3) 分类步骤

(1) 列出所需采购物品及其年度使用量，然后用单价乘以年度使用量，算出年度使用金额，见表9-2。

表9-2 计算年度使用金额

序　数	物品每年使用件数	单位成本/元	年度使用金额/元
F—11	40 000	0.07	2 800
F—20	195 000	0.11	21 450
F—31	4 000	0.10	400
L—45	100 000	0.05	5 000
L—51	2 000	0.14	280
L—16	240 000	0.07	16 800
L—17	16 000	0.08	1 280
N—8	80 000	0.06	4 800
N—91	10 000	0.07	700
N—100	5 000	0.09	450

(2) 按年度使用金额排列这些物品，并计算出累计年使用金额与累计百分数。如果任意地决定A类物品将是这些物品中最前面的20%，则A类将包括第一与第二两种物品。第三到第五这三类物品将属B类物品，它们占总物品数的30%。剩余50%的物品将属于C类物品。计算结果见表9-3。

表9-3 排序并计算累计百分数

物　品	年度使用金额/元	累计年使用金额/元	累计百分数/%	类　别
F—20	21 450	21 450	39.8	A
L—16	16 800	38 250	71.0	A
L—45	5 000	43 250	80.2	B
N—8	4 800	48 050	89.0	B
F—11	2 800	50 850	94.2	B
L—17	1 280	52 130	96.7	C
N—91	700	52 830	97.9	C
N—100	450	53 280	98.7	C
F—31	400	53 680	99.5	C
L—51	280	53 960	100.0	C

(3) 此ABC分析可归纳列表显示。如果把最大精力集中于A类物品采购，可使其库存压缩25%，这就是总库存的相当可观的一笔压缩，即使C类物品由于控制不严而增加了50%也不要紧。归纳结果见表9-4。

表 9-4 分析归纳结果

分类	物品的百分数/%	每组的年使用金额/元	金额的百分数/%
A(F—20，L—16)	20	38 250	71.0
B(L—45，N—8，F—11)	30	12 600	23.4
C(所有其他)	50	3 110	5.6
总计	100	53 960	100

4. 经济订货批量控制法

订货数量的决定影响到企业的订货次数。企业大量订货，通常可减少采购费用，但会提高存货占有成本。企业少量订货常可使存货占用成本达到最小，但却会提高订货成本（除非进行电子数据交换并使用快速反应存货系统）。

经济订货批量是使订单处理和存货占用总成本达到最小的每次订货数量（按单位数计算）。订单处理成本包括使用计算机时间、订货表格、人工及新到产品的处置等费用。占用成本包括仓储、存货投资、保险费、税收、货物变质及失窃等。企业无论大小都可采用EOQ计算法。订单处理成本随每次订货数量（按单位数平摊的增加而下降，因为只需较少的订单就可买到相同的全年总数），而存货成本随每次订货数量的增加而增加，因为有更多的商品必须作为存货保管，且平均保管时间也更长，这两种成本加起来就得到总成本。

9.3.2 采购成本控制的策略

前面介绍了一些采购成本的控制方法，无论实施得如何成功，其降低成本是有限度的，并且这些控制的方法有利也有弊，如定期控制法虽然降低了采购费用，但过高的存货往往使企业得不偿失。企业只有从根本上采取一些采购成本控制的策略，才能持续使成本降低。

1. 国外采购策略

国外采购策略最大的作用是能有效地降低采购成本，采购到质优价廉、独具特色的商品，从而使采购成本大幅下降。

2. 联合采购策略

联合采购策略就是汇集同业的需求向供应商订购。联合采购数量庞大，价格特别优惠；各厂商也因为与同业联合采购，建立了合作的基础，有助于平时交换情报，提高采购绩效。不过联合采购由于参与厂商太多，作业手续复杂，对于数量分配及到货时间，通常引起许多争端。业者也可能利用联合采购，进行"联合垄断"，操纵供应数量及市场价格。

总之，联合采购一般在买方势单力薄以及进口管制下发生，此时数量都比较小，因此唯有"积少成多"，才能引发供应商报价的兴趣，增加买方谈判的筹码。

联合采购的主要模式有以下几种。

(1) 某一地区的中小企业组成的联合采购。
(2) 由某一供应商牵头组织的联合采购。
(3) 某一协会组织（如五金商品协会）组织的联合采购。

在面向联合采购的商品中，企业首先要考虑商品分类项目中的骨干商品和战略商品两个商品群。骨干商品是具有平均利润率的商品，是需求地域、顾客阶层差别小、不论在哪个店都能共同经营的商品，也是通过批量化能使进货价格降低(必须降低)的商品；战略商品是单独店铺难以开发的初期商品或制定的私人商标商品，只有由若干店的共同协作方可能开发成功的商品。

3. 外包采购策略

外包采购策略作为一种采购成本控制的策略在国内很少使用，而在国外则应用很广。这种策略主要是针对那些中小企业，由于它们的采购数量小，采购价格优势不明显，因而往往把自己的采购业务外包给那些采购能力强的中间商(主要是指批发商)，自己则把主要精力放在商品经营上。这也能大幅度地降低采购成本，最明显的是少了采购人员的薪金及采购部门的大部分开销。

4. 阳光采购策略

采购中的腐败行为不仅侵蚀企业的利益，抬高采购成本，而且对整个企业文化会造成破坏性的影响。采购人员在谈判中无原则的让步、合同之外的私下的利益承诺，会对采购活动的绩效产生负面影响。

因此企业必须实行阳光采购策略，以降低采购成本。阳光采购就是把商品采购的各个环节按一定的制度和程序运行。它能有效地避免采购人员的腐败，从而降低采购成本，其具有以下特点。

(1) 决策透明化。透明的核心是将"隐蔽的权力公开化，集中的权力分散化"。
(2) 信息公开化。商品采购来源内部公开化。
(3) 监控程序化。由不同的部门分别承担"三审一检"职能，即审核采购计划、审核价格、审核票据、检查质量。
(4) 管理制度化。建立和完善一套采购提、审、决的自控程序。
(5) 奖惩严明化。对"暗箱作业"人员给予严惩；对阳光采购有功人员予以重奖。

9.3.3 通过采购要素分析降低采购成本

1. 分析采购物料的功能

正确设计产品组成，合理使用原材料，是企业采购材料、降低产品成本的先决条件。进行价值分析，目的在于简化产品设计便于制造、使用替代性材料，以最低的费用获得所需要的必要物资。采购物资不仅是购买一种实物，更重要的是购买这种实物所包含的必要功能，只要功能大于成本，价值才能大，这是价值分析理论的核心。

2. 分析采购物料的价格

任何功能都要以付出费用为代价，不切实际地追求多功能、高质量，势必造成浪费。以满足需要的功能，采购到合理价格的物资，以性能价格比作为衡量物资采购成功与否的标志，是采购过程进行价值分析的又一目的。如在产品非磨损部位将铁制材料改为塑料制品，更新改造固定资产时，采购二手的辅助机器而非全新设备等方法。

3. 分析运杂费

在达到采购目的、不影响其他工作的情况下，运用价值分析方法消除不必要的运杂费可以降低采购成本。如采用提供较佳付款条件的运输企业、选择费用较低的货运承揽者，或考虑改变运输模式（如将空运改为海运），同样达到降低成本的目的。

4．分析采购物料的使用费用

一般情况下购置费用容易引起人们的重视，而使用过程发生的费用往往被忽视。例如，有的物资购置费用低，但使用中修理费用高、燃油多、耗电多等，导致寿命周期使用费用较高，这是价值分析的另一个目的。

9.3.4 分析供应商成本降低采购成本

1．供应商定价方法分析

供应商的价格底线是采购人员谈判的价格底线，只有了解供货商的定价方法、供应企业的成本构成等因素，采购人员才能做到知己知彼，把采购价格压到最低。供货商的定价方法可细分为成本加成定价法、目标利润定价法、采购商理解价值定价法、竞争定价法和投标定价法。

1）成本加成定价法

成本加成定价法是供应商最常用的定价法，它以成本为依据在产品的单位成本的基础上加上一定比例的利润。该方法的特点是成本与价格直接挂钩，但它忽视市场竞争的影响，也不考虑采购商（或客户）的需要。由于其简单、直接，又能保证供应商获取一定比例的利润，因而许多供应商都倾向于使用这种定价方法。

2）目标利润定价法

目标利润定价法是一种以利润为依据制定卖价的方法。其基本思路是：供应商依据固定成本、可变成本及预计的卖价，通过盈亏平衡分析算出保本产量或销售量，根据目标利润算出保本销售量以外的销售量，然后分析在此预计的卖价下能否达到销售量，否则，调整价格重新计算，直到在制定的价格下可实现的销售量能满足利润目标为止。

3）采购商理解价值定价法

采购商理解价值定价法是一种以市场的承受力及采购商对产品价值的理解程度作为定价的基本依据，常用于消费品尤其是名牌产品，也有时适用于工业产品，如设备备件等。

4）竞争定价法

竞争定价法最常用于寡头垄断市场，具有明显规模经济性的行业，如较成熟的市场经济国家的钢铁、铝、水泥、石油化工及汽车、家用电器等。其中，少数占有很大市场份额的企业是市场价格的主导，而其余的小企业只能随市场价格跟风。寡头垄断企业之间存在很强的相互依存性及激烈的竞争，某企业产品价格的制定必须考虑到竞争对手的反应。

5）投标定价法

投标定价法是由采购商公开招标，参与投标的企业事先根据招标公告的内容密封报价、参与竞争。这种公开招标竞争定价的方法最常用于拍卖行、政府采购，也用于工业企业，如建筑包工、大型设备制造，以及非生产用原材料（如办公用品、家具、服务等）的大宗采购。

2．供货商价格组成分析

大型企业所需的原材料，有的多达万种以上，要对每种材料做好供应商价格组成分析是不可能的,根据存货的 ABC 分析方法,一般对数量上仅占 10％而其价值却占总采购成本 70％的 A 类存货进行分析。采购人员要想知道供应商的实际成本结构并不容易,通常采购人员可从供应商的供应价格影响因素及定价方法着手,对供货商的成本组成进行分析。常用以下几种方法。

1) 根据利润表分析供货商的价格组成

采购人员要收集相关信息,可以从企业的财务利润表入手,得到供应企业的成本组成。其计算方法为

$$营业利润＝(营业收入－营业成本)－(销售费用＋管理费用＋财务费用)$$

倒挤出营业收入,作为供应商的价格组成。

2) 根据盈亏平衡分析确定供货商价格组成

盈亏平衡分析又叫本量利分析或保本分析,它是通过分析生产成本、销售利润和生产量之间的关系来了解盈亏变化,并据此确定产品的开发及生产经营方案。分析时将生产成本分为固定成本和变动成本。企业的产品销售收入减去变动成本,叫做边际贡献或边际毛利,产品单位销售收入减去单位变动成本,叫做单位边际贡献。当供货商有边际贡献后,再来分摊固定费用。计算公式为

$$利润＝营业收入－变动成本－固定成本＝(单价－单位变动成本)×销售量－固定成本$$

因此,供货商在制定产品价格时,产品的单价应该大于成本(即单位固定成本摊销与单位产品变动成本之和)。但是,在新产品上市或销售淡季,供货商会考虑用边际贡献来分摊固定成本,这时可以把价格压到单位总成本之下(不含单位固定成本),只要使供货商获得边际贡献即可成交。一般来说,成本构成中固定成本比例越高,价格的弹性就越大,随市场季节变化及原材料的供应而变化的波动也就越强烈,因而这些产品在采购时可采用加大订购数量及在销售淡季订购等方法来降低采购成本;而对于变动成本比例较高的产品则要下力气改善供货商,形成供应链的管理模式,促进其管理水平的提高并降低管理费用。也就是说作为采购人员要了解供货商的成本结构,就要了解其固定成本及变动成本的内容。

3) 根据学习曲线分析供货商价格组成

学习曲线是分析采购成本、实施采购降价的一个重要工具和手段。其基本概念是随着产品的累计产量增加,单位产品的成本会以一定的比例下降。这种单位产品成本的降低与规模效益并无任何关系,它是一种学习效益。这种学习效益是指某产品在投产的初期由于经验不足,产品的质量保证、生产维护等需要较多的精力投入以致带来较高的成本,随着累计产量的增加,管理渐趋成熟,所需要的人力、财力、物力逐渐减少,工人越来越熟练,质量越来越稳定,前期的工程、工艺技术调整与变更越来越少,突发事件及故障不断减少,物流不断畅通,原材料及半成品等库存控制日趋合理,前期生产期间的各种改进措施逐步见效,因而成本不断降低。

这就意味着生产某产品的老企业压价的空间大,因此,需要采购人员调查供货商生产产品的时间和产量等相关情况。

4) 充分考虑价格折扣分析供货商价格

折扣是企业产品销售中常用的一种促销方式。了解折扣有助于供货商在谈判过程中降低采购价格,概括起来大体有以下几类折扣:付款的现金折扣、购买的数量折扣、采购地

的地理折扣、供应的季节折扣、产品的推广折扣等类型。策略地利用折扣是降低采购成本的一种手法。

9.3.5 利用标准化降低采购成本

标准化指的是实施规格的标准化，对不同的产品项目、夹具或零件使用通用的设计或规格，或降低订制项目的数目，以规模经济量达到降低制造成本的目的。

在产品的设计阶段，使用行业标准流程与技术、工业标准零件，这样既加大了原物料取得的便利性，又减少了自制所需的技术投入，同时也降低了生产所需的成本。原料、产品、服务的标准化在产品、服务设计阶段就充分考虑未来采购、制造、储运等环节的运作成本，提高其标准化程度，减少差异性带来的后续成本。

9.3.6 利用管理会计方法降低采购成本

1. 目标成本法

目标成本是预计目标售价减去目标利润得出的。产品的目标成本确定后，与公司目前的相关产品成本或本行业先进水平相比较，确定成本差距。设计小组通常运用质量功能分解、价值工程、流程再造等方法来寻求满足要求的产品与工序设计方案，把这一差距缩小。质量功能分解旨在识别顾客需求，并比较分析其与设计小组计划满足的需求差距，以支持价值工程的设计过程，以此达到降低成本的目的。

2. 定额管理法

与采购过程有关的定额包括生产消耗定额、物资储存定额、采购费用定额等。工作中常常通过制定先进合理的物资消耗定额，采用标准化、通用化和系列化，确定最经济合理的物资消耗标准；在保证质量的前提下，尽量采用以廉代贵，综合利用原材料，提高材料利用的经济性和效益性。在充分采用准时制的情况下，制定与经济订购批量相适应的储存定额；采购过程中，采用多种采购方式，就近组织物资供应，选用恰当的运输费等方法制定采购费用定额。降低企业采购成本，定额管理是行之有效的一种方法。

9.3.7 利用作业成本法降低采购成本

1. 作业成本法

作业成本法是将采购间接成本按不同的材料、不同的使用部门等进行分配，从而科学地评价每种材料、每个部门等实际分摊的采购间接费用，它可以让管理阶层更清楚地了解间接采购成本分配的状况。

作业成本法中的核心要素有 5 个，具体包括资源、资源动因、作业、作业动因、采购成本计算对象，而在一般企业的运营中，这 5 个核心要素又都是多元的，多元的资源动因和作业动因作为分配标准，使多元的资源、作业和成本计算对象产生关联，将多元的资源分配至多元的作业中，再将多元的作业成本分配至多元的成本计算对象中去。它们之间的关系如图 9.3 所示。

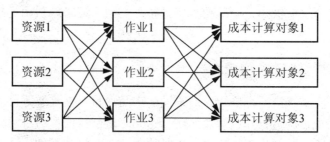

图9.3 资源、作业和成本计算对象关系图

2. 作业成本法的基本原理

作业成本法的基本原理可概括为：采购消耗作业，作业消耗资源并导致成本的发生。作业成本法把成本核算深入到作业层次，它以作业为单位收集成本，并把"作业"或"作业成本池"（同一成本动因下的多个作业组成的成本中心）的成本按作业动因分配到作业层次。

具体来说，作业成本计算首先将企业所消耗的资源通过资源动因分配到作业或作业成本池中，形成作业或作业成本池的成本，然后再将作业或作业成本池的成本通过成本动因分配到成本对象上，形成成本对象的成本。通过该过程，作业成本计算改进了传统的成本分配方法采用单一成本分配基础的弱点，力图找到资源消耗与成本对象之间的因果关系，从而得到更加精确的成本，如图9.4所示。

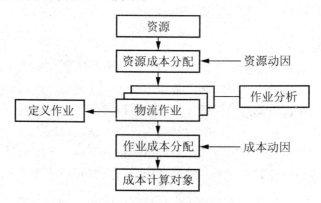

图9.4 作业成本分配流程

3. 作业成本法的计算流程

作业成本计算一般需要经过以下几个阶段：分析和确定资源，建立资源库；分析和确定作业，建立作业成本库；确定资源动因，分配资源耗费至作业成本库；确定成本动因，分配作业成本至成本计算对象。作业成本法的计算流程如图9.5所示。

知识拓展　如何利用ABC法测算出的数据

改进业务。能否汇总作业？能否省略某道环节？根据这些观点，追求处理次数的高速化、少量化。由于产生了不同活动的单价，所以能进行活动效果的测算。

重新认识物流服务。把握不同客户的成本及其依据（高成本时，有怎样的原因），就能改进供货条件。

制成费用表。根据活动单价制成费用表，在制定新规定时就能把它作为依据。

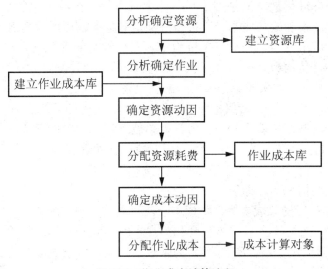

图 9.5 作业成本计算流程

9.3.8 利用供应链管理法降低采购成本

供应链管理的核心是企业间组织的融合,最终达到以企业战略为核心,实现所有企业组织、战略和业务流程的全面结合。采购过程是供应链上的重要结点,是连接供应商与用户企业的桥梁,用供应链管理思想来管理采购物流成本,可大幅度降低采购成本。常常通过优化采购体系或对现有供货商的改进优化企业供应链,达到降低采购成本的目的。

9.3.9 运用采购谈判技巧和战术降低采购成本

采购谈判是指采购方想以自己比较理想的价格、商品质量和供应商服务条件来获取供应商的产品,而供应商则想以自己希望的价格和服务条件向购买方提供自己的商品。当两者不完全统一之前,就需要通过谈判来解决,这就是采购谈判。

采购谈判是完成采购任务的一项重要的基础工作,对企业而言,掌握采购谈判技术有利于维护企业自身利益,采购谈判需要一种合作的态度,并且要考虑双方的利益。采购谈判的目的是签订一份对双方都有利的合约,以便供应商能履行其及时、适量、适质地供应物料。因此,对企业来说,掌握采购谈判技术,有利于维护企业自身利益,促进采购的成功。

灵活运用采购谈判技巧降低价格,是采购最常用的一种方法。通常要掌握采购谈判作业要领;做好采购谈判规划,主要从预测、学习、分析与策略等方面入手;注意谈判中的发问与倾听技巧;巧妙利用谈判的时机;充分利用成本结构分析,以便在谈判过程中取得合理的价格。

9.3.10 利用库存控制降低采购成本

对于经常性、需求量大的原材料、零(配)件,需要在采购和库存成本之间作平衡分析,这种分析常采用经济批量和经济订货点来确定。

1. 经济批量的确定

经济批量又称经济订货量,是指使得购进的存货总成本最低的采购批量。它回答了两个基本问题：最经济订货量应该是多少？应什么时候发出订单？存货总成本包括三部分，即订货成本、储存成本和缺货成本。通过经济批量的基本模型可计算出经济订货量。

设存货全年的需求量为 A，订货单价为 P，则全年购置成本 $A\times P$；企业每次的订购量为 Q，则全年的订货次数就为 A/Q；每次订货成本为 B，则订货的变动成本为 $A/Q\times B$；订货的固定性支出，如采购地办事机构的固定开支为 F_1；则

$$订货成本 = A\times P + A/Q\times B + F_1$$

企业全年的平均储存量就为 $Q/2$，假设每单位存货量的年储存成本为 C，则储存变动成本为 $Q/2\times C$；储存固定成本，如仓库的折旧费、仓库管理人员的工资等为 F_2；则

$$储存成本 = Q/2\times C + F_2$$

在不允许缺货的情况下，即缺货成本为 0；则

$$全年存货的总成本 = 订货成本 + 储存成本 + 缺货成本$$
$$= A\times P + A/Q\times B + F_1 + Q/2\times C + F_2 + 0$$

因为 A、P、B、F_1、C、F_2 等要素为常数项，往往属于决策的非相关成本，所以决策的相关成本只是订货的变动成本、储存的变动成本。

式中，以 Q 为因变量，对上式求导数，即求极小值，得到一系列公式。

每次订货批量（经济批量）

$$Q=\sqrt{2AB/C}$$

每年最佳订货次数

$$N=\frac{A}{Q}=\sqrt{\frac{AC}{2B}}$$

经济进货批量成本 $=\sqrt{2ABC}$

最佳订货周期

$$t=\frac{1}{N}=\frac{1}{\sqrt{\frac{AC}{2B}}}$$

经济批量占用资金

$$I=\frac{Q}{2}\times P$$

2. 经济订货点的确定

经济订货点又称再订货点，就是订购下一批存货时本批存货的尚存储存量。确定订货点必须考虑成本的节约，订货点过长，年储存成本增加；订货点过短，一旦供货延期或销量增加将会造成停工待料。最理想的订货点应该是当下批材料运达仓库时，仓库库存正好用完，该储存量是在正常情况下的最低储备量，又称正常储备量。当发生延期到货或使用量增加时，为防止缺货而增加的储备称为安全储备量。因此，经济订货点的公式为

$$经济订货点 = 正常储备量 + 安全储备量$$

经济订货批量有助于企业在采购时树立成本效益观念，重视资金的时间价值，合理安排采购计划，减少不必要的资金占用。

任何可以节省费用的手段都应该是采购过程值得考虑的对象，但必须是合情、合理，更要合法，有利于与供货商的伙伴互动关系。至于上述几种方法应该优先使用哪种方法较好，则有赖于采购人员依照不同状况进行专业判断后确定。

9.3.11 JIT 库存法

1. JIT 的概念

采购的数量和时间安排也影响价格、运输成本和库存持有成本。一种采购策略是仅在需求产生时购买，采购量就是需求量，这就是适时管理战略(Just-In-Time Strategy)，又称为按需购买(Hand-To-Mouth Buying)。企业也可以采用其他方法，如某种形式的先期采购(Forward Buying)或预先采购(Anticipatory Buying)。如果人们预期未来价格会上涨，这样做就有利可图。同样，如果采购者想要回避未来价格上涨的风险，也可采用投机性采购策略，一般是购买铜、银、金之类的原材料，可能在未来重新售出以赚取利润。投机性采购与先期采购的不同之处在于采购量是否超过未来需求量决定的合理购买量。

卖方不断提供的价格折扣也会影响到采购量。买方可能希望在一个较为优惠的价格水平上突击采购，即囤积物料；而另一方面，买方也可能希望通过谈判得到优惠的价格，而只有在需求出现时才实际送货，以此避免存货的积聚。

2. 最优利润法

采购要利用价格的杠杆原理，所谓杠杆原理即采购一般占到最终产品销售价值的40%～60%，意味着，在获得物料方面所做的点滴成本节约对利润产生的影响，要大于企业其他成本—销售领域内相同数量的节约给利润带来的影响。因此，充分考虑企业利润最优。

难点例释

假设某公司的年销售额为1 000万元，总开支为950万元。公司拥有500万元的资产，其中200万元为库存。购入物料的成本占销售额的50%。使用标准资产回报率模型，绘出图9.6。如果采购价格可以全面下降5%，那么资产回报率将提高多少？

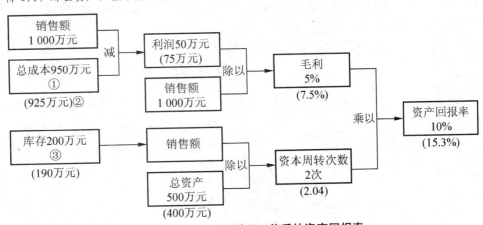

图9.6 采购价格下降5%前后的资产回报率

注：①采购金额占总销售额的50%时。
②括号中为假设采购价格下降5%时的数据。
③库存占总资产的40%。

由于采购杠杆作用，这样的价格小幅度下降可以使利润增长50%；另一方面，价格下降使库存价值降为原来的95%，以此减少公司资产的基数，使资产周转速度由原来的2.00提高到2.04。资产回报率从原来的10%增长到15.3%，提高了5.3%。

3. 概率法

许多实际存在的库存问题涉及时鲜产品或者一次性需求产品，如新鲜水果、蔬菜、鲜花、报纸和某些药品的上架期短暂而确定，过期就无法销售了；其他的还包括，为即将来临的销售期准备的玩具和时装、为棒球比赛准备的小面包、为活动准备的海报等，这些需求都是一次性的，通常无法准确预测。为满足该类需求只能订购一次产品。因此，我们期望知道这种一次性订单到底应该有多大。

为找到最佳订货量（Q^*）可以求助于边际经济分析方法，即当售出下一单位产品的边际收益等于下一单位产品售不出去的边际损失时，就得到 Q^* 点。销售一单位产品所获得的单位边际收益为

$$利润 = 单位价格 - 单位成本$$

一单位产品销售不出去所产生的单位损失为

$$损失 = 单位成本 - 单位残值$$

把一定量产品被售出的概率考虑进来，预期收益和预期损失在以下点得到平衡，即

$$CP_n(损失) = (1 - CP_n)(利润)$$

其中，CP_n 代表至多售出 n 单位产品的累积概率。解上述方程，可以得到利润概率为

$$CP_n = \frac{利润}{利润 + 损失}$$

也就是说，应该继续增加订购量，直到销售额外单位产品的累计概率恰好等于上述比值。

难点例释

某杂货店估计下周将销售 100 磅其精心准备的土豆沙拉。需求服从正态分布，标准差为 20 磅。商店可以每磅 5.99 美元的价格销售沙拉，原料成本为每磅 2.50 美元。由于未使用防腐剂，所有未售出的沙拉都将无偿地捐给慈善机构。

要找到使商店利润最大化的产量，我们首先要计算 CP_n，即

$$CP_n = \frac{利润}{利润 + 损失} = \frac{5.99 - 2.50}{(5.99 - 2.50) + 2.50} = 0.583$$

从正态分布曲线，可得到最优产量 Q^* 就是曲线以下 58.3% 的面积所对应的点（图9.7）。该点的 $z = 0.21$。因此要准备的沙拉就为

$$Q^* = 100\,磅 + 0.21 \times 20\,磅 = 104.2\,磅$$

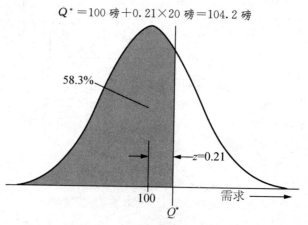

图9.7 土豆沙拉需求的正态分布

如果需求是离散的,订货量就可能是整数。在这种情况下,为保证至少满足 CP_n,要将 Q 的尾数抹去,向上取更高一单位的购买量。

难点例释

某设备维修厂希望订购足够的配件以保证交易会期间机床的连续运转。如果设备需要维修,维修工给每个配件定的价格是 95 美元。每个配件的成本是 70 美元。如果所有配件都没用上,他们会将配件退给供货商,每个配件可得退款 50 美元。据估计配件需求的分布见表 9-5。

表 9-5 配件需求的分布

配件需求	概率需求	累计概率
0	0.10	0.10
1	0.15	0.25
2	0.20	0.45
3	0.30	$0.75 = Q^*$
4	0.20	0.95
5	0.05	1.00

应该订购的数量为

$$CP_n = \frac{利润}{利润 + 损失} = \frac{95 - 70}{(95 - 70) + (70 - 50)} = 0.556$$

CP_n 的值位于 2 单位和 3 单位的需求量所对应的累计概率之间。向上进一单位,得到 $Q^* = 3$。

9.4 采购成本信息管理

9.4.1 采购物流费用归集

对于生产制造和流通企业而言,采购运输成本和委托装卸搬运成本,可根据会计明细账中的"销售进货费用——运费"、"销售进货费用——装卸费"分别归集录入管理;对于物流企业而言,委托采购运输成本和委托采购装卸搬运成本,可根据会计明细账中的"主营业务成本——运费"、"主营业务成本——装卸费"进行管理,如图 9.8 所示。

9.4.2 采购物流成本分析

根据会计明细账发生额分析。例如,对于生产制造企业来说,可根据会计明细账"采购费用——进货费"来具体分析其中有哪几项多少数额是用于包装设备折旧费的,根据会计明细账"采购费用——保险费"来具体分析其中有哪几项多少数额是用于采购物品保险费的,从而获取和计算采购成本的有关信息,最后将与采购成本有关的信息汇总,如图 9.9 所示。

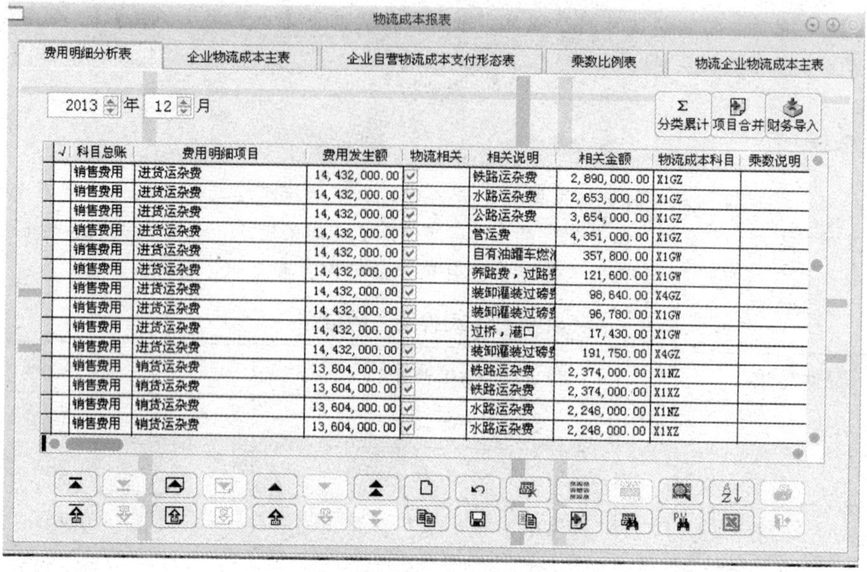

√	科目总账	费用明细项目	费用发生额	物流相关	相关说明	相关金额	物流成本科目	乘数说明
	销售费用	进货运杂费	14,432,000.00	√	铁路运杂费	2,890,000.00	X1GZ	
	销售费用	进货运杂费	14,432,000.00	√	水路运杂费	2,653,000.00	X1GZ	
	销售费用	进货运杂费	14,432,000.00	√	公路运杂费	3,654,000.00	X1GZ	
	销售费用	进货运杂费	14,432,000.00	√	管运费	4,351,000.00	X1GZ	
	销售费用	进货运杂费	14,432,000.00	√	自有油罐车燃	357,800.00	X1GW	
	销售费用	进货运杂费	14,432,000.00	√	养路费，过路	121,600.00	X1GW	
	销售费用	进货运杂费	14,432,000.00	√	装卸灌装过磅	98,640.00	X4GZ	
	销售费用	进货运杂费	14,432,000.00	√	装卸灌装过磅	96,780.00	X1GW	
	销售费用	进货运杂费	14,432,000.00	√	过桥，港口	17,430.00	X1GW	
	销售费用	进货运杂费	14,432,000.00	√	装卸灌装过磅	191,750.00	X4GZ	
	销售费用	销货运杂费	13,604,000.00	√	铁路运杂费	2,374,000.00	X1NZ	
	销售费用	销货运杂费	13,604,000.00	√	铁路运杂费	2,374,000.00	X1XZ	
	销售费用	销货运杂费	13,604,000.00	√	水路运杂费	2,248,000.00	X1NZ	
	销售费用	销货运杂费	13,604,000.00	√	水路运杂费	2,248,000.00	X1XZ	

图 9.8 物流费用管理

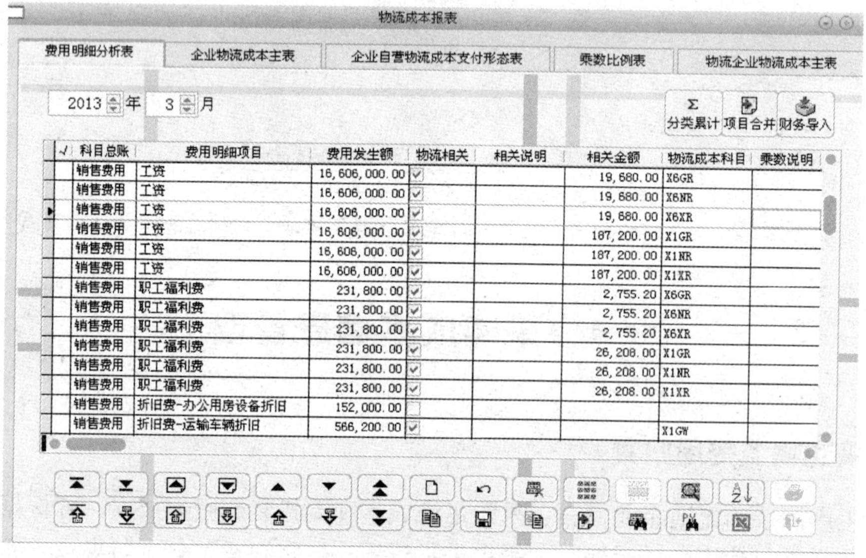

√	科目总账	费用明细项目	费用发生额	物流相关	相关说明	相关金额	物流成本科目	乘数说明
	销售费用	工资	16,606,000.00	√		19,680.00	X6GR	
	销售费用	工资	16,606,000.00	√		19,680.00	X6NR	
	销售费用	工资	16,606,000.00	√		19,680.00	X6XR	
	销售费用	工资	16,606,000.00	√		187,200.00	X1GR	
	销售费用	工资	16,606,000.00	√		187,200.00	X1NR	
	销售费用	工资	16,606,000.00	√		187,200.00	X1XR	
	销售费用	职工福利费	231,800.00	√		2,755.20	X6GR	
	销售费用	职工福利费	231,800.00	√		2,755.20	X6NR	
	销售费用	职工福利费	231,800.00	√		2,755.20	X6XR	
	销售费用	职工福利费	231,800.00	√		26,208.00	X1GR	
	销售费用	职工福利费	231,800.00	√		26,208.00	X1NR	
	销售费用	职工福利费	231,800.00	√		26,208.00	X1XR	
	销售费用	折旧费-办公用房设备折旧	152,000.00					
	销售费用	折旧费-运输车辆折旧	566,200.00	√			X1GW	

图 9.9 物流费用分析

9.4.3 采购物流成本支付形态管理

采购物流成本支付形态管理，是按采购成本项目和自营物流成本支付形态二维形式反映企业一定期间采购物流成本信息管理。它是根据采购物流成本项目和自营物流本支付形态之间的相互关系，按一定的标准和顺序，把企业一定期间的采购项目物流成本及其对应的自营支付形态物流成本予以适当排列，并对日常工作中形成的大量成本费用数据进行集成管理。

企业采购物流成本支付形态中的成本项目一维构成内容与企业物流成本主表的构成内容完全一致，其支付形态一维主要包括采购所需的运输费、仓储费、包装成本、装卸搬运成本、流通加工成本、物流信息成本、物流管理成本、一般经费和特别经费内容，基本格式见表 9-6。

表9-6 物流成本支付形态管理信息

成本项目		代码	内部支付形态					
			材料费	人工费	维护费	一般经费	特别经费	合计
甲		乙	1	2	3	4	5	6
物流功能成本	采购运输成本	01						
	仓储成本	02						
	包装成本	03						
	装卸搬运成本	04						
	流通加工成本	05						
	物流信息成本	06						
	物流管理成本	07						
	合计	08						
存货相关成本	流动资金占用成本	09						
	存货风险成本	10						
	存货保险成本	11						
	合计	12						
	其他成本	13						
	物流成本合计	14						

系统计算管理效果如图9.10所示。

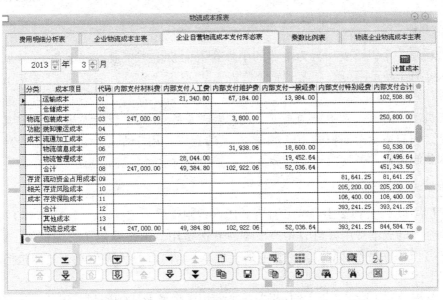

图9.10 物流成本支付形态管理

9.4.4 采购成本分配计算

在物流采购成本分配计算的过程中，有时需要从其他部门获取相关信息，设计内部物流成本信息需求表，列明需要其他部门提供的相关信息，由其协作部门提供。只有如此，才能理顺物流成本计算流程，得出的物流成本信息才能适度准确，如图 9.11 所示。

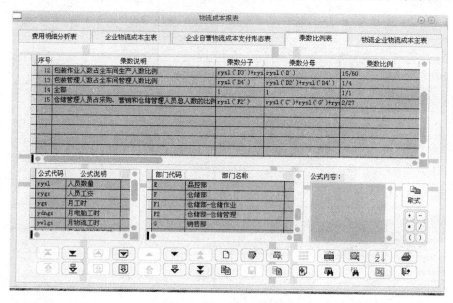

图 9.11 物流成本分配计算

9.4.5 案例分析与计算

1. 企业概况

A 公司是一个以小麦加工为主业的中外合资面粉生产企业。截至 2013 年底，该公司资产总额 6 186 万元，2013 年实现销售收入 1.23 亿元，实现利润总额 6 562 万元。内部设有会计部（兼做信息工作）、人事部、采购部、生产部、品控部、仓储部和销售部 7 个部门，共有员工 145 人，其中采购人员 5 人，生产人员 60 人，营销人员 20 人，其余为管理人员。该公司有一个总面积约 10 000 平方米的仓库，用于储存小麦、面粉等存货，而运输业务和装卸搬运业务均由外部人员承包，公司支付运费和装卸搬运费。

2. 物流成本分析

本案例中以 A 公司 2013 年 12 月有关成本费用资料为依据，计算 2013 年 12 月的物流成本。该企业的成本费用科目有生产成本、制造费用、销售费用、管理费用、财务费用、营业外支出和其他业务成本，其中营业外支出 2013 年 12 月无发生额。具体包括以下计算步骤。

（1）获取 A 公司 2013 年 12 月相关成本费用发生额及明细资料并逐项分析哪些与物流成本相关。

（2）对物流成本有关的费用内容进行汇总具体见表 9-7。

表9-7 物流成本相关费用明细汇总表

序号	项目	发生额	备注
1	管理费用——折旧费	36 049.57	含物流信息设施折旧
2	管理费用——工资 管理费用——住房公积金 销售费用——工资 生产成本——工资	94 044.09 17 203.40 61 473.17 114 726.27	含业务人员(包括物流)费用
3	管理费用——福利费、培训、劳动和 　　　　　　待业保险及统筹医疗金 制造费用——职工福利费、劳动保护费 销售费用——劳动保护费	77 465.48 4 384.45 626.17	公司全体人员(含物流人员)费用
4	管理费用——照明电费	25 182.68	含仓库电费
5	制造费用——折旧费 制造费用——修理费	58 654.90 61 841.90	含车间包装设备折旧费、修理费
6	制造费用——保险费	21 684.00	含存货和包装设备保险费用
7	制造费用——办公费	447.38	含包装业务费用
8	销售费用——运输费 销售费用——装卸费	300 925.56 31 154.60	对外支付运费 对外支付装卸费
9	销售费用——保险费	3 010.00	铁路运输保险费
10	销售费用——汽车	6 646.32	含零星物流运输费
11	销售费用——办公费	2 372.43	业务部门(含物流业务)人员费用
12	销售费用——低值易耗品摊销	3 910.75	主要为包装材料及周转用仓库篷布费用
13	销售费用——折旧费	13 805.27	主要为仓库及业务办公用房折旧费
14	销售费用——邮电费	3 300.00	含物流信息费
15	销售费用——其他	17 952.30	货物出口报关报税及港杂费
16	生产成本——辅助材料 生产成本——燃料及动力	309 402.24 172 565.47	含包装材料 含包装设施耗用电费
17	财务费用——利息支出	7 975.00	主要为购买原材料所发生的贷款和息支出
	合计	1 446 803.40	

(3) 根据以上物流成本资料,将有关数据录入系统进行计算分析。根据会计明细账、记账凭证、原始凭证及其他相关资料,对表9-7中与物流成本有关的费用逐项分析,并设物流成本辅助账户,按三个维度计算物流成本。

3. 物流成本主表分析

物流成本表汇集了物流成本信息，按披露物流成本信息内容的不同，企业物流成本表可分为企业物流成本主表和企业自营物流成本支付形态表。

企业物流成本主表是按成本项目、物流范围和成本支付形态三维形式反映企业一定期间各项物流成本信息的报表。它是根据物流成本的三维构成，按一定的标准和顺序，把企业一定期间的项目物流成本、范围物流成本和支付形态物流成本予以适当的排列，并对在日常工作中形成的大量成本费用数据进行整理计算后编制而成的。物流成本主表界面如图9.12所示。

分类	成本项目	代码	供应物流自营	供应物流委托	供应物流小计	内部物流自营	内部物流委托	内部物流小计	销售物流自
	运输成本	01	1,476.96	100,308.52	101,785.48				738.48
	仓储成本	02				34,100.07		34,100.07	
物流	包装成本	03				261,723.80		261,723.80	
功能	装卸搬运成本	04		8,901.31	8,901.31		4,450.66	4,450.66	
成本	流通加工成本	05							
	物流信息成本	06	1,056.00		1,056.00	1,263.88		1,263.88	1,584.00
	物流管理成本	07				9,942.17		9,942.17	2,652.30
	合计	08	2,532.96	109,209.83	111,742.79	307,029.92	4,450.66	311,480.58	4,974.78
存货	流动资金占用成本	09	7,975.00		7,975.00	137,235.46		137,235.46	
相关	存货风险成本	10							
成本	存货保险成本	11	7,922.00		7,922.00				1,960.00
	合计	12	15,897.00		15,897.00	137,235.46		137,235.46	1,960.00
	其他成本	13							
	物流总成本	14	18,429.96	109,209.83	127,639.79	444,265.38	4,450.66	448,716.04	6,934.78

图9.12 物流成本信息系统主表界面

企业物流成本主表对企业物流成本计算对象的三个维度进行了整合，物流成本信息使用者可从该表了解到详尽的企业物流成本信息，既可以了解不同物流功能成本及存货相关成本的发生额，也可以了解不同物流范围的成本发生额；既可以了解单项物流成本项目在不同物流范围的成本明细额，也可以了解单一物流范围所发生的不同的成本项目明细额；既可以了解内部自营物流成本及其具体的成本项目和物流范围成本发生额，又可以了解委托物流成本及其支出明细。同时，企业物流成本主表还能够提供进行物流成本评价的基本资料，它是企业物流成本评价的基础。

4. A公司物流成本支付形态

A公司的物流成本支付形态如图9.13所示。

5. A公司物流成本分配比例

A公司物流成本分配比例如图9.14所示，通过系统显示数据可以进行评价分析。

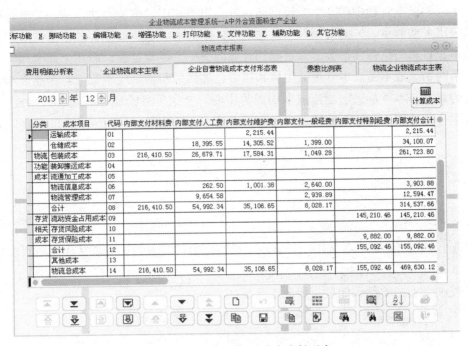

图 9.13　A 公司的物流成本支付形态

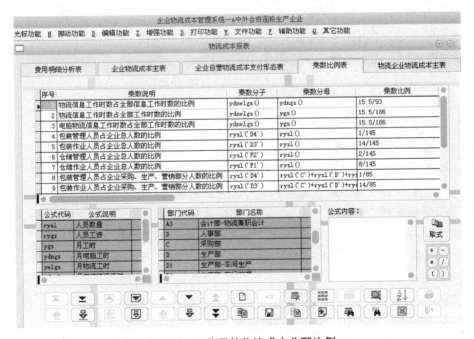

图 9.14　A 公司的物流成本分配比例

本 章 小 结

采购是一项购买活动，该项活动非常重要，采购成本占物流管理的 20% 左右，采购的支出会占销售金额的 40%～60%。许多采购决策都会影响供应渠道中物流活动的效率。本章探讨了采购成本管理中的几个关键问题，并提出了相应的解决办法。这些关键性决策问题包括决定采购数量、采购时间及发货地点等。采购活动是企业全部经营活动的起点，采购的效率、订单的执行等都会直接影响到企业的下一个经营过程。而在企业全部的采购成本中，采购物流成本是成本管理的主体和核心，加强采购物流成本管理对企业成本管理具有重要的意义。本章从采购物流成本构成为中心，介绍了采购成本管理、采购成本分析、采购成本分配计算，通过系统管理，提高管理效率和准确度。

练　习

一、多项选择题

在每小题列出的四个备选项中只有一个是符合题目要求的，请将其代码填写在题中的括号内。

1. 反映企业成本结构的最直接的工具是（　　）。
   A. 所有制定权益表　　　　　　　　B. 资产负债表
   C. 利润表　　　　　　　　　　　　D. 财务损益表

2. （　　）是反映企业生产经营好坏的财务指标。
   A. 产品销售利润　　B. 净利润　　C. 毛利润　　D. 产品销售收入

3. 在实际采购过程中，采购成本分析通常要依据采购物品的分类模块按（　　）选择主要的零部件进行，而不必运用到全部的采购物料。
   A. 80/20 规则　　　　　　　　　　B. 二律背反原理
   C. 系统论原理　　　　　　　　　　D. 矛盾论原理

4. （　　）是影响采购价格的最根本、最直接的因素。
   A. 生产季节与采购时机　　　　　　B. 供应商成本的高低
   C. 采购数量多少　　　　　　　　　D. 付款条件

5. （　　）是结合市场因素及成本因素一起考虑来确定自己的产品价格。
   A. 竞争导向定价　　　　　　　　　B. 竞争定价
   C. 成本导向定价法　　　　　　　　D. 需求导向定价法

6. （　　）最常用于寡头垄断市场。
   A. 成本加成定价法　　　　　　　　B. 采购商理解价值定价法
   C. 投标定价法　　　　　　　　　　D. 竞争定价法

7. 在采购降价的方法中，使用谈判的方式通常价格降低的幅度为（　　）。
   A. 1%～3%　　B. 3%～5%　　C. 5%～8%　　D. 8%～10%

8. 采用（　　）可以促进供应商之间的竞争，使企业获得优势地位，坐收"渔翁之利"。
   A. 询价采购　　B. 压价采购　　C. 比价采购　　D. 招标采购

9. 下列（　　）不属于辅助价格谈判的工具的选项。
   A. 成本结构分析　　　　　　　　　B. 学习曲线
   C. 价格折扣　　　　　　　　　　　D. 谈判技巧

10. 根据欧洲某专业机构的调查结果得出：成本降低可达到10%～50%的是（　　）。
　　A. 在采购过程中通过价格谈判
　　B. 通过采购市场调研比较优化供应商
　　C. 通过发展伙伴型供应商并对供应商进行综合改进
　　D. 供应商早期参与产品开发

11. 管理学大师彼得·杜拉克在《在企业的五大致命过失》中提到，企业的第3个致命过失是（　　）。
　　A. 定价受成本的驱动　　　　　　　B. 盲目降低成本
　　C. 价格引导成本　　　　　　　　　D. 只顾利润忽视质量

12. 下列（　　）属于采购过程中可能发生成本。
　　A. 原材料或零部件的合格及认可过程
　　B. 供应商质量体系审核及质量水平确认（含收货标准）
　　C. 不合格来料滞仓费、退货、包装运输费
　　D. 市场调研与供应商考察、审核费用

13. 生产成本C与下列（　　）选项无关。
　　A. F　　　　B. Q　　　　C. P　　　　D. C

14. 在采购价格矩阵中，位于右下角的是（　　）。
　　A. 影响性较小的采购　　　　　　　B. 杠杆采购
　　C. 重要计划的采购　　　　　　　　D. 策略性采购

15. 下列对市场结构说法错误的是（　　）。
　　A. 成本结构会强烈影响市场结构
　　B. 市场结构对供应价格的影响直接表现为供求关系
　　C. 市场结构包括经济、社会政治及技术发展水平等
　　D. 市场结构是影响供应价格的外在因素

二、多项选择题

请把正确答案的序号填写在题中的括号内，多选、漏选、错选不给分。如果全部答案的序号完全相同，例如全选ABCDE，则本大题不得分。

1. 净利润与下列（　　）成反比。
　　A. 所得税　　　B. 销售费用　　　C. 管理费用
　　D. 财务费用　　E. 产品销售成本

2. 盈亏平衡分析又叫（　　）。
　　A. 量本利分析　　　　　　　　　　B. 盈亏分析
　　C. 成本分析　　　　　　　　　　　D. 利润/成本分析

3. 按功能不同来划分，采购成本发生在（　　）的过程。
　　A. 开发过程　　　B. 采购过程　　　C. 企划过程
　　D. 质量过程　　　E. 服务过程

4. 供应商定价方法主要分类是（　　）。
　　A. 投标定价法　　B. 竞争定价　　　C. 成本导向定价法
　　D. 需求导向定价　E. 竞争导向定价法

5. 采购项目在其产品生命周期的过程中，可以分为（　　）。
   A. 萌芽期　　　　　B. 导入期　　　　　C. 成长期
   D. 成熟期　　　　　E. 衰退期

6. 组织采购过程中发生的费用称为采购管理成本，其构成为（　　）。
   A. 劳务费　　　　　B. 人力资本　　　　C. 办公费
   D. 差旅费用　　　　E. 信息传递费用

7. 一个合格的采购人员，应该德才兼备，在才能方面的内容主要体现在（　　）。
   A. 价值分析能力　　B. 预测能力　　　　C. 表达能力
   D. 良好的人际关系　E. 专业知识

8. 在满足两个基本假定的前提下，学习曲线是否适用，还要考虑（　　）。
   A. 只适用于大批量生产企业的长期战略决策，而对短期决策的作用则不明显
   B. 要求企业经营决策者精明强干、有远见、有魄力
   C. 学习曲线与产品更新之间既有联系，又有矛盾，应处理好二者的关系，不可偏废
   D. 劳动力保持稳定，不断革新生产技术和改革设备
   E. 学习曲线适用于企业的规模经济阶段

9. 下列关于ABC管理法说法正确的是（　　）。
   A. 指导思想是"80/20"原则
   B. 又称重点管理法
   C. 主要被用来保持合理的库存量，从而实现合理的采购
   D. 其基本方法是将库存货物根据其消耗的品种数和金额按一定的标准进行分类，不同类别的货物采取不同的管理方法
   E. 把C类货物不考虑在日常管理的范围中

10. 对A类货物的管理要注意（　　）。
   A. 根据历史资料和市场供求的变化规律预测未来货物的需求变化，并依次组织入库货源
   B. 合理增加采购次数，降低采购批量
   C. 加强货物安全、完整的管理，保证账实相符
   D. 提高货物的机动性，尽可能地把货物放在易于搬运的地方
   E. 货物包装尽可能标准化，以提高仓库利用率

三、简答题

1. 采购物流成本是如何分类的？
2. 采购物流成本管理的基本程序有哪些？
3. 降低采购物流成本的方法有哪些？
4. 如何利用管理会计方法降低采购成本？
5. 如何利用库存控制降低采购成本？
6. 什么是标注化采购？
7. 什么是目标成本法？
8. 什么是成会计法？
9. 什么是作业成本法？
10. 什么是经济批量法？

四、项目练习

项目：采购成本管理

要求：在教师指导下统一相关标准。对有企业或其他采购部门进行调查，了解采购成本方面的相关资料。对相关采购部门采购物料种类、数目、成本等方面的资料进行调查并做相应记录，从而为采购成本分析做相应的准备工作。各小组对所收集的采购信息进行分析并讨论，了解所调查采购部门采购成本的构成，并能将所学的两种成本分析法适当地加以应用，最后提出合适的采购策略。在充分讨论的基础上，形成小组的课题报告。

五、案例分析

采购成本策略

许多制造商经常以"压价"或者取消合同来威胁供应商，这种采购策略只会缩小利润空间，使"制造商—供应商"之间产生敌对情绪，从而破坏双方的长期合作关系。幸运的是，企业经过长期发展磨合后，逐渐总结出一种富有成效的协同方法——基于产品特征的成本分析方法（Feature-based Cost-analytics Approach）。

最初，通过低价格采购来创造短期的收益是许多采购组织特有的功能。然而现在对于许多制造商来说，寻找那些富有创新意识、能一直给他们带来整体的成本缩减的供应商才是他们最终的目的。因此，如果采购商总是尝试利用强压手段来迫使供应商提供所谓的"最优价格"，最终只会打击供应商参与合作的积极性。

虽然竞价采购的目的在于最大程度地缩减单件成本，然而实际上，这种竞价流程的结果却往往使总成本增加。例如，如果采购组织不考虑质量成本、准时交付、税收等因素，基于单件成本的竞价往往会引导采购组织做出错误的采购决策。此外，单纯依靠价格做采购决策往往会给企业声誉带来负面影响。因为制造商营造的这种畸形竞争氛围只会让供应商对未来产生怀疑。

制造商运用基于活动的成本分析模型（Activity-based Costing Models）对生产零部件的潜在成本进行分析，然后再利用分析结果与零部件供应商进行一轮一轮的谈判。虽然这种方法最终也能消除一些非增值的经营活动，但是它经常也会导致不必要的长期争执和分析弊病。此外，这种成本分析依据仅仅局限于基本的会计信息，而不是产品的工程设计或者制造成本分析等方面的信息。显然，企业依靠这些不完整的信息来做采购决策，结果往往无法达到预定的目的。

无论是竞价采购还是运用基于活动的成本分析模型，这两者都有一个共同点：强制性制定采购价格，这往往会导致错误的成本分析。然而，另一方面，基于产品特征的成本分析方法却是一种客观的、以产品工程设计为导向的分析方法。它能帮助企业更好地了解零部件的理论成本。当然，制造数据是首要的信息。只有掌握充分的数据才能获得有意义的分析结果。

在当今的竞争环境中，忽略供应商关系管理所引发的各种问题长期困扰着制造商。然而，随着基于产品特征的成本分析方法的成功应用，领先的制造商逐渐意识到建设紧密供应商关系的重要性。因为供应商能根据产品工程成本来调整零部件设计、物料或者制造生产流程，从而真正达到降低供应链整体成本、提高供应链竞争优势的目的。

资料来源：http://www.cflp.org.cn

讨论：
1. 什么是基于产品特征的成本分析方法？
2. "基于产品特征的成本分析方法"与"基于活动的成本分析方法"有什么不同？
3. 举例说明基于产品特征的成本分析方法的应用。

第10章 采购绩效评估

【教学目标与要求】

本章主要介绍采购绩效评估的有关概念、基本内容、原则、尺度、标准和基本要求;掌握采购绩效评估的方法和指标体系。通过本章的学习,掌握采购绩效评估的有关概念、了解评估目的、熟悉采购绩效评估的基本内容、原则、尺度、标准、指标和基本要求;掌握采购绩效评估的方法和指标体系;了解采购绩效评估的制度。了解绩效评估的人员及评估方式。

引导案例

某制造公司的采购绩效考核评估

2013年年底，某制造公司为了提高采购人员工作积极性，降低公司的采购成本，提高供应商供货质量。根据采购绩效评估制度对采购部及公司采购人员进行了采购绩效考核评估。一年来，公司采用定期和不定期相结合的方式，通过一套完整的考核评估指标体系和适合公司当前情况的考核标准，利用综合评价的方法进行了全面的考核评估。对绩效优异的采购部门和人员进行了奖励，对绩效较差的采购部门和人员也作了相应的惩罚，并提出限期整改的要求和措施，取得了良好的效果。

引例分析

该公司在采购绩效考核评估方面所取得的良好效果，是与其多方面的正确做法分不开的，思考该公司在采购绩效考核指标体系的设立、采购绩效考核标准的选择、采购绩效考核方式方法的运用及采购绩效考核的改进等方面是如何做的？

10.1 采购绩效评估概述

10.1.1 采购绩效评估的有关知识

1. 采购绩效

采购绩效是指从数量上和质量上来评估采购的职能部门和那里的工作人员达到规定目标和具体目标的程度。

采购部的工作是否达到了预期的目标，企业对采购的产品、物料是否满意，需要经过考核评估才能下结论。采购绩效评估就是建立一套科学的评估指标体系，用来全面反映和检查采购部门的工作实绩、工作效率和经济效益。

如今很多企业面临原材料成本上升、市场竞争加剧、利润空间下滑的重重压力，尤其应该重视采购管理环节，特别应当加强对采购绩效的评价工作。也只有通过进行严格的核算和绩效评价，才能实现企业资源和社会资源的最大化应用，才能使管理者做出有效决策。

美国采购专家威尔兹对采购绩效评估的问题，曾提出以下几点要求。

（1）采购主管必须具备对采购人员工作绩效进行评估的能力。

（2）采购绩效评估必须遵循以下基本原则。

① 绩效评估必须持续进行，要定期地审视目标达成程度。当采购人员知道会定期地评估绩效，自然能够致力于绩效的提升。

② 必须从企业整体目标的观点出发来进行绩效评估。

③ 持续与长期化，评估必须持续不断而且长期进行。

（3）评估尺度。采购主管必须具备对采购人员工作绩效进行评估的能力。评估时，可以用过去的绩效作为尺度，也可以预算作为评估的基础，更可以采用与其他企业的采购绩效相比较的方式来进行评估。

2. 采购绩效评估的概念

评估即评价估量，就其本义而言，是评论估量货物的价格，现在泛指衡量人物、事物的作用和价值。绩效即功绩、功效，也指完成某件事的效益和业绩。采购绩效是指采购产出与相应的投入之间的对比关系，它是对采购效率进行的全面整体的评价。

采购绩效评估是指通过建立科学、合理的评估指标体系，对采购工作进行全面系统的评价、对比，从而判定采购整体水平的做法。可通过自我评估、内审、管理评审等方式进行。

3. 采购绩效评估的层次

1）采购部门绩效考评

采购部门绩效考评是对整个企业采购运作状况的一个全面衡量。其主要指标有：物料质量、采购成本、及时供应、售后服务等，辅助指标有：计划准确率、库存周转率、组织效率、付款及时率等。

2）采购团队绩效考评

采购团队绩效考评，主要侧重于物料的质量、成本、库存和交货方面。

3）采购个人绩效考评

采购个人绩效考评取决于所管理物料的相关采购指标的统计数值，是团队绩效的基本组成要素。一般情况下，通常选择以下几类部门和人员参与考评。

（1）采购部门主管。采购部门主管是对所管辖的采购人员实施绩效考评的第一人，由于采购主管对管辖的采购人员很熟悉，而且采购人员所有工作任务的指派，或工作绩效的考评都在他们的直接监督之下。所以，由采购主管负责的考评，可以注意采购人员的个别表现，并达到监督与训练的效果，但也应考虑主管进行考评可能包含的一些个人感情因素，而使考评结果出现偏差。

（2）会计部门或财务部门。采购金额占公司总支出的比例很高，采购成本的节约，对企业净利润的贡献很大。尤其在经济不景气时，对资金周转的影响也很大。会计部门或财务部门不但掌握公司产销成本数据，而且对资金的取得与付出也进行全盘管制，因此应该参与对采购部门工作绩效的考评。

（3）工程部门或生产管制部门。如果采购项目的质量和数量对企业的最终产出影响重大，这种情况下可以由工程或生产管制人员考评采购部门工作绩效。

（4）供应商。有些企业通过正式或非正式渠道，向供应商咨询他们对于公司采购部门或采购人员的意见，以间接了解采购作业的绩效和采购人员的素质。

（5）外界的专家或管理顾问。为避免公司各部门之间的本位主义或门户之见，企业也可以特别聘请外界的采购专家或管理顾问，针对全盘的采购制度、组织、人员及工作绩效，做出客观的分析和考评。

4. 采购绩效评估目的

许多企业与机构，到现在仍然把采购人员看作"行政人员"，对他们的工作绩效还是以"工作品质"、"工作能力"、"工作知识"、"工作量"、"合作"、"勤勉"等一般性的项目来考核，使采购人员的专业功能与绩效，未受到应有的尊重与公正的评量。实际上，若能对采购工作做好绩效评估，通常可以达到下列目的。

1）确保采购目标的实现

各企业的采购目标互有不同。例如，政府的采购单位偏重"防弊"，采购作业以"如期"、"如质"、"如量"为目标；而民营企业的采购单位则注重"兴利"，采购工作除了维持正常的产销活动外，非常注重产销成本的降低。因此，各企业可以针对采购单位所应追求的主要目标加以评估，并督促它的实现。

2）提供改进绩效的依据

绩效评估制度，可以提供客观的标准，来衡量采购目标是否达成，也可以确定采购部门目前的工作表现如何。正确的绩效评估，有助于指出采购作业的缺失所在，而据以拟订改善措施，而收到"检讨过去、策励将来"之效。

3）作为个人或部门奖惩的参考

良好的绩效评估方法，能将采购部门的绩效，独立于其他部门而凸显出来，并反映采购人员的个人表现，作为各种人事考核的参考资料。依据客观的绩效评估，达成公正的奖惩，可以激励采购人员不断前进，发挥团队合作精神，使整个部门发挥合作效能。

4）协助甄选人员与训练

根据绩效评估结果，可针对现有采购人员的工作能力缺陷，拟订改进的计划，例如安排参加专业性的教育训练；若发现整个部门缺乏某种特殊人才，则可另行由公司内部甄选或向外界招募，例如成本分析员或机械制图人员等。

5）促进部门关系

采购部门的绩效，受其他部门能否配合的影响非常大。故采购部门的职责是否明确，表单、流程是否简单、合理，付款条件及交货方式是否符合公司的管理制度，各部门之目标是否一致等，均可透过绩效评估而予以判定，并可以改善部门间的合作关系，增进企业整体的运作效率。

6）提高人员的士气

有效且公平的绩效评估制度，将使采购人员的努力成果能获得适当回馈与认定。采购人员透过绩效评估，将与业务人员或财务人员同样，对公司的利润贡献有客观的衡量尺度，成为受到肯定的工作伙伴，对其士气的提升大有帮助。

7）产生更好的决策

因为这可以从计划实施后产生的结果中鉴别不同的差异；通过对这些差异的分析，可以判断产生差异的原因，并可以及时采取措施防止未来的突发事件。

8）同其他部门进行很好的沟通

例如，通过分析那些需要特别检查的发货单，可使付款程序得到更加合理的安排，从而增强采购部门同管理部门之间的协调。

9）增强业务的透明度

定期报告制订的计划内容和实际执行的结果可以使客户们能够核实他们的意见是否被采纳，这可以向客户提供建设产生的反馈意见；并且，通过向管理部门提供个人和部门的业绩，有利于增强采购部门的认可程度。

10）产生更好的激励效果

合理设计的评估体系可以满足个人激励的需要，可以有效地用于确定建设性的目标、个人的发展计划和奖励机制。

5. 评估采购绩效的原则

(1) 可接受性。评估某种绩效的方法应在所有采购工作人员中讨论并为他们所接受。

(2) 可达到性。这些方法必须是绩效的现实标准，否则员工就没有积极性去达到它。

(3) 适宜性。这些方法和考虑的因素必须是与员工的工作和部门的工作有联系。

(4) 灵活性。评估的方法必须能够用来应付不断变化的环境。

(5) 连续性。所采用的方法应保持一个合理的时间段，这样能将过去和现在的绩效相比较。

(6) 可理解性。采纳的方法不太复杂，容易为那些绩效正被衡量的人所理解。

(7) 可信任性。如采购指导手册指出，绩效衡量的可信任度越高，无论是被评估工作的人还是评估别人绩效的人所接受。

(8) 成本。评估绩效所花费的成本不应超出由于它的实施而预计能产生的效益部分。

10.1.2 影响采购绩效评价的因素

企业之所以采取绩效评价是基于企业越来越强调对过程的监控。通过对行动过程中各项指标的观察与评估，保证战略目标的实现。影响采购绩效评价的一个重要因素是管理人员如何看待采购业务的重要性以及其在企业中所处的地位。早在1962年，美国的海斯（Hayes）和雷纳德（Renard）就提出，管理人员对采购业务的不同期望对所采用的评价方法和技术产生重要影响。主要的影响因素有以下几点。

1. 业务管理活动

根据这种观点，评价采购业务的绩效主要取决于与现行采购业务有关的一些参数，比如订货量、订货间隔期、积压数量、现行市价等。

2. 商业活动

这种观点把采购业务看做是一项商业活动，管理人员主要关注采购所能实现的潜在节约额。采购部门的主要目的是降低价格以减少成本的支出，采购时要关注供应商的竞争性报价，以便保持一个满意的价位。用以评价采购工作绩效的主要参数是采购中的总体节约量（通常用每一产品组和每一客户表示）、市价的高低、差异报告、通货膨胀报告等。

3. 供货可信度

管理人员也清楚追求低价格有一定的缺点，它可能导致次优化决策，太关注价格会因小失大。降低产品的价格通常会使供应商觉得产品的质量可能会降低，并会降低供应的可信度，因此，管理人员要向供应商介绍产品质量改进目标，尽量确保到货时间并提高供应商的供货可信度。

4. 商业策略

这种观点认为，采购业务对于决定公司的核心业务以及提高公司的竞争力将产生积极的作用。在这种情况下，管理人员评价采购绩效主要考虑以下几个方面：基本供应量的变化数量（通常是减少量）、新的潜在（国际）供应商（订有合同的）数量以及已实现的节约额等。表10-1概括了以上几种管理层对待采购的态度以及相应的采购绩效评估依据。

表 10-1 管理层对采购以及相应的绩效评估依据的几种看法

管理层观点	采购业务的等级地位	绩效评估依据
采购被看做是一种管理业务	在组织中的地位低	订单数量、订单累计额、供应到货时间管理、授权、程序等
把采购看做是一种商业活动	向管理人员报告	节约额、降价程度、通货膨胀报告、差异报告
把采购看做是综合物流的一部分	采购与其他与材料相关的业务构成统一的整体	节约额、成本节约额、货物供应可靠程度、废品率、供应到货时间的缩短量
把采购看做是一项战略性经营职能	采购者进入高级管理层	应有成本分析、早期介入的供应商数量、自制还是购买决策、供应额的减少量

小贴士 采购效果

采购效果是指通过特定的活动,实现预先确定的目标和标准额的程度。承认效果必然涉及人类活动的预期目标和实际效果之间的关系。

10.1.3 采购绩效评估的流程

采购绩效评估是对采购工作进行全面系统的评价、对比,从而判定采购所处整体水平的做法。可通过自我考评、内审、管理评审等方式进行。

考评审核一般依据事先制定的审核考评标准或表格,对照本公司的实际采购情况逐项检查、打分,依据实际得分对照同行或世界最好水平找出薄弱环节进行相应改进。

采购绩效评估的流程通常包括以下几个过程,如图 10.1 所示。

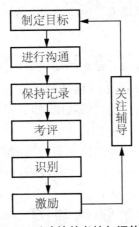

图 10.1 采购绩效考核与评估流程

(1) 制定目标。参照公司战略、经营计划、工作目标、上次采购绩效评价或采购绩效目标、关键工作、最新工作描述、职位说明等制定目标。

(2) 进行沟通。考评参与各方进行有效的、持续的、正式的和非正式的考评沟通。

(3) 保持记录。观察绩效表现,收集绩效数据,将任何表现采购绩效的痕迹、印象、影响、证据、事实完整地记录下来,并做成文档。

(4) 考评。通过检查、测评、绩效考核、绩效会议等进行对比、分析、诊断、考评。

(5) 识别。识别在各个领域中的缺点和优点，并加以确认。

(6) 激励。激励包括正激励、负激励、报酬、教导、训诫、惩罚等手段。

(7) 关注辅导。观察、关心考核对象，引导、教导、帮助考核对象，利用组织和员工的优点来开发他们的潜能。

10.1.4 采购绩效考评的作用

绩效考核和考评是企业管理者对企业经营运作情况的一个判断过程。这一过程是管理过程中不可缺少的，只有进行科学、合理的绩效考评工作，才能保证企业的经营运作按既定的要求进行，才能保证企业未来的发展方向。具体地说，绩效考评的施行，有以下4方面的作用。

1. 支持更好的决策制定

绩效衡量活动使得绩效和成果更具可见性，公司能够据此制定出更好的决策。如果不清楚哪些领域的绩效达不到标准，开发绩效改善计划将是十分困难的。衡量标准提供了一定时间内采购绩效的追踪记录并直接支持管理层的决策制定。

2. 支持更好的沟通

绩效衡量活动可使采购成员间更好地进行沟通，包括在采购部门内部、在部门之间，与供应商，以及与行政管理层之间。例如，一个采购员必须与供应商清楚地沟通绩效期望。衡量供应商绩效质量的标准反映了采购员的期望。

3. 提供绩效反馈

绩效衡量活动提供了绩效反馈的机会，可以在绩效衡量过程中防止或改正可能出现的问题。反馈也可提供买方、部门、团队或者是供应商在一定时间内为满足绩效目标所进行的努力。

4. 激励和指导行为

绩效衡量活动激励和引导行为向所要求的结果方向发展。一个衡量体系将以多种方式完成这一任务。首先，绩效种类和目标的选择暗示管理人员哪些活动是公司重视的；其次，管理层通过将绩效目标的完成与公司的奖励（如工资的增长）相联系来激励和影响员工行为。

正是由于上述原因，人们逐步开始关注采购功能活动的绩效评价问题，希望通过这项工作来发现采购中存在的问题，不断反馈，不断改进，努力提高采购的绩效水平。

10.2 采购绩效的评估原因、好处和基本要求

10.2.1 采购绩效的评估原因和好处

1. 原因

许多企业与机构，到现在仍然把采购人员看作行政人员，对他们的工作绩效还是以工

作品质、工作能力、工作知识、工作量、合作、勤勉等一般性的项目来考核，使采购人员的专业功能与绩效未受到应有的尊重与公正的评量。此外，当完成一项工作后，如果不对之进行有效的相应的评估，就不会找到现在工作的不足，也不会为将来的工作提供借鉴，因此，做任何工作都要根据一定的标准进行评估。

2. 好处

认真评估采购绩效有以下几方面的好处。

(1) 采购绩效评估将工作的注意力集中在优先考虑的领域，如降低采购成本等采购目标更有可能实现。

(2) 如果有关部门需要，采购绩效评估的结果还可以为采取正确行动和做出正确决策，以便更好为促进工作提供数据或表格等依据。

(3) 通过分离有问题的区域，有助于与其他的职能部门发展良好的关系。对于采购来说，其实并不仅仅是采购部门的工作，还关系到公司的营销部门、财务部门、生产部门等，对采购绩效进行评估，在某种程度上监督了采购部门人员的工作，使之更好地与其他部门合作。

(4) 采购绩效评估使员工和企业管理层重视人员培训的需要。对新员工的培训以及老员工对新知识的培训已经成为越来越重要的工作。现在社会需要的是标准化的服务和产品，另外，面对纷繁复杂的供应商，采购人员必须具备相应的知识来处理不同的问题，而这些仅靠个人天生的资质是远远不够的，必须要经过严格标准的培训。

(5) 通过定时的绩效评估，人员或计算机支持等额外的资源的可能需求也可以列入文件。

(6) 通过绩效评估，可以提供最高管理部门对采购进展保持了解所需要的信息。企业的工作方方面面，纷繁复杂，作为企业的最高管理部门，没有时间和精力对采购工作进行面面俱到的考核和监督，如果不做绩效评估，就无法衡量员工的工作绩效。那么，在这种情况下，如何在管理者面前呈现一份简洁明了、一目了然的绩效评估报告，管理者不用怎样的归纳和总结就能看到采购部门的绩效，包括采购人员的工作绩效，那就是通过绩效评估，得出一个结论。这将极大地提高管理部门的工作效率，并为管理层做出决策提供依据。

(7) 有利于处理好采购和其他部门的关系。通过对采购绩效进行评估，除了看出采购部门与其他部门的合作关系，还可以看出整个企业的组织效率。所以，通过绩效评估，管理层可以认识到改进组织结构所需要的变革，促使企业提高效率。

(8) 人员的奖惩是企业激励员工的有效措施。对于采购人员工作的评估，也可以包括在采购绩效评估里面。通过评估，识别并奖励那些绩效突出的采购人员，同时惩罚那些绩效不好的采购人员，在员工内部形成有效的激励竞争机制，以增强采购组织的动力。

越来越多的企业管理者认识到一个采购部门在整个企业中发挥的巨大作用，尤其是一个配备了有能力的雇员和恰当组织的采购部门。定期合理地评价采购部门的绩效可以节省费用，直接增加企业利润。因为企业的采购部门通常都是通过在企业内部和其他部门的相互配合以及与外部参与，有很多的机会为公司的产品或服务创造或增加价值。一个企业将注意力集中到价值上就意味着从强调成本节约和效率已经转变到注重创造价值。采购部门就是为采购工作设立具体目标，这些目标反映的载体就是企业所制定的绩效衡量系统或奖励机制，当然，这其中个人的努力与坚持也受到目标所影响。

10.2.2 采购绩效评估的基本要求

评估时,可以用过去的绩效作为尺度,也可以预算作为评估的基础,更可以采用与其他企业的采购绩效相比较的方式来进行评估。

采购绩效评估必须依据4个尺度进行评价,即价格/成本尺度、产品/质量尺度、物流尺度、组织尺度。

1. 采购价格/成本尺度

采购价格/成本尺度主要是指支付材料和服务的实际价格和标准价格之间的关系。在这里,必须区别下面的两个概念。

(1) 价格/成本控制主要目的是监控采购价格、防止价格失控。

(2) 价格/成本减少主要目的是监控那些减少材料成本的活动。对与价格/成本尺度有关的采购行为进行计划和监控,预算是一种很重要的手段。

2. 采购产品/质量尺度

采购在整个质量控制中所扮演的角色是使供应商能够遵从公司的产品清单和质量要求及时可靠地运送货物。

采购活动涉及的新产品的发展。它主要是指采购活动有利于产品的革新,很明显这对于在所有的控制活动中(包括供应和采购),根据成本目标和销售时间来发展新产品项目是很重要的。

采购活动对整个质量控制的贡献。根据工程设计要求发出产品清单后,采购工作就要保证订购的货物能按照公司的要求及时到达。

3. 采购的物流尺度

第三个关键性领域是采购所扮演的角色对采购的材料和服务进行有效的流动所起到的作用。这领域包括以下主要活动。

(1) 对需求材料进行及时、准确处理的控制。需要使用的度量参数是采购管理的平均订货时间、订货数量、订购累计未交付额。改善这一领域绩效的重要方法是使用电子订货系统,包括对国内客户和供应商引入的电子商务解决方案和EDI。

(2) 供应商及时供货控制。这里需要使用的度量参数是供应商供货的可靠性、物资短缺数量、已交货数量、尚未交货数量、JIT交货的数量。对这些参数进行测量可以使我们了解到物资的流动控制水平。

(3) 交货数量控制。在某些情况下,采购活动对决定和控制有效的存货水平所需要的费用负责。此时使用的参数为:存货周转率、已交货/未交货数量、平均订货规模、在途存货总量等。

依据材料的质量和交货的可靠程度,可以使用对供应商和卖方评级的方法来监控和改善供应商活动。

4. 采购的组织尺度

采购的组织尺度包括了完成采购业务目标所要使用的重要资源,包括以下几个方面。

(1) 采购人员。主要指采购人员的背景、培训、发展程度以及积极性。

(2) 采购管理。主要指采购部门的管理方式,包括采购策略的质量和有效性、行动计划、报告程序等,还涉及管理风格和交流体系。

(3) 采购程序和指导方针。这主要是指采购程序和采购人员、供应商的工作指令的有效性,目的是保证采购工作以最有效的方式进行。

(4) 采购信息系统。它与改善信息系统绩效所付出的各种努力活动有关。这些活动应该支持采购人员和其他部门人员的日常工作,并且能够产生与采购活动和绩效有关的管理信息。

小贴士 采购绩效评估的战略性绩效尺度

采购绩效评估的战略性绩效尺度包括以下几个方面。
(1) 供应商管理,包括减少供应商仓库、供应商的发展计划和长期的合作关系。
(2) 保证供应对生产需求的及时到位。
(3) 除了别的因素外,拥有最好的质量保障系统和质量标准的交流系统。
(4) 实现战略性采购的系统,以减少或避免采购成本,包括电子采购、采购卡的使用和级的供应商网络。
(5) 提高采购工作员工的专业化程度和发展交叉功能团队。
(6) 从整个销售的角度来看金融财务工作的表现。
(7) 内部客户对采购工作服务的满意程度。

10.3 采购绩效评估指标和标准

10.3.1 采购绩效评估的指标

一般来说,采购人员在其工作职责上,必须完成适时、适量、适质、适价和适地等基本任务,因此,对采购人员的绩效评估就以"五适"为中心,并以量化的指标作为评估绩效的标准。

1. 质量指标

质量指标主要衡量供应商所提供的产品的质量情况及供应商的整体质量水平,包括产品质量水平和供应商质量体系。

(1) 产品质量水平(来料质量水平)。其包括批次质量合格率、货物免检率、货物抽样检查缺陷率、返工率、退货率、原材料配件等在线报废率、对缺陷货物的处理时间等指标,用以下指标衡量。

① 进料验收指标,公式为

$$进料验收指标 = 合格(或拒收)数量 / 检验数量$$

② 产品验收指标,公式为

$$在产品验收指标 = 可用(或拒收)数量 / 使用数量$$

采购的质量绩效可以由验收记录和生产记录来判断。验收记录是供应商交货时,为公司所接受或拒收的采购项目数量或百分比;生产记录是在供应商交货后,在生产过程中发现质量不合格的项目数量或百分比。

如果以进料品质管制抽样检验的方式，那么在产品品质管制发现品质不良的比率将比进料品质管制采用全数检验的方式高。拒收或拒用比率越高，表明采购人员的质量绩效越差，这有可能是因为没有找到理想的供应商。

（2）供应商质量体系。其包括通过国际质量体系认证的供应商比例、实行质量免检的货物比例、货物免检的供应商的比例、免检货物的价值比例、实施SPC的比例、SPC控制的货物数比例等，还包括根据本企业的产品要求进行专项质量改进的供应商数目及比例、参与本企业专项质量改进的供应商数目及比例等。

2. 数量指标

采购人员为争取数量折扣，以达到降低材料采购价格的目的，往往会大批进货。这样导致的后果常常是致使库存太多，增加库存成本，有时候甚至会发生呆料、废料的情况。针对以上情况，设计如下的绩效指标。

1) 储存费用指标

储存费用指标公式为

储存费用指标＝现有存货利息及保管费用－正常存货水准利息及保管费用

2) 呆料、废料处理损失指标

呆料、废料处理损失指标公式为

呆料、废料处理损失指标＝处理呆料、废料收入－处理呆料、废料损失存货积压利息

保管费用越大，呆料、废料处理损失越高，表明采购人员的数量绩效越差。但是，该指标有时候受公司的营业状况、物料管理绩效、生产技术变更或投机采购等因素的影响，并不一定都是采购人员的责任。

3. 时间指标

时间指标是用来评估采购人员处理订单的效率，以及对于供应商交货时间的控制。延迟交货，将影响企业生产经营活动的正常进行；但是，提前交货，也可能导致企业承担不必要的存货成本和提前付款的利息费用。

1) 紧急采购费用指标

紧急采购费用指标公式为

紧急采购费用指标＝紧急运输方式的费用－正常运输方式的费用

2) 停工断料损失指标

其包括停工期间作业人员的薪金损失等。

事实上，除了我们以上两个指标所包括的直接费用和损失外，停工断料还造成许多间接的损失。如经常的停工待料、造成顾客订单流失、严重影响企业的信誉、减少企业的交易机会、由于停工延误市场需求变化导致的销售额减少、作业人员离职，以及恢复正常作业的机器所做的必要的调整等；紧急采购会使得采购入的材料的价格偏高，品质欠佳，也会产生赶工时间必须支付额外的加班费用等。这些间接的费用和损失都没有包括在这项绩效评估指标内。

4. 价格绩效指标

价格绩效是企业最为重视和最为常见的评估采购绩效的指标。通过价格指标，可以衡量采购人员与供应商的讨价还价能力以及供需双方实力的变化情况。

采购价差的指标通常有以下几种。

（1）实际价格与标准成本的差额。实际价格与标准成本的差额是指企业采购商品的实际价格与企业事先确定的商品采购标准成本的差额，它反映企业在采购商品过程中实际采购成本与采购标准成本的超出或节约额。

（2）实际价格与过去移动平均价格的差额。实际价格与过去移动平均价格的差额是指企业采购商品的实际价格与已经发生的商品采购移动平均价格的差额，它反映企业在采购过程中实际采购成本与过去采购成本的超出或节约额。

（3）使用时的价格与采购时的价格之间的差额。使用时的价格与采购时的价格之间的差额是指企业在使用材料时的价格与采购时的价格的差额。它反映企业采购材料物资时是否考虑市场价格的走势，如果企业预测未来市场的价格走势是上涨的，企业应该在前期多储存材料物资；如果企业预测未来市场的价格走势是下跌的，企业不应该多储存材料物资。

（4）将当期采购价格与基期采购价格之比率与当期物价指数与基期物价指数之比率相互比较，该指标是动态指标，主要反映企业材料物资价格的变化趋势。

5．采购效率指标

采购效率是指为了实现预先确定的目标，计划耗费和实际耗费之间的关系。与实现预期目标所需要的资源以及实现这一目标的相关活动有关，因此必然涉及计划成本和实际成本之间的关系。采购效率指标是指与采购能力如人员、系统等相关的指标。

1）人员

涉及采购部总人数以及战略采购、前期采购、后期采购人员的比例、采购人员的年龄、工作经验与教育水平结构、采购人员语言结构、采购人员培训目标及实施情况、采购部人员流失率等。

2）管理

可以考虑采购人员的时间使用结构（处理文件、访问供应商等）及比例，采购人员的纪律执行情况（考勤等），采购人员的工资级别及费用情况，采购行政管理制度的完整性，如合同管理、权限规定、行为规范，供应商管理程序的完整性如供应商审核、供应商考评，采购系统的评审及评估目标水平等。

6．采购绩效运作指标

采购绩效运作指标是指供应商在实现接受订单过程、交货过程中表现及其运作水平。包括交货周期、交货可靠性以及采购运作的表现，如原材料库存等，具体有以下几种。

1）订单与交货

订单与交货包括各个供应商以及所有供应商平均的准时交货率、首次交样周期、正常供货的交货周期、交货频率、交货数量的准确率、订单变化接受率、订单确认时间、交货运输时间、平均报关时间、平均收货时间、平均退货时间、退货后补货时间等。

2）运作系统

供应商采用MRP或ERP等运作系统的程度、实行"JIT采购"的供应商数目与比例、原材料库存量（或库存周期）、使用周转包装材料的程度与供应商数量、订单数量、平均订货量、最小订购数量等。

7. 采购成本绩效指标

采购成本绩效指标包括参考性指标和控制性指标。参考性指标主要有年采购总额、平均采购基价等，它们一般是作为计算采购相关指标的基础，同时也是展示采购规模、了解采购人员及供应商负荷的参考数据，是进行采购过程控制的依据和出发点，常提供给公司管理层参考；而控制性指标则是指展示采购改进过程及其成果的指标如平均付款周期、采购降价、本地化比率等。

1) 年采购额

年采购额包括生产性原材料与零部件采购总额、非生产性采购总额（包括设备、备件、生产辅料、软件、服务等）、原材料采购总额占产品总成本的比例等。其中最重要的是原材料（指BOM）采购总额，它还可以按不同的材料进一步细分为包装材料、电子类零部件、塑胶件、五金件等，也可按采购付款的币种分为人民币采购额及其比例、不同外币采购额及其比例；原材料采购总额按采购成本结构又可划分为基本价值额、运输费用及保险额、税额等。此外，年采购额还可分解到各个采购人员及供应商，算出每个采购人员的年采购额、年人均采购额、各供应商年采购额、供应商年平均采购额等。

2) 采购价格

采购价格包括各种原材料的年度基价，所有原材料的年平均采购基价，各原材料的目标价格，所有原材料的年平均目标价格，各原材料的降价幅度及平均降价幅度、降价总金额，各供应商的降价目标、本地化目标、与伙伴工厂联合采购额及比例，联合采购的降价幅度等。

3) 付款

付款包括付款方式、平均付款周期、目标付款期、采购降价、本地化比率等。

 小贴士　采购绩效指标设定

(1) 要选择合适的衡量指标。
(2) 绩效指标的目标值要充分考虑。
(3) 确定绩效指标要符合有关原则。

10.3.2　采购绩效评估的标准

有了绩效评估的指标之后，企业要考虑的就是制订什么样的绩效标准，作为与实际绩效的比较基础。一般企业运用以下几种标准。

1. 以往绩效

选择公司以往的采购绩效作为评估目前绩效的基础，是企业十分有效的做法。通过与以往采购绩效的比较，可以看出企业现在的采购是提高了还是降低了；如果分开项目比较，比如：比较现在的采购材料成本和以前的材料成本，现在的经营成本与以前的经营成本，现在的采购时间和以前的采购时间，还可以看出企业应该在哪些方面再接再厉，在哪些方面需要继续努力，在哪些方面需要做出改进。但是，这种方法只适用于公司的采购部门，包括组织、目标和人员等均没有重大变动的情况下，否则就没有价值了。

2. 预算或标准绩效

如果企业过去没有做过类似的绩效评价，或者过去的绩效资料难以取得，或者企业的组织机构、组织职责、采购人员发生了较大的变动，那么，显然上面以"以往绩效"作为评估标准是行不通的。在这个时候我们可以采取预算或标准绩效作为评估的标准。

标准绩效的确定，一般可以采取以下几种方法。

（1）固定的标准。所谓的固定标准，就是一旦确定了标准，在一般情况下就不再变动了。这种方法简便易行，容易与过去指标进行对比，找出差距、进步或失误；但是，企业的情况是千变万化的，市场信息也是瞬息万变的，因此，这种固定的标准恐怕难以适应这种变化的环境。

（2）理想的标准。所谓的理想标准，是指在完美的、具备一切条件的工作环境下，企业应有的绩效。这种方法易于激励员工的工作积极性，促使其最大限度地发挥工作潜力。但是，"完美的"工作环境一般的企业是很难具备的，因此对于员工来说这样的标准未免太为遥远，导致工作的挫折感。

（3）有挑战性的标准。标准绩效不能是一套平均水平上的指标，而要有一定的难度，要经过采购部门人员的努力才能完成。这样的标准才能激励工作热情，促进采购目标的实现。

（4）可达成的标准。所谓可达成的标准，就是指在现有的条件环境下，企业可以达到的标准，通常依据当前的绩效加以适当的修改制订。这种方法是比较可行的，应该说是综合了以上两种方法的优点。这一标准使员工感到是可行的，它既不像固定标准那样一成不变，难以适应迅速变化的环境，也不像理想标准那样可望而不可即。

3. 同业平均绩效

以上所说的"以往绩效"是绩效的纵向的比较，现在所说的"同业平均绩效"就是横向的比较。

如果同行业中的其他公司在采购组织、职责以及人员等方面与本企业相似，则可与其绩效进行比较，以辨别彼此在采购工作成就上的优劣。同时这些企业往往是本企业的竞争对手，可以形成竞争的同时也形成相互的促进和激励。

4. 标杆绩效

标杆绩效的核心是比较和以提高为目的的学习，通过以外部绩效高的公司为标准，比较和分析这些标准及其实践经验来改善自己的工作过程，使自己慢慢接近甚至超过标准。

10.3.3 采购绩效评估体系

一般来说，企业有 4 种绩效评估体系可供选择：效率导向体系、实效导向体系、复合目标体系、自然体系。

 小贴士　价格/成本减少

价格/成本减少主要是指通过结构化的方式，对与采购材料和服务相关的活动进行连续不断的监控，减少成本支出。主要措施有寻找新的供应商和替代材料、价值分析、在公司之间协调采购需求等。

1. 效率导向绩效评估体系

效率导向体系强调成本和采购部门的经营效率，是评估采购绩效的传统方法。采购绩效的评估就是看采购材料的成本是否降低了，经营成本是否减少了，采购时间是否缩短了。采购材料的成本包括材料的价格、材料的库存成本、材料的运输报关等费用，材料的成本降低，可以直接降低产品和服务的成本，为企业的利润做出贡献；经营成本包括办公费、邮寄费、差旅费、代理费、由于采购计划变更而导致的谈判、重新协商等管理成本；采购时间是指从接到采购要求到安排采购的这段时间。

用效率评估采购绩效的公司可以指定确切的量化的与效率相关的具体目标，比如，公司可以规定，采购部门要在一个月或一年内将某种特定材料的价格降低1%，或者减少经营费用1万元，或者缩短采购周期，某种材料的采购周期由以前的7天改成5天等。这种评估方法简单明了，可以直观地看到采购部门的绩效，但是，正是因为量化的指标太绝对，从而忽视了其他一些影响到具体目标的定性指标。

2. 实效导向绩效评估体系

实效导向评估体系评价采购部门对利润的贡献，与供应商的关系的质量和顾客满意水平。在这一效率体系中，重点是降低采购材料的价格。同时，在这一效率体系中，可以直接或间接地评估采购部门对利润的贡献水平。采购企业的效益可以来自降低经营成本或材料成本，提高其他绩效，如提高材料质量以减少次品数量、使顾客满意等，缩短供货提前期，使消费者认为物超所值而提高销售额。实效体系认为净利润是公司的整体目标，而不是采购部门的目标。对比目标价格和实际支付价格或目标节约成本和实际节约成本，为评价绩效和提出改进建议或意见提供有用信息。

评估供应商关系需要看关系双方。衡量供应商绩效不仅包括传统的质量、价格、交货提前期和准时性、运输成本等方面，还包括通信和合作等更为本质的东西。在此过程中，由采购部门提供给供应商的服务质量也要通过相应的标准进行评估和测量。

3. 复合目标绩效评估体系

复合目标绩效评估体系是以上两种评估体系的结合，也就是说这种评估体系同时考虑了效率和实效的评估。这种多重的评估体系将定量的标准和定性的标准结合起来，有助于给决策层提供客观的依据。但是，这种评估体系也有缺陷，那就是它所结合的两个目标——效率和实效常常彼此冲突。比如，采购人员比较关注于以最低的成本获得货物或所需的材料，那么，在效率这个目标上，采购成本得到的评价就会很高；但是这种价格采购也许会引起对利润贡献的消极评价，因为价格低就存在产品质量低劣、次品率提高的风险，这样做的结果就是导致消费者满意度降低，而这一目标显然是实效方面的。

存在这样的问题，并不代表这种方法不可行。对于企业或者采购部门来说，或者对于具体从事采购绩效评估的部门来说，关键就是认真、全面地构造一个多重目标绩效评估体系，避免效率和实效的冲突。

4. 自然绩效评估体系

自然绩效评估体系中不提供目标或标准，采购者仅被告知将会对其采购绩效进行评价。现在许多企业由于没有建立一套完整可行的评估标准，就采用这种方式进行经营。如果没有具体的目标，也没有绩效评估和反馈，就不能对工作进行及时的总结，而采购人员也就不可能发挥其最大的潜力。

10.3.4 采购绩效评估体系的设定

1. 选择合适的绩效衡量指标

不同的企业，采用的采购绩效指标将会有所不同。采购绩效指标的选择要同企业的总体采购水平相适应。对于采购体系有待健全的企业，刚开始可以选择批次质量合格率、准时交货率等控制和考核供应商的供应表现，选择平均降价幅度考核采购部门的采购成本业绩等。随着供应商管理程序的逐步健全、采购管理制度的日益完善、采购人员的专业水平及供应商管理水平的不断提高，采购绩效指标也就可以相应地系统化、整体化并且不断深化，衡量的指标可选择通过 ISO 9000 的供应商比例、物料免检率、使用时的价格与采购时的价格之间的差额、当期采购价格与基期采购价格之比率、新供应商开发数量、订单处理的时间等。

2. 确定合理的采购绩效指标目标值

在确定采购绩效指标的目标值时，要考虑以下因素。

1）内外顾客的需求

内外顾客的需求，尤其是下游顾客如生产部门、品质管理部门等的需要，一定要给予满足。原则上，供应商的平均质量、交货时间等综合表现应高于本公司内部的质量与生产计划要求，只有这样，供应商才不至于影响本公司内部的生产与质量，这也是"上游控制"原则的体现。

2）公司的总体目标

采购的目标与所选择的绩效指标要与公司的总体目标一致，要为公司总体目标的实现打好基础。如果采购的目标与所选择的目标与公司的总体目标不同甚至相抵触，采购就不能为公司目标责任制的实现而起到应有的作用。

3）设定的具体目标既要有挑战性，又要有可实现性

在设定目标时，要有一定的难度，即要有一定的挑战性，要求采购人员努力工作才能达到目标；同时，这些目标又要有一定的可实现性，即大部分采购人员经努力能够达到目标。如果设定的目标没有挑战性，则目标就失去了其设定的意义；如果目标设得过高，即使努力，大多数人也不能达到，则目标就失去了对采购人员的吸引性。

不同的时期、不同的采购业务活动、不同的目标追求，应选择合适的绩效评估标准进行评估，否则会失去评估的意义。

3. 常见的绩效评估标准

常见的绩效评估标准有以下几种。

1）历史绩效标准

选择公司历史绩效标准作为评估目前绩效的基础，是相当可行、有效的办法。但是，只有当公司的采购部门，无论是组织、职责还是人员等，均没有重大变动的情况下，才适合使用此项标准。

2）预算或标准绩效

如果历史绩效难以取得或采购业务变化比较大，可以使用预算或标准绩效作为衡量的基础。标准绩效的设定，要符合以下 3 种原则。

（1）固定性。预算或标准绩效一旦设立，就不能再有所变动。

（2）挑战性。标准的实现要具有一定的难度，采购部门和人员必须经过努力才能完成。

（3）可实现性。设立的标准应是在现有内外环境和条件下经过努力，确实应该可以达到的水平，通常依据当前的绩效加以衡量设定。

3）行业平均绩效标准

如果其他同行业公司在采购组织、职责以及人员等方面与本企业相似，则可与其绩效进行比较，以辨别彼此在采购工作成就上的优劣。数据资料既可以使用个别公司的相关采购结果，也可以应用整个行业绩效的平均水准。

4）目标绩效标准

预算或标准绩效代表在现在的情况下，应该可以达成的工作绩效；而目标绩效则是在现在的情况下，不经过一番特别的努力，无法完成的较高境界。目标绩效代表公司管理当局对工作人员追求最佳绩效的期望值。

10.4 采购绩效评估的方式

10.4.1 采购绩效评估的人员和方式

1. 采购绩效评估的人员

（1）采购部门主管。由于采购主管对管辖的采购人员很熟悉，而且采购人员所有工作任务的指派，或工作绩效的评估都在他们的直接监督之下。所以，由采购主管负责的评估，可以注意采购人员的个别表现，并达到监督与训练的效果。

（2）会计部门或财务部门。采购金额占公司总支出的比例很高，采购成本的节约，对于公司净利润的贡献很大；尤其在经济不景气时，对资金周转的影响也很大。会计部门或财务部门不但掌握公司产销成本数据，而且对资金的取得与付出也做出全盘管制，因此对采购部门的工作绩效可以参与评估。

（3）工程部门或生产管制部门。如果采购项目的品质和数量对企业的最终产出影响重大，这种情况下可以由工程或生产管制人员评估采购部门工作绩效。

（4）供应商。有些公司通过正式或非正式渠道，向供应商咨询他们对于公司采购部门或采购人员的意见，以间接了解采购作业的绩效和采购人员的素质。

（5）外界的专家或管理顾问。为避免公司各部门之间的本位主义或门户之见，企业也可以特别聘请外界的采购专家或管理顾问，针对全盘的采购制度、组织、人员及工作绩效，做出客观的分析和评估。

2. 采购绩效评估的方式

采购人员工作绩效的评估方式，可以分为定期和不定期两种评估方式。

(1) 定期评估。定期评估是配合公司年度人事考核制度进行的。一般而言,以"人"的表现,比如工作态度、学习能力、协调能力、忠诚程度等为考核的主要内容,对采购人员的激励和工作绩效的提升作用不大。如果能以目标管理的方式,也就是从各种工作绩效指标中选择年度重要性比较高的项目中的几个定为绩效目标,年终按实际达到的程度加以考核,那么一定能够提升个人或部门的采购绩效,并且,这种方法因为摒除了"人"的抽象因素,以"事"的具体成就为考核重点,也就比较客观、公正。

(2) 不定期评估。不定期绩效评估,是以专案的方式进行的。比如公司要求某项特定产品的采购成本降低10%。当设定期限一到,评估实际的成果是否高于或低于10%,并就此成果给予采购人员适当的奖励。此种评估方法对采购人员的士气有巨大的提升作用。此种不定期的绩效评估方式,特别适用于新产品开发计划、资本支出预算、成本降低的专案。

10.4.2 采购绩效评估的方法

评价采购部门的绩效通常有两种方法。

(1) 由采购部门以外的人进行评估。对比经营效果和计划预算持续评价,为部门和个人设立目标;由部门或公司之外的人员进行审计。

(2) 由采购部门的人员合作进行评估。这种方法主要由采购部门的采购主管和全体员工合作,内部或外部审计人员可以帮助其在以下方面做出客观的评价:一是工作负荷分配;二是采购部门同企业其他相关部门的关系和问题;三是采购部门同供应商的关系,这一点可以通过供应商对公司和采购人员的态度可看出来;四是坚持采购政策指南和手册中有关原则和程序的详细内容。

这两种方法的评估程序略有不同,但是它们的目标是相同的。主要采购部门有责任确定其总目标并将此目标与公司的总体战略目标保持一致。

 小贴士 评估采购绩效有效性和效率方法分类

评估采购绩效的有效性和效率的方法可以分为以下几类。
(1) 财会方法,即利润管理中心、基于业务活动的成本法、标准成本法和预算控制、财务审计。
(2) 比较对比法,即水准基点法、比率法。
(3) 采购管理审计法。
(4) 目标管理法。

10.4.3 采购绩效评估困难的原因

通过与其他商业活动进行比较,难以评估采购绩效的主要原因有以下几种。

1. 缺乏必要的定义

尽管在理论和实践上经常使用像采购效果和采购效率这样的术语,但是这些术语目前仍然没有明确的定义,很多作者经常混淆这些概念。

2. 缺乏正式的目标和标准

像有些作者认为的那样,采购业务的目标也没有明确清晰的定义。同样地,采购部门在没有预先定义好的行为标准的指导下就开展了业务。

3. 精确评定的问题

采购活动不是一个孤立的业务活动,而是许多相关活动产生的结果。由于采购活动有许多捉摸不定的特点,因此很难评估采购活动。总之,直接的投入—产出关系难以界定。由于存在这些严重的问题,要用精确而且易于理解的方式对采购活动进行评估还存在很多限制。

4. 采购范围的差异

不同公司的采购任务和承担的职责不尽相同,因此,建立一个有广泛依据的统一的评估体系是不可能的。

10.5 采购绩效的改进

10.5.1 改进采购绩效的途径

随着大部分产品进入微利时代及中国加入 WTO,国内企业将与国外企业在同样的游戏规则下展开竞争,优胜劣汰将不可避免。在这种大背景下,采购部门所承担的责任越来越重,这就迫使采购人员想办法提高绩效。同时,具有丰富经营知识和经营经验的专家,深入到经营现场和采购人员密切配合,运用科学方法,根据一定的指标体系,对商品采购绩效做出定量评价或确有论证的定性分析,以便企业对商品采购活动进行改进。

1. 营造良好的工作氛围

如果采购组织内部存在剧烈的矛盾,采购人员与供应商之间互相不信任,缺乏合作诚意,使采购人员无法将全部精力投在工作上,这样就会降低采购的绩效。因此,任何采购组织,包括供应商,融洽、和谐、流畅的工作气氛是搞好各项工作的基础。

2. 强化内部管理

管理的根本是管人,雇员是一个企业最宝贵的资产。与其他部门相比较,采购部门对人的依赖性更大,采购工作的大部分内容是人与人的交往。从管理角度去提升商品采购绩效主要有以下几个方面。

(1) 在企业内建立合格的采购队伍(团队),提供必要的资源。

(2) 选聘合格人员担任采购人员,给予必要的培训。

(3) 给采购部门及采购人员设立有挑战性,但又可行的工作目标。

(4) 对表现突出的采购人员给予物质及精神上的奖励。

3. 加强与供应商的合作

供应商的表现对采购绩效有着很大的影响,而供应商与采购商的关系又在很大程度上制约着采购绩效的提升。通过加强与供应商的合作能够有效地改进采购绩效,与供应商联手实现降低商品采购成本的途径有以下几种。

(1) 与供应商共同制定可行的成本降低计划。

(2) 与供应商签订长期的采购协议。
(3) 供应商参与到产品设计中去。

4. 充分应用科学技术

在企业的采购过程中,要充分应用科学技术,采用采购信息系统,改善采购管理,支持采购人员和其他部门人员的日常工作,并且能够产生与采购活动和绩效有关的管理,提高采购效率和质量。

采购工作人员要经常把自己的业绩与同行高水平相比,不要对已经取得的成绩沾沾自喜,采购行业高手很多,特别是有过多年跨国采购经验的高级职员,他们的经验值得借鉴学习。

采购组织的管理职能部门,应定期将采购人员的业绩、供应商的业绩进行测量,并进行排名,再配以相应的奖罚制度,如此一来,采购业务会不断改善,这种意外效果有时令老板都感到欣喜。

此外,电话、传真、信函等传统通信技术虽已被使用了几十年甚至上百年,但在今天仍发挥着重要作用。

10.5.2 提升采购绩效方法——基准化法

基准化的关键在于从外部搜集信息帮助企业提升自己,重点不在于通过绩效标准对公司进行排序,而在于通过比较和理解其他公司实践经验来学习如何提高自己的水平。

基准化并不是只针对竞争对手,针对竞争对手只是其中一种被普遍接受的方式,事实上还有其他的公司可供选择。

根据基准化的对象是谁,对什么进行基准化这两个问题基准化可分为内部基准化、竞争对手基准化、广泛基准化、战略基准化、绩效基准化、过程基准化6种类型。

基准化法不是任何企业在任何条件下都可以使用的。企业只有具备了一定的结构条件、文化条件、技能条件要求才行。结构条件主要是要求企业必须拥有进行基准化的资源和能力,足够的财务能力;充足的时间;足够的基准化知识,具备竞争能力和发展潜力等。

这里提到的文化条件主要是指主观因素,要有变革的欲望,管理者和员工的参与。技能条件主要是指了解企业的运作过程、不同运作过程对企业竞争优势的影响因素、过程绩效标准等。

现在国外已经开发出各种各样的基准化模型,其基本模型是相似的,都经过以下几个阶段:选择要进行基准化的过程并且文件化;识别拥有最佳实践的组织;观察该组织是如何运作的;识别出其获得该绩效的原因;在这些信息的基础上采取措施提升自身过程等阶段。具体包括以下内容。

1. 规划阶段

规划阶段是用时最长的,也是最重要的阶段,基准化学习成功与否即取决于这一阶段。规划阶段主要完成以下几方面工作。

(1) 组建基准化团队。基准化的整个过程应当由一个团队来完成,团队需要有团队领导、管理代表、过程主管、过程参与者、过程的内部或外部顾客、辅助者的参与,团队的最佳规模是三至六人。如果需要更多人的参与，一个解决办法就是任命他为临时成员。团队组建以后，潜在成员需要满足以下要求：有时间积极参加学习；对基准化企业以及过程都有一定程度的了解；有进行基准化的动机和欲望；能够倾听和交流；在组织中受到尊敬和信任。

（2）进行基准化。理解进行基准化的领域并文件化，这是进行基准化最重要的一项任务。理解自己的过程是学习合作者的过程之后，提高自身过程所必备的先决条件。随着企业对各种管理方式越来越有兴趣，对过程进行记录和描绘的企业与日俱增。

在记录过程方面可用语言描绘过程；绘制流程图，或是单个图表、交叉功能图等。图表形式的选择主要取决于原先组织使用什么样的图表。绘制流程图的时候整个团队都要参与，为了确保流程图的准确，过程涉及的所有部门都要浏览此图。

（3）设立过程的绩效标准。以下三个方面都需要用到绩效标准：公司现在处于何种绩效水平；比较本公司与合作者的绩效水平；考评通过基准化可以获得的提高。选择的这些标准可以被分为两类：一是结果标准，描绘过程的结果，如质量、时间、最后产出成本等；二是过程标准，描绘过程如何完成，如不同过程步骤的时间、涉及多少人、使用多少设备等。

绩效标准并不一定都是量化的，有的时候也需要用到质化指标，如在描绘某一过程所需要的设备或工具时。当绩效标准建立以后，下一个步骤就是收集有关过程绩效水平的信息。如果计算标准所需的数据在前面已经搜集完整，就可以很快计算出以前某一时段的绩效。

2. 寻找阶段

规划阶段的工作完成以后，就开始寻找基准化的合作者。完成这一阶段的工作以后，基准化团队应当列出一个潜在合作者的清单，挑选出其中优异的公司，同其中的一些公司进行接触，以便进行学习。寻找阶段通常包括以下几个步骤。

（1）列出基准化合作者应当满足的标准。由于地理位置、规模、组织、结构、产品、技术等原因，会发现有时最好的合作者并不一定是最合适的。通过设置这样一份清单可以从潜在的合作者中剔除那些不合适的企业。

（2）选择合作伙伴。根据潜在合作者的绩效水平和我们所设定的原则，从清单中挑选合作者。只选择一个合作者是一种比较受欢迎的方式，但是实际选择多个合作伙伴，会提供更多的信息。考虑到时间和成本，三个合作者是一个比较理想的数目。

（3）合作者联系。同选择的合作者进行联系，这一步骤要求合作者参与到基准化的学习中来。联系方式可是电话或是信件，向合作者展现你自己以及你代表的公司，描绘你基准化的过程，甚至可以考虑包括你想要获得回答的问题。

3. 观察阶段

观察阶段的目标是向合作者学习，理解其过程，掌握足够的知识来改善自己。为了有效利用信息，我们要从绩效水平、实践、驱动因素3个层面上对合作者的信息进行收集。

（1）绩效水平。了解同我们相比合作者到底如何优秀。他们已经取得了哪些成绩，如某些奖项或是某种利润率等。

（2）实践。合作者为了获得这一绩效水平的过程组建和完成的方式。

（3）驱动因素。过程发挥作用时组织所处的环境，它使实践能获得预期的绩效水平。

驱动因素包括：培训、过程、计算机系统、沟通、支持系统。从合作方收集想要的信息时，可采用邮件调查、电话接触和访问合作者等方法。

4. 分析阶段

分析阶段的主要目的是识别本企业与合作者过程绩效之间的区别，以及导致这一差别的最终原因。分析阶段包括以下几个步骤。

（1）标准化。标准化需要我们根据不同的因素，对每年以及每一位员工的数据进行转化，以便获得有效的比较数据。这些因素主要指公司内容，如什么是公司的任务、公司有哪些过程等；公司规模，如雇员数目、产量；垂直和水平的融合度，如公司的分销渠道是否融合统一；市场条件，如地理位置、规模、行为、市场期望等。成本结构，取决于权宜价格、政府支持、工资水平等；公司寿命，这一点关系到公司的运作模式、文化以及态度；国际差异，这是由不同的规章制度，贸易法规以及特殊国情等导致的。

（2）识别绩效差距。通过比较本公司和合作者的绩效可以找出差距。然而令我们感兴趣的不仅仅是这一时段的差别图表，我们对这一差别的过去和未来发展趋势同样感兴趣。识别差距的最简便的方法莫过于比较公司的绩效矩阵。为了比较未来的发展趋势，也可以绘制图表，但是这是一种比较复杂的方法，在这里不想对这种绘制做过多的描绘，因为那只是一些代数问题。

（3）识别产生差距的原因。在这一阶段有几种不同的工具与技术可以得到应用，简单地比较流程图，找出过程中的差异，使用因果图（鱼刺图）等。如果使用流程图，则需要寻找：每一过程的步骤；每一过程中的闭环；步骤中不同的任务组；步骤的不同顺序；组织中不同的步态，如水平、螺旋等。

5. 调整阶段

基准化的最终目标是变革和提高。它包括比较、信息共享、分析等。但是，除非这些活动能导致提高，否则基准化的整个潜力就没有得到开发。观察了最佳的实践后，人们往往试图直接在组织中对其进行复制，但是除非本企业与合作者处于完全相同的环境和条件下，否则其结果肯定是失败。

调整阶段的第一步是从最佳实践中挑选出想要保留的要素。通常情况下没有必要对每一部分都进行调整，因此应该选择出能够带来最佳效果的关键因素。以下几个方面可以作为选择的基础：过程对本组织的适应性、投资要求、培训要求、必要的财务资源、项目的时间限制。

第二步是根据合作者的绩效水平和本公司的实际情况为即将到来的提高设置目标。目标的设置既要有一定的挑战又要切实可行，同时还要与公司的其他目标相融合。

目标设置以后真正的基准化工作已经圆满完成了。剩下的部分与任何提高方法都很类似，如项目规划、实施方案、监控与报告等。

10.5.3 改进采购绩效的措施

采购绩效的改进对于企业降低成本、提升效率、提高竞争力有非常大的好处，具体来讲，主要通过以下几个方面进行改进。

1. 质量改进

质量的好坏多用"不合格数与总来料数的比率"来衡量，因此，可以采取以下改进方法。

（1）依据质量数值大小对供应商进行排名，并定位出前几名最差供应商，令其在规定的时间内进行改善，否则降级处分。

（2）对有希望的供应商帮助其进行质量改进，派出相关技术人员、质量管理人员、采购人员等组成的小组，现场分析研究，与其一起制定改善方案。

（3）帮助供应商推行ISO 9000标准的实施。

2. 成本降低

成本问题多用价格差额比率来衡量，因此，可采取以下改进方法。

（1）按照比率对供应商进行排名，对前几名最差供应商的合同价格合理性进行分析研究，定位原因所在，并令其限期改进。

（2）对表现较好没有欺诈行为的供应商，通过帮助其改善加工工艺、包装运输方式等途径来降低物料成本。对于有欺诈行为的供应商，要进行罚款、警告、降比例、除名等处分措施。

（3）对于确实无法进行成本改进的物料，重新对其社会供应群体进行调查，认证新的供应商群体。

3. 供应商选择

多采用及时供应率来衡量供应的好坏，及时供应率＝（生产物料及时供应数/生产物料需求总数）×100％。因此，可采取以下改进方法。

（1）依据及时供应率数值大小对供应商进行排名，定位前几名最差供应商，分析原因所在，对属于供应商原因物料，责令供应商限期改善。

（2）对于属于计划原因的物料，应和计划部一起商讨对策，如在需求时间上做优化调整，通过预测通知手段等方法。

（3）对于市场行情较好的物料，其稳定性要求较高，应提前一段时间向供应商做预测提醒，以便供应商安排适量的库存。

（4）如有可能，对于地址较近的供应商应优先选取，以方便进行供应协调。

4. 增加采购柔性

采购柔性＝［1－（生产高峰供应及时率－生产低峰供应及时率）/平均供应及时率］×100％，通过采取以下措施可增强采购柔性。

（1）向供应商群体的投单量不大于供应商群体订单容量的60％（推荐数值）。

（2）拓展生产物料供应商，重点物料保证三家以上供应商供应。尽可能地避免独家供应商以及饱和的供应商群体。

（3）加强对社会供应群体进行调查研究，认证适量的供应商作为备用。

5. 实力考核

根据以下8个方面，针对具体物料供应商设计"实力问卷调查表"，通过打分方法获得供应商的实力量化数值。

(1) 技术水平。
(2) 管理水平。
(3) 设备厂房环境配置。
(4) 样件表现。
(5) 二次开发能力。
(6) 指标稳定性。
(7) 合作意识。
(8) 沟通能力。

6. 评价服务

根据以下 8 个方面，针对具体物料供应商设计"服务问卷调查表"，通过打分方法获得供应商的服务指标量化数值。
(1) 物料维修配合。
(2) 物料更换配合。
(3) 设计方案更改配合主动性。
(4) 合理化建议数量。
(5) 上门服务程度。
(6) 竞争公正性表现。
(7) 使用培训表现。
(8) 服务意识。

7. 评定采购工作效率

$$采购工作效率＝(期间物料成本总额/期间工作总人数)\times 100\%$$

通过以下改进方法可以提高采购工作效率。
(1) 调查行业平均水平和最高水平，分析研究寻找差距。
(2) 大多采购工作效率数值正常度与采购流程设置的合理性有关。流程简单实用，采购工作效率就会提高。

8. 测定人员流动比率

$$人员流动比率＝(年流入/流出人数)/总人数\times 100\%$$

(1) 采购人员进出比率取值范围应是 7%、15%，总体保持平衡，并与业务需求相匹配。
(2) 若采购人员进出比率＜7%，则可能因为违反"流水不腐"的自然原则，而发生严重的采购问题，进而影响采购质量、成本、供应及时性等。
(3) 若采购人员进出比率＞15%，则可能导致采购技术的交替传播环境不成熟，从而导致工作人员采购操作熟练程度不够等问题。

9. 测定供应商流动比率

$$供应商流动比率＝(年流入/流出供应商)\times 100\%$$

供应商流动比率取值范围有待研究，总体上应保证采购业务的正常开展，机械、电子、软件的供应商流动比率各不相同。

(1) 供应商流动比率正常值<20%，理想数值为"零"。

(2) 和设计工艺人员一起研究，通过改变元器件参数，或加工工艺方法，使得物料能找到更多的供应商。

(3) 对垄断技术供应商尽量不采用，仅非常重要时才发展独家供应商。

(4) 独家供应商比率在某种程度上也反映企业产品技术的层次。新专利、新技术组件独家供应的程度较高；反之，大众技术的物料倒是不会产生独家供应商。

10. 确定订单周期

"物料订单周期"是在认证人员与供应商签订认证合同时所确定购物料从下单到完成入库的时间差额。

(1) 机械、电子、软件三类物料采购周期不尽相同，应针对不断变化的实际情况实地考察厂地、工艺方法，兼顾包装运输环境等方面，制定较为切实可行的订单周期。

(2) 订单周期作为谈判条件之一，并在认证合同中反映出来。

11. 提高紧急订单完成率

$$紧急订单完成率＝(紧急订单及时完成数/紧急订单数)\times 100\%$$

(1) 选择具有先进设备，如机械数控冲、电脑铣等设备的供应商，将能提供高的急单完成率。

(2) 备货是一种快捷反应方式，对市场上的急单可以及时满足。

12. 提高库存周转率

$$库存周转率＝(年销售额/年平均库存值)\times 100\%$$

(1) 根据市场预测计划和采购市场的供应行情，及时进行采购资源抢占以支持市场的销售计划，减少呆料。

(2) 掌握产品的生命周期，对需求不大的老产品，采购计划的制订要小心谨慎。

 知识链接 某礼品公司的采购绩效管理

某礼品公司是一家专门生产贺卡和其他礼仪产品的公司。其下属机构一直是各自独立运作，缺乏统一采购的功能。在公司总经理的领导下，公司制定了采购管理的远景目标和改变采购能力的规划，并深化采购管理绩效改革，开发并实施采购绩效评估。

新的采购机制注意平衡全球战略和本地实施，提高配合优秀供应商和执行战略采购合同的质量，确定聘雇的绩效类型、制定KPI指标等，以及通过招聘、培训和提供恰当的工具等改善采购人员的工作绩效，提高了采购部的整体绩效水平。3年后，该公司节省了3 200万元的采购费用。

案例中，该礼品公司通过采购职能整合、开发和实施采购绩效评估等措施，节省了大量的采购费用。借鉴该公司的采购绩效评估经验，具体实施采购绩效评估时，可参照以下步骤进行。

(1) 确定需要评估的绩效类型。

(2) 具体评估指标设定。

(3) 建立绩效评估标准。

(4) 选定评估人员。

(5) 确定评估时间和评估频率。

(6) 实施评估并将结果反馈。

(7) 通过各种方式培训采购人员。

资料来源：王为人. 供与求的博弈：采购管理案例＋分析. 北京：机械工业出版社，2013.

本 章 小 结

商品采购绩效评估就是建立一套科学的评估指标体系,用来全面反映和检查采购部门工作实绩、工作效率和效益。采购绩效评价机制作为保持企业战略层和执行层迈向共同目标的连接桥梁,具有不容忽视的价值,而且对企业的长期发展也有重要意义。

本章介绍了绩效评估的概念、目的、原则、评估的指标、标准和方法。对商品采购绩效的评估可以分为对整个采购部门的评估和对采购人员个人的评估。对采购部门绩效的评估可以由企业高层管理者来进行,也可以由外部客户来进行;而对采购人员的评估常由采购部门的负责人来操作。

练 习

一、单项选择题

在每小题列出的四个备选项中只有一个是符合题目要求的,请将其代码填写在题中的括号内。

1. (   )必须是绩效的现实标准,否则员工就没有积极性去达到它。
   A. 可接受性   B. 可达到性   C. 适宜性   D. 可理解性
2. 下列选项是导致不同企业在采购绩效的评估方面不同的直接原因,除了(   )。
   A. 各公司在管理风格上分配的职责不同
   B. 各公司在组织程度上分配的职责不同
   C. 各公司在管理委托采购上分配的职责不同
   D. 由企业的具体特征造成
3. 在以下场合对采购绩效进行衡量不是很有用的是(   )。
   A. 小型企业
   B. 大型集团企业
   C. 公共采购任务
   D. 已经认识到采购工作有重要战略意义的企业
4. 把采购看做是(   )的公司,它的采购业务等级为:负责采购的职能部门。
   A. 一种管理业务   B. 综合物流的一部分
   C. 一项商业活动   D. 一项战略性经营职能
5. 比较对比法,即(   )。
   A. 比率法   B. 比值法   C. 水平基点法   D. 标杆法
6. (   )指连续不断地监控和评估供应商分布的价格以及价格增长情况。
   A. 采购产品/质量尺度   B. 采购价格/成本尺度
   C. 价格/成本减少   D. 价格/成本控制
7. 下列属于采购活动涉及的新产品的发展使用的测量参数的是(   )。
   A. 认可的供应商数量   B. 合格的供应商数量

C. 处理的废品报告的数量 D. 革新项目中采购活动耗费的劳动时间

8. (　　)主要是指采购程序和采购人员、供应商的工作指令的有效性。
A. 采购管理 B. 采购人员
C. 采购程序和指导方针 D. 采购信息系统

9. 下列选项属于采购的价格与成本指标的参考性指标的是(　　)。
A. 平均付款周期 B. 采购降价
C. 年人均采购额 D. 本地化比率

10. 下列关于采购的价格与成本指标的参考性指标说法错误的是(　　)。
A. 一般是作为计算采购相关指标的基础
B. 是展示采购规模、了解采购人员及供应商负荷的参考数据
C. 是进行采购过程控制的依据和出发点
D. 是展示采购改进过程及其成果的指标

11. (　　)主要是指供应商的质量水平以及供应商所提供的产品或服务的质量表现。
A. 质量指标 B. 价格与成本指标 C. 运作指标 D. 采购效率指标

12. 宏观采购指标又称(　　)。
A. 采购决策指数 B. 采购经理指数 C. CPI D. PMR

13. 下列选项不属于运作指标的是(　　)。
A. 交货周期 B. 付款方式 C. 交货可靠性 D. 采购运作的表现

14. (　　)是企业采购最基本的评估目的。
A. 制定评估基准 B. 评估方法的具体化
C. 物料采购业务的改善与发展 D. 显示采购业务重要性

15. (　　)作为评估目前绩效的基础,是相当正确、有效的做法。
A. 历史绩效 B. 预算或标准绩效 C. 行业平均绩效 D. 目标绩效

二、多项选择题

请把正确答案的序号填写在题中的括号内,多选、漏选、错选不给分。如果全部答案的序号完全相同,例如全选 ABCDE,则本大题不得分。

1. 对采购工作做好绩效评估,通常可以达到的目的是(　　)。
A. 可以提高采购人员的综合素质
B. 能够同其他部门进行很好的沟通
C. 增强业务的透明度
D. 能够产生更好的激励效果
E. 采购绩效的测量可以产生更好的决策

2. 美国采购专家威尔兹认为采购绩效评估必须遵循的基本原则是(　　)。
A. 绩效评估必须持续进行,要定期地审视目标达成程度
B. 采购主管必须具备对采购人员工作绩效进行评估的能力
C. 评估尺度
D. 必须从企业整体目标的观点出发来进行绩效评估
E. 持续与长期化,评估必须持续不断而且长期进行

3. 通过与其他商业活动进行比较，对难以评估采购绩效的主要原因归结为（　　）。
   A. 缺乏必要的定义　　　　　　B. 缺乏正式的目标和标准
   C. 精确评定的问题　　　　　　D. 采购范围的差异
   E. 采购绩效考核项目缺乏柔性

4. 采购工作的重点已从传统的削减成本的角色转变为（　　）。
   A. 通过与供应商的长期合作关系来增加附加值
   B. 使供需双方都受益
   C. 零和关系
   D. 输赢关系
   E. 控制质量

5. 评估采购绩效的有效性和效率的方法可以分为（　　）。
   A. 质量检测法　　B. 财会方法　　C. 比较对比法
   D. 采购管理审计法　E. 目标管理法

6. 采购行为是由以下因素决定的，即（　　）。
   A. 采购质量　　B. 采购成本　　C. 采购效果
   D. 采购效率　　E. 采购效果

7. 采购的组织尺度包括了完成采购业务目标所要使用的重要资源包括（　　）。
   A. 采购人员　　B. 采购管理　　C. 采购组织
   D. 采购程序和指导方针　　　E. 采购信息系统

8. 采购绩效指标设定包括（　　）。
   A. 确定采购绩效指标的目标　　B. 要选择合适的衡量指标
   C. 绩效指标的目标值要充分考虑　D. 确定绩效指标要符合有关原则
   E. 制定奖惩制度

9. 采购绩效评估制度的成功条件包括（　　）。
   A. 公开化　　B. 有个性　　C. 评估的目的必须明确化
   D. 公正化　　E. 具体化

10. 采购绩效评估人员包括（　　）。
    A. 采购部门主管　　　　　　B. 会计部门或财务部门
    C. 工程部门或生产主管部门　　D. 供应商
    E. 外界专家或管理顾问

三、简答题

1. 什么是采购绩效？采购效果？采购效率？
2. 简述采购绩效评估的目的。
3. 简述采购绩效评估的原则。
4. 简述采购绩效评估的基本要求。
5. 简述采购绩效评估的基本内容。
6. 简述采购绩效评估的方法。
7. 简述采购绩效评估的尺度。

8. 简述采购绩效评估的标准。
9. 简述采购绩效效率指标。
10. 为什么要进行采购绩效评估？

四、项目练习

项目：采购绩效评价

要求：按教学班级分成数个小组，每个小组人数以 6~8 人为宜，小组中要合理分工。在教师统一指导下，对有关采购部门（如超市）进行调查，了解采购绩效方面的相关资料，分析与采购相关的人员以及物料采购绩效方面的内容，了解企业采购部门如何进行采购绩效的评价。最后以小组为单位组织研讨、分析，在充分讨论基础上，形成小组的课题报告。

五、案例分析

采购绩效评估案例研究

1. 公司背景

广东 SW 消防设备有限公司（以下简称 SW 公司）是一家专业生产消防器材的中小型制造企业。公司于 1993 年成立，在创业之初，它抓住机遇，迅速发展，9 年的时间就从一个十几个人的小作坊发展成为一个拥有员工达到 400 人的制造企业，成为消防行业的后起之秀。目前，公司具备产品科研设计、开发研制、开通调试的能力，能根据客户的各种使用方式、场所要求，进行产品设计、制造、安装、维护的一条龙服务。公司产品现有灭火器、消防箱、水气体灭火系统和电子产品四大类，产品年销售额 1.5 亿元；经过对 SW 公司采购工作实践进行分析和总结后，SW 公司采购管理工作主要存在以下问题。

1) 业务优先原则混乱

采购部门有时按照采购申请单的部门员工职位的高低。有时按照订单交货期的紧急程度，有时又取决于物料申请部门的急催跟踪力度，长期以来没有一个正规、合理的处理原则。

2) 采购效率低

SW 公司采购工作从接到用料单位采购申请单起到物料到货检验入仓库为止。目前，采购部门没有得到充分授权，SW 公司现行的采购审批制度规定，所有采购物料无论金额大小，都必须报总经理批准，审批手续烦琐。因而公司采购部门虽然忙忙碌碌，但工作效率并不高。加之公司生产规模急速扩张，采购部门工作已成为公司正常经营活动的严重"瓶颈"。

3) 内部协调不充分

SW 公司营销部门对客户订单交货期没有经过采购部等相关部门评审。目前，由于客户订单没有评审，采购部门多数时候接到的物料采购申请都是非常紧急的，采购部门为此叫苦不迭，随后可能导致的产品延迟交货将极大损害公司的经济利益和整体形象，同时也严重挫伤了采购部门员工的工作士气。

4) 外部管理不足

SW 公司采购部门对外管理工作主要指对供应商的管理。目前，采购部门还没有一套完整的关于合适供应商寻找、供应商调查、供应商分析、供应商甄选、供应商考核以及供应商奖惩等供应商管理体系。现有供应商整体管理水平不高，供应商履约情况不良等问题频频发生，而且经常还发生供应商已承诺准时交货，到需要时间又未能交货的现象。

5) 缺乏持续改进

伴随 SW 公司快速发展，采购部门没有根据新的管理要求对相应管理制度和流程不断进行适应性的变革和调整,以和公司发展对采购部门的新工作要求相匹配。直到目前,采购部门也没有较科学的途径对不适应的采购管理制度和流程进行定期修订和完善。部分原因是部门领导管理能力不强,发现问题但不知如何解决,根本原因还是公司主要领导没有对持续改进给予足够重视。

鉴于以上原因,SW 公司决定实施 CRM 系统,对 CRM 型采购管理方案进行评估,评估将分为评估指标体系的建立和评价方法两部分介绍。

2. 评估指标体系

SW 公司 CRM 型采购管理绩效评估指标体系既包括了部分传统指标,同时也增加了一些新的指标和要求,部分内容见表 10-2。

表 10-2 绩效评估指标

序号	指标	考核目的
1	CRM 型采购制度完善率	考核采购部门建立和完善客户关系型采购管理的进度
2	CRM 型采购实施率	考核在采购部门对客户服务过程中,是否按照客户关系管理的要求实施及实施情况
3	关系客户需求的满足率	考核 CRM 实施后关系客户需求的满足情况
4	沟通状况	考核是否充分沟通,积极沟通是协调工作的基础和保障
5	建立合作关系	考核与供应商合作伙伴建立状况
6	实施持续改进	考核是否根据公司运作实际要求对方案进行持续改进,持续改进可以针对方案实际运作状况对方案进行动态调整,以不断完善 CRM 采购管理,同时也满足 CRM 不断更新、不断提高的管理新要求

3. 评估方法

分析了 SW 公司现有采购工作管理水平,认为公司采购管理制度和流程尚不够完善,采购人员文化素质较低。因而,采购部门开始实施 CRM 肯定会遇到很多的困难,所以建立的评估体系的特点是重在激励,即鼓励部门员工主动学习利用先进理论,切实提高管理水平。因此,对 CRM 型采购管理绩效分别进行定量和定性评估,以求较全面客观地对方案绩效进行评估。首先将为各定量指标设定权重,然后建立指标和权重的对应数量关系,作为对采购部门定量评估的主要方法;对定性指标评估来说,建议目前主要可以依靠公司高层或相关部门的定期指导、检查和监督,以及主动听取供应商和客户的反馈意见,积极改进的管理方法为主。

资料来源:胡军. 采购与供应概论习题与案例. 北京:中国财富出版社,2009.

讨论:

1. SW 公司采购管理工作主要存在哪几方面问题?
2. 采购绩效评估制度的成功条件有哪些?
3. 说说 SW 公司 CRM 型采购管理绩效评估指标体系包括了哪些指标?

第11章 采购审计与控制

【教学目标与要求】

本章主要介绍计划审计;价格审计;决策审计;管理审计;账款审计;合同审计。通过本章的学习,了解采购审计的概念及物资采购审计的概念;熟悉采购审计的主要内容及流程;了解采购作弊方式及防范方法。

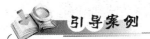

引导案例

采购审计的作用

腐败究竟使一个国家遭受多少损失？中科院国情研究中心主任胡鞍钢说，在20世纪90年代后半期，主要类型的腐败所造成的经济损失和消费者福利损失平均每年为9 875亿~12 570亿元，占全国GDP总量的13.226%~16.8%。

在采购中腐败现象相当严重，采购中的腐败行为不仅侵蚀着企业的利益，而且对整个企业文化会造成破坏性的影响。因此，加强采购审计在当前显得更为重要。

引例分析

有不道德行为的采购人员将会面临着违法的风险；不道德行为还损害采购人员的职业声誉；不道德行为的最后一个风险是损害企业声誉的风险，采购员不按照合法的商业原则进行采购决策将会危及整个公司的声誉。

11.1 采购审计

11.1.1 采购审计概述

1. 采购审计的概念

任何管理活动都是由计划、组织、领导、控制等几大职能活动构成的，其中控制职能对管理活动绩效进行衡量，并对照事先拟定的标准，找出偏差并采取措施纠正偏差。采购审计是指对从采购规划到合同管理的整个采购过程进行系统的审查，目的是找出可供本项目其他采购合同或实施组织内其他项目借鉴的成功与失败的经验。

采购审计有狭义和广义之分。狭义的采购审计是指物资采购审计，即指组织内部审计机构及人员依据有关的法律、法规、政策及相关标准，按照一定的程序和方法，对物资采购各部门和环节的经营活动和内部控制等所进行的独立监督和评价活动。这里所称的"物资"是指组织在产品生产、基本建设和专项工程中所使用的主要原材料、辅助材料、燃料、动力、工具、配件和设备等。广义的采购审计，包括物资采购审计以及基建审计、合同审计。我们在这里所讲的采购审计主要是指物资采购审计。

2. 物资采购审计的概念及模式

1) 物资采购审计的概念

物资采购审计是对物资采购全过程实施的监督和评价，是财务审计与管理审计的融合。物资采购审计的主要内容包括审计物资采购内部控制、采购计划、采购合同、采购招标、供货商选择、采购数量、采购价格、采购质量、物资保管款以及物资采购期后事项等。目的是改善物资采购质量，降低采购费用，维护组织的合法权益，促进组织价值的增加及目标的实现。

2) 物资采购审计的模式

物资采购审计根据组织的管理模式和要求、物资采购业务量的大小、内部审计机构资源等的不同，物资采购审计可以采取项目管理式审计和过程参与式审计两种模式。

（1）项目管理式审计。项目管理式审计是有重点、有目的地将某物资采购部门、环节或物资品种纳入年度审计计划，形成特定审计项目，并实施相应审计程序的审计模式。大、中型规模的组织适合采用该模式。

（2）过程参与式审计。过程参与式审计是由专职内部审计人员参与监督物资采购的全过程或者部分重要过程，实现物资采购审计的日常化。小规模组织可以采用该模式。

比较上述两种采购审计模式，说明可以通过对组织内部某个业务流程或环节，有效地开展审计工作，达到最大限度地节省审计成本或资源的目的。不一定非要开展专项的采购审计项目，才算采购审计。必要时实行业务外包，委托中介单位进行。

11.1.2 物资采购审计的阶段

物资采购审计分为三个阶段，分别为物资采购前期审计、物资采购过程审计和物资采购后续审计。

1. 物资采购前期审计

物资采购前期审计是从制定年度审计计划开始到具体实施物资采购审计程序之前对各项审计工作做出的安排。其基本过程包括以下几个方面。

（1）编制年度审计计划，确定审计对象。

内部审计人员应综合考虑以下各种因素：①重要性；②物资采购方案、内部控制的重大变化；③改进空间；④审计资源；⑤风险因素。风险可能来自组织内部或外部。

（2）获取与研究相关资料，制定项目审计计划和审计方案。

这里提到的相关资料包括：①物资采购目标和计划；②前期物资采购审计工作底稿；③组织资料；④财务会计资料；⑤相关制度规定；⑥外部信息资料；⑦法律性文件。

内部审计人员应通过审阅资料、咨询技术专家、进行分析性复核、现场观察物资采购流程、询问等方法，研究相关背景资料，初步评价重要性和审计风险，进而制定适合本组织实际情况的物资采购项目审计计划及审计方案。经适当管理层批准后，向被审计单位发出物资采购审计通知书。

（3）审查、评价内部控制。

物资采购内部控制包括控制环境、风险管理、控制活动、信息与沟通以及监督5个要素。监督采取的方式包括物资采购内部控制自我评估、内部审计报告、内部控制例外情况报告、操作人员反馈以及顾客投诉等。物资采购内部控制审计可通过设置采购内部控制调查表等方式进行深入调查、了解和测试，并形成审计工作底稿。

2. 物资采购过程审计

物资采购过程审计是根据采购内部控制评审结果，确定采购计划、价格、合同、执行等方面的测试范围、重点和方法，以收集审计证据。

 小贴士

物资采购主要有两种情况，一种是为生产过程采购的原材料、燃料和动力；另一种是为销售而采购的商品。无论哪种采购，其采购过程中必须履行以下管理手续：编制采购计划，与供货单位签订合同，验收采购物资，分析采购计划执行情况等。物资采购过程审计的范围和内容，与上述采购过程有直接的关系。

物资采购过程审计的范围和内容应包括采购计划、采购合同，到货验收情况、计划执行情况考核等。其在执行过程中需注意以下几点。

1）确定控制目的，按需采购

按需采购，即审查所有的采购，是否由需求部门提出的，这个需求部门与采购部门是否职能上是分离的。

2）对供货单位资质严格审查

审查采购经办部门和人员是否对供货单位进行资格调查，包括供货方的资质、生产状况、质量保证、供货能力、企业经营和财务状况等；是否在全面了解的基础上，做出选择合格供应单位的正确决策，以便在采购活动的初期把由供应商方面的不确定所带来的采购风险控制在最小。

3）确定合理的价格

审查是否根据采购物资的数量金额的多少，采用比价、议价或招标的方式来确定；是否按照规范的程序进行，是否存在违反规定的行为发生。

4）确认合同或协议合法合规

审计部门对合同中规定的品种、规格、数量、质量、交货时间、账号、地址、运输、付款条件、结算方式等各项内容，按照合法性、可行性、合理性和规范性4个标准，逐一进行审核。

5）严格按合同验收入库

审计要求用户、采购人员、审计人员三方共同参与物资验收，严格按照合同验收。

6）严格账务核对

审查验收单是否与合同、发票、送货单核对无误；验收单是否由验收人和领用人双方签字认可，货物的验收人员应该是独立于采购人员；审查实物与验收单是否核对无误；以及报销金额与合同金额的核对，合同的出卖人公章与发票的开具人公章是否为同一家供货单位。

3. 物资采购后续审计

物资采购后续审计是内部审计人员在提交了物资采购审计报告后，针对报告中涉及的审计发现和审计建议所进行的跟踪审计，目的是确定被审计单位对于审计报告所揭示的问题和偏差的纠正和改进情况以及产生的实际情况。包括物资超出挤压或储备不足风险、物资使用质量低劣风险、物资价格失控风险、资信地的供应商定点供货风险和审计建议无效风险等。其基本过程包括以下几个方面。

（1）获取相关资料。获取相关资料包括：审计报告、审计回复、定点供货目录、价格申报表、采购计划和物资质量标准等。

（2）取得被审计单位的反馈意见并进行合理分析。内部审计人员应关注以下事项：被审计单位不做反馈和反馈不充分的事项；被审计单位有异议或误解的事项；反馈意见中说明不采取纠正措施的事项等。

（3）实施适当的审计程序。对重大的审计发现和建议通过现场访问、直接观察、测试和检查文件等方式，编制"后续审计面谈结果小节"和"后续审计跟踪记录表"等工作底稿。

(4) 评估采纳审计建议所达到的效果。
(5) 提交后续审计报告。

11.2 采购计划和执行情况审计

11.2.1 采购计划审计

采购计划审计是对采购计划所列物资价格、数量、质量、采购方式和供货商选择等的真实性、合理性和有效性等进行的审计。

1. 应获取的资料

应获取的资料包括采购政策、采购计划、物资储备定额补库计划、销售计划、产品产量计划、技术措施计划、生产作业计划、在制品期初存量和期末预计存量、新产品试制计划、物资工艺消耗定额、生产设备修理计划、技术改造计划和物资价格供应状况等。

2. 应关注的风险领域

应关注的风险领域具体包括采购计划程序失控、采购计划依据不当、采购计划分解不到位、采购计划执行不彻底、采购计划与其他计划不协调。

3. 审计的内容

1) 采购计划编制依据的可靠性

内部审计人员应审查采购计划的编制是否依据经过批准的物资采购申请单,在 MRP 环境下,采购计划的编制是否依据主生产计划、主产品结构文件、库存文件和各种零部件的生产时间或订货时间;采购计划是否与生产计划、销售计划、物资库存控制计划和资金供应计划等相协调;是否符合组织的存货政策、采购政策和资金管理政策。

2) 采购计划审批程序的合规性

审查各物资使用部门是否依据本期生产计划和物资消耗定额确定物资实际需要量,据以填写物资采购申请单;物资管理部门是否每月根据物资实际库存和储备需要填写物资储备定额补库计划表,提交补库申请表;各部门负责人是否按职责分工和授权范围对提交的采购申请单进行分类初审、对口把关;计划部门有无会同物资管理部门核实物资库存;最终下达的《月份物资采购计划》有无报经分管领导审批。

对不符合规定的采购申请,有无要求请购部门调整采购内容或拒绝批准;重要的和技术性较强的物资采购,是否执行特别授权审批程序,是否组织专家进行论证,实行集体决策和审批;对生产急需和突发性的紧急物资采购,是否已通知价格信息部门,并于规定时日内补齐并办妥有关手续。

3) 采购计划的价格合理性

对于重复购置的物资,如价格未发生变化,则以上次成交价格为依据,将高出确定标准的计划价格作为重点审计对象;如价格已发生变化,应以最新市场价格作为审计标准。

审计物资采购计划价格时,应将新购物资作为审计的重点。当产品降价时,应基于价值链管理的思想,考虑供应商有无对供应物资协同降价的可能。

在物资审计模式下，经内部审计人员审核后的物资采购计划价格的处理有两种方式：一种是只作为编制采购计划和内部经济核算的依据，并作为实际采购时的价格控制标准，实际采购前采购部门需重新报送《价格申报单》；另一种是在编制采购计划之前，采购部门需事先提报《价格申报表》，经审查后作为编制采购计划的标准，并同时作为实际采购时的价格控制标准。

4）采购计划所列物资数量的合理性

审查采购部门对申请单是否作了最有效的分类；物资采购数量是否考虑了经济批量；是否与生产计划和物资库存相适应。

5）采购方式的合理性

物资的取得方式有定点进货和非定点进货，具体包括市场采购、电子采购、招标采购、委托加工、企业自制等方式。内部审计人员应审查采购方式的确定是否综合考虑了下列因素：现有资源的充分利用、物资的重要性程度、资金的贴现幅度、供货商的信誉和各种价格构成要素等。

6）供货商选择的合理性

根据供货商与组织的业务稳定性，供货商区分为定点供应商与非定点供应商。

内部审计人员应重点审查组织对定点供货商选择的合理性，包括供货商选择评价程序是否规范；有无明确的供应商选择目标和评价标准；有无建立供应商评价小组，小组人员组成是否合理；有无完整、真实的供应商资料；供应商资料筛选、排序和审批是否流于形式；是否经集体决策进行供应商优选并形成供应商名单；是否根据供应商和本组织的实际情况采用实地考察、书面考察、样品检验或试用的方式确定供应商；有无过度依赖特定供应商，是否建立了被选供应商团队；有无对供应商档案进行规范管理，建立《合格供应商目录》，定期组织对供应商调查和复审；修改供应商档案是否经过特定授权并进行有效信息沟通等。

4. 审计的方法

采购计划审计主要采用分析法、复算法、复核法、检查法、源头审计法、全面审计法、简单审计法和重点审计法等方法。其中，应用比较广泛的是以下几种审计方法。

1）源头审计法

源头审计法是始终把握问题的根源而不被表象所左右的审计方法。如一般物资采购的公允价格信息源是市场，在招标采购审计中，内审人员不仅要审查是否履行了规范的招标程序，还应关注招标与市场价格的差异，关注结算价与中标价的差异，关注中标人的实质性运作。

2）全面审计法

全面审计法是对物资采购涉及的每一环节、每一种资料以及资料的每一个方面进行全面审计的一种方法。

3）简单审计法

简单审计法是在审计力量不足或有特殊要求时，仅针对物资采购价格或物资采购的其他某一方面实施审计的方法。

4）重点审计法

重点审计法是针对重点物资、敏感性物资、问题较多物资的采购进行重点审查。

11.2.2 采购计划执行情况审计

采购计划执行情况审计是指在采购物资运达组织之后，对物资验收、入库、计量、价格和贷款支付等业务执行的适当性、合法性和有效性等所进行的审计。

1. 应获取的相关资料

应获取的相关资料包括物资采购申报单、采购发票、运费单、检验报告单、入库单、退货单、付款凭证、转款凭证、材料采购明细账核对账单等。

2. 应关注的风险领域

应关注的风险领域包括采购方式和供应商改变、价格失控、质量检验失控、计量不实保管低效、票据失真、付款提前或滞后、付款不实和违规结算等。

3. 审计内容

1) 采购方式执行情况审计

内部审计人员审查采购部门是否按照采购计划、采购申请单所确定的采购方式和供货商进行采购。

2) 质量控制执行情况审计

质量控制执行情况审计的主要内容包括以下几个方面。

（1）审查是否设置独立的质量检验部门组织物资验收、有无采取适当措施防止采购人员、质检人员与保管人员串通作弊。

（2）审查物资验收是否根据运单、发票和经过批准的采购合同副本、采购价格申报单、采购计划进行。

（3）审查物资验收是否签署顺序编号的验收报告。

（4）审查超过采购合同的进货数量和提前到货的采购是否经过适当批准。

（5）审查对逾期未交货者，有无按合同规定给予罚款或没收违约金。

（6）审查对大型或数额较大的物资采购，有无获得供应商合格的检验证书，合同是否规定了必要的质保内容；物资验收是否合格，有无存在由于验收不严造成以次充好，以劣充优、不合格物资入库等问题。

3) 计量执行情况审计

计量执行情况审计的主要内容包括以下几个方面。

（1）审查计量器具。包括：计量器具是否经过国家法定检验机构的检验并出具了书面证明；内部计量部门是否定期检查和校对计量器具；计量器具的操作是否正确合规；抽查计量记录并核对实物数量，验证计量的准确性。

（2）审查采购物资途中损耗。

（3）审查质量检验对计量结果的影响。

4) 价格执行情况审计

价格执行情况审计的主要内容包括以下几个方面。

（1）审查物资采购是否按批准价格执行。审查发票、货运单、验收单等原始资料上载明的价格是否与价格申报单、采购计划、采购合同一致，价格的变动是否经过批准。

（2）审查运费的组成和数额是否合理。

5) 仓储保管情况审计

仓储保管情况审计的主要内容包括以下几个方面。

(1) 审查仓库的位置与内部空间的布置。审查仓库位置的设置是否利于物资的快速流动；仓库内部空间的布置是否利于仓库的有效空间和提高仓库的作业效率。

(2) 审查仓库面积使用率。通过计算和比较仓库面积使用率指标，确定仓库利用效率高低和利用潜力的大小。

(3) 审查仓库存放保管工作。

(4) 审查物资保管账卡档案是否建立、健全，并定期与相关资料、账簿核对。

(5) 审查物资分类保管情况。审查物资保管是否按照物资的重要程度、消耗数量、价值大小等区别对待，实施 ABC 分类管理。

(6) 审查物资储备定额制定是否合理。

6) 采购票据审计

采购票据审计的主要内容包括以下几个方面。

(1) 审查物资采购的票据是否齐全，是否按照采购业务发生的先后顺序编号。

(2) 审查各种采购票据载明的采购数量、单价、金额、品种、规格、产地、型号等是否真实，数量、单价、金额等计算是否正确，各种票据相关内容是否一致。

(3) 审查票据的填写是否合规，手续是否齐全，来源渠道是否正规，保管、领用和注销措施是否完善，传递程序是否合规等。

7) 采购负债的确认及付款执行情况审计

采购负债的确认及付款执行情况审计的主要内容包括以下几个方面。

(1) 审查负债的确认是否正确。审查采购部门是否在物资采购申请单、验收单、发票等核对无误的基础上出具付款申请单，并及时通知财会部门；财会部门是否在进一步审核的基础上，编制记账凭证，登记付款凭单登记簿或应付款明细账，确认负债。

(2) 审查应付账款的登记是否正确。

(3) 审查付款处理是否合规。审查付款是否符合资金结算制度的要求；是否在会计人员审核的基础上，经过授权人审批；是否按确定的付款方式付给指定的收款人；核实付款金额和付款人是否正确。

(4) 审查预付款处理是否合规。

(5) 审查应付款余额的整体合理性。审查财会部门是否定期编制应付账款的账龄分析表、物资已收而发票未到情况汇总表；是否每月计算主要业绩指标以监控应付账款状况等。

11.3 采购决策和管理审计

11.3.1 采购决策审计

1. 采购决策的概念及特点

1) 采购决策的概念

采购决策是指根据企业经营目标的要求，提出各种可行采购方案，对方案进行评价和比较，按照满意性原则，对可行方案进行抉择并加以实施和执行采购方案的管理过程。采购决策是企业经营管理的一项重要内容，其关键问题是如何制定最佳的采购方案，确定合理的商品采购数量，为企业创造最大的经济效益。

2）采购决策的特点

决策是指根据企业经营目标的要求，提出各种可行方案，对方进行评价和比较，按照满意性原则，对可行方案进行抉择并加以实施和执行的管理过程。采购决策是企业决策中的重要组成部分，它具有以下特点。

（1）预测性。预测性是指对未来的采购工作做出预知和推测，应建立在对市场的基础上。

（2）目的性。任何采购决策的目的都是为了达到一定的采购目标。

（3）可行性。可行性是指选择的决策方案应是企业进行切实可行的，否则，就会失去决策的意义。

（4）评价性。评价性是指通过对各种可行性方案进行分析评估，选择满意方案。

2. 采购决策审计的内容

对采购决策进行审核，主要是审核每次采购过程中所确定的采购数量以及所采购商品的形式是否合适，是否达到了总成本最小化。具体审核过程中主要审核以下几个方面。

1）对采购数量决策的审核

企业在生产经营过程中，需要购进大量的原材料和零部件等物品。在一定时期内，企业可以实行一次性全部采购的策略，也可以进行分批多次采购。因此，要达到总成本最小化，就需要权衡多批次的采购费用与少批次的保管费用之间此消彼长的变化。

（1）审核货物消耗总量是否与生产规模相平衡。任何一种货物的消耗或销售总量，是由预计的产品销售量决定的，只有销售总量预计正确，才能确保采购数量既满足生产经营的需要，又能使成本效益最高。因此，需审核采购部门所应用的年需求量是否根据对所预计产品的销售量合理计算得出的。

在物流界普遍存在二律背反，如服务和成本成相反变化，采购费用和保管费用成相反变化，因此应综合考虑两者的成本，使总成本达到最小。

（2）审核预计采购费用、货物保管费用率的方法是否正确。如果今年的情况与上一年相近，那么一次性采购费用和保管费用率应该是差不多的。如果相差甚远，则说明预计方法有问题，则应查明变动的原因。

（3）审核在确定采购量时，是否考虑到缓冲储备的问题。企业在实际中可能会发生缺货、物料消耗不均衡的问题。此时，确定采购数量时就应考虑缓冲储备问题，确定合理的缓冲储备量，使可能发生的缺货成本同缓冲储备量的储存成本总和达到最低。

2）对所采购商品的形式进行审核

对于企业生产所需的原材料或零部件等物品，既可以通过从外部购买获得，也可以通过企业自己制造获得，企业应从提高经济效益的角度出发，根据企业生产能力和成本的情况决定是自制还是外购。

（1）审核所运用的方法是否正确。一般来说，企业进行自制或外购中，两者的预期成本不同而其预期收入是相同的。因此，进行决策分析时，只需计算差量成本，而无须计算差量收入，即只需根据两者的成本的高低进行选择。

(2) 审核决策方案的成本组成内容是否完整。在自制的情况下，企业有时可能需要添加一些专用设备，这时就不仅要考虑直接材料、直接人工和变动制造费用，还应考虑新增加的固定成本；如是外购方案，需考虑买价和订货、运输、装卸、保险、收货等费用，并应考虑相应的机会成本。

(3) 审核是否考虑了采购或自制的数量。企业的设备生产能力总是有限的，超过了一定的订货量，企业可能需要从外购入专用设备，才能满足自制的要求。同样，对外采购时，由于所采购的数量不同，享受的折扣率也可能因此不同，那么单位数量所分担的采购费用也会随之不同。所以，应审核订货数量是否在相关范围之内，若在相关范围之外，货物的成本可能就会受到影响。

通过采购决策进行审核，改正决策中不合理的地方，使总成本达到最小，企业获得更多的效益。

11.3.2 采购管理审计

1. 采购管理概述

采购管理是计划下达、采购单生成、采购单执行、到货接收、检验入库、采购发票的收集到采购结算的采购活动的全过程，对采购过程中物流运动的各个环节状态进行严密的跟踪、监督，实现对企业采购活动执行过程的科学管理。采购管理包括采购计划管理、采购订单管理及发票校验3个组件。

1) 采购计划管理

采购计划管理对企业的采购计划进行制定和管理，为企业提供及时准确的采购计划和执行路线。采购计划包括定期采购计划（如周、月度、季度、年度）、非定期采购任务计划（如系统根据销售和生产需求产生的）。

2) 采购订单管理

采购订单管理以采购单为源头，对从供应商确认订单、发货、到货、检验、入库等采购订单流转的各个环节进行准确的跟踪，实现全过程管理。通过流程配置，可进行多种采购流程选择，如订单直接入库，或经过到货质检环节后检验入库等，在整个过程中，可以实现对采购存货的计划状态、订单在途状态、到货待检状态等的监控和管理。采购订单可以直接通过电子商务系统发向对应的供应商，进行在线采购。

3) 发票校验

发票管理是采购结算管理中重要的内容。采购货物是否需要暂估，劳务采购的处理，非库存的消耗性采购处理，直运采购业务，受托代销业务等均是在此进行处理。通过对流程进行配置，允许用户更改各种业务的处理规则，也可定义新的业务处理规则，以适应企业业务不断重组，流程不断优化的需要。

2. 采购管理审计

对采购管理进行审核，主要是审核采购划分权限、费用以及采购活动是否规范，是否经常存在紧急采购等。具体审核过程中主要审核以下几个方面。

1) 审核是否划分控制采购的权限

企业采购是采用集中管理还是分散管理，很大程度上取决于企业的整个经营管理体制。如果企业采用的是集中经营管理体制,那么,采购就有必要集中管理。反之,如果企业强调分权和分级核算,则需进行分散管理。

但是因为企业采购部门更了解市场情况,为了有效地组织采购业务,即使在分权管理体制上,也需要某种形式上的集中管理。内审人员应重点审核是否存在用料部门直接办理进货业务的情况和是否存在以备用金等款项自行进行采购的现象。

2) 审核是否经常出现紧急采购现象

企业进行紧急采购通常会使采购价格偏高而造成成本上升,从而给企业带来经济损失。采购部门应尽量控制紧急采购,计划外或紧急采购必须经企业采购主管人员的特殊审批,应尽量压低其采购数量。当然有些紧急采购是难以避免的,例如设备发生突然故障,客户送来紧急订单等。但多数的紧急采购同工作疏忽或计划不周有关。如果经常出现紧急采购现象,应重新审视采购计划并找出原因。

小贴士

在一般情况下,即使用料部门自己选择了供货单位,也应到采购部门办理手续,并由采购部门审批方能采购,否则将会出现业务失控。

3) 审核是否严格控制采购费用

采购人员不应仅着眼于选购价格最低的材料,还应考虑质量等因素。内审人员通过了解材料的性能和用途,以及它们在产品中的作用,并对材料价值的分析,审核在不影响产品质量的前提下,是否可以通过改变材料、改进生产工序来降低产品成本。

4) 审核是否控制了不正当的业务

在采购过程中,某些采购人员可能会有意偏袒某些供货单位。供货单位为了推销它们的产品,会利用多种手段去讨好采购人员。某些采购人员在得到好处后,会无视企业的利益而购进企业不需要或质量低劣的材料。因此,内审人员应审核企业是否对采购人员规定了严格的纪律制度,在平时的采购过程中是否定期进行检查。

5) 审核采购活动是否合乎规范、有效率

(1) 审核所有采购活动是否经过审批。

(2) 审核采购业务的部门分工是否合理,能否起到相互牵制和监督的作用。

(3) 审核采购业务的各项内部控制制度的实际执行情况,提出如何加强对各业务环节控制的建议。

(4) 审核采购业务处理过程是否有效率,是否有延误的情况。

(5) 审核采购业务的各项记录和原始凭证是否健全,保管是否完整。

(6) 审核供货单位的生产状况是否正常,是否有充分的供应能力。

(7) 审核采购部门是否采用一定的方式对供货单位的财务状况和信用状况进行了调查。

(8) 审核采购部门对供货单位的产品价格和产品质量是否进行过分析和评价,有无记录存档。

(9) 审核采购部门对发展新的供应单位、拓展货源渠道做了哪些努力,有无效果。

(10) 审核企业采购人员在与供货单位接触过程中,有无不正当的关系。

对上述采购管理活动进行审核,可以保证采购活动的规范性和有效性,使企业的采购活动顺利进行。

11.4 采购支出和应付账款审计

11.4.1 采购支出审计

由于企业采购支出业务较为频繁,因而容易产生一些违反财经纪律、滥用资金而影响生产经营的正常运转,以至最终影响经营效益的行为。具体而言对采购支出的审核主要包括以下几点。

1. 审查付款凭证

(1) 付款凭证是否附上采购合同、订购单、验收单和供应单位的发票。
(2) 供应单位的发票内容是否与采购合同、订购单和验收单一致。
(3) 付款凭证是否有被授权人员的亲笔签字。
(4) 财务部门是否根据签字后的凭单付款。

2. 采购支出的实质性审查

采购支出的实质性审查,可以先从审查材料采购明细账开始,重点审阅问题较多的支出项目,从中发现问题,再根据掌握的线索查阅有关的会计凭证及其他资料。在审查时应注意以下事项。

(1) 审查采购价格的合理性。审查采购部门购进的商品的价格是否符合合同的规定,是否依据计划采购,从市场采购的商品有无高出同类商品价格较多的情况发生。
(2) 审查运杂费支出的适当性。可抽取运杂费支出凭证,比较购料的数量和运输路程是否恰当,有无不正当的支出一并报销的行为。
(3) 审查支出凭证审查手续的完整性。这主要包括审查开具发票的单位的名称是否与公章一致;是否使用了税务机关统一印制的发票,发票的抬头是否与本单位一致;发票上的内容是否齐全;货物的数量、质量是否经过有关人员验收等。

11.4.2 应付账款审计

应付账款业务是随着企业的赊购交易的发生而产生的,并由此带来了一定的风险性。为了最大化地减少损失,内审人员应结合采购业务,对应付账款进行审计。具体审核过程中主要审核以下几个方面。

1. 评审应付账款的内部控制制度

为了判断企业有关应付账款内部控制制度的有效性,内审人员应先对应付账款内部控制环节进行初步审核。

(1) 审核企业是否建立应付账款的职责分工制度。这主要审核企业的采购、验收、应付账款记账和现金或银行存款支付是否由不同部门或不同人员独立办理,以保证应付账款来自于经过核准的采购业务。
(2) 审核企业是否建立应付账款的登记簿管理制度。对于供货发票和服务账单等企业应付账款的主要原始凭证,必须根据收到日期和折扣条件分别登记和存放,逐日调整待支付与已付发票，并据以登记应付账款账户。

(3) 审核企业是否建立应付账款明细账和总账的定期核对制度。

2. 核实应付账款的实有数

(1) 取得或编制决算日应付账款明细试算表。其目的是为了验收企业资产负债表上的应付账款的数额与其明细记录是否相符。

(2) 审核应付账款明细试算表，并与总分账相核对。审核应付账款明细试算表上的数字计算是否正确，并和总分账相核对，是否出现差异；审核应付账款明细试算表上应付账款的分类是否正确，是否包含不应记入应付账款的负债；审核应付账款明细试算表上有无过期但仍未支付的款项。

(3) 审核应付账款明细账。内审人员可抽取其中一部分账户，核对其是否与原始凭证以及现金日记账、银行存款日记账和购货日记账有关项目相符。

(4) 调查应付账款。内审人员应根据决算日应付账款明细账的余额，将余额较大的供货单位和那些虽然在决算日金额不大，但对企业来说非常重要的供货单位作为调查对象，进行重点调查。

3. 审核应付账款业务的真实性、合法性

(1) 审核应付账款的合理性、合乎规范性。对于应付账款的合理性方面，主要审核商品材料采购是否合理；合乎规范性方面主要审核付账结算手续和账务处理是否符合银行结算、信贷和财务管理制度规定。

(2) 审核应付账款的会计处理和计算的正确性。应通过审核有关应付账款的账簿记录或明细试算表和原始凭证、记账凭证，查明应付账款的会计处理是否正确；通过应付账款账户与其他对应账户的审核，查明计算有无差错，凭证的附件是否齐全。

(3) 审核现金折扣处理的合理性、合乎规范性。内审人员审核现金折扣时，应注意审查有关人员在现金折扣期限内是否按发票原价支付货款，然后从债权人处取得退款支票或现金；企业是否丧失了本应获得的折扣。如果企业的现金折扣单独记账，内审人员可以通过计算当期所获现金折扣与购货金额的比例，并与以前各期相比较的方法审核现金折扣的合理性。

小贴士

现金折扣是销货单位为了尽早收回账款而允许购货单位在一定的还款期内给予规定的折扣优惠。

(4) 审核应付账款的完整性。内审人员应审核应付账款有无漏列现象。因为负债的低估，往往是与费用的低估相联系，从而使利润提高。内审人员应对在决算日收到但尚未处理的所有购货发票及虽未收到发票但已到达企业的材料、商品进行审查，查明这些发票及到货是否按会计制度记入应付账款；对决算日后企业收到的发票，应查明这些发票中是否有应在决算日前记入应付账款的业务。

4. 审核预收账款的真实性、合法性

在采购循环中，除了应付账款之外还有预收账款。对预收账款进行审核，同应付账款一样重要。

（1）审核预收账款的来源是否真实、合法。在审核预收账款时，应重点审核企业预收账款同相应的经济业务的配比性，并同销售业务的审计结合起来，审核预收账款的来源是否真实、合法，防止企业将预收的账款提前作为现实的收入，在高估企业收入的同时，低估企业债务。

（2）审核预收业务是否同其他业务相混淆。重点审核企业预收账款是否与预收租金、预收利息等业务相混淆。

（3）审核预收账款的会计处理是否正确。如企业的预收账款在产品或劳务提供之前，只能作为流动负债来处理，不能作为预收收益。待产品或劳务提供之后，应进行转销。

通过对企业应付账款的审核，可以使企业对所需付的资金做到心中有数，规范企业的账目，避免扯皮现象的发生，使企业可以最大化地合理利用资金，提高企业的效益。

11.5 采购申报价格和方式审核

11.5.1 采购申报价格审计

采购价格是指企业进行采购作业时，通过某种方式与供应商之间确定的所需采购的物品和服务价格。采购申报价格审计是对采购价格申报的完整性、价格标准确定的合理性和申报程序的规范性等方面所进行的审计。

1. 应获取的资料

应获取的资料具体包括组织的物资价格制定政策、物资采购价格申报单、价格标准、物价变动信息、经济政策信息、技术信息、供应渠道变化信息和业务流程再造信息等。

2. 应关注的风险领域

应关注的风险领域包括价格标准失控、价格信息系统无效和低效、采购效率降低、价格审查形式化、价格组成内容单一化和串通作弊风险等。

3. 审计的内容

1)《价格申报表》填列的完整性

采购部门在比质比价的基础上，初步确定物资采购意向，填制《价格申报单》，经采购部门负责人签章后，送交价格信息部门进行价格核定。内审人员应审查《价格申报单》是否包括物资品名、规格、型号、数量、单价、金额、使用部门、技术要求、供货单位、货比三家情况等栏目。

2) 价格标准确定的合理性

价格标准确定的合理性主要内容包括以下几个方面。

（1）审查价格信息收集渠道的广泛性和使用的有效性。可供采用的价格收集渠道由网络、报纸、杂志、电视、广播、行业公报、供货商提供等。内审人员应审查采购部门和价格部门是否充分利用了各种价格信息渠道，建立起内容丰富的价格信息资料库；对于获取的各种信息源，是否按照本组织的各种物资种类进行了适当分类以提高检索能力，发挥信息使用效率；是否在各部门之间进行了信息共享。

(2) 审查价格信息收集的准确性和及时性。审查价格来源渠道是否正确，是否根据环境变化适时更换价格信息，是否综合各种信息较准确地预测了未来的价格变化趋势，为组织实施战略物资管理提供价格导向。

(3) 审查价格标准确定方法的适当性和计算结果的正确性。

(4) 审查价格构成内容的全面性。物资采购价格包括采购物资的买家、运杂费、保险费、途中损耗、入库前的整理挑选费用、大宗材料的市内运输费、采购资金利息和其他相关费用。

3) 采购申报价的合理性

采购申报价的合理性主要内容包括以下几个方面。

(1) 审查是否根据不同的物资采购方式确定申报价。
(2) 审查申报单内所列物资品种是否在采购计划范围内，是否列入采购预算。
(3) 审查采购申报价有无高估虚报现象。
(4) 审查采购申报价的构成是否齐全，是否进行了综合比价。
(5) 审查采购部门有无随意压价而忽视物资质量的现象。
(6) 审查采购部门是否进行比价采购。

4) 申报价格核定程序的规范性

审查价格信息部门是否根据确定的价格标准，在测算预评、对比分析的基础上，确定采购部门报价和相关费用的合理性和公允性，并提出核定意见。对违反规定或报价不合理的，价格信息部门具有否决权，提出重新询价的建议。采购部门应参考核定意见，在核定的价格标准控制范围内进行采购。

11.5.2 采购方式审核

采购方式是指企业在采购中运用的方法和形式的总称。经常采用的采购方式主要有招标采购和非招标采购。为降低采购成本和提高采购效率，企业需对采购方式进行审核，看其所选方法是否正确、价格是否合理、订货方式是否有效率。

具体而言对采购方式的审核主要包括以下几点。

1. 审核企业是否根据不同的货物类别选择不同的采购方式

一般来说，对于消耗量很大但金额很少的货物，可采用总指定货单法进行采购，当库存消耗到一定数量时，由采购部门直接向供货单位请购货物，由供货单位定期开出账单，并附上所有请购单和带有收据的运单，定期进行结算。

采用这种方法，企业较易获得价格折扣。对于零星物料消耗，一般用现金直接采购。内审人员应重点审核采购部门是否根据货物的重要性，选择最适合的采购方式。

2. 审核重要货物采购是否都通过竞价进行

企业重要采购商品一般具有金额大、订货次数少等特点，采购这类物品最重要的是选择一家信誉好、价格低、售后服务好的供应单位。对于所选的供应单位只有通过竞价方式进行比较，才能辨别出其好坏。

内审人员应注意审核采购部门是否就重要的采购项目标实行竞争性的报价；是否事先对提出竞争性报价的供货单位的信誉、履约能力、售后服务质量、生产能力等情况进行了详细的了解；是否选择了最低报价的供应单位；是否得到企业最高管理人员的审核和批准；是否保存了供应单位的采购历史档案等。

定期订货是一种基于时间的订货方法，而定量订货方法是一种基于数量的订货方法。定期订货适用于签订定期订货合同；定量订货适用于签订一次性、协议性合同或向市场订货。

3. 审核商品的订货方式是否正确

企业选择了供应单位之后，就应对订货方式进行选择了。商品的订货方式一般有两种。一种是定期订货，就是订货时间固定而订货批量不固定的一种订货方式。此种订货方式对库存量进行比较严格的控制，在每次订购时都要检查实际库存，并对订购量做出调整，既保证了产需衔接，又避免了物资超储，节省了流动资金。消耗量小、金额大的物品需要严格控制其库存，比较适合定期订货。另一种是定量订货，即订购时间不固定而订购批量固定。消耗量大、金额小的物品可采用这一方式。内审人员应根据企业生产的特点及商品项目消耗的情况，审核企业是否选择了合适的订货方式。

通过上述对采购方式进行的审查，保证企业根据货物具体的类别，进行分类控制，从而提高采购工作的效率，减少采购过程的漏洞。

11.6 采购合同审计

11.6.1 采购合同审计内容

1. 概念

采购合同是供给方与需求方经过谈判协商，一致同意而签订的"供需关系"的法律性文件，合同双方都应遵守和履行，并且是双方联系的共同语言基础。签订合同的双方都有各自的经济目的，采购合同是经济合同，双方受"经济合同法"保护和承担责任。采购合同审计是对采购合同的合法性、完整性和有效性所进行的审计。

 小贴士

采购合同是商务性的契约文件，其内容条款一般应包括：供给方与需求方的全名、法人代表，以及双方联系电话等；采购货品的名称、型号、规格，以及采购的数量；价格和交货期；交付方式和交货地点；质量要求、验收方法，以及不合格品的处理。当另订有质量协议时，则在采购合同中写明见"质量协议"。

2. 合同主体审计

合同主体的合法性，是确保合同法律效力的前提。为保证采购合同的有效性、合法性，避免因签订无效合同造成企业经济损失，必须对合同主体资格、经营范围、履约能力等进行审计。

1）审查签订合同的主体

重点审查供货方是否为依法登记的企业法人，审查供货方提供的营业执照（要求企业提供营业执照副本原件），确认供货方是否为法人企业，避免与不能独立享有经济权利和承担义务的、不具备法定条件的公司职能部门、分公司签订合同。审查企业最近一期在工商部门的年检情况，是否及时年检；企业营业期限是否已经过期或即将到期。

2) 审查供货方经营范围

重点审查营业执照注明的经营范围是否包括合同标的，是否超出了在工商行政管理部门登记注册的范围。

3) 审查供货方有无履约能力

审查供货方提供的各种资质文件，关注各种资质的取得日期、到期期限及业务主管部门的年检情况；审查企业的年度财务报告，了解资产结构、生产经营人员状况、生产能力及上一年度生产供应情况、库存状况，判断供货方的履约能力；适当审查企业的资产负债情况，了解企业的偿债能力。

4) 审查授权委托代理人的代理资格是否合法

审查授权代理书是否经公司法人授权批准，授权书是否签章齐全，提供证明身份的有效证件是否与授权人及被授权人相符。

2. 合同签订前招标比价审计

1) 注重对价格信息的收集

采购合同审计不仅需要一般的财务会计知识、基本审计取证方法，也要求审计人员掌握采购物资的市场供需变化、价格变动趋势、供应渠道、运输方式等。审计人员平时应加强这方面的知识积累，做好市场调查，通过亲临市场、电话查询以及网上询价等途径，了解各种物资材料的来源和供销价格，并建立对应的市场信息库。

2) 充分运用信息化管理手段

企业生产经营所需大宗物资的采购，一般具有重复性，其结果可以为以后的物资采购提供参考。事先将历次采购物资的价格、数量、供应商、合同订单号等情况按物料编码存入计算机系统，审计采购合同时，可及时从计算机中得到该物料以前已采购批次的采购日期、价格、供应商、订单号及审核日期等情况。

审计人员可在此基础上，结合市场变化情况，估算现阶段合理的采购价格，并与合同价格进行对比，以保证工作质量，提高审计效率。

3) 加强对招标过程的审查监督

通常情况下，企业小量、小额采购业务由企业自购，批量、大额采购进行公开招标，审计人员应重点审查招标采购程序是否合法，操作是否规范；审查招标文件中对投标方主体资格、资质、履约能力的要求，以及采购物资数量、规格、技术要求、付款方式等重要内容。

4. 对合同条款的审计

1) 对合同内容的审计

根据企业生产经营计划、库存管理办法、合同管理审批程序等要求，对采购合同内容的合法性、真实性、有效性及可行性进行严格审查。首先检查合同是否违反国家的法律、法规，违反法律、法规的合同自签订起就是无效合同，不受法律保护；合同是否以真实的经济交易为基础；合同是否有缺陷、是否遗漏必要条款、是否存在不利条款；合同是否可行、是否显失公平等。

2) 对合同条款的审计

《中华人民共和国合同法》中规定了购销合同的必备条款，对这些条款应逐项进行审计。

（1）当事人双方名称或姓名和住址。该条款是对合同主体的明确，也是落实合同权利和义务的前提。主要审查合同单位名称与中标单位、营业执照名称是否一致，与所加盖的合同专用章名称是否一致，住址是否与营业执照公司登记的法定地址一致。

（2）标的。重点审查合同标的物资是否与公司按计划要实施采购的物资相符，型号及规格是否准确、齐全。

（3）数量及质量要求。该条款是确定双方权利、义务、责任大小的关键条款。应重点审查合同上是否清楚具体地写明了确切的数量及计量单位，质量要求要明确执行的是国家标准、行业标准、技术标准等。

（4）价款或报酬。该条款是采购合同的核心条款。实行招标采购的，应重点审查采购合同价格是否为中标价格，是否为一口价；非招标采购的，应审查价格是否进行过市场调查、询价、比价，价格是否含税，是否高于市场价，是否包括运费、装卸费等相关费用。

（5）结算方式及期限。审查采购合同是否明确结算方式和付款期限，是否符合有关结算规定，如大额资金收支不能以现金结算。付款期限应明确是一次性付款，还是分期付款，是否预留一定比例的质保金，质保金返还的最后期限等。

（6）交付标的物的方式、时间、地点。审查采购合同是否明确了交货方式、交货时间、交货地点。

（7）验收标准、方法、地点以及期限。审查验收标准是否明确，是用国家标准、行业标准还是技术标准；是在卖方现场验收还是到货后在买方验收；是否约定了验收期限的违约责任及解决办法。审查合同的违约处罚是否明确具体，如违约金的比例、赔偿范围、赔偿方式等；解决争议的方式是否确定，如是协商、仲裁，还是诉讼，首选法院是哪一家。

5. 合同执行情况及变更情况的审计

审查合同的实际履行情况，是否存在不执行或执行不完全的合同，分析原因，以利于企业尽快采取措施，将合同损失降到最低，也为企业将来签订采购合同提供经验教训；审查合同的变更情况，变更理由是否真实、合理，变更合同是否采用了书面形式，是否履行了变更批准、审签手续等。

11.6.2 采购合同审查重点

1. 审查供货方信誉及履约能力

内部审计人员在合同签约之前，应参与对采购合同的供货方信誉及履约能力的调查，考察其经营作风和企业形象，产品三包执行情况，售后技术服务情况，用户对产品的普遍反映，产品交货的及时性、可靠性；考察供货方的设计开发能力、加工制造能力、生产管理水平。此外，供货方的资信能力、生产作业环境、运输条件等也属调查内容。

内部审计人员事先介入采购合同供货方的调查，可以保证企业采购到质量优异、符合使用要求，并能及时准确运达的货物，以避免一些风险性损失。若内部审计人员事后才审查采购合同，则应抽取一些重要的采购合同，检查或询问采购部门的有关人员是否对供货方的上述情况充分了解,是否采取了相应的措施。

2. 审查采购合同经济性与效益性

通过对采购合同的采购价格水平、采购批次、经济的合理性进行审核分析,抵制各种不合理的采购合同,维护企业的经济利益。内部审计人员通过市场调查,收集有关采购标的物的价格、质量等方面的信息,用比较分析法来评价采购合同的价格水平高低。

特别应注意两种情况:一是采购价格远远高于市场价格,采购人员是否存在不正当行为;二是采购价格远远低于市场价格,但质量低下,同样要查明采购人员是否存在不当行为。审查采购合同的效益性还要注意采购的数量是否与企业生产消耗数量基本一致,采购批次是否与生产批次合拍,有无积压或断料现象。若拟大宗采购的标的物有几家备选供应商,此类大宗的采购应通过招标的方式签订合同,以寻求价格便宜、质量较高、服务周到的货物,从而提高企业的经济效益。

3. 审查合同条款的合法性、严密性

对采购合同的合法性、严密性审查,是内部审计的重要环节。审查的内容主要有以下几个方面。

(1) 审查采购合同标的物是否明确,内容是否合法,是否符合国家有关政策法规的规定。

(2) 审查采购合同的各种数量标准,控制采购合同供货数量与期限,减少货物库存量和资金占用额,以加速资金周转。

(3) 明确双方的违约责任,提高采购合同的约束力和严肃性,以保证合同履约率。

(4) 审查双方权利义务关系的对等性,如质量标准、技术条件、技术要求、验收方法、付款方式与期限、运输中的责任等都要明确具体,以防止出现无谓的纠纷。

(5) 审查双方意思表达是否准确,有无理解上的偏差,合同中有无含糊不清、模棱两可的措辞。

4. 审查采购合同履约情况

采购合同签订之后,内部审计人员要加强对合同执行过程进行检查,掌握采购合同的执行动态,及时发现采购合同执行过程中发生的各种纠纷,并核对事实,根据有关规定进行分析研究,提出处理意见和措施,及时处理合同纠纷,维护采购合同的严肃性。

11.7 采购稽核和控制

11.7.1 采购作弊方式及防范

采购环节往往是企业经营管理中最薄弱的一环。一是采购环节容易滋生暗箱操作、以权谋私、弄虚作假、舍贱求贵、以次充好、收受回扣等;二是采购环节容易发生"跑、冒、滴、漏"现象。在许多企业中,采购成本占企业总成本的60%以上。因此,企业要加强采购稽核工作,维护企业的经济利益。

在采购工作中,常见的作弊方法有虚列采购、押金抵物、有单无货、涂改发票单价等方式。

1. 虚列采购

虚列采购是指会计人员或采购人员利用材料采购业务管理及核算上的漏洞，伪造材料采购业务事项，从而达到支取货款、中饱私囊的目的。其主要作弊手法有以下几个方面。

（1）伪造原始凭证，以自制凭证代替购货发票以支取货款。

（2）本单位人员与客户内外勾结，以假发票、假进货单等作弊。

（3）会计员、保管员、采购员相互勾结开具假发票及假入库单入账共同获得好处。

（4）会计人员无证记账，虚支货款。

（5）涂改以前年份的采购发票，在本期支取货款和入账。

为防止类似事情的发生，企业的审计部门在进行审计时应着重从下述几个方面进行审查。

（1）审查采购业务原始凭证的真实性，以落实是否采取伪造或涂改凭证的手法进行作弊。

（2）审查采购业务原始凭证的合法性，以落实是否有用自制凭证或假发票进行作弊。

（3）审查采购业务记账依据的完备性，以落实是否采取无证记账方法进行作弊。

（4）审查采购业务处理的正确性，以落实是否有利于用账务处理技巧套取现金或转移资金等。

2. 押金抵物

押金抵物是指会计人员把应收回的押金作为采购支出报账，在收回押金时采取收款不记账的办法直接侵吞现金并将其款项侵吞为己有的作弊手法。为了应对该作弊方法，企业审计部门在进行审计时应注意从下述几个方面进行审查。

（1）审查商品采购的记账依据是否真实、合法，以落实是否有将押金收据作为入账依据。

（2）审查采购商品的价格是否合理，以落实是否有将应退的包装物价格一并计入的情况。

（3）审查押金核算的账务处理是否正确，以落实是否不通过往来科目而直接作采购支出报账。

（4）向客户有关部门及人员进行询证，以落实押金是否退回，是否直接侵吞等。

3. 有单无货

有单无货是指采购员、会计员、保管员之间相互勾结，利用采购管理上的漏洞和可乘之机，以正式的采购单据报联结算，但却将实物据为己有的一种作弊手段，这种作弊手段大都发生在内部控制不完善、材料验收入库及报账制度不严密的单位，在内部控制较为严密的单位则表现为合伙作弊，即采购员与验收员（保管员）或会计相互勾结，采取开假入库单等方法报账。

为了防止这种情况的发生，企业审计部门在进行审计时应注意从下述几个方面进行审查。

（1）审查采购业务内部控制的严密性，以判断其是否存在薄弱环节和漏洞，进而分析是否有发生作弊的可能性。

（2）审查采购业务原始凭证的真实性及合格性，以落实其是否用伪造、涂改原始凭证的手法进行作弊。

(3) 审查财物验收制度是否严密，以落实是否有单无货的情况发生。

(4) 审查采购业务记账依据的完备性以及账务处理的正确性，以落实是否有套取现金的现象。

4. 涂改发票单价

涂改发票单价是指采购员或货物购买人员利用经营或经办购买货物业务的职务便利条件，擅自涂改供货方开具的发票单价及金额，然后采取虚报货款的手段，骗取会计部门的信任，使会计部门多付货款，并将其差额侵吞为己有的一种作弊手法。

应对这种作弊手法的审计对策主要包括以下几个方面。

(1) 鉴别发票的真实性，看其数字有无涂改痕迹。

(2) 了解市场价格，看其货物价格是否合理。

(3) 向供应商调查、询证货物价格。

11.7.2 采购业务的控制

采购和付款业务循环是指从提出采购申请、填制请购单开始到企业支付价款结束的为生产经营而获取商品和劳务所必需的决策和处理过程。为了预防、检查和纠正采购和付款业务的错误和弊端，建立、健全采购和付款业务循环的内部控制，常采取以下控制措施。

1. 职责分工

在采购和付款业务循环中，为保证所采购物品确为企业所需并符合企业利益，收到的商品完整安全，支付的价款及时准确，应将采购与付款业务循环的下列职责进行分工。

(1) 提出采购申请与批准采购申请职责相互独立，以便加强对采购的控制。

(2) 批准请购的部门与采购部门相互独立，以防止采购部门购入过量或不必要商品而对企业整体利益产生损害。

(3) 验收部门与会计部门相互独立，保证按真实收到的商品数额登记入账。

(4) 应付账款记账员不能接触现金、有价证券和其他资产，以保证应付账款记录的真实性、正确性。

(5) 支票的签字和应付账款的记账相互独立，以保证按所欠卖方价款的真实金额按时签发支票。

(6) 内部检查与相关的执行和记录工作应相互独立，以保证内部检查的独立性和有效性。

2. 信息传递程序控制

建立、健全与采购和付款业务循环相关的内部控制，要求企业对于与此循环相关的信息传递程序实施严格有效的控制。这些控制包括以下几个方面。

1) 授权程序

有效的内部控制要求采购和付款业务循环的各个环节要经过适当的授权批准，这些授权批准程序包括：在企业内部建立分级采购批准制度；只有经过授权的人员才能提出采购申请；采购申请必须经独立于采购和使用部门以外的被授权人批准，以防止采购部门购入过量或购入不必要的商品，或者为取得回扣等个人私利而牺牲企业整体利益的行为出现；签发支票要经过被授权人的签字批准，保证购货款以真实金额向特定债权人及时支付。

2) 文件和记录的使用

为了满足健全企业审批、财产保管以及便于记录的要求，企业要合理地设计和使用各种文件和记录，具体要求包括：关键性文件，如订单、验收单、付款单、支票等都要预先编号；对于连续编号的关键性文件要由经手人员按编号的档案保存，并由独立人员定期检查存档文件的连续性；订单中要包括足够的栏目和空间；尽量全面详细地表明订货要求，以减少出现订货中的遗漏或卖方的误解。

为了加强对企业支付采购价款的控制，应设立付款凭单制，以付款凭单作为支付货款的依据；设置采购日记账，及时完整地记录所有采购业务，并定期过入总账；对每位供应商设立应付账款明细账，并与应付账款总账平行登记。

3) 独立检查

在采购和付款业务循环外，还应当实施一些独立检查，防止各环节发生疏忽和舞弊，同时也有利于及时消除采购和付款业务中出现连续作弊的风险。这些独立检查主要有：对卖方发票、验收单、订单和请购单进行独立的内部检查，确定实际收到的商品品种、数量、价格等确实符合订购要求，与卖方实际情况一致。

每笔采购业务都应在收到商品和劳务或卖方发票时，及时记入采购日记账和应付账款明细账，并且定期进行核对；检查付款凭单各项目的填制是否与卖方发票中一致；定期检查已编制付款凭单的各项付款业务是否及时开具了支票或以其他方式进行付款，防止延期支付；签发支票或办理其他付款手续前应由负责签字的被授权人员检查所付各种凭证的一致性；定期检查采购日记账与总账、应付账款明细账与总账、银行存款日记账与总账的金额是否一致。

3. 实物控制

采购和付款业务循环中的实物控制包括两个方面：一方面加强对已验收入库的商品的实物进行控制，限制非授权人员接近存货，防止错用和盗窃，同时加强对发生退货的实物控制，货物的退回要有经审批的合法凭证；另一方面限制非授权人员接近各种记录和文件，防止伪造和篡改会计资料。

特别应注意对支票的实物控制，如应保证已签字支票由签字人本人寄送，不得让核准或处理付款的人员接触；未签发的支票应予以安全保管；作废支票予以注销或另加控制，并且制定一个加盖"款已付讫"戳记，防止重复开具支票。

 小贴士

在采购和业务循环内部控制中主要使用以下文件：请购单、订单、验收单、卖方发票、借款通知单、付款凭单、应付账款明细分类账、卖方对账单。

通过以上措施对采购和付款业务内部循环进行控制，使其在实际操作过程中操作更加透明，循环更加顺畅，从而保证了其业务的顺利实施。

本 章 小 结

采购审计与控制对于规范企业的采购行为有着非常重要的作用。本章主要通过介绍采购审计和物资采购的概念及关系,物资采购审计的步骤,采购审计中各主要内容的审计、审计方法和重点以及对采购作弊行为的稽核和回扣行为等内容的介绍,使读者熟悉采购审计的具体内容、技巧掌握及应用。

练 习

一、单项选择题

在每小题列出的四个备选项中只有一个是符合题目要求的,请将其代码填写在题中的括号内。

1. 狭义的采购审计是指( )。
   A. 物资采购审计   B. 基建审计   C. 合同审计   D. 计划审计
2. 物资采购审计可以采取( )审计和过程参与式审计两种模式。
   A. 合同管理式   B. 项目管理式   C. 阶段管理式   D. 计划管理式
3. 物资采购审计分为三个阶段,分别为物资采购前期审计、物资采购( )和物资采购后续审计。
   A. 阶段审计   B. 中期审计   C. 过程审计   D. 全程审计
4. 内部审计人员应综合考虑以下各种因素:①重要性;②物资采购方案、内部控制的重大变化;③改进空间;④审计资源;⑤( )。
   A. 上层领导   B. 中层领导   C. 审计人员   D. 风险因素
5. 物资采购内部控制审计可通过设置( )控制调查表等方式进行深入调查、了解和测试,并形成审计工作底稿。
   A. 采购内部   B. 采购外部   C. 企业相关部门   D. 生产部
6. 按需采购,即审查所有的采购,是否由需求部门提出的,这个需求部门与采购部门是否( )的。
   A. 职能相关   B. 职能上分离   C. 业务上分离   D. 财务上分离
7. 审计部门对合同中规定的品种、规格、数量、质量、交货时间、账号、地址、运输、付款条件、结算方式等各项内容,按照合法性、可行性、合理性和规范性等( ),逐一进行审核。
   A. 两个标准   B. 三个标准   C. 四个标准   D. 五个标准
8. 货物的验收人员应该是( )于采购人员。
   A. 属于   B. 生产部门   C. 财务部门   D. 独立
9. 采购计划审计是对采购计划所列物资价格、数量、质量、采购方式和( )等的真实性、合理性和有效性等进行的审计。
   A. 供货商选择   B. 运输选择   C. 采购地点   D. 承运人
10. 对不符合规定的采购申请,有无要求请购部门调整采购内容或( )。
    A. 可以批准   B. 拒绝批准   C. 可以请示领导   D. 可以通融
11. 对于重复购置的物资,如价格未发生变化,则以( )成交价格为依据。
    A. 去年   B. 协商   C. 上次   D. 供货商要求

12. 供货商选择的合理性是根据供货组织的（　　），供货商区分为定点供应商与非定点供应商。

　　A. 信誉　　　　　B. 规模　　　　　C. 供货次数　　　D. 业务稳定性

13. 审查物资验收是否根据运单、发票和经过批准的采购（　　）、采购价格申报单、采购计划进行。

　　A. 合同副本　　　B. 合同正本　　　C. 口头协议　　　D. 样品

14. 采购决策是指根据企业经营目标的要求，提出各种可行采购方案，对方案进行评价和比较，按照（　　），对可行方案进行抉择并加以实施和执行采购方案的管理过程。

　　A. 接受供应商的好处　　　　　　B. 满意性原则
　　C. 互惠原则　　　　　　　　　　D. 不正当的手段

15. 在物流界普遍存在（　　），如服务和成本成相反变化，采购费用和保管费用成相反变化，因此应综合考虑两者的成本，使总成本达到最小。

　　A. 四律背反　　　B. 三律背反　　　C. 二律背反　　　D. B与C

二、多项选择题

请把正确答案的序号填写在题中的括号内，多选、漏选、错选不给分。如果全部答案的序号完全相同，例如全选ABCDE，则本大题不得分。

1. 物资采购内部控制包括控制环境、（　　）、信息与沟通以及监督5个要素。

　　A. 风险管理　　　B. 控制活动　　　C. 制度授权
　　D. 显然授权　　　E. 明示的授权

2. 物资的取得方式有定点进货和非定点进货，具体包括市场采购、（　　）、企业自制等方式。

　　A. 委托人公司的代理人　　　　　B. 代理采购
　　C. 电子采购　　　　　　　　　　D. 招标采购
　　E. 委托加工

3. 审计要求（　　）三方共同参与物资验收。

　　A. 用户　　　　　B. 采购人员　　　C. 领导
　　D. 审计人员　　　E. 行政人员

4. 采购计划审计主要采用分析法、（　　）、全面审计法、简单审计法和重点审计法等方法。

　　A. 复算法　　　　B. 复核法　　　　C. 检查法
　　D. 源头审计法　　E. 合同法

5. 采购计划执行情况审计是指在采购物资运达组织之后，对物资（　　）和贷款支付等业务执行的适当性、合法性和有效性等所进行的审计。

　　A. 验收　　　　　B. 入库　　　　　C. 包装
　　D. 计量　　　　　E. 价格

6. 采购决策的特点是（　　）。

　　A. 预测性　　　　B. 目的性　　　　C. 可行性
　　D. 评价性　　　　E. 风险性

7. 采购订单管理以采购单为源头，对从供应商确认（　　）、入库等采购订单流转的各个环节进行准确的跟踪，实现全过程管理。

　　A. 订单　　　　　B. 客户　　　　　C. 发货
　　D. 到货　　　　　E. 检验

8. 采购合同审计不仅需要一般的财务会计知识、基本审计取证方法，也要求审计人员掌握采购物资的（　　）、运输方式，等等。

　　A. 合法　　　　　B. 市场供需变化　　C. 价格变动趋势
　　D. 供应渠道　　　E. 产地

9. 通过对采购合同的采购（　　）进行审核分析，抵制各种不合理的采购合同，维护企业的经济利益。

　　A. 诚实信用　　　B. 价格水平　　　C. 采购批次
　　D. 经济的合理性　E. 协定

10. 在采购和业务循环内部控制中主要使用以下文件：（　　）、借款通知单、付款凭单、应付账款明细分类账、卖方对账单。

　　A. 请购单　　　　B. 订单　　　　　C. 验收单
　　D. 卖方发票　　　E. 产业环境

三、简答题

1. 什么是采购审计？
2. 什么是物资采购审计？其与采购审计的关系是什么？
3. 简述采购计划的内容。
4. 简述采购计划执行情况审计的内容。
5. 简述采购决策审计的主要内容。
6. 简述采购管理审计的重点。
7. 简述采购方式审计的主要内容。
8. 简述采购合同审计的重点。
9. 试述采购作弊方式及防范措施。
10. 实物控制包括哪些方面？

四、项目练习

项目：采购审计

要求：分小组收集有关采购审计案例，讨论分析采购审计的重要性。指出你所知道的采采购作弊方式进行分析，如何防范，组织小组内部讨论，在充分讨论基础上，形成小组的课题报告，提出如何做好审计工作。

五、案例分析

三泰公司物资采购审计

三泰公司审计部审计小组经过对三泰维尼纶厂2013年物资采购计划的编制与执行情况的抽样审核，发现存在以下问题：物资需用计划申报基础工作不规范；物资需用计划审核不严；采购计划变更未通知采购部门，造成采购物资无法使用；计划不准，形成库存积压。

根据《物资采购审计实务指南》规定，物资采购计划执行情况审计是指在采购物资运达组织后，对物资验收、入库、计量、价格和货款支付等业务执行的适当性、合法性和有效性等所进行的审查和评价。做好物资采购审计要完成以下4项工作。

（1）收集包括物资采购申请单、采购计划、采购合同、价格申报单、采购发票、运费单、检验报告单、入库单、退货单、付款凭单、转账凭证、应付账款明细账、材料采购明细账和对账单等在内的相关资料。

（2）在审计中应关注采购方式改变、供货商改变、价格失控、质量检验失控、计量不实、保管低效、票据失真、付款提前或滞后、付款不实和违规结算风险等问题。

（3）审计内容主要为采购方式执行情况审计。审查采购部门是否按照采购计划、采购申报单确定的采购方式和供货商进行采购；质量控制执行情况审计；计量执行情况审计；价格执行情况审计；仓储保管情况审计；采购票据审计；采购负债确认及付款执行情况审计。

（4）在审计方法上主要采用检查法、复核法、分析法、复算法、盘点法、鉴证法、抽样法、观察法、函询法和询问法等方法。

资料来源：王为人. 供与求的博弈：采购管理案例十分析. 北京：机械工业出版社，2013.

讨论：

1. 三泰公司的物资采购计划执行情况审计是指什么？
2. 三泰公司是怎样做好物资采购审计工作的？

参 考 文 献

[1] [美]Ronald H. Ballou. 企业物流管理——供应链的规划、组织和控制[M]. 王晓东，胡瑞娟，等译. 北京：机械工业出版社，2001.
[2] [美]Donald J. Bowersox. *Supply Chain Logistics Management*（英文版）[M]. 北京：机械工业出版社，2002.
[3] 张碧君. 采购管理[M]. 上海：格致出版社，2014.
[4] 李恒兴. 采购管理[M]. 北京：北京理工大学出版社，2011.
[5] 许国君. 采购管理[M]. 厦门：厦门大学出版社，2012.
[6] 邓莉. 采购管理[M]. 重庆：重庆大学出版社，2013.
[7] 汤晓华. 采购管理工具箱：策略、方法与实务指引[M]. 北京：机械工业出版社，2012.
[8] 荣丹. 餐饮企业的采购管理与成本控制[M]. 北京：中国纺织出版社，2013.
[9] 徐杰. 市场采购理论与实务[M]. 北京：中国铁道出版社，2001.
[10] 赵勇. 招标采购管理与监督[M]. 北京：人民邮电出版社，2013.
[11] 杨吉华. 采购管理简单讲（实战精华版）[M]. 广州：广东经济出版社，2012.
[12] 王为人. 供与求的博弈：采购管理案例＋分析[M]. 北京：机械工业出版社，2013.
[13] 韩建国. 采购管理工具大全[M]. 北京：人民邮电出版社，2013.
[14] 付伟. 采购管理职位工作手册[M]. 北京：人民邮电出版社，2012.

21 世纪全国高等院校物流专业创新型应用人才培养规划教材

序号	书 名	书 号	编著者	定价	序号	书 名	书 号	编著者	定价
1	物流工程	7-301-15045-0	林丽华	30.00	36	物流管理概论	7-301-20095-7	李传荣	44.00
2	现代物流决策技术	7-301-15868-5	王道平	30.00	37	供应链管理	7-301-20094-0	高举红	38.00
3	物流管理信息系统	7-301-16564-5	杜彦华	33.00	38	企业物流管理	7-301-20818-2	孔继利	45.00
4	物流信息管理	7-301-16699-4	王汉新	38.00	39	物流项目管理	7-301-20851-9	王道平	30.00
5	现代物流学	7-301-16662-8	吴 健	42.00	40	供应链管理	7-301-20901-1	王道平	35.00
6	物流英语	7-301-16807-3	阙功俭	28.00	41	现代仓储管理与实务	7-301-21043-7	周兴建	45.00
7	第三方物流	7-301-16663-5	张旭辉	35.00	42	物流学概论	7-301-21098-7	李 创	44.00
8	物流运作管理	7-301-16913-1	董千里	28.00	43	航空物流管理	7-301-21118-2	刘元洪	32.00
9	采购管理与库存控制	7-301-16921-6	张 浩	30.00	44	物流管理实验教程	7-301-21094-9	李晓龙	25.00
10	物流管理基础	7-301-16906-3	李蔚田	36.00	45	物流系统仿真案例	7-301-21072-7	赵 宁	25.00
11	供应链管理	7-301-16714-4	曹翠珍	40.00	46	物流与供应链金融	7-301-21135-9	李向文	30.00
12	物流技术装备	7-301-16808-0	于 英	38.00	47	物流信息系统	7-301-20989-9	王道平	28.00
13	现代物流信息技术(第2版)	7-301-23848-6	王道平	35.00	48	物料学	7-301-17476-0	肖生苓	44.00
14	现代物流仿真技术	7-301-17571-2	王道平	34.00	49	智能物流	7-301-22036-8	李蔚田	45.00
15	物流信息系统应用实例教程	7-301-17581-1	徐 琪	32.00	50	物流项目管理	7-301-21676-7	张旭辉	38.00
16	物流项目招投标管理	7-301-17615-3	孟祥茹	30.00	51	新物流概论	7-301-22114-3	李向文	34.00
17	物流运筹学实用教程	7-301-17610-8	赵丽君	33.00	52	物流决策技术	7-301-21965-2	王道平	38.00
18	现代物流基础	7-301-17611-5	王 侃	37.00	53	物流系统优化建模与求解	7-301-22115-0	李向文	32.00
19	现代企业物流管理实用教程	7-301-17612-2	乔志强	40.00	54	集装箱运输实务	7-301-16644-5	孙家庆	34.00
20	现代物流管理学	7-301-17672-6	丁小龙	42.00	55	库存管理	7-301-22389-5	张旭凤	25.00
21	物流运筹学	7-301-17674-0	郝 海	36.00	56	运输组织学	7-301-22744-2	王小霞	30.00
22	供应链库存管理与控制	7-301-17929-1	王道平	28.00	57	物流金融	7-301-22699-5	李蔚田	39.00
23	物流信息系统	7-301-18500-1	修桂华	32.00	58	物流系统集成技术	7-301-22800-5	杜彦华	40.00
24	城市物流	7-301-18523-0	张 潜	24.00	59	商品学	7-301-23067-1	王海刚	30.00
25	营销物流管理	7-301-18658-9	李学工	45.00	60	项目采购管理	7-301-23100-5	杨 丽	38.00
26	物流信息技术概论	7-301-18670-1	张 磊	28.00	61	电子商务与现代物流	7-301-23356-6	吴 健	48.00
27	物流配送中心运作管理	7-301-18671-8	陈 虎	40.00	62	国际海上运输	7-301-23486-0	张良卫	45.00
28	物流项目管理	7-301-18801-9	周晓晔	35.00	63	物流配送中心规划与设计	7-301-23847-9	孔继利	49.00
29	物流工程与管理	7-301-18960-3	高举红	39.00	64	运输组织学	7-301-23885-1	孟祥茹	48.00
30	交通运输工程学	7-301-19405-8	于 英	43.00	65	物流管理	7-301-22161-7	张仝举	49.00
31	国际物流管理	7-301-19431-7	柴庆春	40.00	66	物流案例分析	7-301-24757-0	吴 群	29.00
32	商品检验与质量认证	7-301-10563-4	陈红丽	32.00	67	现代物流管理	7-301-24627-6	王道平	36.00
33	供应链管理	7-301-19734-9	刘永胜	49.00	68	配送管理	7-301-24848-5	傅莉萍	48.00
34	逆向物流	7-301-19809-4	甘卫华	33.00	69	物流管理信息系统	7-301-24940-6	傅莉萍	40.00
35	供应链设计理论与方法	7-301-20018-6	王道平	32.00	70	采购管理	7-301-25207-9	傅莉萍	46.00

相关教学资源如电子课件、电子教材、习题答案等可以登录 www.pup6.cn 下载或在线阅读。

扑六知识网(www.pup6.com)有海量的相关教学资源和电子教材供阅读及下载(包括北京大学出版社第六事业部的相关资源),同时欢迎您将教学课件、视频、教案、素材、习题、试卷、辅导材料、课改成果、设计作品、论文等教学资源上传到 pup6.com,与全国高校师生分享您的教学成就与经验,并可自由设定价格,知识也能创造财富。具体情况请登录网站查询。

如您需要免费纸质样书用于教学,欢迎登录第六事业部门户网(www.pup6.com.cn)填表申请,并欢迎在线登记选题以到北京大学出版社来出版您的大作,也可下载相关表格填写后发到我们的邮箱,我们将及时与您取得联系并做好全方位的服务。

扑六知识网将打造成全国最大的教育资源共享平台,欢迎您的加入——让知识有价值,让教学无界限,让学习更轻松。

联系方式:010-62750667,dreamliu3742@163.com,lihu80@163.com,欢迎来电来信咨询。